21 世纪全国高等院校汽车类创新型应用人才培养规划教材

汽车使用与管理

主　编　郭宏亮　张铁军
副主编　武　健　吴延霞　姚美红
主　审　冯明全

内 容 简 介

本书是根据教育部关于汽车服务工程专业本科教育目标和培养方案及课程大纲要求编写的。本书共10章，主要内容包括汽车的基础知识、汽车的选购、汽车的户籍管理与保险、汽车技术状况及其变化、汽车技术管理、车辆利用和管理评价定额及指标、汽车的运行材料及其使用、汽车的行驶安全和公害、汽车在特殊条件下的使用、汽车的年度检测与审验。

本书可作为高等院校本、专科汽车服务工程及其相关专业的教材，也可供有关专业师生和工程技术人员参考使用。

图书在版编目（CIP）数据

汽车使用与管理/郭宏亮，张铁军主编. —北京：北京大学出版社，2011.6
（21世纪全国高等院校汽车类创新型应用人才培养规划教材）
ISBN 978-7-301-18761-6

Ⅰ.①汽… Ⅱ.①郭…②张… Ⅲ.①汽车—使用—高等学校—教材②汽车—技术管理—高等学校—教材 Ⅳ.①U472

中国版本图书馆 CIP 数据核字(2011)第 061071 号

书　　　名：	汽车使用与管理
著作责任者：	郭宏亮　张铁军　主编
责 任 编 辑：	郭穗娟
标 准 书 号：	ISBN 978-7-301-18761-6/TH·0235
出　 版　 者：	北京大学出版社
地　　　址：	北京市海淀区成府路 205 号　100871
网　　　址：	http://www.pup.cn　http://www.pup6.com
电　　　话：	邮购部 62752015　发行部 62750672　编辑部 62750667　出版部 62754962
电 子 邮 箱：	pup_6@163.com
印　 刷　 者：	三河市博文印刷有限公司
发　 行　 者：	北京大学出版社
经　 销　 者：	新华书店
	787 毫米×1092 毫米　16 开本　20.5 印张　474 千字
	2011 年 6 月第 1 版　2017 年 5 月第 4 次印刷
定　　　价：	39.00 元

未经许可，不得以任何方式复制或抄袭本书之部分或全部内容。
版权所有，侵权必究　　举报电话：010-62752024
　　　　　　　　　　　电子邮箱：fd@pup.pku.edu.cn

前　　言

本书是根据教育部关于汽车服务工程专业本科教育目标和培养方案及课程大纲要求编写的。

本书共分10章，分别介绍了汽车的基础知识、汽车的选购、汽车的户籍管理与保险、汽车技术状况及其变化、汽车技术管理、车辆利用和管理评价定额及指标、汽车的运行材料及其使用、汽车的行驶安全和公害、汽车在特殊条件下的使用、汽车的年度检测与审验等有关汽车使用与管理的基本理论知识。

本书力求条理清晰、图文并茂，注重理论与实践的紧密结合，旨在培养和提高学生的实际技术应用能力，是一本具有鲜明特征的实用规划教材。

本书是按照授课学时数为48学时编写的，可供相关专业的本、专科学生以及高职高专学生选用，也可供相关工程技术人员参考。

本书由聊城大学郭宏亮任第一主编，重庆文理学院材料交叉学科研究中心张铁军任第二主编，聊城大学武健、德州学院吴延霞和鲁东大学姚美红任副主编，聊城大学冯明全任主审。参编人员具体分工如下：聊城大学郭宏亮编写绪论和第10章，菏泽学院龚长青编写第1章，威海职业学院宋璇编写第2章，聊城大学武健编写第3章，聊城大学王锋波编写第4章，重庆文理学院材料交叉学科研究中心张铁军编写第5章，烟台大学葛振亮编写第6章，烟台工程职业技术学院麻常选和孙振萍编写第7章，鲁东大学姚美红编写第8章，德州学院吴延霞编写第9章。

在编写本书的过程中，我们得到了许多专家和同行的热情支持，并参考和借鉴了许多国内外公开出版和发表的文献，在此深表感谢！

由于时间仓促，水平有限，书中难免有不足和疏漏之处，恳请广大读者批评指正。

编　　者

2011年1月

目　　录

绪论 1

第1章　汽车的基础知识 5
1.1　汽车的总体构造 6
　　1.1.1　概述 6
　　1.1.2　发动机 7
　　1.1.3　汽车底盘 16
　　1.1.4　车身 19
　　1.1.5　电气设备 20
1.2　汽车的使用性能指标 26
　　1.2.1　容量 26
　　1.2.2　速度性 27
　　1.2.3　使用方便性 27
　　1.2.4　燃料经济性 28
　　1.2.5　安全性 29
　　1.2.6　通过性 30
　　1.2.7　可靠性和耐久性 31
　　1.2.8　维修性 31
　　1.2.9　汽车的质量利用 32
　　1.2.10　外形尺寸 32
1.3　汽车的分类 33
　　1.3.1　汽车的类型 33
　　1.3.2　汽车产品型号表示方法 ... 36
　　1.3.3　汽车的识别代号 38
本章小结 40
复习思考题 40

第2章　汽车的选购 42
2.1　购车前的准备事项 43
　　2.1.1　购车的主要用途 43
　　2.1.2　车型的选择 44
　　2.1.3　汽车的性能 51
　　2.1.4　购车费用 57
　　2.1.5　车市行情 59
　　2.1.6　汽车信贷 60

2.2　挑选新车 61
　　2.2.1　购车地点 61
　　2.2.2　购车时机 63
　　2.2.3　车身颜色的选择 65
　　2.2.4　新车的验收 67
本章小结 69
复习思考题 69

第3章　汽车的户籍管理与保险 71
3.1　汽车的户籍管理 72
　　3.1.1　车辆的管理概述 72
　　3.1.2　汽车的登记注册 73
　　3.1.3　汽车的户籍变更与注销 ... 75
3.2　汽车的保险 77
　　3.2.1　汽车保险的项目及范围 ... 77
　　3.2.2　汽车投保的程序及保险
　　　　　金额、保险费的确定 78
　　3.2.3　保险责任、除外责任及
　　　　　被保险人应履行的义务 ... 82
　　3.2.4　保险的索赔 84
本章小结 85
复习思考题 85

第4章　汽车技术状况及其变化 87
4.1　汽车技术状况和汽车运用性能 ... 88
　　4.1.1　汽车技术状况 88
　　4.1.2　汽车运用性能 89
　　4.1.3　汽车运用性能的变化 ... 89
4.2　汽车技术状况变化的原因和
　　　影响因素 90
　　4.2.1　汽车技术状况变化的原因 ... 90
　　4.2.2　影响汽车技术状况变化的
　　　　　因素 93
4.3　汽车技术状况变化的规律 96
　　4.3.1　汽车技术状况渐发性
　　　　　变化规律 96

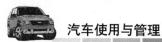

　　4.3.2　汽车技术状况偶发性
　　　　　变化规律 97
4.4　汽车技术状况的分级和评定 98
　　4.4.1　汽车技术状况等级
　　　　　划分标准 98
　　4.4.2　汽车平均技术等级 99
　　4.4.3　营运车辆技术等级的评定 ... 100
本章小结 103
复习思考题 103

第 5 章　汽车技术管理 105

5.1　概述 107
　　5.1.1　汽车技术管理的
　　　　　对象和目的 107
　　5.1.2　汽车技术管理的
　　　　　原则和特点 107
　　5.1.3　汽车技术管理的主要内容 ... 108
　　5.1.4　汽车技术管理的职责 108
5.2　车辆管理 109
　　5.2.1　车辆选配和使用的
　　　　　前期管理 109
　　5.2.2　车辆的基础管理 111
5.3　车辆使用 113
　　5.3.1　车辆在一般条件下的使用 113
　　5.3.2　车辆在特殊条件下的使用 115
　　5.3.3　车辆驾驶操作基本要求和
　　　　　日常维护 115
5.4　汽车维护管理 117
　　5.4.1　汽车维护要求 117
　　5.4.2　汽车二级维护检测 118
　　5.4.3　汽车维护监督 122
5.5　汽车修理管理 122
　　5.5.1　汽车修理要求 122
　　5.5.2　汽车维修企业开业条件 ... 123
　　5.5.3　汽车修理质量检查评定 ... 127
5.6　汽车改造、更新和报废 128
　　5.6.1　汽车改造 128
　　5.6.2　汽车更新 129
　　5.6.3　汽车报废 130
本章小结 132
复习思考题 132

第 6 章　车辆利用和管理评价
　　　　　定额及指标 134

6.1　车辆利用评价指标 135
　　6.1.1　运输量统计指标 135
　　6.1.2　车辆利用单项指标 136
　　6.1.3　车辆利用综合指标 145
6.2　车辆管理评价定额和指标 151
　　6.2.1　主要技术经济定额 151
　　6.2.2　主要技术经济指标 153
本章小结 154
复习思考题 155

第 7 章　汽车的运行材料及其使用 ... 156

7.1　汽车燃料 158
　　7.1.1　车用汽油 158
　　7.1.2　车用轻柴油 163
7.2　汽车能源利用检测评价方法 ... 167
　　7.2.1　检测方法 167
　　7.2.2　检测数据的校正 168
　　7.2.3　考核指标和评价方法 168
7.3　汽车运行燃料消耗量的确定 ... 169
　　7.3.1　汽车运行燃料消耗量的
　　　　　标准 169
　　7.3.2　汽车运行燃料消耗量的
　　　　　计算方法 169
7.4　汽车使用节油方法 170
　　7.4.1　汽车使用节油的基本途径 170
　　7.4.2　汽车使用中的节油措施 ... 172
7.5　车用新能源 172
　　7.5.1　液化石油气 173
　　7.5.2　天然气 175
　　7.5.3　醇类燃料 178
　　7.5.4　氢气燃料 180
　　7.5.5　电能 182
　　7.5.6　二甲醚 184
7.6　润滑材料及其使用 184
　　7.6.1　机油 184
　　7.6.2　润滑脂 192
　　7.6.3　车辆齿轮油 196

7.7 轮胎及其使用..................198
　　7.7.1 轮胎的类型..................198
　　7.7.2 轮胎的规格..................201
　　7.7.3 轮胎的合理选用..............206
7.8 工作液的合理使用..................209
　　7.8.1 发动机冷却液................209
　　7.8.2 汽车自动变速器油............211
　　7.8.3 制动液......................214
　　7.8.4 汽车空调制冷剂..............218
本章小结............................219
复习思考题..........................219

第8章 汽车的行驶安全和公害..........221

8.1 汽车的行驶安全....................222
　　8.1.1 概述........................222
　　8.1.2 道路交通事故的影响因素......224
　　8.1.3 道路交通事故的预防措施......234
　　8.1.4 汽车安全行驶................241
8.2 汽车的公害及防治..................248
　　8.2.1 汽车的排放公害及防治........248
　　8.2.2 噪声公害及其防治............255
本章小结............................263
复习思考题..........................263

第9章 汽车在特殊条件下的使用........265

9.1 汽车在磨合期的使用................266
　　9.1.1 汽车在磨合期的使用特点......266
　　9.1.2 汽车磨合期的使用规定........268
9.2 汽车在低温条件下的使用............270
　　9.2.1 低温条件对汽车使用的影响....270
　　9.2.2 低温条件下汽车使用的主要措施..279

9.3 汽车在高温条件下的使用............285
　　9.3.1 汽车在高温条件下的使用特点..285
　　9.3.2 高温条件下汽车使用的主要措施..288
9.4 汽车在高原和山区条件下的使用......290
　　9.4.1 山区和高原条件对汽车使用性能的影响..290
　　9.4.2 在山区和高原条件下汽车使用的主要措施..293
9.5 汽车在坏路和无路条件下的使用......296
　　9.5.1 汽车在坏路和无路条件下的使用特点..296
　　9.5.2 汽车在坏路和无路条件下使用的主要措施..298
9.6 案例分析：沃尔沃L150装载机发动机事故..301
本章小结............................303
复习思考题..........................304

第10章 汽车的年度检测与审验........306

10.1 汽车年度检测及审验概述..........307
　　10.1.1 汽车年度检测及审验规定....308
　　10.1.2 车辆年检和审验的分类......308
10.2 汽车检测站......................310
　　10.2.1 汽车检测站的任务..........310
　　10.2.2 汽车检测站的类型..........310
10.3 汽车年检及审验的内容及标准......314
本章小结............................316
复习思考题..........................316

参考文献..........................317

绪　　论

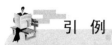 引 例

　　世界公认的汽车发明者是德国人卡尔·佛里特立奇·奔驰。他于1885年研制出世界上第一辆马车式三轮汽车，并于1886年1月29日获得世界第一项汽车发明专利，这一天被大多数人称为"现代汽车诞生日"，奔驰也被后人誉为"汽车之父"。1887年，卡尔·奔驰将他的第一辆汽车卖给了法国人埃米尔·罗杰斯，这是世界上第一辆现代汽车的销售。同年，卡尔·奔驰成立了世界上第一家汽车制造公司——奔驰汽车公司。奔驰将毕生的精力都献给了汽车事业。

　　1886年，德国人歌德利普·戴姆勒在一辆四轮马车上安装了自己研制的汽车发动机，这辆车以每小时18km"令人窒息"的行驶速度，成为人类历史上第一辆四轮汽车。1890年戴姆勒成立了公司。

　　而对于谁是汽车的发明者，法国人抱有不同的看法。法国人认为，早在德国人之前，法国的戴波梯维尔就在1884年发明了汽车并申请了专利，这确是事实。遗憾的是，他以后并没有去研究汽车，而是致力于发动机并把发动机用到了工业生产中，最终成为工业发动机制造商，与汽车业疏远了。但有一点是肯定的，法国在汽车发展史上的巨大贡献是不可磨灭的，因为法国人是汽车工业的先驱，是他们使汽车制造真正进入工业生产阶段。

　　汽车的发明是人类交通史上的重要标志，它不仅改变了人们的交通方式和时空观念，也推动了人类现代文明的进程。汽车的普及不仅推动了汽车产业的发展，也给人们的生活带来了翻天覆地的变化。20多年前，拥有一辆属于自己的汽车尚属很多中国人的梦想，而如今这个梦想正在逐步变成现实，汽车开始走入寻常百姓家，如图1所示。为了更好地使用汽车、驾驶汽车，对汽车的基础知识进行全面的了解就显得非常必要。

图1　汽车

1. 课程目标

　　汽车运输生产包括为运输生产服务的营运系统和为运输车辆服务的装备保障系统，汽车使用与管理技术是针对后一个系统的。

汽车使用技术是学习用科学的方法，对汽车使用的全过程进行有效的、综合性管理的应用性课程。

汽车正确使用的目标是：保持车辆技术状况良好，确保运行安全，保护环境、充分发挥车辆效能和降低运行消耗。

我国车辆技术管理的原则和特点：车辆技术管理应坚持"预防为主"和"技术与经济相结合"的原则；对运输车辆实行择优选配、正确使用、定期检测、强制维护、视情修理、合理改造、适时更新和报废的全过程综合性管理。

2. 教学内容

根据汽车正确使用的目标、车辆技术管理的原则和全过程综合性管理的各个环节，本课程主要内容包括以下几项。

(1) 汽车的基础知识。包括汽车的总体构造、汽车的使用性能指标和汽车的分类等方面，为汽车的使用与管理提供基础知识。

(2) 汽车的选购。包括购车前需要准备的各种事项和挑选新车时应注意的各个方面，为正确选购汽车提供指导。

(3) 汽车的户籍管理与保险。

(4) 汽车技术状况。包括汽车技术状况的变化及其影响因素、汽车技术等级的评定。

(5) 汽车技术管理。包括车辆管理、车辆使用、汽车维护管理、汽车修理管理、汽车改造、更新和报废。

(6) 车辆利用和管理评价定额及指标。

(7) 汽车的运行材料及其使用。包括汽车使用的燃料、汽车能源利用检查评价方法、燃料消耗量的确定、节油方法、车用新能源、润滑材料及其使用、轮胎及其使用、工作液的合理使用。

(8) 汽车的行驶安全和公害。

(9) 汽车在特殊条件下的使用。包括汽车在磨合期、低温条件下、高温条件下和山区或高原条件下的使用。

(10) 汽车的年度检测及审验。包括汽车年度检测及审验的内容及标准、汽车检测站。

3. 教学方法

1) 理论联系实际

汽车使用与管理技术课程涉及汽车正确使用、车辆技术管理和全过程综合性管理的各个环节，包括汽车的基本构造、选型、驾驶、检测、维修、年检等，这些都是实践性很强的内容。因此，教学中一定要将理论知识和社会实践紧密联系起来，这样才能融会贯通，达到学以致用的目的。

2) 明确学习目标，注重能力培养

本课程侧重于基本理论的学习，但理论知识最终要落实到实践中去，也就是通过学习提升学生有关汽车使用与管理的实际操作技能。为此，在教学中一定要明确每一章基本要求的知识点和能力点，注意先修课程与本课程内容的衔接，注意在教学中突出理论应用、实例分析和能力训练。

3) 加强有关法规和技术标准的贯彻

我国已发布了《中华人民共和国道路交通安全法》(2003)、《中华人民共和国环境保护法》(1989)、《中华人民共和国节约能源法》(2007 年修订)、《中华人民共和国安全生产法》(2003)、《汽车运输业车辆技术管理规定》(1990)、《道路运输车辆维护管理规定》(2001 修订)、《机动车维修管理规定》等法规和《机动车运行安全技术条件》(2004)、《营运车辆综合性能要求和检验方法》(2001)、《汽车维护、检测、诊断技术规范》(2001)等几十项国家标准和行业标准，为汽车依法使用、依法管理提供了法规保障。为此，在教学过程中要结合相应章节的内容学习、理解并应用有关法律、法规和标准，提高法律观念，重视标准化工作。

4. 汽车使用技术的发展

汽车工业发展很快，从全世界范围来看，千人汽车保有量为 128 辆。美国是全世界汽车保有量最高的国家，千人汽车保有量达到 950 辆。在一些发达国家，千人汽车保有量一般都超过 500 辆。

虽然中国目前千人汽车保有量只有 52 辆左右，不到世界平均水平的一半，但中国作为一个新兴汽车大国，去年已经成为世界最大的汽车生产国和第一大新车市场，汽车保有量近年来迅速扩大。截至 2010 年 9 月，我国汽车保有量已达 8 500 万辆。

由于汽车保有量迅速增加，汽车的正确使用与管理就显得尤为迫切。"定期检测，视情维修"已经成为当今大多数国家汽车维修体制的基本原则，获得了日益广泛的应用，逐步形成了汽车检测工作制度化、汽车检测技术标准化，有效地实现了对汽车的技术管理。

汽车检测技术是随着汽车技术的发展而发展的，我国从 20 世纪 60 年代开始研究汽车检测技术；70 年代末，汽车检测技术在汽车故障检测中得到了应用；90 年代以来，随着我国经济的发展，汽车制造业和公路交通运输业也迅猛发展起来，汽车检测及故障诊断技术也随之得到快速发展。

为了适应我国汽车制造业快速发展的需要，促进我国汽车检测业发展，我国在引进、开发和应用国外先进汽车检测技术的同时，也在不断发展我国自身的检测技术。

1) 国外汽车使用与管理技术的发展

(1) 日本检测技术情况。日本是亚洲率先实行政府强制执行定期车辆检测的国家。按照道路车辆法规规定，货车、租用车、出租车及公共汽车检测周期为 1 年，轿车和轻型车为 3 年。检测项目为侧滑、制动、车速表、前照灯、外观和底盘。除轻型车由轻型汽车协会指定工厂执行检测外，其他车辆的检测均由国立车检站或委托的民间车检站执行。目前全日本国立车检站为 83 个(共拥有 10T、3T 和柴油车专用检测线 250 条，全部为自动检测线)。东京建有全日本汽车档案数据中心，实现了车辆档案电子数据处理及联网，即在任何国立车检站可检索和打印任意一辆登记注册过的汽车资料。日本的车检模式为政府车检部门负责，政府检测站与民间车检站相结合。

(2) 德国检测技术情况。政府制定法律，实施车检制度。国家对检测项目和标准等有相应的规定，由公众机关(工业技术监督协会)负责车检，不以盈利为目的。普遍采用智能仪表作为单机检测设备智能仪表，自动化水平较高。检测项目有前轮定位、制动、灯光、转向机构、悬架装置、车体、污染物排放、轮胎等。除用设备检测外，还要由经验丰富的检测员检测，以保证车检质量。

(3) 美国检测技术情况。各州有自己的法规，对检测项目、标准有相应的规定。在用车的检测大多在民间检测站进行，使用一些单机多功能检测设备来进行检测。检测项目主要有前轮定位、制动、灯光、转向机构、悬架装置、车体、污染物排放、轮胎等。检测员经考核合格后发给执照，可在任一检测站检测车辆，可见其检测模式为民间负责制。

2) 我国汽车检测技术发展趋向

(1) 汽车检测工作规范化。我国汽车检测技术要想赶上并超过先进国家，就必须实现检测技术规范化：制定和完善汽车检测项目的检测方法和限制标准，如驱动轮输出功率、底盘传动系统的功率损耗、滑行距离等；制定营运汽车技术状况检测评定细则，统一规范全国各地的检测要求及操作技术；制定用于规定综合性能检测站的大型检测设备的形式认证规范，以保证综合性能检测站履行其职责；等等。交通部相继制定了多部关于汽车的使用与管理制度，如《汽车运输企业技术管理制度》、《汽车运用规程》、《汽车修理规程》、《汽车运输业车辆技术管理规定》等。

(2) 汽车检测设备智能化。汽车检测设备已大量应用机电一体化技术，并采用计算机控制，有些检测设备还有专家系统和智能化功能。一方面，可以实现在汽车不解体的情况下，准确、及时地掌握汽车技术状态并找到故障部位，从而进行有针对性的维修；另一方面，可以对汽车状态进行预报，进行预防性的维修，确保车辆始终处于良好的工况，为其使用、管理、视情维修、降低维修费用、实现车辆器材的合理储备等提供了科学依据。

(3) 汽车检测管理网络化。目前，我国的汽车综合性能检测站已部分实现了计算机管理系统检测，虽然计算机管理系统采用了计算机控制，但各个站的计算机测控方式千差万别。随着技术和管理的进步，今后汽车检测将实现真正的网络化(局域网)，从而做到信息资源共享、软件资源共享。在此基础上，将利用信息技术将全国的汽车综合性能检测站通过计算机联成一个广域网，使上级交通管理部门可以即时了解各地车辆检测状况。

第1章 汽车的基础知识

汽车已进入人们的日常生活，成为生活中必不可少的一部分。深入了解、认识汽车是更好地使用汽车的主要方法，通过对汽车总体构造、汽车使用性能指标，对及汽车分类的学习，对驾驶、购买或简单维修汽车有一个基本了解。通过本章的学习，要达到以下目标。

(1) 掌握汽车的基本构成。
(2) 掌握汽车的性能指标的内容。
(3) 了解汽车分类和型号表示方法。

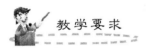

本章中的知识要点、能力目标如下。

知识要点	能力要求	相关知识
汽车的总体构造	了解汽车的主要组成部件及其在汽车使用中的作用和基本工作原理	内燃机、机构、系统
汽车的使用性能指标	掌握汽车使用性能各项指标的含义	
汽车的分类	(1) 了解汽车的各种类型 (2) 理解汽车型号的表示方法 (3) 掌握汽车识别代号的含义	车辆、交通运输

引 例

19世纪中期，科学家完善了通过燃烧煤气、汽油和柴油等产生的热转化机械动力的理论，这为内燃机的发明奠定了基础。

活塞式内燃机起源于用火药爆炸获取动力，但因火药燃烧难以控制而未获成功。1794年，英国人斯特里特提出从燃料的燃烧中获取动力，并且第一次提出了燃料与空气混合的概念。1833年，英国人赖特提出了直接利用燃烧压力推动活塞做功的设计。1860年，法国的勒努瓦模仿蒸汽机的结构，设计制造出第一台实用的煤气机。这是一种无压缩、电点火、使用照明煤气的内燃机，勒努瓦首先在内燃机中采用了弹力活塞环。这台煤气机的热效率为4%左右。

英国的巴尼特曾提倡将可燃混合气在点火之前进行压缩，随后又有人著文论述对可燃混合气进行压缩的重要作用，并且指出压缩可以大大提高勒努瓦内燃机的效率。1862年，法国科学家罗沙对内燃机热力过程进行理论分析之后，提出提高内燃机效率的要求，这就是最早的"四冲程工作循环"。1876年，德国发明家奥托(Otto)运用罗沙的原理，成功研制了第一台往复活塞式、单缸、卧式、3.2kW(4.4马力)的四冲程内燃机，这台内燃机仍以煤气为燃料，采用火焰点火，转速为156.7转/分，压缩比为2.66，热效率达到14%，运转平稳。在当时，无论是功率还是热效率，它都是最高的，因此奥托内燃机获得推广，性能也逐渐得到提高。1897年热效率已高达20%~26%。1881年，英国工程师克拉克成功研制了第一台二冲程的煤气机，并在巴黎博览会上展出。

随着石油的开发，比煤气易于运输携带的汽油和柴油引起了人们的注意，首先获得试用的是易于挥发的汽油。1883年，德国的戴姆勒(Daimler)成功研制了第一台立式汽油机，它的特点是轻型和高速。当时其他内燃机的转速不超过200转/分，它却一跃而达到800转/分，特别适应交通运输机械的要求。1885—1886年，汽油机作为汽车动力运行成功，大大推动了汽车的发展。同时，汽车的发展又促进了汽油机的改进和提高。

1892年，德国工程师狄塞尔(Diesel)受面粉厂粉尘爆炸的启发，设想将吸入汽缸的空气高度压缩，使其温度超过燃料的自燃温度，再用高压空气将燃料吹入汽缸，使之着火燃烧。他首创的压缩点火式内燃机(柴油机)于1897年研制成功，为内燃机的发展开拓了新途径。1920年左右，这种柴油机开始用于汽车。

活塞式内燃机自19世纪60年代问世以来，经过不断改进和发展，已是比较完善的机械。它热效率高、功率和转速范围大、配套方便、机动性好，所以获得了广泛的应用，是各种类型汽车的主要动力来源。图1.1所示为直列式汽车发动机。

图1.1　直列式汽车发动机

1.1　汽车的总体构造

1.1.1　概述

汽车是由动力驱动的，一般来讲，具有4个或4个以上车轮的非轨道承载车辆主要用于载运人与货物,另外具有一些特殊用途。总体上,汽车由发动机、底盘、车身和电气设备 4 个部分组成。

发动机是汽车的动力装置。汽车车身即汽车的外壳,是驾驶人的工作场所,也是装载货物和成员活动的场所。汽车电气及电子设备是指汽车的电源(蓄电池),所有的电气、电子装备及连接线束等。汽车底盘是汽车的主要部分,它由传动系、行驶系、转向系和制动系 4 个系统组成。

1.1.2 发动机

发动机是汽车的心脏,也是汽车制造的核心技术所在。发动机就是一个能量转换机构,即密封在汽缸内的汽油(柴油)可燃混合气燃烧膨胀时,将热能转变为机械能,推动活塞做功,通过底盘的传动系驱动汽车行驶。发动机的所有结构都是为能量转换服务的。随着汽车的发展,发动机的设计者们不断地将最新科技与发动机融为一体,把发动机变成一个复杂的机电一体化产品,使发动机性能达到近乎完善的程度。

大多数汽车采用往复活塞式内燃机,但随着现代科技的高速发展,汽车发动机除了内燃机外,还出现了燃料电池式发动机、蓄电池式电动机等。无论是汽油机还是柴油机,无论是四冲程还是二冲程,无论是单缸还是多缸,要实现循环工作,都必须具备两大机构:曲轴连杆机构、配气机构;五大系统:燃料供给系统、润滑系统、冷却系统、点火系统(仅汽油机采用,柴油机是压燃的,不需要点火系统)、启动系统。

1. 曲轴连杆机构

曲轴连杆机构是发动机内的主要运动部件,是发动机的能量转换机构。它能将燃料燃烧时产生的热能转变为活塞往复运动的机械能,再转变为曲轴旋转运动,从而对外输出动力。曲轴利用自身的惯性完成进、压、排 3 个准备工作。曲轴连杆机构主要由曲轴箱组、活塞连杆组、曲轴飞轮组组成。

1) 曲轴箱组

曲轴箱组是构成发动机的骨架,是发动机各机构和各系统的安装基础,其内、外安装着发动机的所有主要零件和附件,承受发动机各种载荷。因此,曲轴箱必须要有足够的强度和刚度,它由汽缸体、汽缸套、汽缸垫、汽缸盖和油底壳等不动件组成,如图 1.2 所示。

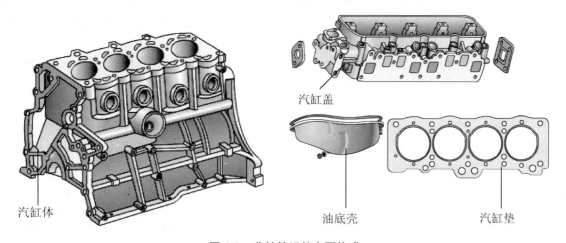

图 1.2 曲轴箱组的主要构成

水冷发动机的汽缸体和上曲轴箱常铸成一体,汽缸体上部的圆柱形空腔称为汽缸,汽缸体下部用来安装曲轴的部位称为曲轴箱,曲轴箱分上曲轴箱和下曲轴箱。上曲轴箱与汽缸体铸成一体,下曲轴箱用来存储润滑油并封闭上曲轴箱,故又称为油底壳。汽缸盖主要是封闭汽缸上部,并与活塞顶部和汽缸壁一起形成燃烧室。汽油机的汽缸盖上有安装火花塞的孔,柴油机的汽缸盖上有安装喷油器的孔,而顶置凸轮轴式发动机的汽缸盖上有凸轮轴轴承孔,用于安装凸轮轴。汽缸垫装在汽缸盖和汽缸体之间,其功用是保证汽缸盖与汽缸体接触面的密封,防止漏气、漏水和漏油。

2) 活塞连杆组

活塞连杆组是承受燃烧气体压力,并将此力通过活塞销传给连杆,以推动曲轴旋转。此外,活塞顶部与汽缸盖、汽缸壁共同组成燃烧室。活塞连杆组由活塞、活塞环、活塞销和连杆运动件组成。活塞连杆组各部分名称如图1.3所示。

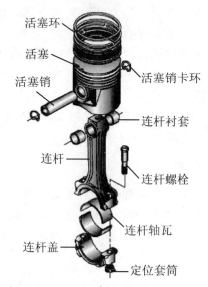

图1.3 活塞连杆组各部分名称

活塞的主要作用是承受汽缸中气体压力所造成的作用力,并将此力通过活塞销传给连杆,以推动曲轴旋转。活塞环包括油环和气环两种,气环保证活塞与汽缸壁之间的密封,防止汽缸中的高温、高压燃气大量漏入曲轴箱,同时还将活塞顶部的大部分热量传导到汽缸壁,再由冷却水或空气带走。油环主要是起布油和刮油的作用,下行时刮除汽缸壁上多余的机油,上行时在汽缸壁上铺涂一层均匀的油膜。这样既可以防止机油窜入汽缸燃烧掉,又可以减少活塞、活塞环与汽缸壁之间的摩擦阻力,此外油环还能起到封气的辅助作用。

活塞销的功用是连接活塞和连杆,并把活塞承受的力传给连杆。活塞销在高温下承受很大的周期性冲击负荷,其本身又做摆转运动,而且在润滑条件很差的情况下工作,因此,要求活塞销具有足够的强度和刚度,表面韧性好,耐磨性好,质量尽可能小。连杆则是将活塞传来的气体作用力传给曲轴,从而使活塞的往返运动转变为曲轴的旋转运动。

3) 曲轴飞轮组

曲轴飞轮组由曲轴、飞轮和扭转减振器等一些附件组成,如图1.4所示。曲轴的作用是将活塞连杆组传来的气体压力变为旋转动力,传给底盘的传动机构。另外,还用来驱动配气机构及其他各种辅助装置。

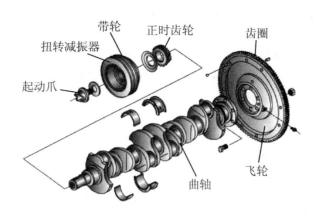

图 1.4 曲轴飞轮组

曲轴由主轴颈、连杆轴颈、曲柄、平衡块、前端和后端等组成。一个主轴颈、一个连杆轴颈和一个曲柄构成了一个曲拐，直列式发动机曲轴的曲拐数目等于汽缸数，V 型发动机曲轴的曲拐数等于汽缸数的一半。飞轮的主要作用是用来存储做功行程的能量，以便克服其他行程的阻力，使曲轴能均匀地旋转。飞轮外缘压有的齿圈与启动电机的驱动齿轮啮合，供启动发动机用。汽车离合器也装在飞轮上，将飞轮后端面作为驱动件的摩擦面，用来对外传递动力。飞轮上通常刻有点火正时记号，以便检验和调整点火正时及气门间隙。扭转减振器使曲轴扭转振动能量在减振器内的摩擦过程中逐渐消耗，使振幅减小。

2．配气机构

配气机构是进、排气管道的控制机构，它按照发动机的做功次序和每一缸的工作循环的要求，适时地开启或关闭进、排气门，向汽缸供给可燃混合气(汽油机)或新鲜空气(柴油机)并及时排出废气。配气机构定时开启或关闭气门，实现换气过程。

配气机构由气门组和气门传动组组成，如图 1.5 所示。

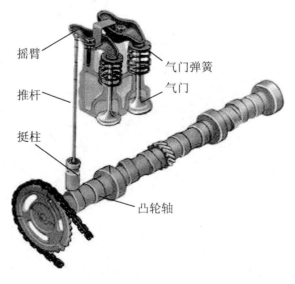

图 1.5 配气机构

(1) 气门组。包括气门、气门导管、气门座及气门弹簧等零件。

气门用来封闭气道,分成进气门和排气门两种。气门由气门头部和杆身两部分组成,其中气门头部是一个具有圆锥斜面的圆盘。

气门导管起导向和导热的作用,导向作用保证气门做直线往复运动,导热作用将气门头部传给杆身的热量,通过汽缸盖传出去。

气门座与气门头部密封锥面配合密封汽缸,气门头部的热量也经过气门座外传。

气门弹簧的作用是支撑和关闭气门,并使气门关闭严密,防止气门跳动而使汽缸漏气。气门弹簧多为圆柱形螺旋弹簧,它的一端支撑在汽缸盖上,另一端压靠在气门杆尾端的弹簧座上,弹簧座用锁片固定在气门杆的尾端。

(2) 气门传动组。使进、排气门能按配气相位规定的时刻开启或关闭,并保证气门有足够的开度。

气门传动组由凸轮轴、挺柱、推杆、摇臂及气门间隙调整螺钉等组成。凸轮轴由进气凸轮、排气凸轮、凸轮轴颈、驱动汽油泵的偏心轮、驱动机油泵及分电器的斜齿轮等组成,用于控制气门的开启或关闭。挺柱将凸轮的推力传给推杆(或气门杆),并承受凸轮轴旋转时所施加的侧向力。近年来,液压挺柱被广泛采用。推杆的作用是将从凸轮轴传来的推力传给摇臂,它是配气机构中最容易弯曲的零件。摇臂是一个双臂杠杆,用来改变推杆传来的力的方向,作用到气门杆端打开气门。

3. 燃料供给系统

燃料供给系统的作用是根据发动机不同工况的要求,将清洁的燃油和空气配制成一定数量和浓度的可燃混合气供给汽缸,并将燃烧做功后的废气排出汽缸。按照供给燃料系统的不同,发动机主要分为汽油机燃料供给系统和柴油机燃料供给系统。

1) 汽油机燃料供给系统

传统汽油机的油气混合过程在化油器内完成,燃料供给系统由燃油供给装置、空气供给装置、可燃混合气形成装置、可燃混合气供给和废气排出装置组成。图 1.6 所示为汽油机的燃油供给系统。

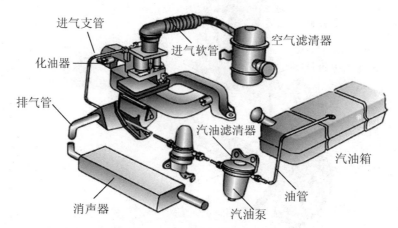

图 1.6 汽油机的燃油供给系统

燃油供给装置由油箱、燃油滤清器、燃油泵、油管等组成,它的作用是对汽油的储存、输送和清洁。

空气供给装置主要是指空气滤清器。空气滤清器的作用是把空气中的尘土分离出来,保证供给汽缸足够量的清洁空气。

可燃混合气形成装置是指化油器,化油器根据发动机负荷的不同,配制不同成分和数量的可燃烧混合气供给汽缸燃烧,以满足发动机所需功率的要求。化油器包括主供油装置、启动装置、怠速装置、加速装置和加浓装置。

可燃混合气供给和废气排出装置包括进气总管、进气支管、排气总管、排气支管、排气消声器、三元催化转换器等。进气管是将化油器所供给的可燃混合气分别送到发动机的各个汽缸。排气管是汇集各汽缸的废气,并使之从排气消声器排出。

如果化油器式发动机空气和混合气质量分配不够理想,就会对发动机的动力性和经济性的提高和排放性的改善有一定不利的影响。国内外轿车和轻型汽车广泛采用电喷发动机,取消了化油器,普遍采用汽油电控燃油喷射系统,如图1.7所示。

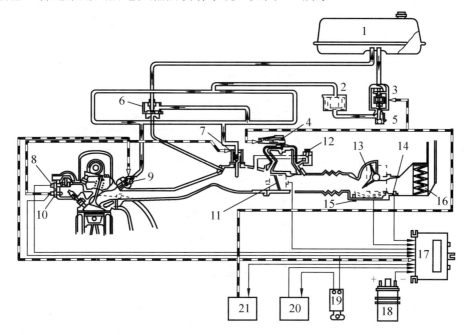

图1.7 汽油电控喷射系统

1—油箱 2—汽油滤清器 3—电动汽油泵 4—辅助空气阀 5—汽油缓冲器 6—燃油压力调节器
7—冷启动喷油器 8—水温传感器 9—喷油器 10—温度时间开关 11—节气门位置传感器
12—怠速调整螺钉 13—空气流量计 14—进气温度传感器 15—旁通气道调整螺钉 16—空气滤清器
17—电控单元 18—点火线圈 19—点火开关 20—EFI继电器 21—电动汽油泵继电器

电控单元(ECU)是系统的核心控制元件。ECU一方面接收来自传感器的信号,另一方面完成对信息的处理工作,同时发出相应的控制指令来控制执行元件的正确动作。ECU接收的信息主要有发动机转速、空气流量、节气门位置、进气温度、冷却液温度、曲轴位置、负荷和氧传感器信息等。传感器是电控汽油喷射系统的"触角",是感知信息的部件,它负责向电控单元提供汽车的运行状况和发动机的工况。

执行器负责执行电控单元发出的各项指令,执行器主要有喷油器、怠速步进电动机、电动汽油泵、继电器和点火线圈等。

从部件的功能来讲,电控汽油喷射系统一般由进气系统、燃油供给系统和电子控制系统

3个子系统组成。在点火与燃油喷射相结合的电控汽油喷射系统中还包含有一个点火子系统。

进气系统的功用是根据发动机的工况提供适量的空气,并根据电控单元的指令完成对空气量的调节。进气系统主要由空气流量计或进气支管绝对压力传感器、进行温度传感器、节气门位置传感器、进气支管、辅助空气阀及空气滤清器等组成。

燃油供给系统是根据电控单元的指令信号,以恒定的压差将一定数量的汽油喷入进气管。燃油供给系统主要由电动汽油泵、汽油滤清器、燃油压力调节器、喷油器及冷启动喷油器等组成。

电子控制系统由电控单元、各类传感器、驱动器及继电器等组成。该系统还具有故障诊断功能,可保存故障代码,并通过故障指示灯输出故障代码。

2) 柴油机燃料供给系统

柴油机燃料供给系统担负柴油供给和空气供给以及可燃混合气的形成、燃烧和废气的排出等任务。柴油机燃料供给系统由燃油供给装置、空气供给装置、混合气形成装置、废气排出装置组成,如图1.8所示。

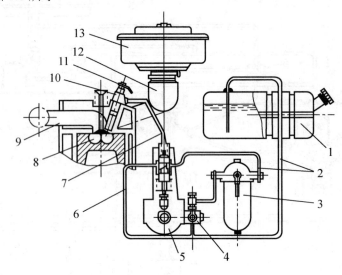

图1.8 柴油机燃料供给系统示意图

1—柴油箱 2—低压油管 3—柴油滤清器 4—输油泵 5—喷油泵 6—回油管 7—高压油管
8—燃烧室 9—排气管 10—喷油器 11—排油管 12—进气管 13—空气滤清器

柴油机工作原理与汽油机不同,没有化油器,而是采用高压喷射方法,即在压缩行程接近结束时,将柴油喷入汽缸,直接在汽缸内部形成混合气,借缸内空气的高温自行发火燃烧,因此柴油机的混合气形成装置是由汽缸盖和活塞顶部共同构成的燃烧室。

燃油供给装置由柴油箱、输油泵、柴油滤清器、喷油泵、喷油器等组成。柴油箱储有经过沉淀和滤清的柴油,经输油泵泵出,通过柴油滤清器滤去杂质后,进入喷油泵,喷出的柴油进入燃烧室。

柴油机的空气供给装置和废气排出装置与汽油机相同。

4. 润滑系统

发动机工作时,很多传动零件都是在很小的间隙下做高速相对运动的。金属表面之间的摩擦不仅会增加发动机的功率消耗,加速零件工作表面的磨损,而且还可能由于摩擦产生热量而使零件工作表面烧损，致使发动机无法运转。因此，为了保证发动机工作正常，必须对相对运动表面加以润滑，也就是在摩擦表面上覆盖一层润滑油(机油)，使金属表面间隔一层油膜，以减少摩擦力，降低功率损耗，减轻机件磨损，延长发动机使用寿命。

润滑系统的作用就是在发动机工作时连续不断地把数量足够、温度适当的洁净机油输送到全部传动件的摩擦表面，并在摩擦表面之间形成油膜，实现液体摩擦。同时循环流动的机油还可以对机件表面进行清洗和冷却，活塞与汽缸壁之间的润滑油还可以起密封作用。

由于发动机传动件的工作条件不尽相同，因此，对负荷及相对运动速度不同的传动件采用的润滑方式不同。发动机的润滑方式主要有压力润滑和飞溅润滑两种。压力润滑是以一定的压力把机油送入摩擦表面的润滑方式。这种方式主要用于主轴承、连杆轴承及凸轮轴承等负荷较大的摩擦表面的润滑。飞溅润滑是利用发动机工作时运动部件击打润滑油，使飞溅起来的油滴或油雾润滑摩擦表面的润滑方式。该方式主要用来润滑负荷较轻的汽缸壁面和配气机构的凸轮、挺柱、气门杆以及摇臂等零件的工作表面。

5. 冷却系统

发动机工作时，由于燃料的燃烧产生大量的热，燃烧室及其附近的温度最高可达 2 500℃，直接与高温气体接触的机件(如汽缸体、汽缸盖、活塞、气门等)若不及时冷却，则可能会因为受热膨胀而破坏正常间隙，影响发动机正常工作，或因润滑油在高温下失效而卡死；而各机件也可能因为高温而导致其机械强度减低甚至损坏。因此为了保证发动机的正常工作，必须对这些在高温条件下工作的机件加以冷却。发动机冷却系统的功能就是根据发动机的工况对其进行适度的冷却，从而保持发动机在最适宜的温度范围内(85~95℃)工作。

发动机的冷却系统有风冷式和水冷式之分。风冷式是直接以空气为冷却介质，对发动机的缸体、缸盖等高温零件进行冷却；水冷式是以冷却液为冷却介质，让循环水流经燃烧室附近，带走热量，再在发动机外对冷却水进行冷却。现代汽车上广泛使用的是水冷式冷却，小部分柴油车采用风冷式冷却。

目前汽车发动机上采用的水冷却系统大都是强制循环式水冷系统，利用水泵强制水在冷却系统中进行循环流动。它由散热器、水泵、风扇、冷却水套和温度调节装置等组成，强制循环式水冷系统的示意如图1.9所示。

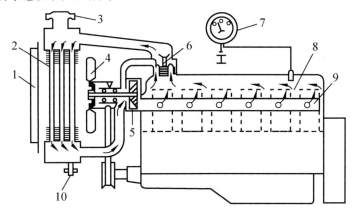

图1.9 冷却液在强制循环水冷系统中的流动

1—百叶窗 2—散热器 3—散热器盖 4—风扇 5—水泵
6—节温器 7—水温表 8—水套 9—分水管 10—放水阀

散热器内的冷却水被加压后通过汽缸体进水孔压送到汽缸体水套和汽缸盖水套内，冷却水在吸收了机体的大量热量后经汽缸盖出水孔流回散热器。由于风扇的强力抽吸作用，空气流由前向后高速通过散热器。因此，受热后的冷却水在流过散热器芯的过程中，热量不断地散发到大气中去，冷却后的水流到散热器的底部，又被水泵抽出，再次压送到发动机的水套中，如此不断循环，把热量不断地送到大气中去，使发动机不断地得到冷却。

6. 点火系统

汽油发动机汽缸内的压缩可燃混合气是由电火花点燃的，点火系统的功能是准时产生足够能量的电火花并送到正确的汽缸里。按照点火线圈的控制方法，可将点火系统分为传统点火系(触点式点火系)和电子点火系。当前大多数轿车都采用电子点火系。电子点火系又分为普通电子点火系(无触点式点火系)和微机控制的点火系。微机控制的点火系按照有无分电器又分为有分电器的微机控制点火系和无分电器的微机控制点火系。柴油机采用压燃式，不需要点火系统。

1) 蓄电池点火系

传统的点火系又称蓄电池点火系，主要由电源、点火开关、点火线圈、分电器、火花塞等组成，如图1.10所示。

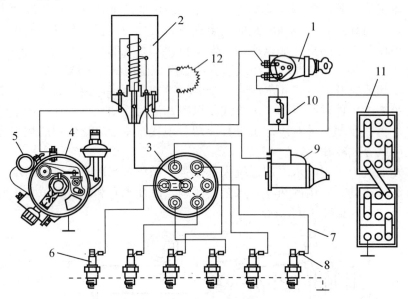

图1.10 蓄电池点火系

1—点火开关 2—点火线圈 3—配电器 4—断电器 5—电容器 6—火花塞
7—高压导线 8—阻尼电阻 9—启动机 10—电流表 11—蓄电池 12—附加电阻

点火开关又叫点火锁，安装在驾驶人面前，由驾驶人用钥匙控制点火电路的通断。点火线圈又叫变压器，其功用是将低压电变成高压电(20 000V左右)，变压比高达1 000，其内部有铁心、初级绕组(低压线圈)、次级绕组(高压线圈)。分电器由断电器、配电器、电容器和点火提前器四部分组成。分电器每转一圈，每个缸就点火一次。断电器的功用是周期性地接通和断开低压电路，将直流电变成"准交流电"，供点火线圈变压。电容器用于消除电路通断过程中触点之间的火花。配电器则把点火线圈产生的高压电分配给正确的汽缸。火花塞是安装于汽缸盖上的跳火装置,其伸入燃烧室的端部有一间隙,高压电跳过这一间隙时就会产生火花。

2) 电子点火系统

传统蓄电池点火系统具有结构简单、成本低廉等优点,但也存在一些缺点,如由于初级电流放大(3～5A),常引起触点烧蚀,触点烧蚀后又引起初级电路电阻增大、电流减小,因而点火能量减小;在发动机转速较高时点火不可靠,容易失火。此外,点火提前角的调整也不精确。无触点电子点火装置和微机点火装置有效地改善了点火性能。

(1) 无触点电子点火装置。无触点电子点火系统利用传感器代替断电器触点,产生点火信号,控制点火线圈的通断和点火系统的工作,可以克服与触点相关的一切缺点,在国内外汽车上的应用十分广泛。无触点电子点火系统主要由点火信号发生器(传感器)、点火控制器、点火线圈、分电器、火花塞等组成。其中分电器主要包括配电器、离心提前装置和真空提前装置,它们的作用、结构和工作原理与传统点火系统对应部分完全相同。

(2) 微机点火系统。无触点电子点火装置在提高次级电压和点火能量、延长分电器寿命等方面都是卓有成效的。但是,其对点火时刻的调节与传统点火系统一样,仍靠离心式和真空式两套点火提前调节装置来完成。出于机械的滞后、磨损以及装置本身的设计制造等局限性,远不能保证发动机的点火时刻总在最佳点火提前角附近,有时差别很大,严重影响发动机的性能。

微机控制的电子点火系统弥补了机械调节装置的不足,能在发动机任何工况下保证最佳点火提前角。微机点火系统一般由若干传感器、单片机和功率放大电路等组成。点火线圈、配电器等都与传统点火系统一样,但一般不止一套,可能有2～3套,甚至一缸一套。图1.11所示是微机点火系统的结构框图。

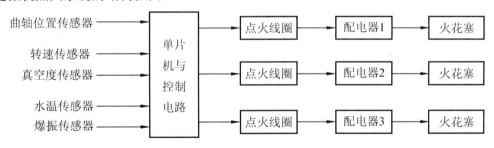

图 1.11 微机点火系统示意

曲轴位置传感器一般安装于正时齿轮罩上,它能把曲轴的周向转角位置(也就是每一缸活塞的位置和冲程)准确地告诉单片机。转速传感器安装于传统分电器的凸轮位置上,由齿轮和脉冲传感器组成,它给单片机输入发动机的转速信号。真空传感器装于化油器下面的节气门附近,将节气门处的真空度(节气门开度)传给单片机。水温传感器装于缸体出水管上或节温器上,将冷却水的温度输入单片机(混合气燃烧速度与发动机温度有关)。爆振传感器装于缸体上,用来检测缸内燃烧时的爆燃情况。单片机根据这些传感器提供的信息迅速计算出(或查表得出)所需要的最佳点火提前角,并控制功率放大电路的通断,把电火花送到合适的汽缸。

有的微机点火系统将曲轴位置传感器与转速传感器合二为一,还有的发动机将点火单片机与汽油喷射单片机合用。因为上述传感器信号也是汽油喷射所需要的,况且仅点火就使用一个单片机系统,功能闲置太多。

微机点火系统大大提高了点火能量(由每次 50MJ 提高到 100MJ 左右),又把点火提前角保持在最佳附近,同时又有效地防止了高速断火和爆燃,使发动机的动力性、经济性都有所提高,而排放污染大大降低。

7. 启动系统

汽车由静止到运动需要有外力来转动曲轴,发动机能够自动怠速运转的过程称为发动机的启动。完成启动过程所需的装置就是发动机的启动系统。

启动系统由启动机、电磁开关(启动继电器或电磁线圈)、启动开关(或启动按钮)等组成。启动机主要由电枢总成、电磁开关、外壳总成、后盖(驱动端盖)、前盖(电刷端盖)等部分组成。它采用蓄电池为启动电源,以直流电动机驱动,通过传动机构与操纵机构向发动机飞轮曲轴总成提供启动转矩,带动发动机进入正常运转工况。发动机的启动方式分为手摇启动和电动启动,目前大部分采用发动机电动启动,而将手摇启动作为备用。

电动启动是利用特制的直流电动机带动飞轮和曲轴转动,直到发动机自行运转。启动时,接通启动开关,启动机电路通电,继电器的吸引线圈和保持线圈通电,产生很强的磁力,吸引铁心左移,并带动驱动杠杆绕其销轴转动,使齿轮移出与飞轮齿圈啮合。与此同时,由于吸引线圈的电流通过电动机的绕组,电枢开始转动,齿轮在旋转中移出,减小冲击。

如果齿轮与飞轮齿端相对,不能马上啮合,此时弹簧压缩,当齿轮转过一个角度后,齿轮与飞轮迅速啮合。当铁心移动到使短路开关闭合的位置时,短路线路接通,吸引线圈被短路,失去作用,保持线圈所产生的磁力足以维持铁心处于开关吸合的位置。

1.1.3 汽车底盘

底盘作用是支撑、安装汽车发动机及其各部件、总成,形成汽车的整体造型,并接受发动机的动力,使汽车产生运动,保证正常行驶。底盘由传动系、行驶系、转向系和制动系 4 个部分组成。

1. 传动系

传动系是位于发动机与驱动轮之间的一套传递动力的装置,它有如下主要功用。

(1) 能将发动机输出的动力传递给每一个驱动轮,并能改变动力的特性(转矩、转速和转向),以满足汽车各种行驶工况的需要。

(2) 能随时接通和断开动力传递。

(3) 能实现倒车。

(4) 能选择最省油的发动机工况。

传动系统一般由离合器、变速器、万向传动装置、主减速器、差速器和半轴等组成,如图 1.12 所示。离合器是传动系的开关,它能接通和断开动力传递,并防止传动系过载,能在齿轮变速及启动、停车时,防止发动机的转矩传到变速器。变速器是传动比可以变化的减速器,其主要作用是降低转速、增大转矩,即"减速增矩"。万向传动装置包括传动轴和万向节,它是长距离传递机械动力必不可少的装置。驱动桥把万向传动装置传来的动力转变成推动汽车前进的驱动力,它包括主减速器、差速器和半轴等。主减速器进一步减速增矩;差速器允许左、右驱动轮有不同的转速;半轴则把动力由差速器传到驱动轮。

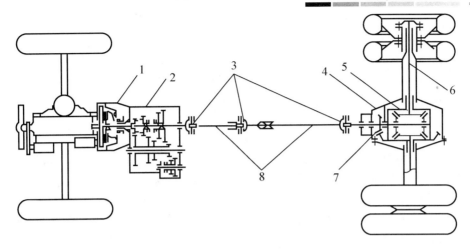

图 1.12 传动系的组成

1—离合器 2—变速器 3—万向节 4—驱动桥 5—差速器 6—半轴 7—主减速器 8—传动轴

在一些中级及以下的轿车上采用发动机前(横)置、前轮驱动的布置型式。由于发动机离驱动轮很近,不需要很长的万向传动装置,而将变速器、主减速器、差速器做成一个整体,叫传动箱,半轴采用万向传动的结构。越野汽车和某些工程用汽车都是多轮驱动或全轮驱动。国家标准规定用"×"隔开的两个数字表示驱动型式。如"4×4"、"6×4"、"6×6"、"8×8"等。其中前一位数字表示总车轮数(两个车轮安装在一个轮毂上计作一个车轮),后一位数字表示驱动轮数。"4×4"则表示 4 个车轮全驱动,即前后桥全是驱动桥。多桥驱动汽车的传动系在变速器之后加装了一个分动器,分动器把动力分配给前后桥。

2. 行驶系

行驶系将汽车各总成及部件连成一个整体并对全车起支承作用,以保证汽车正常行驶,主要功用如下。

(1) 接受传动系的动力,通过驱动轮与路面的作用产生牵引力,使汽车正常行驶。

(2) 承受汽车的总重量和地面的反力。

(3) 缓和不平路面对车身造成的冲击,衰减汽车行驶中的振动,保持行驶的平顺性。

(4) 与转向系配合,保证汽车操纵稳定性。

行驶系包括车架、车桥、车轮(包括转向轮和驱动轮)、悬架等部件。

(1) 车架是整个汽车的支撑基础,汽车的发动机、传动系统、行驶系统、控制系统、车身、驾驶室及附件等各种总成和零部件都直接或间接地装配在车架上。绝大部分轻型及以上卡车、客车都有独立的车架总成,而轿车大部分都是将车架与车身合在一起制成承载式车身。

(2) 车桥分前桥和后桥,通过悬架与车架连接,支承着汽车大部分重量,并将车轮的牵引力或制动力以及侧向力经悬架传给车架。根据车桥上所装车轮性质的不同可将车桥分为主动桥、转向桥、转向主动桥和支持桥。主动桥的基本作用是支持车架及车架上的各总成的重量,汽车行驶时,承受由车轮传来的路面反作用力和力矩,并经悬架传给车架。转向桥利用关节式连接的转向节的传动实现汽车的转向,支持车架并自车架传递负荷至车轮上,同时自车架将主动桥传来的推力传给车轮。为了便于与不同悬架相配合,汽车的车桥分为整体式和断开式两种。

(3) 车轮是汽车行驶系统的重要部件,它支承整车的重量,缓和由路面传来的冲击力,并通过轮胎与地面间的附着力产生驱动力、制动力以及平衡汽车转向行驶时的离心力的侧滑力，保证车辆的行驶平稳。转向桥的车轮安装在转向节上，驱动桥的车轮安装在桥壳上。

(4) 悬架(又叫悬挂)系统是汽车车架(或承载式车身)与车桥(或车轮)之间的弹性连接装置。它能将车架及车架所承受的重力传给车桥，缓和与吸收车轮在不平道路上行驶时因车轮的跳动所传给车架的撞击和振动，并传递力和转矩，以保证汽车的正常行驶。

3. 转向系

汽车转向系的功用是根据驾驶人的操作改变汽车的行驶方向。转向系统可按转向能源的不同分为机械转向系统和动力转向系统。机械转向系统以驾驶人的体力作为转向能源，其中所有传力件都是机械的，主要由转向操纵机构(转向盘)、转向器和转向传动机构组成。动力转向是兼用驾驶人体力和发动机动力为转向能源的转向系统。在正常情况下，汽车转向所需能量只有一小部分由驾驶人提供，大部分由发动机通过转向加力装置提供。

转向系的工作性能和可靠性对汽车的行驶的安全性至关重要，转向系中的零部件必须安全可靠。

转向系由转向操纵机构、转向器和转向传动机构组成。转向操纵机构主要有转向盘、转向轴、转向管柱等组成。转向器将转向盘的转动变为转向摇臂的摆动或齿条轴的直线往复运动，并对转向操纵力进行放大。机构转向器一般固定在汽车车架或车身上。转向操纵力通过转向器后一般还会改变传动方向。转向传动机构将转向器输出的力和运动传给车轮(转向节)，并使左右车轮按一定关系进行偏转。

4. 制动系

制动系的作用是通过轮胎与路面之间的摩擦给行驶中的汽车施加阻力。制动系统可分为行车制动系统、驻车制动系统、应急制动系统及辅助制动系统等。用以使行驶中的汽车降低速度甚至停车的制动系统称为行车制动系统；用于使已停驶的汽车驻留原地不动的制动系统称为驻车制动系统；在行车制动系统失效的情况下，保证汽车仍能实现减速或停车的制动系统称为应急制动系统；在行车过程中，辅助行车制动系统降低车速或保持车速稳定，但不能将车辆紧急制停的制动系统称为辅助制动系统。行车制动系统和驻车制动系统是每一辆汽车都必须具备的。

制动系统包括安装在4个车轮内侧的制动器，安装在驾驶人前下方的制动操纵装置(包括制动踏板、制动总泵和真空助力器)，连接制动器与制动总泵的制动管路(液压油管)和从驾驶人旁边通向后制动器的滑轮、杠杆和拉绳等机械装置(驻车制动操纵装置)，如图1.13所示。

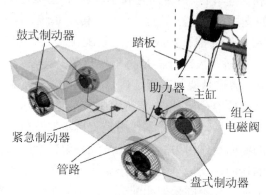

图 1.13　活塞连杆组各部名称

1.1.4 车身

汽车车身既具有结构性功能，又具有装饰性功能；既是驾驶人的工作场所，也是容纳乘员和货物的场所。所以车身应为驾驶人提供便利的工作条件，为乘员提供舒适的乘坐条件，保护他们免受汽车行驶时的振动、噪声和废气的侵袭以及外界恶劣气候的影响。对于货车和专用汽车来说，应能保证其完好无损地运载货物且装卸方便。车身上的一些结构措施和设备还有助于安全行车以及减轻事故的后果。

为了使汽车在行驶时能有效地引导周围的气流，减少空气阻力，降低燃料消耗，车身应保证汽车具有符合空气动力学要求的合理的外部形状。现代汽车特别是轿车的车身还是一件精致的综合艺术品，要美观、有艺术性。

车身式样决定于汽车的用途，如货车的车厢与驾驶室、客车车身，以及其他有专用装备的车身等。

按组成结构的不同，汽车车身的结构主要包括：车身壳体、车门、车窗、车前钣制件，车身内、外装饰件，以及坐椅、通风、冷暖空气调节装置等车身附件。

(1) 车身壳体。车身壳体是一切车身部件的安装基础，通常是指纵、横梁和支柱等主要承力元件以及与其相连接的钣金共同组成的刚性空间结构。车身壳体通常还包括在其上敷设的隔声、隔热、防振、防腐、密封等材料及涂层。按照受力情况的不同，车身壳体可分为非承载式、半承载式和承载式(也称全承载式)车身。客车车身多数具有明显的骨架，而轿车车身和货车驾驶室则没有明显的骨架。

(2) 车门、车窗。车门通过铰链安装在车身壳体上，其结构较为复杂，是保证车身使用性能的重要部件。按开启方式的不同，车门可分为顺开式、逆开式、水平移动式、上掀式和折叠式等几种。

前后窗通常采用有利于视野而又美观的曲面玻璃，用橡胶密封条嵌在窗框上或用专门的粘接剂粘贴在窗框上。为便于自然通风，汽车的侧窗玻璃常可上下移动或前后移动。

(3) 车前钣制件和内外装饰件。车前钣制件包括散热器固定框、发动机罩、翼子板、挡泥板等，形成了容纳发动机、车轮等的空间。

车身外装饰件可分为 3 种类型：辨识标志性装饰件、造型视觉效果装饰件和功能性装饰件。辨识标志性装饰件主要为汽车铭牌、车型、制造厂的标志等；造型装饰件是补充、强调或平衡车身造型在视觉上的不足之处；功能性装饰件多用来覆盖钣件的接缝，保护接触的局部表面等。

车身内装饰件包括仪表板、顶棚、侧壁、坐椅等表面覆饰物，以及窗帘和地毯。

(4) 车身附件。凡在车身中具有独立功能并成为一个总成机构的，都可称为车身附件。各种车身附件有简有繁，功能各异，按其功能不同可分为以下几种。

① 提供行驶安全的车身附件，如风窗刮水器、风窗洗涤器、后视镜、门锁、行李厢锁、除霜除雾装置、玻璃升降器、坐椅安全带、安全气囊，以及碰撞时防止乘员受伤的缓冲和包垫装置等。

② 提供舒适性的车身附件，如空气调节装置、通风装置、坐椅、头枕、脚凳和扶手等。通风装置是在汽车行驶时保证室内通风，即不断地对室内充入新鲜空气，驱排混有尘埃、二氧化碳及其他来自发动机的有害气体，在寒冷季节还应对新鲜空气加热，以保证车内的温度

适宜。空气调节装置是在任何气候和行驶条件下,能为乘员提供舒适的车内环境,并能预防或除去在风窗玻璃上的雾、霜或冰雪,以确保驾驶人具有良好的视野,保证行车安全。

③ 提供娱乐性的车身附件,如立体声汽车音响装置、闭路彩色电视系统等。

④ 提供方便性的车身附件,如点烟器、烟灰盒和车载电话等。

按照车型的不同,可将车身分为载重车的车身、轿车车身和客车车身。

① 载重车的车身。载重车的车身有长头和平头之分。长头载重车是典型的三室前后排列,发动机室在前,驾驶室居中,车厢在后。平头载重车是将驾驶室放置于发动机室之上,后面放车厢。这两种形式的车身相比,长头车总长较长,总高较低,驾驶时安全感强,但视野不及平头车开阔;平头车由于驾驶室位于发动机室之上,维修保养发动机不便。因此,许多平头载重车都把驾驶室设计成可向前翻转的。平头车的技术水平高于长头车,是载重车的发展趋势。载重车车身的核心是驾驶室,它主要由车门、前围板、后围板、底板、顶板、翼子板(轮罩)、门立柱、风窗玻璃、内饰件等组成。

② 轿车的车身。轿车的车身比载重车重要得多,也复杂得多,主要由车身主体、4个车门、发动机罩、前后保险杠、左右翼子板、灯罩、散热器罩、尾厢盖等组成。由于轿车是用于少量人员乘坐的,其"货厢"萎缩成行李厢,并与驾驶室合二为一,这种形式的车身叫两厢式;若将行李厢与驾驶室分开,则称做三厢式。轿车由于没有独立的车架,其车身承受着各种各样的负荷。

③ 客车车身。客车(特别是大型客车)车身基本上是长方体,形同居室,以便安排更多的座位。发动机室常位于长方形的"居室"内,在车内可看到从地板上凸起的发动机室鼓包。大客车的车身主要分为骨架和蒙皮两个主要部分,还有车门、玻璃、附件等部件。大客车由于载人较多,除对车身的刚度、强度有较高要求外,对安全性、密封性、乘坐舒适性以及通风、采光、视野等也都有较高要求。

1.1.5 电气设备

汽车电气设备是汽车的重要组成部分,它担负着点火、启动、照明、信号、监测等工作。随着汽车经济性、舒适性、安全性、可靠性及节能、低污染要求的提高和汽车电子技术的迅速发展,汽车电气设备日益更新,汽车电气系统也日趋复杂。它不仅功率不断增大,数量不断增多,质量和性能不断提高,而且将向组合式、小型化、自动化方向发展,尤其是微机的应用,更使其进入了一个崭新的阶段。所以,汽车电气设备工作的好坏,对保证汽车的动力性、经济性和安全性越来越重要。

汽车种类繁多,电气设备十分复杂,但其基本原理是相同的,它的特点基本可以用16个字概括,即"两个电源、低压直流、并联单线、负极搭铁"。

(1) 两个电源。蓄电池和发电机。蓄电池主要在启动时供电。发电机是主要电源,它在汽车正常运行时向用电设备供电,同时还给蓄电池充电。

(2) 低压直流。汽车用电源电压有6V、12V、24V三种,以12V和24V为多。主要是从蓄电池充、放电来考虑的。

(3) 并联单线。汽车上的所有用电设备跟交流电系统一样,均采用并联连接。所不同的是汽车电系的电压低,属于安全电压。单线制即从电源到用电设备使用一根导线连接,而另一根导线则用汽车车体或发动机机体的金属部分代替。单线制可节省导线,使线路简化、清晰,便于安装与检修。

(4) 负极搭铁。将蓄电池的负极与车体相连接,称为负极搭铁。

汽车上电气设备很多,可划分为七大部分。

(1) 电源。由蓄电池、发电机和调节器组成,是汽车的低压电源。

(2) 启动系。主要由启动机和继电器组成,其任务是启动发动机。

(3) 点火系。主要由点火线圈、分电器、火花塞等组成。其功能是将低压电转变为高压电,产生电火花,点燃汽缸中的可燃混合气。现代汽车发动机上使用的点火系统大致可分为传统触点式点火系统、电子点火系统和计算机控制点火系统三种。

(4) 照明及信号装置。包括各种照明和信号灯及喇叭、蜂鸣器等。其任务是确保车内外照明和保证各种运行条件下的人车安全。

(5) 仪表。有电流表、机油压力表、水温表、燃油表、车速里程表和发动机转速表等。汽车仪表正向数字化、屏幕化发展,属于汽车的监测设备。

(6) 辅助电气设备。主要包括电动刮水器、风窗玻璃洗涤设备、电动车窗、电动坐椅、空调、音响视听装置等。其任务是为驾驶人和乘客提供良好的工作条件和舒适的环境。

(7) 电子控制系统。包括发动机变速中心(EEC)、车辆行驶中心(VEC)、驾驶人信息中心(DIC)三大类。目前已进入实用阶段的电子控制装置有电子控制燃油喷射系统、电子防抱死制动装置、电子控制式自动变速器、电子控制悬架系统和安全气囊系统。

启动系和点火系也是发动机的一部分,在这里不再赘述。

1. 电源

蓄电池和发电机都是汽车的电源,它们的作用就是向用电设备供电。

1) 蓄电池

蓄电池由电池壳、极板、隔板、电解液、电桩头和连接板等组成。蓄电池壳用硬橡胶制成,内分若干单格,互不相通。壳上有盖,壳内底面有凸起的棱条。单格内装有极板组,由许多片正、负极板焊接在一起和隔板组成。安装时正、负极板相互交叉并在各极板间嵌入隔板。每一个极板组的外侧都是负极板,因此正极板比负极板少一片,单极板数为单数。

电解液由纯硫酸和蒸馏水调配而成。根据气温的不同,电解液的密度一般在 $1.26\sim1.28\text{g/cm}^3$ 范围内为适宜。

蓄电池盖上有加液口和塞,塞上有小通气孔。壳盖四周用硬质沥青填满缝隙,最后用铅连接板将各单格电池串联在一起。

2) 发电机和调节器

汽车上虽然有蓄电池为用电设备供电,但由于蓄电池的存电能力是有限的,它只能在启动发动机时或发动机不工作时给汽车上的用电设备供电,而不能长时间给汽车上的用电设备供电,因此,蓄电池只能作为汽车的辅助电源。

在发动机正常工作时是靠发电机来给用电设备供电的,发电机是汽车的主电源,其功用是在发动机正常运转时,向所有用电设备(启动机除外)供电,同时向蓄电池补充充电。

汽车用发电机可分为直流发电机和交流发电机两种,早期汽车上使用的是直流发电机,配以由电压调节器、电流限制器和截流继电器组成的调节器,分别控制发电机输出电压,限制发电机输出电流和自动接通与切断发电机与蓄电池之间的电路连接。20 世纪 60 年代以来,国内外汽车上都开始使用交流发电机,因为它与直流发电机相比,具有体积小、质量小、结构简单、维修方便、使用寿命长、发动机高速、充电性能好等优点。并且由于交流发电机具有自限流作用和整流二极管的单向导电性,所以交流发电机只配一组电压调节器,而不需要电流限制器和截流继电器。这就使调节器的结构大为简化,因此汽车上采用交流发电机以后,直流发电机就逐渐被淘汰。

交流发电机的性能指标主要是额定电压、空载转速、额定电流和额定转速。交流发电机受结构、转速等条件的限制,对外输出电流的能力是有限的,为了评价发电机的对外输出能力,把发电机输出最大电流的 2/3 定为发电机的额定电流,把达到额定电流时的转速定为额定转速,并列入产品说明书。发电机的额定转速和额定电流是评价发电机性能的重要指标。

由于交流发电机的转子是由发动机通过皮带驱动旋转的,而且发动机和交流发电机的转速比为 1.7~3,因此交流发电机的转子的转速变化范围非常大,这样将引起发电机的输出电压发生较大变化,而汽车上用电设备需要的是恒定电压。因此为了满足用电设备恒定电压的要求,交流发电机必须配用电压调节器才能工作。

电压调节器是把发电机输出电压控制在规定范围内的装置,其功用是在发电机转速变化时,自动控制发电机电压保持恒定,使其不因发电机转速高时电压过高而烧坏用电设备和导致蓄电池过度充电;也不会因发电机转速低而电压不足导致用电设备工作失常。

2. 照明及信号装置

汽车照明系统除了主要用于照明外,还用于汽车装饰。汽车信号系统是在汽车使用中用来指示其他车辆或行人的灯光信号(或标志),通常由转向信号装置、制动信号装置、电喇叭等组成,以保证汽车行驶的安全性。

1) 照明系统

为保证汽车在夜间及能见度较低的情况下安全、高速行驶,改善车内驾乘环境,便于交通安全管理和车辆使用、检修,对现代汽车照明系统提出如下要求。

(1) 照明设备应能提供车前道路 100m 以上明亮均匀的照明,在会车时,不应对迎面来车的驾驶人造成眩目。随着车速的不断提高,要求道路照明的距离也相应增加,现在有些车的照明距离已达到 200m 以上。

(2) 驾驶人在夜间倒车时能看清车后的情况。

(3) 在夜间,其他行驶车辆驾驶人和行人在一定距离内能看清车辆的牌号。

(4) 采用特殊照明,提高能见度,改善雾天行车条件。

(5) 在车内要有足够的照明装置,当车内光线强度不够时,可以增强车内光线强度,既便于驾驶人操纵车辆、观察仪表等,又能满足乘员阅读等要求。

(6) 车厢和发动机罩下面应有照明装置,便于车辆使用和检修。

汽车照明系统由电源、照明装置及其控制部分等组成。控制部分包括各种灯光开关、继电器等,照明装置包括车外照明、车内照明和工作照明三部分。

① 车外照明装置包括前照灯、雾灯、倒车门、牌照灯等。

② 车内照明装置包括仪表灯、顶灯、阅读灯等。

③ 工作照明装置包括行李厢灯、发动机罩灯等。

2) 信号系统

汽车信号系统的作用是通过声、光信号向其他车辆的驾驶人和行人发出有关车辆运行状况或状态的信息,以引起有关人员的注意,确保车辆行驶的安全。

汽车信号系统由声响信号装置和灯光信号装置组成。

(1) 声响信号装置。声响信号装置包括气喇叭、电喇叭和蜂鸣器等，在汽车起步、超车或倒车、转向时，提醒行人和其他车辆注意。气喇叭是利用气流使金属膜片振动发声，多用在装有气压制动的载重汽车上。电喇叭的声音清脆悦耳，其音量不超过105dB，因而被广泛应用于各种类型的汽车中。蜂鸣器有倒车蜂鸣器和转向蜂鸣器之分。

电喇叭由喇叭按钮(或通道喇叭继电器)控制；倒车蜂鸣器由倒挡开关控制；转向蜂鸣器由转向开关控制。

(2) 灯光信号装置。灯光信号装置包括转向信号灯、制动信号灯、停车灯、雾灯、门灯等。

① 转向信号灯。简称转向灯，在汽车起步、超车、调头和停车时，左侧或右侧的转向信号灯会发出明暗交替的闪光信号，以示汽车改变行驶方向。汽车的转向信号灯大都采用橙色。转向信号灯每侧至少两个(前、后转向信号灯)，有的还有侧转向信号灯。转向信号灯由转向开关控制。

② 制动信号灯。简称制动灯，装在汽车尾部两侧，在汽车制动时，发出较强的红光，以示汽车紧急减速，提醒后面的车辆和行人注意。为避免尾随大型车对轿车碰撞的危险，轿车后窗内可加装由发光二极管成排显示的高位制动灯。两个制动灯的安装位置应与汽车的纵轴线对称并在同一高度，制动灯的红色信号应保证夜间100m以外能够看清。

③ 危险警告信号灯。又称为危险报警灯，前、后、左、右危险警告信号灯同时闪烁表示有紧急情况需要处理。危险警告信号灯与转向信号灯采用同一套灯具，闪烁频率要求与转向信号灯相同。

④ 示廓灯。标志汽车宽度和高度方向轮廓的信号灯，分别称为示宽灯和示高灯。示宽灯包括装在车前部的小灯、车后部的尾灯，它们装在汽车前后两侧的边缘，在汽车夜间行驶时，以示汽车的宽度。

⑤ 停车灯。供停车时标志汽车存在，车门打开后车辆宽度的门灯等。

⑥ 转向信号灯。转向信号灯电路主要由转向信号灯、闪光器、转向灯开关等组成。转向信号灯的闪烁是由闪光器控制的。许多汽车转向信号灯和示宽灯装在一起，采用双灯丝结构。功率高的是转向信号灯、以保证在示宽灯亮时，转向信号灯的闪烁仍然可以明显分辨。

3. 仪表

汽车仪表是汽车关键零部件之一，它可以监视汽车的行驶工况，及时反馈汽车行驶中发动机及有关装置的工作状态及相关参数。为了便于驾驶人随时了解汽车各个主要系统的工作情况，正确使用汽车，及时发现问题、采取措施，防止发生人身和机械事故，保证汽车可靠而安全地行驶，汽车上安装了一些仪表，用来反映汽车和发动机的一些重要运行状态参数。汽车上较常用的仪表有电流表或电压表、机油压力表、冷却液温度表(简称水温表)、燃油表、车速里程表及发动机转速表等。这些仪表除了结构简单、体积小、工作可靠、耐振动、抗冲击性好等优点以外，还附加仪表的指示值，尤其是在电源电压波动时，所引起的变化应尽可能地小，也不随环境温度的变化而变化。

电流表用于指示蓄电池的充电或放电电流值；电压表用来指示蓄电池和发电机的端电压；机油压力表用来检测和显示发动机主油道的机油压力的大小，以防因缺机油而造成拉缸、烧瓦的重大故障发生；冷却液温度表用来检测和显示发动机水套中冷却液的工作温度，以防因冷却液温度过高而使发动机过热；燃油表用来指示燃油箱内燃油的储存量，它由装在仪表板上的燃油指示表和装在燃油箱内的传感器两部分组成；车速里程表用来指示汽车行车速度和汽车累计行车里程数；发动机转速表用于直观显示发动机转速，通过它可以检查和调整发动机，并监视发动机及其他电器的工作情况，更好地掌握换挡时机。

4. 辅助电气设备

1) 电动刮水器

电动刮水器的作用是刮除风窗玻璃上的雨水、雪或灰尘，确保驾驶人有良好的视线。目前在汽车上广泛采用的电动刮水器一般具有高速、低速及间歇 3 个工作挡位。而且除了变速之外，还有自动复位的功能。

2) 风窗玻璃洗涤设备

风窗玻璃洗涤器由洗涤油泵、洗涤液缸、洗涤液喷嘴、三通接头、连接软管等组成。当玻璃需要洗涤时，应先启动洗涤液泵，使洗涤液从喷嘴到刮水器的刮水片上，浸软尘土和污物后才能开启刮水器，把玻璃上的尘土、污物及洗涤液一起刮干净。

3) 电动车窗

电动车窗以电为动力使车窗玻璃自动升降。它是由驾驶人或乘客操纵开关接通车窗升降电动机的电路，电动机产生动力通过一系列的机械传动，使车窗玻璃按要求进行升降。

4) 电动坐椅

汽车坐椅的功能是为驾驶人及乘客提供便于操作、舒适又安全、不易疲劳的驾乘位置。汽车坐椅应满足以下要求。

(1) 汽车内布置要合适，尤其是驾驶人的坐椅，必须处于最佳的驾驶位置。

(2) 按人体工程学的要求，必须具有良好的静态和动态的舒适性。其外形必须符合人体生理功能，在不影响舒适性的前提下，力求美观大方。坐椅应呈凹形，以防止汽车转弯时驾驶人及乘客横向滑动而滑出坐椅，同时坐椅的前部可适当高于后部，这样汽车制动时可以防止驾驶人及乘客向前滑动。另外，坐椅的面料应有适当的粗糙度，以增大驾驶人及乘客与坐椅之间的摩擦阻力，增强乘坐的稳定性。

(3) 采用最经济的结构，尽可能地减少质量。

(4) 必须十分安全可靠，应具有充分的强度、刚度与耐久性。对可调的坐椅要有可靠的锁止机构，保证安全。

(5) 应有良好的振动特件，能吸收从车厢传来的振动。

(6) 应具有各种调节机构，可适应不同驾驶人及乘客在不同条件下获得最佳位置，以提高乘坐的舒适性。

电动坐椅是指以电动机为动力，通过传动装置和执行机构来调节坐椅的各种位置，使驾驶人及乘客乘坐舒适的坐椅。常见有带电子控制调节系统的坐椅和不带电子控制调节系统的坐椅。带电子控制的坐椅自动化程度高，它能够使坐椅前后滑动、坐椅的前后部垂直上下调节、坐椅高度调节、靠背倾斜度调节、枕垫上下调节，以及腰垫调节等。这种坐椅是靠电子控制的，有的还有记忆功能。它能把驾驶人调定的坐椅位置靠电脑储存下来，以作为以后调节的依据。驾驶人需要调节时，只要按一下按钮即可按记忆自动调节到理想的位置。

5) 空调

为了改善汽车驾驶人的工作环境和乘客的旅行环境，现代汽车上相继装设了汽车用空气调节装置，即汽车空调器。目前采用的汽车空调器有两种：在冬季用来给车厢供暖气的空调器和在夏季用来给车厢供冷气的空调器。

汽车空调系统按其功能可分为制冷系统、加热系统、通风系统、空气净化系统和操纵控制系统等几个主要组成部分。

(1) 制冷系统。采用蒸气压缩式制冷原理，对车内空气或由外部进入车内的新鲜空气进行冷却或除湿，使车内空气变得凉爽舒适。

(2) 加热系统。采用热水式加热装置，利用发动机冷却水给车内空气或由外部进入车内的新鲜空气加热，以达到取暖、除湿的目的；在冬天还可以给前风窗玻璃除霜、除雾。

(3) 通风系统。离心式鼓风机将外部新鲜空气吸进车内，对车内空气进行置换，以达到制冷、加热及通风的功效。通风装置除鼓风机外，还有滤清器、进风口、风道及出风口。

(4) 空气净化系统。除去车内空气中的尘埃臭味，使空气清洁，简单的方法是在通风口处加装灰尘滤清器。先进的轿车上还装有空气质量传感器，当空气质量不良时，使初步过滤的气流再通过活性炭阀门，进一步净化。

加湿装置。在气温较低时，对车内空气加湿，使车内空气相对湿度达到40%~50%。

(5) 操纵控制系统。该系统主要由电气元件、真空机构和操纵机构组成。一方面，对制冷系统、加热系统的温度和压力进行控制并进行安全保护；另一方面对车内空气温度、风量及出风方向进行控制。自动空调系统就是指操纵控制系统自动化。

6) 音响视听装置

汽车音响是现代汽车的一个重要组成部分。在汽车行驶中，听音乐有助于减轻驾驶途中的疲劳，增进行车安全。随着电子技术的迅速发展，汽车音响已向大功率多路输出、多喇叭环回音响、多碟式镭射 CD 等方向发展。汽车音响要求外形体积小，质量轻；能承受外界条件的急剧变化；采用低压电源供电；抗干扰能力强；调幅/调频接收灵敏度高，动态范围大；具有夜间灯光照明；配用功率大、阻抗小、体积小的扬声器，提高输出功率；具有防盗性。

5. 电子控制系统

当前，电子技术在汽车上的应用主要有以下几个方面：电子控制燃油喷射系统、电子控制防抱制动系统、电子控制自动变速系统、电子控制悬架系统、安全气囊系统等。

1) 电子控制防抱制动系统(ABS)

普通的液压制动系统是由机械、液压元件组成的放大系统，它将驾驶人踩制动踏板的力迅速均匀地转化为轮子的制动力。如果驾驶人施加的制动力不足以使车轮处于制动抱死状态，则制动距离就会增大，造成汽车事故增多。如果驾驶人施加的制动力太大，足以使车轮处于制动抱死状态，轮胎与地面之间出现滑移，制动距离不但不是最短，同时汽车可能会出现侧滑、甩尾、掉头、转向盘控制失灵等现象，同样也会造成汽车事故增多。汽车防抱制动系统充分利用车轮与地面之间的附着力，全面满足制动的要求，不仅能够在制动过程中防止车轮发生抱死，面且能够使车轮处于纵向附着力最大、侧向附着力也很大的半抱死半滚动状态，确保汽车行驶方向稳定，制动距离最短，同时还能改善轮胎的磨损情况。ABS 系统使用方便，工作可靠。ABS 系统使用与普通制动系统使用方法一样，若 ABS 出现故障，故障指示灯点亮，同时转入正常的普通制动系统继续工作。

2) 电子控制自动变速系统

电子控制自动变速系统由液力变矩器、齿轮变速系统、换挡执行器、液压自动操纵系统、电子控制系统五部分组成。电子控制自动变速系统是通过各种传感器，将发动机转速、节气门开度、车速、发动机水温、自动变速器液压油温度等参数转变为电信号,并输入计算机。计算机根据这些电信号,按照设定的换挡规律,向换挡电磁阀、油压电磁阀等发出电子控制信号,换挡电磁阀和油压电磁阀再将计算机的电子控制信号转变为液压控制信号,阀板中的各个控制阀根据这些液压控制信号,控制换挡机构的动作,从而实现自动换挡。

电子控制自动变速系统不仅可以按汽车行驶的需要选择相应的挡位,而且能实现更复杂、更合理的控制,可得到更理想的燃料经济性和动力性,提高控制精度和反应速度,并可实现与整车其他控制系统的匹配,如发动机控制、巡航控制等。

3) 电子控制悬架系统

电子控制悬架系统可以实现车身高度控制,使汽车根据车内乘员或车辆载质量情况,调整汽车车身高度,使其保持某一恒定的高度值。当汽车在坏的道路上行驶时,可以使车身高度增加,提高汽车的通过性;当汽车高速行驶时,又可以使车身高度降低,以减少空气阻力,提高操纵稳定性;当点火开关断开,汽车处于驻车状态,因乘员和行李减少使车身高度变化时,该功能可以使车身高度降低,保持良好的驻车姿势;可以实现减振器阻尼力控制,通过控制减振器阻尼力(减振力),使汽车在急转弯、急加速和紧急制动时防止侧倾、后坐和点头等,抑制汽车姿势的变化,提高汽车的操纵稳定性;可以实现弹簧弹性系数控制,通过改变弹簧弹性系数来改变悬架的刚度。按照汽车实际使用目的的不同,可分为运动型和舒适型两种控制形式。

4) 安全气囊系统

安全气囊系统的全称是辅助防护系统或辅助防护安全气囊系统,英文缩写为 SRS。当汽车遭受碰撞导致减速度急剧变化时,气囊迅速膨胀,在驾驶人、乘员与车内构件之间迅速铺垫一个气垫,利用气囊排气节流的阻尼作用来吸收人体惯性力产生的动能,从而减轻人体遭受伤害的程度。正面气囊的主要功用是保护驾驶人和乘员的面部与胸部,侧面气囊的主要功用是保护驾驶人和乘客的头部与腰部。

1.2 汽车的使用性能指标

汽车的使用性能是汽车在工作过程中所表现出来的特性。根据汽车的用途和经常使用的环境不同,汽车对各方面性能的要求是不同的。综合各种汽车应用,使用性能指标主要有汽车容量、速度性、使用方便性、燃料经济性、安全性、通过性、可靠性和耐久性、维修性、汽车的质量利用以及外形尺寸。

1.2.1 容量

汽车容量表示汽车能同时运输的货物数量或乘员人数,它是汽车的重要使用性能指标之一。它与汽车的装载质量、车厢尺寸、货物密度、座位数和站立乘员的地板面积有关。

汽车的载货容量主要取决于汽车的装载质量和载货容积(车身、车厢或液槽的内部尺寸),与货物的密度或容积重量有关。货车容量的评价指标有单位载货量和装载质量利用系数。近年来,载重汽车除了向大型化、高速化发展外,十分重视发展专用汽车。因为专用汽车可以有效地利用车辆容积,提高装卸机械化程度,减少货物损坏,从而提高汽车运输经济效益。汽车的额定装载质量由制造厂规定。由于行驶道路条件不同,在实际运用中装载质量规定应有所区别,在不良道路上应适当减载。

$$单位载货量 = \frac{额定载货量(t)}{货量容积(m^3)}$$

单位载货量也叫比装载质量。

$$装载质量利用系数 = \frac{货物容积质量(t/m^3) \times 车厢容积(m^3)}{装载质量(t)}$$

装载质量利用系数决定了该车型装载何种货物才能装满车厢，才能利用好汽车的全部装载能力。一般来说，汽车的装载质量越大，越不适于装载单位容积质量轻的货物，特别是散装货物。

载客容量是以同时能运送的乘员人数来表示的。它的量标一般是座位数，但对公共汽车来说，载客容量则是总载人数(座位数加允许站立人数)。站立人数是按座位以外的每平方米地板面积(通道和空地)规定的站立人数来确定的。

1.2.2 速度性

速度性能是指汽车以最快的行驶速度(即在最短的运输时间内)完成运输工作的能力。这是汽车最重要的使用性能指标之一，直接影响到工作效率。汽车的速度性与汽车的动力性直接相关。对轿车而言，用户希望跑得快(速度大)和起速快(加速性好)；对卡车而言，用户希望装载多，速度能满足要求等。

汽车动力性可从下面三方面指标进行评价。

(1) 汽车的最高车速：V_{max}，km/h。

最高车速指汽车在水平良好的直线路面上，按规定满载，以最大油门行驶，在车速稳定时所能达到的速度。最高车速是汽车动力性的一个重要指标。对于不同用途的汽车，其最高车速也不同。轿车的最高车速比货车高得多，同时汽车的最高车速还受道路和安全条件的制约。

(2) 汽车的加速能力：时间 t，s。

加速能力指汽车在各种使用条件下迅速增加汽车行驶速度的能力。加速能力用起步加速能力和超车加速能力表示，其表示方法通常用加速时间和距离或加速时间和速度，即通过规定路程所需的时间，或达到规定车速所需的时间。加速过程中加速用的时间越短、加速度越大和加速距离越短的汽车加速性能就越好。

(3) 汽车的爬坡能力：最大爬坡度 i_{max}(%)。

爬坡能力用汽车满载时以最低挡位在坚硬路面上等速行驶所能克服的最大坡度来表示，称为最大爬坡度。坡度为道路纵向坡角的正切值，它表示汽车最大牵引力的大小。有的国家是以在一定的坡道上汽车必须保证的行驶速度来表示汽车的爬坡能力。

不同类型的汽车对上述3项指标要求各有不同。轿车与客车偏重于最高车速和加速能力，载重汽车和越野汽车对最大爬坡度要求较严。但不论何种汽车，为在公路上能正常行驶，必须具备一定的平均速度和加速能力。

1.2.3 使用方便性

汽车的使用方便性是一个综合性的使用性能指标，它表示乘客和驾驶人在行车时的舒适性、货物的完整与破损、操纵轻便、视野开阔，迅速而简便地完成装卸工作以及最大续驶里程等特性。

1) 汽车行驶的平顺性和舒适性

平顺性又叫行驶平顺性,是指汽车在正常行驶速度范围内行驶时,能保证乘客不致因车身振动而引起不舒服和疲劳的感觉,以及保持所运货物完整无损的性能。一般用与振动有关的物理量,如频率、振幅、位移、振动加速度等作为评价指标。这些物理量称为振动参数。

舒适性又叫乘坐舒适性,是指乘员(包括驾驶人)对车内设施、环境、空间、视野等方面的感觉评价。影响舒适性的因素有坐椅尺寸形状及其空间与人体接触处的材料硬度和质感,振动频率、视野、内饰对乘客心理影响效果和乘坐安全感等。

2) 操纵方便性

指驾驶人在驾驶汽车的过程中劳动强度的高低。评价指标通常为施加于操纵机构的力、运行时驾驶人的操纵次数、工作装置的位置和装备情况、视野及后视镜的装置情况、照明及信号装置是否完善等。

3) 装卸货物方便性

装卸货物方便性是指车辆对装卸货物的适应性,它的评价指标是车辆装卸所耗费的时间和劳动力。载重汽车装卸货物的方便性决定了汽车进行装卸工作所需要的停车时间和劳动量。它取决于车厢高度,可翻倒的车栏板数目、厢式车身的车门数目和尺寸,以及汽车和挂车上是否有装卸机械装置以及效率。

4) 乘客上下车的方便性

主要对轿车和客车而言。乘客上下车方便与否取决于车门的布置(轿车)和车门踏板的结构参数,如踏板的高度、深度、级数和能见度,以及车门的宽度。客车的方便性还影响城市公共汽车在线路上的延续时间。

5) 最大续驶里程

最大续驶里程指汽车的油箱加满油后能行驶的最大里程数,理论值为油箱容积与百公里油耗的乘积。

1.2.4 燃料经济性

汽车在一定的使用条件下,用最少的燃料消耗完成单位运输工作的能力,称为汽车的燃料经济性。燃料经济性是汽车使用经济性能的一个很重要的指标,它对汽车运用的效果有决定性的影响。燃料费用一般占汽车运输成本的 20%~30%,所以降低汽车的燃料消耗是减少使用费用支出的主要途径之一。因为汽车所使用燃料大多是油,所以燃料经济性又称为燃油经济性。汽车的燃油经济性常用在一定工况下行驶 100km 所消耗的最低燃油量来评价,即百公里油耗量,单位为 L/100km。这个值越小,汽车的燃油经济性越好。

百公里油耗分为等速百公里油耗和使用百公里油耗两种。前者是汽车生产厂家在试车场上试验出来的。它是由汽车专家先将试验车及发动机调整到最佳技术状态,按规定装载后,在水平良好且没有任何其他车辆和人员的道路上匀速行驶时测试出来的。等速百公里油耗只表明了汽车所能达到的最节油的状态。试验中只有匀速行驶,没有启动、起步、加减速、转弯,更没有刹车和停车。所以这一指标只具有参考价值。

使用百公里油耗量是包括各种行驶工况和交通状况的综合评价指标。由于道路状况和交通状况的差异,即使使用同一种车型,甚至同一辆汽车,使用百公里油耗量也可能有很大的差别。为了使这一指标具有可比性,各国都制定出了一些典型行驶工况组成的循环行驶试验工况来模拟实际汽车运行工况。循环工况行驶试验规定了严格的速度-时间行驶规范。例如,起步后用多少时间加速到某一速度,其后匀速行驶多少时间,再用多少时间减速至某车速,然后再加速,等等。其中,甚至何时制动、何时换挡、中途停车多少秒都规定得很详细。我国国家标准就规定了卡车六工况循环和客车四工况循环的试验规范,欧洲经济委员会规定了十五工况循环试验规范等。在试验过程中分别测定循环工况下的百公里油耗量和某些特定速度的等速百公里油耗量,然后按一定比例线性组合成一个"综合燃油经济性"指标,以此来评价汽车的实际燃油经济性。我国、欧洲国家和日本都使用百公里油耗量(L/100km)来评价汽车燃油经济性,而美国则是使用每加仑燃油所能行驶的英里数来评价,其单位为 mile/us.gal。这个数值越大,汽车的燃油经济性越好。

1.2.5 安全性

汽车的安全性是表示汽车在行驶中不发生侧翻和事故的性能,它关系到人们的生命安全和货物的完整无损,对车辆的行驶速度及工作效率的提高也有相应的影响。

汽车的安全性是由一系列结构性能组合体现的。我国汽车强制性标准分为三大部分,即安全、污染控制和节能,其中安全性标准项目包括主动安全性、被动安全性、事故后安全性、生态安全性和制动性。

1. 汽车主动安全性

汽车主动安全性是指汽车防止或减少道路交通事故发生的性能。主要取决于汽车的尺寸和整备质量参数、制动性、行驶稳定性、操纵性、信息性以及驾驶人工作位置的状况(坐椅舒适性、噪声、温度和通风、操纵轻便性等)。此外,动力性(特别是超车的时间和距离)也是很重要的影响因素。汽车主动安全方面的主要内容有以下几点。

(1) 保证驾驶人有良好的视野方面:驾驶人前视野要求;汽车后视镜的安装要求及性能;风窗玻璃除霜、除雾;刮水器洗涤器等。

(2) 保证良好操纵性能方面:转向系统、加速控制系统、制动系统的功能;汽车喇叭的性能等。

(3) 各种照明及信号装置的要求:即各种照明及信号装置的标识、性能要求,前照灯、雾灯、倒车灯、转向灯、制动灯和示廓灯的位置及要求等;汽车驾驶室内各种操纵件、指示器及信号装置使用统一的图形标志可避免驾驶人错误识别或错误操作而导致车祸。

2. 汽车被动安全性

汽车被动安全性是指交通事故发生后,汽车减轻人员伤害程度或货物损失程度的能力。又可分为内部被动安全性(减轻车内乘员受伤和货物受损)以及外部被动安全性(减轻对事故所涉及的其他人员和车辆的损害),主要包括以下内容。

(1) 驾驶室、车身结构的刚度,防止正面、侧向撞击的性能,特别是轿车的侧门强度。

(2) 汽车坐椅系统的安全性,包括坐椅强度、安全带强度、安全带固定点的强度、坐椅头枕等。它的作用主要是保证撞车时能吸收乘员的能量,确保乘员的生存空间。

(3) 汽车的内外凸出物(特别是轿车)要求。例如,在头部碰撞基准区内,要求不得有曲率半径小于 2.5mm 的刚性材料构件和粗糙表面等。

(4) 汽车和挂车的侧面及后下部设有防护装置,主要有用来防止车辆在行进之中有其他人、车、动物等撞入,造成事故。

(5) 汽车安全玻璃。汽车上的玻璃都应是安全玻璃，以防止撞击后玻璃破碎伤人。目前我国规定使用国家安全认证过的玻璃装车。

3. 事故后安全性

事故后安全性是指汽车能减轻事故后果的性能。主要包括能否迅速消除事故后果，同时避免新的事故发生。

4. 生态安全性

生态安全性是指发动机排气污染、汽车行驶噪声和电磁波等对环境的影响。

5. 制动性

汽车的制动性是指强制停车和降低车速的能力，直接关系到人们的生命和健康，是汽车行驶的重要保障。只有汽车具有优良的制动性能时，才能保证在安全的条件下充分发挥其速度性能，因而制动性是汽车使用过程中安全性的重要指标。评价汽车制动性的主要指标是：制动效能(制动力、制动距离和减速度)、制动效能的稳定性以及制动时汽车的方向稳定性。

(1) 制动效能。汽车迅速降低行驶速度直至停车的能力称为汽车的制动效能。它是评价汽车制动性最基本的指标，主要由制动距离和制动减速度评价。

制动距离是指车辆制动过程中所驶过的距离，减速度是指车辆制动时能够达到的最大减速度，制动距离和减速度的值主要是通过试验确定。除用制动距离和减速度评价外，也可用制动力评价。制动力是在室内用制动试验台检测汽车各轮的制动力大小，根据其与轴荷的比例判断制动效能是否合格。

(2) 制动效能的稳定性。制动效能稳定性是指制动效能不因制动器摩擦条件的改变而恶化的性能，包括水稳定性和热稳定性。水稳定性是指制动效能不因制动器浸水而衰退的能力。热稳定性(抗热衰退性)是指制动器连续使用，温度升高后保持冷态时制动效能的能力。

(3) 制动时的方向稳定性。制动时汽车保持按给定轨迹行驶的能力。各轮的制动力不均匀、比例不当是导致制动跑偏、侧滑，使汽车失去控制而离开原行驶方向的基本原因。通常规定制动稳定性试验时，车体任何部位不许超出 2.3～3.0m 宽的车道。

制动时的前后轮轴先后抱死的顺序对方向稳定性影响很大。如果后轮先抱死拖滑，则在轻微的侧向力作用下，就会产生后轴侧滑，特别是在急转弯和调头时更为明显。地面越滑，制动距离越长，则后轴出现侧滑越剧烈。防抱死制动系统可根据制动时制动强度的动态变化自动控制制动力而使侧滑减少。

1.2.6 通过性

汽车的通过性又叫越野性，是表征汽车通过坏路或无路地面的能力，评价通过性的参数有几何参数和动力参数两类：几何参数有最小转弯直径 D_{mm}、最小离地间隙 C、接近角 γ_1、离去角 γ_2、纵向通过半径 ρ_1 和横向通过半径 ρ_2 等；动力参数有最大拖挂拉力 F_{max}、最大跃台阶能力等。

最小转弯直径是指当转向盘转到极限位置，汽车以最低稳定车速转向行驶时，外侧转向轮的中心平面在支承平面上滚过的轨迹圆直径。它在很大程度上表征了汽车能够通过狭窄弯曲地带或绕过不可越过的障碍物的能力。最小转弯直径越小，汽车的机动性越好，即使在狭小的地方也能转弯。

最小离地间隙是指汽车除去车轮外的最低点与路面之间的距离，它表征汽车无碰撞地越过石块、树桩等地面障碍的能力。汽车的前桥、飞轮壳、变速器壳、消声器和主传动器外壳等通常有较小的离地间隙，值越大则通过性越好。

接近角与离去角是指自汽车车身前、后突出点向前后车轮引切线时，切线与路面之间的夹角。它表征了汽车接近或离开障碍物(如小丘、沟洼地等)时不发生碰撞的能力，也就是不发生触头和托尾失效的能力。接近角和离去角越大，汽车的通过性越好。

纵向通过半径是指在汽车侧视图上，作出与前后轮及两轴间轮廓相切的圆的半径。它表征汽车可无碰撞地通过小丘、拱桥等障碍物的轮廓尺寸。纵向通过半径越小，汽车的通过性越好。

横向通过半径是指汽车前桥或后桥左右两车轮和车桥的最低点上切线圆弧的半径。横向通过半径取决于汽车的轮距和最小离地间隙。轮距越小，最小离地间隙越大，横向通过半径越小，汽车通过小丘、纵向凸脊的能力越强。

需要指出的是，汽车的通过性越好，汽车重心越高，行驶中的稳定性越差。设计时要根据汽车的用途和经常行驶的路面统筹兼顾。

最大拖挂拉力对于军用越野车是一个非常重要的参数，特别是用于拖炮的越野车，拖挂拉力一般接近所拖拉大炮的重量。拖挂拉力还可用于拖拽陷于泥潭中的其他车辆。

最大跃台阶能力和最大过壕沟深度是表征汽车越过凹凸地面的能力。越野车的这两个参数都不小于车轮半径。

1.2.7 可靠性和耐久性

可靠性和耐久性是评价汽车技术水平的综合性使用性能的指标。

1. 汽车可靠性

汽车可靠性是表征汽车能够发挥运输效率的性能，即汽车能"健康"工作的性能，是汽车使用中的重要指标，也是评定汽车设计和制造质量的重要指标。

汽车可靠性指标常用可靠度、故障率、平均寿命、维修度、有效度等表示。可靠度是指产品在规定的条件下和规定的时间内完成规定功能的概率；故障率指工作到某时刻尚未失效的产品在该时刻后单位时间内发生失效的概率；平均寿命是汽车制造厂成批生产的汽车，其平均到达极限工作状态的时间或里程，是产品最常用的可靠性指标。

2. 汽车耐久性

汽车的耐久性是指汽车进入极限技术状态之前，经预防维修(不更换主要总成和大修)维持工作能力的性能。评价指标有汽车耐久度，即汽车在规定的使用和维修条件下，能够达到预定的初次大修里程而又不发生耐久性损坏的概率。汽车耐久性损坏指汽车构件的疲劳损坏已变得异常频繁，磨损超过限值，材料锈蚀老化，汽车主要技术性能下降，超过规定限值，维修费用不断增长，已达到继续使用时经济上不合理或安全不能保证的程度，其结果是更换主要总成或大修汽车。

1.2.8 维修性

汽车的维修性是指汽车对按技术文件规定所进行的维修的适应能力。也就是说，除要求不发生或尽量少发生故障外，还得考虑故障发生后修复的难易程度及维修的质量等。而为维护汽车完好技术状况或工作能力而进行的工作，即为恢复汽车完好技术状况或工作能力和保证寿命而进行的工作。

汽车维修性有以下几种衡量尺度。

(1) 维修度。是指汽车在规定的条件下使用、保持或恢复到能完成规定功能状态的概率。

(2) 平均修复时间。是指修复时间的平均值，记作 MTTR。这是一个用平均花费的修复时间来计量维修性的尺度。通常，人们习惯用平均修复时间的观测值来衡量，该观测值等于汽车、总成等的修复时间的总和与修理次数之比。

(3) 修复率。是指修理时间已达到某个时刻但尚未修复的汽车、总成等在该时刻后的单位时间内完成修理的概率。

从上述可以看出，维修性与可靠性有明显的相似之处，也有本质区别。在汽车设计中，要从经济角度出发，并非总是将所有总成、零部件的可靠度都提得很高，而应该除考虑可靠度外，还从改进汽车的维修性方面来进行设计，如易发生故障的部位和总成零部件等，要便于接近、检查和开展维修作业；总成和零部件要便于拆卸和装配，并尽量采用标准件，提高零部件的互换性、通用性。

1.2.9 汽车的质量利用

汽车的质量利用是汽车设计和使用中的重要参数，它可评价汽车轻量化的水平，同时它又是汽车荷载的依据。

汽车的质量利用描述了汽车整备质量与装载质量的关系。通常用质量利用系数或整备质量利用系数作为评价指标，评价汽车质量利用的优劣。

质量利用系数指汽车最大装载质量与整车整备质量之比。整备质量是指燃油、润滑油、冷却液加满，备胎和随车工具齐全状态下的空车质量。载客汽车的质量利用系数是乘客人数与整车整备质量之比。

一般汽车技术资料不列出汽车干质量(仅装备有车身、全部电气设备和车辆正常行驶所需要的完整车辆的质量)，只给出汽车整备质量(汽车的干质量加上冷却液和不少于油箱容量的90%的燃料，及备用车轮和随车附件的总质量)，所以通常采用汽车整备质量利用系数。

整备质量利用系数与汽车的部件、总成、结构的完善程度以及轻型材料的使用率有关。它表明汽车主要材料的使用水平，进而反映了该车型的设计、制造水平，也间接反映了汽车使用经济性。在运输过程中，汽车整备质量将引起非生产性油耗，加速轮胎磨损以及发动机功率的损耗。在装载质量相同和使用寿命相同的条件下，整备质量利用系数越高，该车型的结构和制造水平就越高。

整备质量利用系数的提高是现代载货汽车制造技术进步的重要标志之一。除了不断完善汽车结构和制造技术外，降低汽车的整备质量的主要途径是利用轻型材料，特别是应用强度高、质量轻的高强度铝合金和复合塑料。

1.2.10 外形尺寸

外形尺寸又称为整车尺寸，整车尺寸主要包括车辆的外廓尺寸(车辆长、宽、高)、轴距、轮距、前悬、后悬等，有关标准只规定了车辆的外廓尺寸和后悬的限值。

车辆长是指垂直于车辆纵向对称平面并分别抵靠在车辆最外端突出部位的两垂向之间的距离。

车辆宽是指平行于车辆纵向对称平面并分别抵靠在车辆的两侧固定突出部位(不包括后视镜、侧位灯、转向指示灯、可拆卸装饰线条、挠性挡泥板、折叠式踏板、防滑链以及轮胎与地面接触部分的变形等)的两垂面之间的距离。

车辆高是指车辆无装载质量时,车辆支承地面与车辆最高突出部位相抵靠的水平面之间的距离。此时,车辆的所有固定部件均应包括在此两水平面内。

车辆后悬是指通过车辆最后车轮轴线的垂面与抵靠在车辆最后端(包括牵引装置、车牌和固定在车辆后部的任何刚性部件)并垂直于车辆的纵向对称平面的垂面之间的距离。

车辆后悬的长度主要取决于货厢的长度、轴距,同时要保证车辆具有适当的离去角。后悬不宜过长,否则上坡时容易刮地;当车辆转弯时,车辆的通道宽度过大容易引起交通事故。

1.3 汽车的分类

1.3.1 汽车的类型

汽车是一个种类繁多的大家族,有各种不同的用途,因此人们要将它们划分为不同的类型,有轿车、客车、货车、越野车、专用车、自卸车和牵引车等,各类里面还要根据车型细分,旧分类是依照 GB/T 3730.1—1988 制定的,分为三大类,即载货汽车、客车和轿车,各类按照不同的划分标准进行了细分类。

随着我国汽车工业的发展和与国外汽车业的合资合作与交流日益增多,面对近十几年来出现的各式各样汽车,这些标准已与国际通行标准不衔接,不适应实际需要。新的车型统计分类是在参考国家标准 GB/T 3730.1—2001 和 GB/T 15089—2001,结合我国汽车工业的发展状况制定的。在大的分类上基本与国际较为通行的称谓一致,分为乘用车和商用车两大类。

1. 乘用车

乘用车在其设计和技术特征上主要用于载运乘客及其随身行李或临时物品的汽车,包括驾驶人座位在内最多不超过 9 个座位,它也可以牵引一辆挂车。

与旧分类相比,乘用车涵盖了轿车、微型客车以及不超过 9 座的轻型客车,而载货汽车和 9 座以上的客车不属于乘用车。但有一类特殊情况,由于部分车型如金杯海狮同一长度的车既有 9 座以上的,又有 9 座以下的,在实际统计中将其车型均列为商用车。

乘用车细分为基本型乘用车、多功能车(MPV)、运动型多用途车(SUV)和交叉型乘用车四类,它是根据现阶段我国汽车工业发展的特点进行区别划分的。

(1) 基本型乘用车,英文名称为 Basic Car,它的概念基本等同于旧标准中的轿车,但在统计范围上又不完全同于轿车。这种区别主要表现在将旧标准轿车中的部分非轿车品种如 GL8、奥德赛、切诺基排除在基本型乘用车外,而将原属于轻型客车中的"准轿车"列入了基本型乘用车统计。由于这些特殊的车型产销数量不是很多,对于分析基本型乘用车的市场发展趋势影响不大。图 1.14 所示为微型轿车。

(2) 多功能车(MPV)与后面提到的运动型多用途车(SUV)一样，都属于近年来行业引进的外来称谓，英文名称为 Multi Purpose Vehicle，它集轿车、旅行车和厢式货车的功能于一身，车内每个坐椅都可以调整，并有多种组合方式，是前排坐椅可以 180°旋转的车型，如图 1.15 所示。近年来已有较多的企业生产该车型，如上海通用的 GL8、东风柳州的风行和江淮的瑞风，而一些企业生产的类似产品在实际统计中可能也列入多功能车统计。该车型在旧标准中部分列入轿车统计，部分列入了轻型客车统计。

图 1.14　微型轿车　　　　　　　　　图 1.15　多功能车(MPV)

(3) 运动型多用途车(SUV)，英文名称为 Sport Utility Vehicle，该车型起源于美国，这类车既可载人，又可载货，行驶范围广泛，驱动方式应为四轮驱动，如图 1.16 所示。近几年我国轻型越野车和在皮卡基础上改装的运动型多用途车发展较快，但在驱动方式上不一定是四轮驱动，行业在分析市场时一般将这几类产品放到一起，在本次分类改革中，我们也将这几类车型统一归为运动型多用途车(SUV)类，因此我国的此类产品范围要广于国外。同时为了便于分析比较，在运动型多用途车(SUV)下又按照驱动方式不同分为四驱运动型和二驱运动型多用途车。该类车型主要有长丰猎豹、北京吉普切诺基、长城赛佛、郑州日产的帕拉丁等。在旧分类中除了部分切诺基列入轿车中外，其他均列入了轻型客车中。

(4) 交叉型乘用车，英文名称为 Cross Passenger Car，是指不能列入上述三类的其他乘用车，这部分车型主要指的是旧分类中的微型客车，今后新推出的不属于上述三类的车型也将列入交叉型乘用车统计，如图 1.17 所示。

图 1.16　运动型多用途车(SUV)　　　　图 1.17　交叉型乘用车

上述四类车型又可分别按照厢门、排量、变速箱的类型和燃料类型进行细分。

2. 商用车

商用车在设计和技术特征上用于运送人员和货物，并且可以牵引挂车。商用车包含了所有的载货汽车和 9 座以上的客车。在旧分类中，整车企业外销的底盘是列入整车统计的，在新分类中将底盘单独列出，分别为客车非完整车辆(客车底盘)和货车非完整车辆(货车底盘)。商用车分为客车、货车、半挂牵引车、客车非完整车辆和货车非完整车辆，共五类。

(1) 客车，如图 1.18 所示。是指在设计和技术特征上用于载运乘客及其随身行李的商用车辆，包括驾驶人座位在内的座位数超过 9 个。新分类中的客车含义要小于旧分类中的客车，原因是 9 座及以下的列入了乘用车，底盘单独列出为客车非完整车辆。

在客车细分类中，先后按照车身长度、用途和燃料类型进行了细分类，由于车身长度是按照米数来细分的，因此统计信息更加详细，又可以按照旧分类中的大、中、轻型客车的划分标准进行归类；列出各用途客车，有利于进行细分市场的分析。

(2) 货车，如图 1.19 所示。是指一种主要为载运货物而设计和装备的商用车辆，它能牵引一挂车。与新分类的客车类似，新分类的货车含义也小于旧分类中的载货汽车，对应关系为：旧分类中的载货汽车=新分类中的"货车+半挂牵引车+货车非完整车辆"。

图 1.18　客车

图 1.19　货车

货车的细分是按照总质量、用途和燃料类型来细分的。

(3) 半挂牵引车，如图 1.20 所示。是指装备有特殊装置用于牵引半挂车的商用车辆。我国加入世界贸易组织后，港口运输量日益增大，为半挂牵引车的发展提供了机遇，近年来，该车型发展很快。在旧分类中，半挂牵引车是列入载货汽车统计的，没有单独列出，新分类是作为商用车的一大类单独列出的。

图 1.20　半挂牵引车

对于半挂牵引车，车辆分类依据的质量是处于行驶状态中的半挂牵引车的质量，加上半挂车传递到牵引车上最大垂直静载荷，和牵引车自身最大设计装载质量的和。

(4) 客车非完整车辆和货车非完整车辆分别指客车底盘和货车底盘,客车非完整车辆按照长度进行细分,货车非完整车辆按照总质量进行细分。

1.3.2 汽车产品型号表示方法

2001 年国家颁布了新的国家标准 GB/T3730.1—2001,沿用了 1988 年国家颁布了国家标准 GB 9417—1988《汽车产品型号编制规则》。汽车型号应能表明汽车的厂牌、类型和主要特征参数等。该项国家标准规定,国家汽车型号均应由汉语拼音字母和阿拉伯数字组成。该标准适用于新设计定型的各种汽车和半挂车,不适用于军事特种车。

我国汽车的产品型号由企业名称代号、车辆类别代号、主参数代号、产品序号组成。必要时附加企业自定代号。对于专用汽车及专用半挂车,还应增加专用汽车分类代号,如图 1.21 所示。

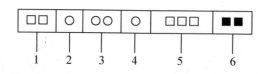

图 1.21 汽车产品编号构成

1—企业名称代号　2—车辆类别代号　3—主参数代号
4—产品序号　5—专用汽车分类代号　6—企业自定代号
□—用汉语拼音字母表示　○—用阿拉伯数字表示
■—数字、汉语拼音字母均可

1. 企业名称代号

企业名称代号位于产品型号的第一部分,用代表企业名称的两个汉语拼音字母表示。是制造(或改装)该车型的企业名称中最重要的两个或 3 个字的汉语拼音首字母。如"EQ"表示东风汽车公司(二汽),"NJ"表示南京汽车厂,等等。但也有少数例外,如"CA"表示一汽集团。

2. 车辆类别代号

车辆类别代号位于产品型号的第二部分,用一位阿拉伯数字表示。各数字所代表的汽车类型见表 1-1。

表 1-1　车辆类别代号

代号	车辆种类	代号	车辆种类	代号	车辆种类
1	载货汽车	4	牵引汽车	7	轿车
2	越野汽车	5	专用汽车	8	待用
3	自卸汽车	6	客车	9	半挂车及专用半挂车

注:上表也适用于所列车辆的底盘。

3. 主参数代号

主参数代号位于产品型号的第三部分,用两位阿拉伯数字表示,用以表示汽车最重要的数据。不同类型的汽车主参数表示的意义是不同的。

载货汽车、越野汽车、自卸汽车、牵引汽车、专用汽车及挂车的主参数代号为车辆的总质量，单位为t，只取整数部分。牵引汽车的总质量包括牵引座上承受的重力质量。如总质量为9210kg的载货汽车的主参数为09。当总质量在100t以上时，允许用3位数字表示。

客车的主参数代号为其总长度，单位为0.1m。如某大客车总长度8.46m，其主参数代号为84。

轿车的主参数代号为其发动机的排量，单位为0.1L。如果某轿车的发动机排量为1.36L，其主参数代号为13。

对于专用汽车及专用半挂车的主参数代号，当适用定型汽车底盘或定型半挂车底盘改装时，若其主参数与定型底盘原车的主参数之差不大于原车的10%，则应沿用原车的主参数代号。

主参数的数字修约按《数字修约规则》的规定。主参数不足规定位数时，在参数前以"0"占位。

4. 产品序号

产品序号位于产品型号的第四部分，是生产厂家用来区别本厂生产的同类型、同主参数、但不同产品系列或经过改进之后的产品，用一位阿拉伯数字表示，数字由 0、1、2…依次使用。一般用 0 表示第一代，经过一次较大改进后，用 1 表示，以此类推。

当车辆主参数有变化，但不大于原定型设计主参数的 10%时，其主参数代号不变；大于10%时，应改变主参数代号；若因为数字修约而主参数代号不变时，则应改变其产品序号。

5. 专用汽车分类代号

专用汽车分类代号位于产品型号的第五部分，用反映车辆结构和用途特征的 3 个汉语拼音它母表示，结构特征代号按表 1-2 规定。

表 1-2 车辆结构特种代号

厢式汽车	罐式汽车	专用自卸汽车	特种结构汽车	起重举升汽车	仓栅式汽车
X	G	Z	T	J	C

用途特征代号另行规定，如图 1.22 所示。

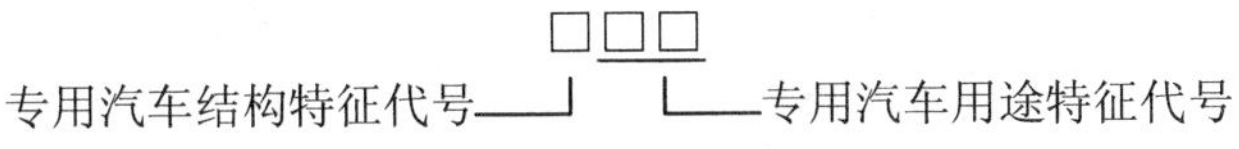

专用汽车结构特征代号——□□□——专用汽车用途特征代号

图 1.22　用途特征代号

6. 企业自定代号

企业自定代号位于产品型号的最后部分，由企业决定，既可以用字母，也可以用数字，位数也由企业自定。表示的内容也比较灵活，都是该产品最突出的特征，如发动机代号、驾驶室代号、轴距代号等。代号的具体意义由企业解释。同一种汽车结构略有变化而需要区别时(如汽油、柴油发动机，长、短轴距，单、双排座驾驶室，平、凸头驾驶室，左、右置方向盘等)，可用汉语拼音字母和阿拉伯数字表示。供用户选装的零部件(如暖风装置、收音机、地毯、绞盘等)不属结构特征变化时，应不给予企业自定代号。

1.3.3 汽车的识别代号

车辆的识别代号(Vehicle Identification Number，VIN)是制造厂为了识别车辆而给车辆指定的一组代码。车辆的识别代号在全世界范围内建立了统一的道路车辆识别系统，利用它可以简化车辆识别信息系统，提高车辆故障信息反馈的准确性和效率。

现在世界各国汽车公司生产的汽车大多都使用了车辆识别代号编码。VIN 由一组字母和阿拉伯数字组成，共 17 位，又称 17 位识别代号编码。VIN 的每位代码代表着汽车的某一方面的信息参数。按照识别代号编码顺序，从 VIN 中可以识别出该车的生产国家、制造公司或生产厂家、车的类型、品牌名称、车型系列、车身型式、发动机型号、车型年款(属哪年生产的年款型车)、安全防护装置型号、检验数字、装配工厂名称和出厂顺序号码等。

17 位代号编码经过排列组合的结果可以使车型生产在 30 年之内不会发生重号现象，就像人们的身份证号码一样，不会产生重号错认，故又称为"汽车身份证"。因为现在生产的汽车车型采用年限在逐渐缩短，一般 8~12 年就淘汰，不再生产，所以 17 位识别代号编码已足够应用。

各国政府及各汽车公司对本国或本公司生产的汽车的 17 位识别代号编码都有具体规定。各国的技术法规一般只规定车辆识别代号的基本要求，如字母和数字的尺寸、书写形式、排列位置和安装位置都有相应规定等，并且应保证几年内不会重号，除对个别符号的含义有硬性规定外，其他不作硬性规定，而由生产厂家自行规定其代表的含义。各国有关车辆识别代号的技术法规各有差异，也有共同之处，如美国法律规定车辆识别代号的第 3 位必须是工厂检查数字，而欧盟指令将 17 位代号编码分成 3 组(WMI、VDS、VIS)，只对每一组的含义范围作了规定；美国规定识别代号编码的位置应在仪表板左侧，在车外透过风窗玻璃可以清楚地看到而便于检查，而欧盟(EEC)规定识别代号编码应安装在汽车右侧的底盘车架上或标写在厂家铭牌上等。汽车研究及管理部门也有相应规定的标准，各国机动车辆管理部门办理牌照时可以将其输入计算机存储，以备需要时调用，如处理交通事故、保险索赔、查获被盗车辆、报案等。有的国家规定没有 17 位识别代号编码的汽车不准进口，有些国家的客户在买车时没有 17 位识别代号编码就不允许购买，因此没有 VIN 识别代号编码的汽车是卖不出去的。

由于汽车修理逐步实行计算机管理和故障分析诊断，在各种测试仪表和维修设备中都存储有 17 位识别代号编码的数据，以作为修理的依据。17 位识别代号编码在汽车配件经营管理上也起着重要作用，在查找零件目录中汽车零件号之前，首先要确认 17 位识别代号编码的车型年款，否则会产生误购、错装等现象。

识别代号编码一般以标牌的形式装贴在汽车的不同部位。利用 VIN 数据规定还可以鉴别出拼装车、走私车，因为拼装的进口汽车一般是不按 VIN 规定进行组装的。

随着车型年款的不同和汽车发往国家的不同(各国政府对 VIN 有不同规定)，VIN 规定也会有所不同。有的按公司各车分部进行规定(如美国 GM)；有的直接按系列车型或车名进行规定(如日本凌志汽车)。在实用中，一般要由两种 VIN 规定才可验证出一辆车的型号和车型参数，因此，大量积累这方面的资料具有重要的意义。随着年款的变化，今后还会陆续出现各种 VIN 规定。

《车辆识别代号(VIN)管理规则》对世界制造厂识别代号(WMI)、车辆说明部分(VDS)和车辆指示部分(VIS)均作了详细规定。对年产量≥500 辆的制造厂，车辆识别代号的第一部分为世界制造厂识别代号(WMI);第二部分为车辆说明部分(VDS);第三部分为车辆指示部分(VIS)。对年产量<500辆的制造厂,车辆识别代号的第一部分为世界制造厂识别代号(WMI);第二部分为车辆说明部分(VDS);第三部分的第三、四、五位同第一部分的3位字码一起构成世界制造厂识别代号(WMI),其余5位为车辆指示部分(VIS)。

1. 世界制造厂识别代号(WMI)

世界制造厂识别代号用来标志车辆制造厂。世界制造厂识别代号必须经过申请、批准和备案后方能使用。通常占车辆识别代号(VIN)的前三位。世界制造厂识别代号的第一位字码是表明一个地理区域的字母或数字;第二位是标明一个特定地区内的一个国家的字母或数字。第一、二位字码的组合将能保证国家识别标志的唯一性。世界制造厂识别代号的第三位字码是标明某个特定的制造厂的字母或数字。第一、二、三位字码的组合能保证制造厂识别标志的唯一性。对于年产量≥500辆的制造厂,世界制造厂识别代号由3位字码组成。对于年产量<500辆的制造厂,世界制造厂识别代号的第三位字码为数字9。此时,车辆指示部分的第三、四、五位字码将与第一部分的3位字码一起作为世界制造厂识别代号。

2. 车辆说明部分(VDS)

车辆说明部分用来表示车辆主要技术参数和性能特征,它提供说明车辆一般特性的资料。此部分由6位字码组成,由汽车制造厂自定。如果制造厂不用其中的一位或几位字码,应在该位置填入制造厂选定的字母或数字占位。此部分应能识别车辆的一般特性,其代号顺序由制造厂决定。根据美国汽车工程师学会(SAE)的推荐,乘用车的VDS部分可表明的内容有车辆品牌、种类、系列、车身类型、发动机类型;载货车和多用途车的VDS可表明品牌、种类、系列、车身类型、底盘类型等。

通常有4~8位字码描述车辆特征,不同的车型表示如下。

轿车:种类、系列、车身类型、发动机类型及约束系统类型。

MPV:种类、系列、车身类型、发动机类型及车辆额定总重。

载货车:型号或种类、系列、底盘、驾驶室类型、发动机类型、制动系统及车辆额定总重。

客车:型号或种类、系列、车身类型、发动机类型及制动系统。

第9位是校验位,检验位可为0~9中任一数字或字母"X"。其作用是核对VIN记录的准确性,按标准通过加权计算得到。

3. 车辆指示部分(VIS)

车辆指示部分是表示一辆车的具体代码,它表明车辆的车型年份、装配厂和生产序号。此部分由8位字码组成,其中最后4位字码应是数字。具体为:第10位为指示年份,年份代码按表1-3规定使用;第11位字码可用来指示装配厂,若无装配厂,制造厂可规定其他内容;如果制造厂生产的某种类型的车辆年产量≥500辆,此部分的第12~17位字码表示生产序号;如果制造厂的年产量<500辆,则此部分的第12、13、14位字码应与第一部分的3位字码一起表示一个车辆制造厂。

表1-3 标示年份的字母(世界统一规定)

年份	代码	年份	代码	年份	代码	年份	代码
2001	1	2011	B	2021	M	2031	1
2002	2	2012	C	2022	N	2032	2
2003	3	2013	D	2023	P	2033	3
2004	4	2014	E	2024	R	2034	4
2005	5	2015	F	2025	S	2035	5
2006	6	2016	G	2026	T	2036	6
2007	7	2017	H	2027	V	2037	7
2008	8	2018	J	2028	W	2038	8
2009	9	2019	K	2029	X	2039	9
2010	A	2020	L	2030	Y	2040	A

车辆识别代号中仅能采用 0～9 的阿位伯数字和除 I、O 和 Q 以外的大写罗马字母(避免与数字混淆)。车辆识别代号在文件上表示时应写成一行，且不要有空格；打印在车辆上或车辆标牌上时也应标示在一行。特殊情况下，由于技术上的原因必须标示在两行上时，两行之间不应有间隙，每行的开始与终止处应选用一个分隔符表示。分隔符必须是不同于车辆识别代号所用的任何字码，且不易与车辆识别代号中的字码混淆的其他符号。

本 章 小 结

本章主要讲述了汽车发动机、底盘、电气设备、车身等总体构造及各部件的基本工作原理；对汽车的容量、速度性、使用方便性、燃料经济性、安全性、通过性、可靠性和耐久性、质量利用和外形尺寸等使用性能进行了详细介绍，便于选车时参考；还介绍了车辆分类、汽车产品型号表示以及汽车识别代号的含义。

复习思考题

一、简答题

1. 简述汽车的基本构造与各机构、系统的组成及功能。
2. 柴油机燃料供给系统与汽油机燃料供给系统有何区别？
3. 什么是汽车的通过性？汽车通过性的几何参数有哪些？
4. 什么是汽车的燃料经济性？其评价指标有哪些？
5. 汽车上装有蓄电池，为什么还要设置发电机？它们谁是主要电源？为什么？
6. 汽车电气设备有哪些？
7. 汽车型号 EQ1093 的含义是什么？

二、单选题

1. 下面的汽车结构中哪个是汽油机有而柴油机没有的？（   ）
   A．润滑系统　　　B．冷却系统　　　C．点火系统　　　D．配气系统

2. 现代载货汽车制造技术进步的重要标志之一是( )。
   A．整备质量利用系数的提高　　　B．速度的提高
   C．外形好看　　　　　　　　　　D．燃料经济性好
3. 汽车的可靠性指标有( )个。
   A．2　　　　B．3　　　　C．4　　　　D．5
4. 汽车的最常用的可靠性指标是( )。
   A．可靠度　　B．故障率　　C．平均寿命　　D．维修度
5. V型发动机曲轴的曲拐数和汽缸数的数量关系是( )。
   A．1∶2　　　B．1∶1　　　C．1∶3　　　D．1∶4
6. 装载质量利用系数决定了装载物品的( )。
   A．数量　　　B．体积　　　C．质量　　　D．类型
7. 汽车分类标准中，不属于乘用车的是( )。
   A．轿车　　　　　　　　　　　B．微型客车
   C．9座以下轻型客车　　　　　　D．依维柯

三、多选题

1. 汽车动力性评价指标包括( )。
   A．最高车速　　　　　　　　　B．汽车加速能力
   C．爬坡能力　　　　　　　　　D．最大载重量
2. 制动性能的评价指标有( )。
   A．制动距离　　　　　　　　　B．制动减速度
   C．制动力评价　　　　　　　　D．制动方向
3. 汽车的传动系统中的变速器的作用是( )。
   A．加速
   C．与普通减速器相同　　　　　B．减速
   　　　　　　　　　　　　　　　D．增大转矩
4. 汽车的燃油经济性决定着( )。
   A．最大续行里程　　　　　　　B．使用百公里油耗
   C．装载能力　　　　　　　　　D．车辆的速度
5. 我国汽车的产品型号的组成部分一定包括( )。
   A．企业名称代号　　　　　　　B．车辆类别代号
   C．主参数代号　　　　　　　　D．专用汽车分类代号
6. 世界制造厂识别代号的位数情况( )。
   A．VIN 的前三位
   B．VIN 的第12、13、14位字码与最前面的3位字码
   C．有且只有3位
   D．不确定

第 2 章 汽车的选购

教学目标

本章主要讲述家用汽车选购的基本知识。通过本章的学习，能够让消费者了解到汽车销售市场里的玄机，帮助消费者在买车时明白地消费，为消费者消除盲点和误区。通过本章的学习，要达到以下目标。

(1) 了解如何选择车型。
(2) 了解汽车的性能、购车费用以及汽车信贷等。
(3) 了解如何挑选新车。
(4) 了解如何试车。

教学要求

知识要点	能力要求	相关知识
购车前的准备事项	(1) 明确购车的用途 (2) 了解选择车型的原则和家用汽车的血统 (3) 了解汽车的基本性能和车市行情 (4) 了解汽车信贷	血统、涡轮增压器、信贷
挑选新车	(1) 了解购车地点 (2) 理解购车时机的把握 (3) 掌握新车验收的基本过程和方法	"4S"店

引 例

中国第一汽车集团公司(原第一汽车制造厂)简称"第一汽车"，1953 年 7 月 15 日破土动工，中国汽车工业从这里起步。50 多年来，第一汽车肩负中国汽车工业发展重任，经历了建厂创业、产品换型和工厂改造、上轻型车和轿车 3 次大规模发展阶段，产品生产由单一卡车向轻型车和轿车方面发展。1991 年，与德国大众汽车公司合资建立 15 万辆轿车基地；2002 年，与天津汽车工业(集团)有限公司联合重组；与日本丰田汽车公司实现合作。目前，产品结构已形成以轿车为主的新格局。

第一汽车拥有全资子公司29家，控股子公司17家，其中包括一汽解放汽车有限公司、富奥汽车零部件有限公司等全资子公司和一汽轿车股份有限公司、天津一汽夏利汽车股份有限公司、一汽四环股份有限公司等上市公司及一汽大众汽车有限公司、天津一汽丰田汽车有限公司等中外合资企业。在东北、华北和胶东、西南已形成布局合理的三大生产基地以及在国内汽车行业具有产品开发和工艺材料开发领先水平的技术中心，资产总额1 098亿元，员工13.33万人。

2007年实现销售量140万辆、销售额1 880亿，列"世界最大500家公司"第385位、"中国机械500强"第1位、"世界机械500强"第71位，公司品牌价值达到424.21亿元。

至今，第一汽车累计产销中、重、轻、轿、客、微各类汽车1 000余万辆，在巩固和发展国内市场的同时，不断开拓国际市场，逐步建立起全球营销和采购体系。图2.1所示为解放牌汽车。

图2.1　解放牌汽车

如今，一汽汽车成了国人购车的主要选择之一。不同人群购车时，应该注意哪些呢？

2.1　购车前的准备事项

2.1.1　购车的主要用途

对于绝大多数家庭来说，购买汽车的费用绝对算得上是一笔很大的开支。花大笔钱购买汽车，必须想清楚买车干什么用，把目的和用途想清楚了，即使花钱再多也值得。家庭购车的主要用途有下列几个方面。

1. 作为代步工具

许多家庭购买汽车是为了出行方便，用汽车作为代步工具。在现代社会，人们的工作节奏加快，尤其是家庭住址距离上班地点较远，搭乘公交车又不太方便者，拥有自己的私家车作为代步工具是十分合适的。除自己开车上下班外，节假日全家外出游玩、购物等都十分方便。

2. 在商务活动中，做经营的工具

在开放搞活的今天，许多人自己开了小公司或商店，业务十分繁忙，为了在商务活动中节省时间，提高办事效率，就需要购买汽车。在为经营购买汽车的人群中，一种是购买单为谈生意，开车与客户联系方便，这种情况，一般购买轿车较多；还有一种情况是既为了联系业务，又可运货，在这种情况下，一般购买客货两用车、面包车的较多。

3. 拥有自己的汽车可显示身份

每个人都或多或少地讲点"面子"。"面子"是一种尊严，是一种自尊，是一种荣耀。越是有身份有地位的人，越是讲究一点"面子"。家庭拥有汽车，确实能壮面子。尤其在如今，家用汽车还不是十分普及的情况下，对收入较丰厚的人来说，购买一辆轿车，比把钱存在银行里更实用，且更能显示个人身份。

2.1.2 车型的选择

1. 选择车型的原则

1) 要考虑所在城市有无车型限制

购车时，必须弄清楚所在城市或地区道路有无对某种车辆限制通过的规定。例如，北京等大中城市的市中心区域限制货车、微型车和越野车通过，限制柴油车上牌等。如果所在地有限制某种车辆通行的规定，就不应该选购该种车辆，否则会带来大麻烦。

2) 应注意所在城市对车辆的排放限制标准

国家对汽车排放污染的限制日益严格，一些大城市也制定了严格的地方性汽车排放限制法规。选择车型时，一定要注意车辆的排放标准是否达到国家标准。例如，北京2003年1月1日起实施欧洲Ⅱ号标准，所以应当选择电控燃油喷射带有三元催化器的汽车。

3) 注意耗油量

能源紧缺、油价上升导致人们日益重视汽车的耗油量。汽车的耗油量与发动机的质量、排量和燃油供给方式有直接关系。排量与耗油量呈正比关系，一般私家车的排量在1.0～2.0L之间比较适宜。例如，某些10万元以下的经济型轿车的排量在1.0～1.3L之间，这些轿车每百公里耗油约6L左右，以平均每天行驶50km计算，也不过3L左右。在相同款式的汽车中，应挑选带电喷装置的名牌发动机的汽车，这样不但耐用性好而且省油。

4) 应以经济、适用、可靠为主

应根据自己的经济实力，在一定范围内选择自己喜爱的车型。买车图的是实用、方便、可靠。

5) 以选购合资国产车为主

进口车与国产同类型相比，通常比国产同类型车的价格高出1～2倍，且各种税费多，维修配件昂贵。对于广大普通消费者来说，应选择合资国产汽车。

选择车型总的原则是要考虑相关法规的要求，选择省油、售后服务网点多、配件易买而且便宜的品牌车。

2. 家用汽车的"血统"

要想买车，首先就应该搞清家用小汽车的分类，以确定什么样的车子更适合自己。家用小汽车的分类各国的标准不一，其中包括以下几种。

欧系分类：德国大众的轿车分类法具有代表性，将轿车分为A、B、C、D级，其中A级车又可分为A00、A0和A三级车，相当于我国微型轿车和普通型轿车；B级和C级分别相当于我国的中级轿车和中高级轿车；D级车是相当于我国红旗等高档轿车。美系分类：通用汽车公司的分类比较有代表性，将轿车分为 6 级，它是综合考虑了车型尺寸、排量、装备和售价之后得出的分类，它的 Mini 相当于我国的微型轿车；我国的普通型轿车在通用分类中可找到 2 个级别，即 Small 和 LowMed，各家只对中级轿车的分类标准比较一致，即中级轿车 Interm(B 级)；中高级轿车 Upp-med 在我国相当于近几年涌现最多、销售最畅的奥迪、别克、雅阁等新型车；高级轿车相对应的是 Large/Lux 级别。我国目前的分类法是以价格为主，技术规格为辅，即将 20 万元以上的轿车解释为中高级轿车；15 万～20 万元为中级轿车；10 万元左右或 10 万～15 万元为普通级轿车；10 万元以下为微型轿车或经济型轿车。2002 年，我国推出了新的汽车分类统计标准。新的汽车分类标准将汽车分为商用车和乘用车两大类。在基本乘用车类别上主要以发动机排量进行划分，比如，在基本型乘用车型的分类中，按所装备发动机的排量共分为 1L 排量以下、1～1.6L、1.6～2.0L、2.0～2.5L、2.5L 以上 5 个排量区间，对应现行的轿车分类标准大致就是目前的微型轿车、普及型轿车、中级轿车、中高级轿车、高级轿车 5 个类别。

若汽车按型式分类，大致有以下几种。

1) 溜背式轿车

溜背式轿车在国际上简称 LS 型车，也称为斜尾式或两厢式轿车，车身紧凑小巧，该车型在欧洲、日本比较盛行，如图 2.2 所示。这种车车尾没有后备箱，所以，摆放小件行李的位置在后坐椅靠背的后面。这样，车身的长度较短，重心也前移了。它小巧便于停放，通常是中低档轿车的款式，如奥拓、吉利和夏利两厢等。

图 2.2　溜背式轿车

2) 阶背式轿车

阶背式轿车在国际上简称 L 型车，也称为三厢式轿车，如图 2.3 所示。这种车是典型的轿车结构，发动机前置，4 个车门，车尾有个分隔的后备厢。这种车型尤其适合公务、商务用，车型稳重大方。车尾密封的后备厢，在空间上是与车厢分隔的，从而使空气调节及音响分布方面更有效地用于乘客身上，而乘客之间的交谈也比较方便。缺点是空间的利用率较小，扁阔的后备厢放不下较大的行李，而且乘客在乘车时，无法照顾后备厢的行李，不太方便。由于车身重心在前方偏中位置，所以有中性转向特性。它通常是中高档轿车的款式，涵盖的车型最多，例如捷达、奥迪、凯迪拉克、劳斯莱斯。

图 2.3　阶背式轿车

溜背式轿车和阶背式轿车并不是区分轿车档次的主要标志。由于中国民众喜欢汽车有个"屁股"，一些厂家就专门将溜背式轿车改装成阶背式轿车，以适应市场需要，如夏利三厢、富康988等。

3) 跑车

运动车(Sport Car)与双门跑车(Couple)都属于跑车，如图2.4所示。前者以运动为目标，强调驾驶的刺激与乐趣；后者既强调性能，也强调舒适。双门跑车在国际上简称CA型车，适合高速行驶，多被设计成发动机马力强大、底盘和悬挂适应高速行驶的要求。双门跑车通常只有两门两座，例如奔驰SLK230、马自达MX-5跑车。

4) 敞篷轿车

敞篷轿车在国际上简称S型车，是指没有顶篷的轿车，适合休闲和娱乐，如图2.5所示。随着技术的发展，国外许多轿车具有活动顶篷功能，即顶篷可以随意开合。

图2.4　跑车

图2.5　敞篷跑车

5) 旅行轿车

旅行轿车在国际上简称K型车，是指适合旅行用的轿车，如图2.6所示。其初始的款式是将三厢式轿车的尾部加上顶篷，形成特大的后备箱，以增大储物空间，使之更适合旅行，如桑塔纳旅行轿车等。

6) 厢式轿车

厢式轿车在国际上简称V型车，通常是指带有较大车厢的轿车，包括我国常见的"面包车"，如松花江、昌河等，如图2.7所示。

图2.6　旅行轿车

图2.7　厢式轿车

7) 越野车

越野车在国际上简称G型车，是指适合能够适应恶劣道路环境及野外行驶的车辆，如图2.8所示。它适合爬坡、涉水等恶劣环境。越野车通常采用四轮驱动，离地间隙较高，通过能力强，车身坚固，如北京吉普、切诺基等。

8) 小型客货车

小型客货车在国际上简称 P 型车，也称为皮卡，由英文 PICK-UP 音译而来，如图 2.9 所示。它通常兼有运载人员和货物的双重功能，有两门和四门之分，如郑州日产皮卡、沈阳雪佛兰皮卡等。这种车既有轿车的舒适与轻快，又有卡车的实用与坚固。这类车在中国城乡有广阔的发展潜力，但它和面包车一样，许多地方都被视同为卡车，不允许进城，不允许走繁华的路段，限制了它的发展。因此购车时应注意这一点。

图 2.8　越野车　　　　　　　　　　图 2.9　小型客货车

9) RV

RV(Recreational Vehicle)即娱乐、休闲汽车。它最早起源于美国，主要是为了适应美国家庭用车追求个性、休闲的需求，多为家庭的第二辆车。在国外，RV 并没有明确的定义和分类标准，多是指一些轻型、运动型汽车。它的范畴较广，可以包括 20 世纪 80 年代流行的 MPV 和 90 年代流行的 SUV，也就是除轿车和跑车之外的各种非主流的乘用车。

(1) MPV。MPV(Multi Purpose Vehicle)在国外被称为多功能乘用车，也被称为多用途车，如图 1.15 所示。一般来说，MPV 是指介于轿车和轻型客车之间的一个新兴车种，它既兼备了这两者的长处，又延伸了这两者的功能。通俗一点说，MPV 既适用于商务公务活动，也具有休闲娱乐功能，既可公用，也可家用。这类车最早是由法国雷诺公司提出的，它兼具了轿车的舒适性和小型客车的空间，一般为单厢式结构，即俗称的"子弹头"。从源头上讲，MPV 是从旅行轿车逐渐演变而来的，因此，它具有轿车车型理念的特征。这点在当今汽车生产中广泛采用的平台技术上就可得到证明，世界上许多 MPV 都是在轿车平台上生产出来的。如广州本田投产的奥德赛 MPV，其车型开发完全是在本田雅阁的轿车底盘上进行的，这点是 MPV 与轻型客车最大的不同之处。

目前国内市场上 MPV 主要有克莱斯勒的捷龙、上海通用生产的别克 GL8、海南普利马、神龙毕加索、广州本田奥德赛、东风风行和江淮汽车公司引进韩国现代技术生产的瑞风汽车等。

(2) SUV。SUV(Sports Utility Vehicles)意为运动型多用途汽车，多指造型新颖的越野车，如图 1.16 所示。它不仅具有 MPV 的多功能性，而且还有越野车的越野性和 RV 的休闲功能。因此，很难界定 SUV，特别是与越野车的区分越来越模糊，大有合二为一的趋势。

若按传统越野车的分类方法，只有四轮驱动的车型才可称得上是真正的越野车。但是由于城市用户很少会用到四轮驱动，所以许多越野车品牌同时也推出了两轮驱动的车型。

SUV 在美国比较流行，它具有越野车的特点，又能满足家庭的需要，适应现代人崇尚运动的作风。根据 2001 年的统计，美国每 4 辆新车中就有一辆是 SUV。

为了迎合市场需要，这类家用越野车被称作运动型多用途车。这类车也是最大的 RV 车型，如三菱的帕杰罗、宝马 X5，国产 SUV 有大切诺基、金杯通用生产的雪佛兰开拓者、庆铃竞技者、长峰猎豹、东南富利卡和华泰吉田等。

RV 具有精致、趣味、实用的优点。例如，奔驰的 A 级车、大宇的马蒂兹、南京的派利奥、昌河铃木的北斗星、上海通用的赛欧 S-RV(其中 S 代表赛欧 Sail)等。

RV 的造型基础以两厢车为主，它在外形上突破了传统轿车的三厢车设计，具有多用途、多变化的车厢空间特点。从另一角度看，RV 也是对传统用车意识的突破，当轿车市场是以公务车为主的时代，两厢车是没有什么销路的，人们认定轿车就是有头有尾的三厢式，否则，怎能称得上"轿"车？当轿车市场逐步转向以家庭用车为主的时代，尤其是当社会不再认为汽车是一种奢侈商品时，RV 车将会大行其道，因为实用性将会取代虚荣性。

RV 有许多优点是三厢车所不及的。第一，适用面广，通过车厢内坐椅的调整组合，可以作为乘用、休息和货车之用。例如，三口之家开着一辆 RV 到郊外旅游，驾车者旁边的坐椅可以旋转 180°，乘员可以面对面交谈或玩游戏；将其中一张坐椅折叠，可以当餐桌开饭；玩累了将前后坐椅靠背扳平，整个车厢就成为一个舒适的大床，可以在上面睡觉；路过超级市场时，将后排坐椅折叠向前翻起，腾出空间放置下周的食物。而这一切便利，三厢车是难以做到的，而且也没有这种必要，因为三厢车的定位本来就是公务车。第二，RV 车可以充分利用空间资源，在区区几立方米的空间内，可以发挥最大的空间利用率。而在三厢车上，起码行李厢上面的空间资源就白白浪费了。

(3) 微型车。它属微型车的性质，具有精致、趣味、实用等优点，如图 2.10 所示。如奔驰的 A 级车、大宇的马蒂兹、南京的派力奥、上海通用的赛欧 S-RV 等。

图 2.10 微型车

目前，还有一种新的概念叫做"FMPV"(Family Multi Purpose Vehicle)，即家庭多功能乘用车。其主要代表有昌河铃木的北斗星和哈飞赛马。

3. 考察家用汽车的"血统"

汽车的开发和生产是一个复杂的过程，需要投入极大的人力和物力。因此，许多车辆都是在原有基础上改进而成的，这类似自然界生物的繁衍。要想了解一匹马、一只宠物、一只鸽子，往往要考察它们的血统，以了解它们今后的发展。每一款汽车也都可能有它的"血统"。千万不要小看这个"血统"，它是购车前必须考察的事项。

考察汽车的"血统"时，过于专业的东西恐怕不好掌握，但只要注意以下三点，就可把握胜算了。

1) 发动机

发动机是汽车的"心脏"，它的质量决定了汽车的根本质量。汽车发动机的创新是最难的，一般都是一个逐步发展、改进的过程。我国的汽车发动机多数是引进外国的产品，即使在欧美和日本，一种发动机也有可能被安装在许多不同款式的车辆上。因此，一种新车的推出，先考察它的发动机最重要。

例如，日本丰田公司的丰田 8A 发动机是一款十分优秀的产品，它安装在丰田许多款型的汽车里，在国际市场上有良好的表现。它目前安装在国产夏利 2000 和优利欧上，因此就可以先认定该车发动机的"血统"是良好的。再如，秦川富莱尔使用的是铃木奥拓的发动机，就可以将奥拓车与之合并考察。

2) 底盘

汽车的底盘是车辆的行走部分，包括悬挂、制动、转向等。它的好坏直接影响车辆的行驶。人们常常疑惑，为什么不同的车安装相同的发动机，但速度、驾驶性能、油耗却不一样呢？排除车身的因素，恐怕底盘的质量是主要原因。

考察底盘的"血统"时，有一个很重要的术语叫"开发平台"。由于底盘的开发和创新也不容易，因此，厂家往往在一个统一的开发平台上建立新车的研制，多数时候甚至在同一个底盘上生产不同的汽车。

例如，一汽大众的奥迪和上汽大众的帕萨特 B5 的底盘几乎是一样的，只是车身不同。上海通用的别克 GL8 与别克轿车共用相似的底盘。而广州本田的奥德赛 MPV 的底盘根本就是雅阁轿车的底盘。因此，考察汽车底盘的"血统"可以为购车决策提供帮助。

3) 车身

车身的"血统"最好考察，单从外观就可以了解了。同时，车身与发动机和底盘相比，作用也次要。由于厂商往往在同一底盘和同一发动机的基础上来回变换车身款式，以吸引消费者，因此，只有在考察完上述发动机和底盘的"血统"后，才可以根据个人爱好去考察车身"血统"。

我国汽车工业的基础薄弱，引进、消化和吸收外国的产品是主要方式。因此，考察国产车的"血统"对于消费者十分重要。消费者可以根据厂商提供的说明以及报纸杂志的推荐，在案头勾画出一种汽车的"血统"，例如：长安奥拓—日本铃木夏利 2000—日本丰田上海赛欧—通用。

4. 国产汽车与进口汽车的差别

1) 进口汽车

进口汽车通常分为三大车系，即美国车系、欧洲车系、日本车系。

(1) 美国车系。技术发达、资金雄厚，无论是通用、福特还是克莱斯勒，都具有动力强劲、豪华气派、用材奢侈、乘坐舒适、驾驶安全、通过性能好等突出优点。其最大的缺点是耗油高。近年来，美国汽车公司也推出了一些针对中国消费特点的经济实用型轿车，如目前畅销的欧宝系列以及福特蒙迪欧等。

(2) 欧洲车系的最大特点是个性张扬。最有名的四大品牌异彩纷呈：奔驰豪华、高贵的品质早已成为尊贵的象征；宝马则带给追求驾驶极限的人们最高层次的享受；沃尔沃被称为世界上最安全的轿车；奥迪的一贯主张是技术领先，同时以其极高的性价比征服了越来越多人，已步入成功人士的家庭。此外，法国的标致和雪铁龙是欧洲车系中最贴近普通民众的产品，意大利的法拉利、波尔舍等是世界闻名遐迩的跑车。

(3) 日本车系也包括韩国车，无论是丰田、日产、本田，还是三菱公司的轿车，或是越野车，其节能和性价比方面都无可匹敌。原韩国大宇、现代、起亚等也是后起之秀。它们的共同特点是技术精湛、经济实用，这也是日本车系在中国畅销的主要原因。

2) 国产汽车

国产汽车在很大程度上是建立在三大车系的基础上，合理地消化吸收它们的优点，充分考虑到中国国情后发展起来的。

建立在美国车系基础上的有上海通用的别克、北京切诺基、金杯通用的雪佛兰等。

建立在欧洲车系基础上的有上海大众的桑塔纳、帕萨特、波罗；一汽大众的奥迪、宝来、捷达；东风雪铁龙的富康、毕加索；等等。

建立在日本车系基础上的有长安奥拓、羚羊；天津夏利、威驰；广州本田的奥德赛；风神蓝鸟；海南马自达；悦达起亚千里马；东南得利卡、福利卡；长丰猎豹；等等。

无论是"老三款"(桑塔纳、富康、捷达)，还是"四小名旦"(夏利2000、赛欧、派力奥、波罗)，以及公务用车奥迪、广本、别克，只要搞清了它们的"血统"，就可以知道这些车型在国际市场上有过不俗的表现。外国车被引进国内时，执行同样的质量标准。它们的国产化必须接受原厂严格的质量监督。零部件的生产也必须按照原厂的标准进行。

为适应中国用户的需要，厂家可能降低某些配置。如减小排量、将自动变速器变为手动变速器等，但从本质上讲，不会影响车的质量。不可否认，国产车的质量与进口车是有差距的，主要是零部件制造和装配质量的差距，但从汽车今后的维修费用、配件供应等方面来看，进口车并不占优势。

3) 选车时应怎样考虑进口车与国产车

在制订购车计划的时候，人们就面临着选择进口车还是国产车的问题。在很多人的概念里，无论从哪一方面来说，进口车在心目中的地位都是高于国产车的，但从一个即将购车的消费者的角度上，就不应该这样简单地考虑了。

进口车从质量上看要明显优于国产车，但从综合利弊方面来分析，进口车与国产车相比价格要高出许多，其中各种税费占了车价的很大比例，而且日后的配件及使用费、折旧费较高。不是"实力型"的人士在购买进口车时应多权衡一下其性价比。

不可否认，国产车的质量与进口车是有差距的，主要是零部件质量和装配质量的差距。这些只能靠售后服务来解决。

从汽车日后的修理费用、配件供应等来看，进口车并不占任何优势。国产车维修服务网点多，维修人工及配件价格都比较便宜，各方服务较周到；而进口车出现故障或事故时，修理起来相对麻烦。进口车的配件价格昂贵，而且存在许多假冒产品，令人防不胜防。由于进口车的结构、款式变化很快，一款车只有几年的寿命。整车一旦停产，零配件的供应就成了问题。同时，有些修理人员技术不全面，面对国外层出不穷的新车，难以很快适应并提供高服务质量。因此，进口车越旧就越难修，费用也就越贵。

4) 选择进口车应注意的问题

当中意某款进口汽车时，应该注意考察以下内容。

(1) 该款车是否为国家"大贸"进口。所谓"大贸"，是指国家大型企业按照合法渠道进口的汽车，这在进口许可证明写得很清楚。如果不是"大贸"，很可能会给日后带来麻烦，原因是国外厂商在向中国出口时，都规定有总代理商、代理商和分销商。在划分责任时，总代理商、代理商和分销商负有售后服务和维修的责任。如果购买的汽车不是经过总代理商、代理商和分销商进口，即使是正宗产品，只要计算机里没有该车的进口数据，总代理商、代理商和分销商都会拒绝为该车提供售后服务和维修。

(2) 该款车是否为成批量进口的汽车。试想一款外国车登陆中国，如果只有100辆的批量，分布在全国若干地区，那么，零部件供应商和汽修厂是不愿意为此而冒风险的导致所购买的汽车很可能维修困难，或者由于商家因零部件紧俏，哄抬物价而使维修费用过高。

5. 男女购车有哪些区别

男性和女性购车的标准是有区别的。男性看中的首先是汽车的动力性能，他们往往喜欢动力澎湃、加速性能好、手动挡、越野能力强、外观端庄威猛的车辆。而时代女性在生活事业的奔波忙碌中追寻着同男士一样的速度感，同样乐于享受汽车带来的快捷和独立的个人空间。女士在选购爱车时，往往考虑到自身的要求，并要加以评估，才能决定哪一种车最适合自己。

总体来说，女人天性爱美求新，流线造型的车子往往是首选，但是也要根据自己的实际情况进行选择。若是职业女性，不妨选外形较庄重、线条平实、大小适中的车辆；若是时尚女子，小巧独特的车子可以在城市拥挤的道路上行驶自如。如果喜欢颜色独特的车子，则需考虑经济承受能力。因为修补复杂的漆面是一笔不小的开支。

女人好购物，要考虑车内空间够大，别让自己从超市满载而归时尴尬。此外，还得想到车子要放得下婴儿车。选择自动排挡变速车还是手动排挡变速车，取决于个人本身的驾驶习惯。若是常在市区开车，为了避免塞车换挡的辛劳，当然是以自动排挡变速车作为第一优先考虑。若偏爱开快车驰骋于路上，则不妨考虑手动排挡变速的车型。但注意车子的操作系统反应要比较灵敏，驾驶时就可以省些力气。

要选择具有基本的安全配备的汽车，如安全玻璃、防撞保险杠、广阔的视野、较少的后视死角。女性开车比较谨慎小心，应考虑选择如气囊、ABS刹车系统等对于驾驶人的生命安全有保障的车子。不要选冷气、音响等按键设置过低的车辆，以免开车时调速造成危险。中控锁对女性不可或缺，它可帮助车主在车子启动后自动锁上车门，以防不轨之徒造成干扰，也增加车主的安全感。

2.1.3 汽车的性能

厂商提供的说明书是人们了解车辆性能的来源之一，它往往包括了该车的"血统"以及技术含量。但是，怎样才能从一大堆的术语中看出门道呢？

以下以上海通用雪佛兰赛欧为例来说明，见表2-1。

汽车使用与管理

表2-1 赛欧汽车性能

项　　目	特　　征	项　　目	特　　征
发动机型式	1.6L、直列四缸、多点燃油电控喷射	变速方式	手动挡/自动挡
功率	66kW/5 600(r/min)	压缩比	9.4∶1
扭矩	128N·m/2 800(r/min)	燃油经济性	90km/h、5.3L(手动)，5.7L(自动)
最高车速	170km/h	悬挂	前悬架独立麦弗逊式，后悬架半独立
最小车转弯直径	10m	整备质量	950kg
外形尺寸	4 026×1 608×1 420(mm)	轴距	2 443mm
轮距	前/后：1 387/1 388(mm)	最小离地间隙	165mm

在一大堆的术语里，考察发动机的性能最重要。从说明书中可以看到：赛欧的发动机为直列式四缸，排气量相对商务车较小，为1.6L。没有注明每个汽缸气门的数量或注明每个汽缸有两个气门，说明它没有采用先进的多气门技术。

一般来说，从该车的汽缸数以及排量大小大致就可以知道这辆车的马力(功率)是否强劲，在其他条件一定的情况下，马力(功率)越大，车速越高；扭矩越大，该车的牵引力越大。

赛欧发动机的功率是66kW/5 600(r/min)那就是说，当发动机转速达到每分钟5 600转时，输出最大功率为66kW；扭矩为128牛·米/2 800转/分钟，就是说，当发动机每分钟转速达到2 800转时，输出最大扭矩为128牛·米。

为什么发动机最大功率和最大扭矩不是在同一转速下呢？因为发动机启动后，有一个最小稳定的工作转速，随着发动机转速不断增加，发动机的输出功率和扭矩也都随之增加。当达到2 800(r/min)时，扭矩达到最大值，但此时的发动机功率并未达到最大值，再增加发动机转速，则扭矩减小，功率则继续增加，直至最大功率。当选择购车时，发现两辆车的最大功率接近，最大扭矩也一样，但相应的转速不一样，这在一定程度上表示：这两辆车的爬坡和加速特性是不一样的。当一辆车的最大扭矩表现在较低转速时，表明这辆车在低转速时牵引力较大，起步和快爬坡性能好；当一辆车的最大功率表现在较低转速时，稍提转速，功率会迅速增大，说明该车加速性好，很容易超车；而当一辆车的最大扭矩出现在较高转速时，则表明这辆车的后备功率大，在高速行驶中负荷率低，燃油经济性要差些，一般中高档汽车才会采用这样的发动机。

注意： 千瓦和马力是两回事。

它们的换算公式是：1马力=0.75kW 或 1kW=1.36马力。

厂商注明的参数可能使用不同的计量单位，注明为"马力"的，从数字上看似乎比注明为"千瓦"的大些，切不可被表象疑惑。

压缩比是指汽缸中的气体的最大容积与压缩后的最小容积之比。压缩比越大，在压缩终了时的混合气的压力和温度便越高，燃烧速度也越快，因而发动机发出的功率就越大，经济性就越好。

赛欧的压缩比为9.4∶1，已超出某些较高档次的发动机。

最高车速和加速性能是评价汽车的两项重要指标。赛欧最高 170km/h 的时速对家用轿车来说已经足矣。12.7s 的加速性能,是指该车从 0km 加速到每小时 100km 时所需时间。在小型家用车中,表现也属不错。

燃油经济性这项指标是非常重要的,不过也是历来人们争议最多的一个方面。车厂一般在说明书上所给出的数据是等速行驶时的燃料消耗,如等速(匀速)90km 时油耗 5L 等。这个等速行驶工况并没有全面反映汽车的实际运行情况,特别是在市区行驶中频繁出现的加速、减速、怠速、停车等行驶工况。欧洲经济委员会(ECE)规定:要测量车速为 90km/h、120km/h 的等速百公里的燃料消耗量和按 ECE-R.15 循环工况的百公里消耗量,并各取 1/3 相加,作为混合百公里燃油消耗量来评价汽车的燃油经济性。现在得到的只是 90km/h 等速燃油消耗量,该怎么看厂方提供的数据呢?只能作部分参考。对于城市居民来说,工作地在市中心,居住地在近郊或市里,那么应该希望车在较低负荷或较低车速下的油耗越低越好。至于在满负荷工作情况下的油耗,可以作为次要考虑。

总长、总宽、总高这 3 组数据很好理解。但这个数据与轴距、轮距统一考察就会有意义。

轴距指的是前轮与后轮的轴间距离。轴距短些,车身就可能短,车辆本身就轻些,最小转弯半径也小。但在颠簸道路上的稳定性会差些,轴距越短,车辆可能越颠。

轮距分前轮距和后轮距,分别指的是前轮之间的距离和后轮之间的距离。轮距越大,对增大车厢宽度与提高车身横向稳定性越有利。

厂家往往在有限的空间努力增大轴距和轮距。对于相同外形尺寸的车辆来说,轴距和轮距越大,稳定性可能越好,车内空间可能越大。

此外,有的厂商还提供了整车整备质量和汽车总质量这两个数据,前者表示车上带上全部装备包括随车工具、备胎等及加满燃料、水,但没有装货和载人时的质量。而后者则是指装备齐全,并按规定装满客、货时的整车质量。用汽车总质量减去整车整备质量可以得出该车的载质量。一般来讲,质量较大的车对高速行驶时的稳定性有一定帮助,但油耗会高些。

读解车辆的说明书不能仅仅孤立地解读一种,最好的办法是将相似的车辆对比来读,这样就会发现许多数据的秘密。例如,可以将赛欧与长安羚羊、南亚派力奥的数据相比较,见表 2-2。

表 2-2 赛欧、羚羊、派力奥性能比较

项目 品牌	排汽量/L	气门数/个	功率/kW	扭矩/(N·m)	最高时速/km	加速性能/s	油耗/L
赛欧	1.6	8	66(5 600r/min)	128(2 800r/min)	170	12.7	5.5
羚羊	1.3	16	63(6 000r/min)	110(3 500r/min)	160	14	4.8
派力奥	1.461	8	62.5(5 500r/min)	120(4 500r/min)	175	11.9	5.5

注:以上数据均为厂家提供,未经权威部门认可,仅供参考。

对比解读上表,可得以下结论。

(1) 赛欧的排气量最大,功率最大,扭矩最大,速度和油耗居中,最大扭矩表现在较低转速,表明它的爬坡性能较好。

(2) 派力奥排气量居中,功率居中,时速最高,油耗也最高,它的最大扭矩出现在较高转速,表明这辆车的后备功率大,在高速行驶中负荷率低。

(3) 羚羊排气量最小，但功率居中，油耗最低，它在排气量最小、油耗最少的情况下，功率和扭矩并不很低，原因是它有 16 个气门，使用了较先进的发动机技术。

按照这种办法可以继续解读其他参数，加上配置、价格、售后服务等因素，就不难做出自己的决断。

一个系列家用汽车往往包括很多型号，它们的外形可能没有很大区别，但内容却相差很多，价格也不尽相同。区别在于车上的各种零部件数量不同、质量不同、功能不同。在同一系列的车辆上，各个分系统和零部件的有无、大小、功能强弱、质量差别等，这些被称为"配置"。

例如捷达轿车包括以下型号。

Jetta CL、Jetta GL、Jetta Ci、Jetta Gi、Jetta CT、Jetta CiX、Jetta GT、Jetta GiX、Jetta CEX、Jetta GTX、Jetta GEX、Jetta AT。

一般说来，轿车的款式都有一个基本型，也被称为"基本配置"；在此基础上，会根据市场要求增加许多功能，在销售中有些被称为"选装配置"，即应客户要求才安装的配置；所有功能全部安装的车称为"全配"。

目前国产轿车的不同配置与欧美、日本汽车相比要少得多。这证明了在选购中可供挑选的车形尽管外形相似，但往往在配置上有很大区别，因此必须密切注视车辆的配置。

配置的功能可以分为两部分，一部分与车辆的基本性能关系密切，可称为主要配置，包括以下方面。

(1) 发动机的排气量不同。如羚羊 7101 和 7130 外形一样，但分别配置了 1.0L 和 1.3L 的发动机。

(2) 发动机功能不同。如捷达 CI 和捷达 CT，排气量一样，但一个是每汽缸 2 个气门，另一个是每汽缸 5 个气门。

(3) 变速箱不同。可分为自动挡和手动挡。其中手动挡可分为 4 速和 5 速，即 4 个还是 5 个前进挡。自动挡可分为无级变速和自动变速等。

此外还包括是否有空调装置、防抱死装置(ABS)、安全气囊(SRS)等。

另一部分配置是指与车辆基本性能无关，但涉及车辆舒适、豪华、便利的配置，可称为次要配置，包括 CD 音响、铝合金轮毂、金属漆、动力转向、防撞侧杆、电动倒车镜、电动门窗、顶窗、防盗设施以及水杯托架、储物箱等。

只有搞清楚了配置才能搞清价格，才能决定是否要在主要配置和次要配置上投资。配置高，价格往往就高。但是如果配置真正有利于今后，为什么不可以考虑呢？

关于配置的具体内容，会在以后专门讲到。

一般来说，发动机的排气量和马力(功率)是成正比的，通过考察一辆车的汽缸数以及排气量大小，大致就可以知道这辆车的马力(功率)是否强劲，排气量越大，马力(功率)越大。但随着汽车技术的发展，仅仅考察排气量就不够了。从上文中，通过对比赛欧、羚羊和派力奥的发动机参数可以看出，并不是排气量最大的发动机马力(功率)最大。其根本原因在于新技术的运用。除了上文提到过的多气门技术外，还有电喷技术和涡轮增压技术等。

(1) 电喷技术就是电子控制汽油喷射装置，电喷发动机在同样排气量时，马力(功率)能要大于普通化油器发动机。

电喷技术分为两种：喷射器安装在原来化油器位置上，称为单点电控燃油喷射装置；喷射器安装在每个汽缸的进气管上，称为多点电控燃油喷射装置。两者除了喷射器的安装位置不同外，还有使用性能和制造成本的差异。

汽油发动机是依靠混合气在汽缸内燃烧做功而运转的，发动机的运行质量很大程度由混合气的质量决定，混合气的形成在相当程度上又决定于燃油喷射系统的形式。因此，采用哪一种电控燃油喷射形式对发动机性能的影响是很大的。

单点喷射是将喷射器设在节气门上方，只能改善在节气门处的雾化以及加热管壁温度提高燃油的蒸发程度，但难以保证节气门后至进气门的一段管壁上不形成油膜或油滴，因此进气支管的结构对混合气的输送和分配有重大影响，而且难以实现在所有工况下都能保持理想的混合气分配；多点喷射是将喷射器设在进气门处，燃油在热的进气门上进一步蒸发与空气充分混合后立即通过进气门进入燃烧室，不受到进气支管结构的影响，可以保证均匀一致的混合气分配。

单点喷射虽然在运行性能上略低于多点喷射，但其构造简单、工作可靠、维护简单。这就意味着单点喷射系统可以降低对电动燃油泵的要求，节省了成本。

为了保证汽车发动机的运行质量，现在大部分乘用车发动机电控燃油喷射系统采用多点喷射的形式，单点喷射系统一般仅用于小型乘用车上。在考察车辆技术时不仅仅知道是不是电喷发动机，还应该搞清是单点喷射还是多点喷射。

(2) 涡轮增压器实际上是一种空气压缩机，通过压缩空气来增加进气量。它是利用发动机排出的废气惯性冲力来推动涡轮室内的涡轮，涡轮又带动同轴的叶轮，叶轮压送由空气滤清器管道送来的空气，使之增压进入汽缸。当发动机转速增快，废气排出速度与涡轮转速也同步增快，叶轮就压缩更多的空气进入汽缸，空气的压力和密度增大可以燃烧更多的燃料，相应增加燃料量和调整发动机的转速，就可以增加发动机的输出功率了。参加竞赛的跑车或方程式赛车一般在发动机上装有涡轮增压器，以使汽车迸发出更大的功率。发动机是靠燃料在汽缸内燃烧来产生功率的，输入的燃料量受到吸入汽缸内空气量的限制，所产生的功率也会受到限制，如果发动机的运行性能已处于最佳状态，再增加输出功率只能通过压缩更多的空气进入汽缸来增加燃料量，提高燃烧做功能力。在目前的技术条件下，涡轮增压器是唯一能使发动机在工作效率不变的情况下增加输出功率的机械装置。

在近30年时间里，涡轮增压器已经普及到许多类型的汽车上，它弥补了一些自然吸气式发动机的先天不足，使发动机在不改变排气量的情况下可以提高输出功率10%以上。因此许多汽车制造公司都采用这种增压技术来改进发动机的输出功率，以实现轿车的高性能化。

我国目前在市场上推出的带涡轮增压器的车辆主要有奥迪1.8T、帕萨特1.8T、宝来1.8T等。

通过考察奥迪普通1.8与1.8T发动机的动力性能就可以知道，在同样排气量的情况下，带涡轮增压器的发动机动力更强劲，见表2-3。

表2-3 奥迪1.8与1.8T发动机动力性能比较

项目 车类	排气量/L	功率/kW	扭矩/(N·m)	时速/km	油耗/L	千米加速
奥迪A6 1.8	1 800	92/5 800	168/3 500	198	6.4	12
赛迪A6 1.8T	1 800	110/5 700	210/4 600	208	6.1	10.2

汽车的经济性指标主要由耗油量来表示，是汽车使用性能中重要的性能。尤其是我国要实施燃油税，汽车的耗油量参数就有特别的意义。耗油量参数是指汽车行驶百公里消耗的燃

油量(以 L 为计量单位)。在我国,这些指标是汽车制造厂根据国家规定的试验标准,通过样车测试得出来的。它包括等速百公里油耗和循环油耗。

(1) 等速百公里油耗:指在平坦硬实的路面上,汽车以最高挡分别以不同车速等速行驶这段路程,往返一次取平均值,记录下油耗量,即可获得不同车速下汽车的百公里耗油量。将每个车速段的耗油量用点连起来,就发现是一条开口向上的抛物线,最凹点就是耗油量最低的车速段,也就是"经济车速"。一些厂家以这个经济车速作为耗油量参数,实际上只能作为参考值,因为一般用户是很难做得到的。

(2) 循环油耗:指在一段指定的典型路段内汽车以等速、加速和减速 3 种工况行驶时的耗油量。有些还要计入启动和怠速等工况的耗油量,然后折算成百公里耗油量。一般而言,循环油耗与等速百公里油耗(指定车速)加权平均取得综合油耗值,就比较客观地反映了汽车的耗油量。一些汽车技术性能表上将循环油耗标注为"城市油耗",而将等速百公里油耗标注为"等速油耗"。

欧洲车的耗油量表示方法与我国相同,数值越小,燃油经济性越好。但它的耗油量测定分为三部分,分别是模拟城市内行驶工况的"城市行驶循环"、90km/h 和 120km/h 的等速行驶。因此一般欧洲车的耗油量都有这 3 个参数。

美国车的耗油量表示方法刚刚相反。它是以每加仑可行驶的英里数(mile/gal)或每升可行驶的公里数(km/L)来表示。数值越大,燃油经济性越好(1 加仑=4.546 升、1 英里=1.6 千米)。当然,在中国销售的美国产车,其耗油量的标注也要"入乡随俗"了。一般来说,汽车的动力与油耗成正比。马力越大,油耗越高。但随着汽车技术的发展,许多动力强劲的车辆的油耗却比同类动力的发动机低得多。例如在上文中所比较的赛欧、羚羊、派力奥 3 款发动机,在动力最强的时候,油耗并不一定最高。其中,值得考察的技术包括高压缩比技术和可变排气量技术。

发动机的压缩比就是汽缸里的活塞的行程到达下止点时的最大行程容积,与到达上止点时最小容积的比值。

汽油发动机在运转时,吸进来的通常是汽油与空气混合而成的混合气,在压缩过程中活塞上行,除了挤压混合气使之体积缩小之外,同时也发生了涡流和紊流两种现象。当密闭容器中的气体受到压缩时,压力随着温度的升高而升高。若发动机的压缩比较高,压缩时所产生的汽缸压力与温度相对提高,混合气中的汽油分子能汽化得更完全,颗粒能更细密。再加上刚才所说的涡流和紊流效果和高压缩比所得到的密封效果,当火花塞跳出火花时就能使得这混合气在瞬间内完成燃烧的过程,释放出最大的爆发能量,成为发动机的功率输出。

反之,若燃烧的时间延长,能量会耗费并增加发动机的温度而并非参与发动机功率的输出。这样,高压缩比的发动机就意味着可具有较大的功率输出。

这个概念对于大部分人来说可能太复杂了一点。因此只要记住:高压缩比的发动机在同样排气量的情况下动力性能可能更好。例如,赛欧的压缩比为 9.4∶1,派力奥的压缩比为 8.85∶1。

一般发动机的压缩比是不可变动的,因为燃烧室容积及汽缸工作容积都是固定的参数,在设计中已经定好。不过,为了使得现代发动机能在各种变化的工况中发挥更好的效率,以变对变来改善发动机的运行性能。其中气门可变驱动技术早已实现,作为重要参数的压缩比也有人尝试由固定不变改为"随机应变"。但由于涉及压缩比,必然要涉及整个发动机结构的改变,牵一而动百,难度很大,长期没有进展。现在这一难题已被瑞典的绅宝(SAAB)工程师克服。

近年绅宝开发的 SVC 发动机以改变压缩比来控制发动机的燃油消耗量。它的核心技术就是在缸体与缸盖之间安装楔型滑块，缸体可以沿滑块的斜面运动，使得燃烧室与活塞顶面的相对位置发生变化，改变燃烧室的容积，从而改变压缩比。其压缩比范围可从 8∶1 至 14∶1 之间变化。在发动机小负荷时采用高压缩，比以节约燃油；在发动机大负荷时采用低压缩比，并辅以机械增压器，以实现大功率和高扭矩输出。绅宝 SVC 发动机是 1.6L、5 缸发动机，每缸缸径 68mm，活塞行程 88mm，最大功率 166kW，最大转矩 305N·m，综合油耗比常规发动机降低了 30%，并且满足欧洲 IV 号排放标准。

汽车新技术的开发需要大量人力物力的投入，这些投入最终要反映到市场上。通常，汽车的技术含量越高，价格可能会越高。但也不尽然。

由于新技术的应用往往需要相当长时间的考验，当它推向市场时，价格因素往往已经被厂家其他产品所消化。同时，如果它受到用户的追捧，市场销售量很大，那么价格就会慢慢降下来。

因此在选购车辆时应该注意两点。

(1) 不要购买那些技术陈旧，若干年内可能会被淘汰的车辆，例如安装化油器的车。
(2) 尽量选购采用新技术而又技术成熟、市场反映良好的车。

总而言之，汽车是工业文明的集中体现，所有人类的发明创造都有可能体现在汽车技术上，像电动汽车、卫星定位系统(GPS)以及蓝牙技术在汽车上的应用等，在后面会专门讨论。

考察和订购汽车已经成为汽车文化的一个不可或缺的组成部分。你可能正准备拥有第一辆汽车，也可能正在准备选购第二辆，那么密切注视汽车技术的发展，将会使你做出更合理的投资决策，也会使你更好地享受汽车文明。

2.1.4 购车费用

市场上销售的车辆各种各样，价格也各不相同，同样的车辆在不同的地区或不同的市场价格可能有区别。汽车售价一般由设计成本、生产成本、销售成本、厂家法定利润、销售商利润以及售后服务的成本等组成。但有时候汽车的价格是背离市场的，原因是我国的汽车工业比较落后，无法满足全体需要。当某一档次的车供不应求、没有竞争时，它的价格就可能很高。

随着经济的发展，这些因素都会变化。以上海桑塔纳为例：从 1985 年桑塔纳进入中国市场以来，由于当时国内几乎没有自己的轿车工业和产品，处于短缺经济，在以卖方市场为主导的时代中出现的桑塔纳就成为当时中国轿车市场的唯一品牌，二十几万元的价格自然成为一个标杆。进入 20 世纪 90 年代，随着轿车合资企业的增加，新产品增多，市场发育逐渐成熟，竞争加剧，各厂商在推出新产品的时候都要或多或少地以桑塔纳价格基准来制定自己产品的价格策略。同时，在历次价格变动或价格战中，许多汽车品牌都依然会根据当时桑塔纳的价格水平做进一步调整，来确定自己产品的价格调整策略及幅度，以求更加明确地分化自身产品的目标市场。可以这样说，无论是静态的定价还是动态的价格调整，都可以看到桑塔纳的价格的标杆作用。

很显然，这种以桑塔纳为价格参照的做法是对尚处于初级阶段的中国汽车市场的开拓，是对企业利润的预估和把握，是对细分市场的价格定位。其中桑塔纳扮演了一个十分重要的角色。

随着中国加入 WTO，国内轿车价格纷纷"跳水"，掀起了入世后首轮价格战，这次降价大潮几乎涵盖了国内生产的各个汽车品牌，降价面之广史无前例。从现在轿车市场的格局来看，10万元以下的轿车市场呈现出越来越繁荣兴旺的趋势。不仅定价在10万元之内的新车型不断涌现，而且"老三样"也出现了价格下探的分化。在这个价位区间内，品牌越来越密集，车型越来越丰富，私人购车市场的重心有向10万元之内低价位偏移的倾向；相反，原本以桑塔纳、捷达、富康为代表的10万～15万元细分轿车市场不仅没有添丁增口的发展趋势，反而又出现了分化走低的迹象。此次降价风潮、激烈的竞争明显地在10万元以下、10万～15万元、15万～20万元、20万～30万元的各个细分市场全面展开。随着市场多元化，产品更新周期进一步缩短，竞争对手变化，市场细分，在某个档次中会有多种车型。

随着时代发展，中国加入WTO，一些费用逐渐降低或者取消了。与此同时，同档次的车辆不断推出，市场竞争加剧，使得汽车降价成为可能，并逐步与真正的市场价格接轨。这是中国汽车市场发展的必然结果。

市场上车辆的价格并不是全部车价，除此之外还必须缴纳以下费用。

(1) 车辆购置附加费：进口汽车占车价的10%，国产汽车车辆购置附加费收费标准为不含增值税车价的10%，用公式表述为车价÷1.17×10%。

(2) 车船使用税：从购车之日起至当年年底，按月份计算，10座以下轿车200元/年。

(3) 牌证费：统一收费标准为154元。

(4) 移动证费：3元。

(5) 车辆行驶证费：5～8元。

(6) 保险费：车辆损失险保费为车价×1.2%，再加上240元的基本保费；第三者责任险保费根据投保金额(5万、10万、20万、50万、100万)分为交800元、1 040元、1 250元、1 500元、1 680元；另外，还有盗抢险、车上人员责任险等附加险种。基本险种的保费一般占车价的1%～4%。

固定费用包括保险费、牌照税等。

买了车，不能不买一份保险。如果只买第三者责任险，一年只需1 000～2 000元，若要全保，则要6 000～10 000元。

变动开支包括汽油费、停车费、轮胎的更换以及保养费、修理费用等。其中最大的开销是汽油费。

停车费是必不可少但具有较大弹性的一笔开支，其费用的多少因工作性质、居住环境、地理位置及家庭乘员的生活习惯不同而有所区别。若以上班地点、居住地点均为一类的停车场为例，每月固定停车费为240～400元之间。加上临时停车费，每月保守估计为300～500元，一年下来仅此一项就达3 600元甚至在6 000元左右。

保养及维修费与个人的驾驶技能及日常维护有关。一般新购车辆大多无需太多保养，只是更换或添加机油及润滑油之类。由于大多数厂家在售后服务方面都比较注重，此项费用一般较少；至于维修费，一般来说只要不发生意外事故，是不用进维修厂的。但是易损件和配件往往是省不掉的，它包括空气滤清器、汽油滤清器灯，每行驶5 000km必须更换一次，如果年行驶2万千米就必须更换4次；蓄电池的使用寿命大约是2年左右，汽车的轮胎一般可行驶8万千米，大约3～4年；制动系统的制动片一般可使用5万～7万千米(即大约3年)。此外，汽车中的各种润滑油都要定期更换，如齿轮油、刹车油等，平均每年需200～300元。但这不包括二级以上保养、大修发动机、总成的维修费用，这部分费用平均起来一年要750～3 000元。省去这笔费用的前提是，轿车是从正规渠道购买并由大型正规厂家生产的。

最后还有路桥费和洗车费，这两项费用也具有较大的弹性。如果经常外出或喜欢旅游，路桥费就会多一点，全年在 500～1 200 元之间。至于洗车费，完全因人而异，这里以全年 400 元或 1 200 元来计算，全年这两项费用为 900 元或 2 400 元。

总共加起来，养一辆车，一年下来所需的费用在 15 074～27 240 元之间，必须将这些费用计算在购车预算中。

2.1.5 车市行情

在生活中，人们有过各种采购经验，也接触过各种商家的销售策略，如打折、让利销售等。汽车厂商也是如此。常见的方法有打折、赠送装饰、赠送保险、上牌照一条龙服务、延长保修里程和时间等。怎样深入了解厂家的销售策略呢？以下几项仅供参考。

1) 全国统一销售价

一些厂家为保证利益，防止销售商恶性竞争，采用全国统一销售价的策略，即无论在哪里购买，同一款车价格一样。这在我国目前的经济环境里有一定的作用。

2) 老旧车型削价

一款车子在市场上销售相当时间后，性能和式样渐渐落伍，厂家推出新的车型前就要适当对老旧车型削价，为销售新车铺平道路。例如，国家宣布在大中城市取消化油器汽车后，厂家的该类库存就会大幅度降低价格。上海大众的波罗投入市场后，已经销售了十几年的普通桑塔纳就可能逐渐降价，直至停产。大家可能有过购买电脑的经历，每当更高性能的芯片推出，原有的就会削价，只不过计算机升级换代的速度要远远快于汽车。

3) 增减配置

增加或减少配置常常是厂家为适应不同消费者需求而采取的策略，包括增加配置，价格也随之增长；增加配置，但价格不长(变相降价)；减少配置，价格也随之降低；减少配置，但价格不变(变相涨价)。

4) 加强售后服务

厂家必须十分重视售后服务，它的好坏往往决定了汽车生产和销售总体水平的高低。因此厂家的策略一是广布维修网点；二是增加车辆保修的时间和里程。当然，这意味着厂家要掏更多的钱，而这些钱可能包括在车辆的售价中，也可能是厂家的让利行为。销售商和生产厂家关系密切，厂家依靠商家销售车辆，商家靠增加销售获得厂家的折扣，可谓一损俱损，一荣俱荣。但为适应市场的变化，厂家往往给予商家一定的活动范围，使得商家得以在市场施展销售手段，增加收入。不同的商家会有不同的做法。

(1) 优惠。尽管目前车市上的国产车多数采取全国统一销售价，但这个价格并不是铁板一块，销售商可能在全国统一销售价外增加优惠条件，如分期付款条件优惠等。当然，此时的利润风险不在生产厂家，而在销售商家。

(2) 打折。除采取全国统一销售价的厂家外，有些厂家允许销售商在不同地区或不同范围价格上下浮动。这个折扣对整个车价的比例可能很小，但对于工薪阶层说来也是很大的数额。

(3) 赠送。是商家最常用的方法，包括赠送车辆装饰、赠送一年保险、赠送手机、计算机等。

俗话说：买的没有卖的精。经商盈利是天经地义的事，无可厚非。但是作为消费者，要维护自身的合法权益，买到货真价实的车子，就必须考察商家的销售方法，以利于自身。因为汽车消费决不是上当一次、下不为例的事情，一旦决策失误、受到诈骗，可能遗恨终身。

汽车使用与管理

对了商家所赠送的东西，一要看是否值那么多钱；二要看是否需要。有些商家为了促销，打出赠送5 000元礼品的广告诱人。现在卖一辆国产车的利润远没有5 000元，所赠送大礼，有两种可能：一是礼品根本不值5 000元，如有商家打出送价值2 800元的防晒膜，其实行家都知道，那防晒膜也就值几百元；二是所售车的部分机件被拆换过，车的成本降低，所以才敢大出血送大礼。

考察车市行情中有一个重要的内容，就是要有一定的前瞻性。喜欢的品牌是否会有新款上市就值得深入考察。因为没有人希望刚买了车不久，老款就被新款替代，不但脸面不好看，价格和性能也可能有差距。

应该注意，厂家在推出新车型时是有策略的。有时为了保证老车型的销售，可能秘而不宣；有时为了与其他车型竞争，可能提前炒作。因此必须认真考察，有时耐心等待是为上策。

考察车市行情中十分重要的就是注意汽车品牌的销售排行榜。排行榜所反映的无疑是广大消费者对一个品牌的信任程度。一种车辆销售情况良好，在排行榜上领先，在某种程度上说明该车受到消费者追捧，可以考虑锁定该品牌。

应该注意，并不能仅仅只看一时一地的排行榜。某种车在某时某地的排行榜领先，并不能完全说明问题。例如，某车突然大幅度削价，在当时的排行榜上就可能领先一段时间；某车提前炒作了很长时间，吊足了消费者的胃口，突然发力推向市场，在当时当地排行榜上领先，甚至出现缺货断档情况。这些现象仅供参考。还是应该保持头脑冷静，将排行榜的中长期数据统一考察，得出自己的结论。

2.1.6　汽车信贷

如果资金雄厚，当然无需贷款购车。我国现行的汽车消费贷款方式但对大多数普通消费者来说，汽车消费贷款方式是一种经济合算的购车方式。

所谓信贷消费，简单讲就是鼓励消费者"寅吃卯粮"，从银行先借钱消费，然后再分期偿还。这就是"花明天的钱，圆今天的梦"，"向自己的未来借点钱"。

消费信贷在西方已很普及。美国70%、日本50%、德国60%的汽车消费都是通过分期付款信贷进行的。在我国，目前消费信贷占贷款总规模的比例只在1%左右。为推动个人购车的消费行为，长安公司、一汽大众、上海大众、天津夏利、东风雪铁龙、北京吉普等厂家相继出台分期付款业务。中国银行、中国工商银行、中国农业银行等在汽车需求较大的地区开展消费贷款业务。目前，此项业务已在全国铺开，并日渐为广大消费者所接受。

1. 贷款条件

贷款人要具有稳定的职业和经济收入，足以偿还贷款本息；要先将购车首付款存入银行；必须提供银行认可的担保人的相关文件。

2. 贷款金额

借款人以国库券、企业债券、个人存单抵押的，存入银行的首期款不得少于购车款的20%，借款最高限额为购车款的80%；借款人以所购车辆作抵押或其他资产作抵押的，存入银行的首期款不得少于购车款的30%，借款最高限额为购车款的70%；借款人提供第三方担保方式的，存入银行的首期款不得少于购车款的40%，借款最高限额为购车款的60%。

3. 贷款期限

贷款期限一般为 3 年，最长不超过 5 年(含 5 年)，并根据借款人性质分别掌握。对出租汽车公司或汽车租赁公司，贷款期限最长不超过 3 年(含 3 年)；对其他企、事业单位贷款期限原则上不超过 2 年(含 2 年)；对个人贷款期限一般为 3 年。

4. 汽车消费贷款的程序

(1) 消费者应先到银行营业网点进行咨询，由各网点向客户提供经销商名单。

(2) 消费者到经销商处选购汽车并签订购车合同。

(3) 消费者到银行提出贷款申请，申请时须出具以下文件：有效身份证明、购车协议或合同、收入证明材料、担保证明以及银行规定的其他证明材料。

(4) 银行受理贷款申请后，要对借款人和担保人的资信情况进行必要的调查，按照汽车消费贷款实施细则的有关规定，在规定的时间内(10 个工作日)将审批意见通知申请人。对符合贷款条件者，银行会及时通知借款人办理贷款担保手续，签订贷款合同。

(5) 借款人去银行指定的保险公司办理抵押物保险。

(6) 银行向经销商出具贷款通知书，同时将购车首期款付给经销商。

(7) 经销商收到贷款通知书后，协助借款人到有关部门办理有关手续。

2.2 挑 选 新 车

2.2.1 购车地点

(1) 汽车"专卖店"。所谓专卖店，是指专门销售专一厂家或专一品牌的商店，如捷达专卖店、富康专卖店等。其中，第一种是由生产厂家直接投资建设和直接管理汽车店；第二种是生产厂家部分投资建设和间接管理汽车店；第三种是商家与厂家仅有契约关系，经厂家考察认定后，独立经营的商店。它们一般具有环境优美、场地宽大等特点，往往由厂家统一标志、统一服务标准甚至统一服装，厂家在广告宣传中往往提到它们。以上 3 种专卖店依次表示了厂家对其重视的程度，也在一定程度上代表了其服务质量，考察时应该有所区别。

(2) 汽车"4S"店。"4S"店是一种汽车服务方式，包括整车销售(Sale)、零配件(Spare Part)、售后服务(Service)、信息反馈等(Survey)，"4S"是指将 4 项功能集于一体的汽车服务企业，其实是 4 个英文单词的字头缩写。虽然我国汽车产业的历史不比发达国家长，但是服务方式的演化基本上也走的是同一条路子，也是国外汽车行业 100 多年历史的缩写。在"4S"店的建设上，国外的车店大都没有中国建设得豪华，硬件设施档次不是很高，投资规模也不一定比国内车店大，但国外车店的管理服务水平等软件建设却是一流的，可谓细致入微，绝对不会出现只让看外观，不让进车厢的事情，甚至有的车店都有自己的试车场，客户可以随心所欲地挑选和试车。在整个汽车获利过程中，整车销售、配件、维修的比例结构为 2∶1∶4。维修服务获利是汽车获利的主要部分，对专卖店的重要性也是显而易见的。

"4S"店是 1999 年以后才逐步由欧洲传入中国的舶来品。由于它与各个厂家之间建立了紧密的产销关系，具有购物环境优美、品牌意识强等优势，一度被国内诸多厂家效仿。"4S"店一般采取一个品牌在一个地区分布一个或相对等距离的几个专卖店的方式，按照生产厂的统一店内外设计要求建造，投资巨大，动辄上千万，甚至几千万，豪华气派，环境舒适。

(3) 汽车交易市场。汽车交易市场顾名思义就是众多种类的汽车集中在一个场地内交易的市场。它的特点是车辆品种繁多、选择余地较大，有些还有工商、交警、银行、保险公司以及部分维修保养商家进驻。但环境不是很幽静，销售人员情况复杂。有些地方还有不良的中间商即"车虫子"出没。

除了以上3种销售模式外，还有在大商场和超市里销售汽车的。

在西方，民众早已适应了汽车社会，他们往往已经数次购买汽车。类似购买其他商品，人们可能像对待家用电器或者服装一样，钟情于某一品牌。但是在我国，绝大多数民众刚刚准备拥有第一辆汽车，对汽车品牌几乎没有所谓"品牌忠诚度"。国人买汽车有一种公众现象值得注意，事先确定的车型往往不是最后买到的车型，这说明消费者购车有很大的不确定性，需要进行同价位各品牌多方面的比较。据一项调查表明，一个消费者决定买车至少用3个月的考察准备期，先是电话咨询，听取亲朋好友的建议，然后到各大汽车交易市场、相关的经销商或专卖店实地了解。最后的成交场所一般是在价格或服务方面有吸引人的地方。国人多年形成的"扎堆"购物习惯一时半会儿还是改不了的。这里既有经济实力、消费习惯的因素，又有寻求满意度的心理。人为地规定必须去专卖店或交易市场，那是不现实的。

多品牌同台竞技既方便消费者选购，又增加了商家的利润。例如，北京的亚运村、中联和北方三大汽车交易市场的交易额就占了北京汽车交易的大部分。此外，北京的中联汽车交易市场还尝试将交易市场与专卖店相结合，即在交易市场中设立专卖店。这也是一种可行的办法。

其实，销售商采用哪种销售模式目前对于消费者来说并不重要。因为无论到哪一家买车，除进口车外，价格的差别是极小的。区别主要在服务态度和服务质量上。

建议是：到交易市场选车，到专卖店买车。

交易市场可以更多地挑选品牌，横向比较，但环境稍差，销售人员良莠不齐，人员嘈杂时，业务人员无法耐心接待众多顾客。同时，用户很可能受到从众心理的影响，错误感觉人们在抢购某一款车，于是不假思索地草率决策。如果还没有确定品牌，可以多到交易市场看看，因为汽车交易市场提供广阔的挑选余地。

首先，它的营业面积非常大，销售的品牌相当齐全，几乎囊括了人们知道的所有车型。对还没有确定要买什么车的消费者来说，在汽车交易市场里逛上一逛，比上一比，心里基本就有谱了。

其次，经过了这些年的发展，汽车交易市场的配套设施很完善。要办理各种手续，在市场里就可以完成，而专卖店还需要到处奔波；对于汽车上的一些附属装置，如装饰配件等，在交易市场内也可以一次购置齐全。

还有最重要的一点就是，汽车交易市场里同一个品牌就有好几家经销商代理，这样彼此竞争激烈，价格方面自然就有让用户从中受益的可能。

与品牌专卖店相比，汽车交易市场也有很致命的硬伤，即服务质量上不去，销售秩序、购物环境不容易有所提高。而专卖店在这一点上就占尽先机。所有的品牌专卖店都是严格按照厂家的规范和要求制定，购物环境舒适整洁，服务人员都是遵循规范化服务，足以让来此购车的消费者放心。

另外，专卖店也有其自身完善的配套设施，即前店后场、四位一体的经营模式，让顾客在这里买车后，可以一直享受跟踪服务和专业维修。这也是专卖店吸引顾客的法宝之一。

还有一点能给消费者买车带来最直接的方便，即一般品牌专卖店的库存都比较大，买车时同一品牌车型的可挑选余地较大,还可以试乘、试驾,让消费者既省了事,又买到了称心车。

购买进口车尤其是要到专卖店。原因是欧美国家的厂商一般十分注重信誉。他们进入中国市场时往往要确定总代理商、分销商等。厂家为维护代理商的利益,规定任何国内民众购买该厂车辆最终都要经过代理商。而代理商不仅负责买车,也负责售后服务。往往有这种现象,即使是原装的车子,也有可能是"水货",即没有经过代理商而进口的车辆。如果购买此种车辆,当到特约维修站注册登记时,计算机系统里根本没有这辆车的记录,厂家会拒绝提供售后服务。2001年在我国发生的"奔驰车维权事件"中,有一部分争议就是用户没有从正规渠道购买车辆,造成了售后服务的争议。因此,购买进口车一定要考察经销商的资格,最好到专卖店购车。

2.2.2 购车时机

汽车的销售和其他的商品一样,是有淡季旺季的。在汽车销售淡旺季交接期或者年初、年末时,汽车的价格及销售、付款方式往往有变化,有时因季节的不同还会出现较大的浮动。因此,有必要选择合适的购车时机。

通过考察近几年车市的规律可以发现,每到秋冬季节,汽车销售最为火暴,被业内人士称之为"黄金季节"。而春夏季相对来说就清淡了许多。如没有特别需要或急需购车,在选择确定购车时机上应有所斟酌。

购车时也可以亲自考察车市的淡季和旺季。方法是收集厂家、有代表性的地区或你所在的当地最有影响力的汽车商家公布的各种数据,如生产多少、销售多少、销售排行榜上全年的位置等,并将这些数据加以分析。剔除个别因为特殊原因大起大落的现象,就会发现车市的淡季和旺季。

因为在汽车销售淡旺季交接期以及年末年初或汽车销售政策的调整公布阶段,汽车的价位及销售、付款方式等一般来讲往往会发生一定的变化。旺季时,厂商抓住时机大力宣传,备足库存,加强营销。为了竞争,价格有所调整,但此时购车者较多,商家可能因为忙碌而淡化汽车的挑选、上牌等方面的服务;而一旦进入淡季,销售单位的库存量也会削减,品种相对较少。目的是为了减轻资金占压负担。但如果在此期间购车,商家的服务对象相对较少,服务的力度就会加大,服务的质量可能有所提高,因此可以充分挑选、试驾各种看好的车型,同时又可以得到专业性较强的、优质快捷的服务。

汽车的市场价格虽然不像股票一样大起大落,但在一定条件下也是有一定起伏的。因此在购车时一定要掌握商情,选择一个最佳的购车时机。

首先在购车前要多方面了解市场行情,了解各厂家近期的有关举措及销售导向,特别是价格涨落、车型改进、市场发展方向等,并选择在价格相对平稳的阶段购车,当然,这一点较难掌握,但只要具备一定的分析判断意识,一些显而易见的市场变化苗头还是能够事先预料到的。

以下几个原则可供参考。

(1) 新车上市时价格最高。一款新车上市,厂家需要投入大量开发、生产和市场推广资金,厂家必须尽快收回投资。

伴随新车上市,往往有新的消费概念和新的市场定位,往往也是销售的最好时机。当销售量逐渐提高，用户逐渐增多后，价格就会逐渐降低，直至厂家推出更新的产品，逐步淘汰旧产品。

新车上市后，厂家还会在适当时候将自己同品牌旧款型降价，以给新车上市打开大门。试想，如果新型车比旧型车性能好，价格还便宜，谁还去买旧型车呢？

总之，汽车的价格是随着市场成熟度升高而逐步降低的，很难会有涨价现象出现。即使涨价，也往往是厂家在原车基础上增加配置或改进性能所致。

(2) 市场竞争激烈时最可能降价。随着我国加入 WTO 和汽车工业的发展，汽车市场的竞争越来越白热化。每个车型的价格定位都随时可能受到竞争伙伴的威胁。例如，加入 WTO 的头 3 个月，汽车价格竞相"跳水"，就是厂家被逼无奈所做出的选择。别人的产品性能价格比超过了自己，便只有降价以保生存。

(3) 年末时商家可能自主降价。厂家对于商家是有年度考核指标的，销售业绩往往直接影响商家的资格。同时，商家也靠销售业绩获得厂家的价格折扣，从而获取利润。如果商家到年末没有完成销售指标，就会加大销售力度，采取自主降价的方法来扩大销售；同时，如果商家到年末已经完成了销售指标，也可能采取自主降价的方法加快销售，目的都是要从厂家获得良好声誉和来年更优惠的折扣。当然，此时的降价，不是厂家行为，而是商家的自主行为，是短期的、局部的。

(4) 价格总有相对的稳定期。既然价格总是要降，是否就要无限期地等待下去呢？

大家可能有购买计算机的经历。按照"梅特卡夫定理"：计算机每 18 个月运算速度增加一倍，价格降低一倍。但人们并没有因此而等待。购车的道理也一样，否则就不会有市场的发展。

汽车的价格总有相对的稳定期，它往往出现在同品牌的两款车相衔接的中间、销售旺季、刚刚降完价后，以及市场竞争相对稳定时期。此时购买便不会出现刚刚买完就降价，或者眼巴巴地等待降价再降价的局面。

实际上，厂家大打价格战并不有利于我国汽车工业的发展。西方社会几十年的汽车市场也没有频频出现价格战。我国在 2001 年底至 2002 年由于入关引起的价格大战不可能反复出现。从这个意义上讲，选定价格相对稳定的时期购买，尽享生活的快乐才是最佳选择。

(5) 平时和节假日的区别。准备买车的人喜欢周末举家到车行去看车，其实那只能走马观花，看不出所以然。销售人员指出，到市场买车的人有两种：一种是完全不试车的人，他们坐上别人的车子，就好像上了别人的床一样，紧张得要命，根本不敢驾车，更别说试车了。这样的人到车市去，只问价格、颜色和几时可以提车。至于车子的性能等，完全没有兴趣，他们之所以走进一家车行，是因为亲戚朋友说这个牌子的车不错。

另外一种人是求知欲很强、好奇心也很重的人，他们买车一定要试车，跑得越远越好，还要把问题问个水落石出。

遇到第一种人，推销员当然最高兴，他们很快把车子卖掉了。但这样买车可能根本就没有享受到花那一大笔钱的乐趣。

对第二种顾客，推销员也不会嫌弃，不过如果在忙碌的时候，怎么说都不可能殷勤。有时夫妻二人或者亲戚朋友还会为决策争论不休，此时销售人员是没有时间陪伴你的。

根据对汽车销售人员的调查：在周末或公共假期，每一名推销员能给一个顾客的时间只有 15 分钟。这么短的时间要说清楚一辆车有什么特点都已经非常困难了，哪里有什么时间试车？他们会婉言谢绝您试车的要求。

所以，我们建议：若有诚意买车，决策前可以选节假日，全家出动，充分讨论。同时还可以听听别的顾客的意见。而初步决策后，最好在冷门的时间到车市去，时间是"越冷越好"。经验告诉我们，如果在冷门的时间去试车，推销员的精神和心情都好，如果自身的驾驶技术不错，他们甚至愿意让试驾更长更远的路。

那么，什么时间是"冷门时间"？我们的建议是星期一到四，最冷门的时间是星期一或星期二中午12时之前。6月通常是全年买车的最佳时候。

2.2.3 车身颜色的选择

1. 车主身份与颜色的关系

颜色不仅是汽车的包装和品牌识别的标志，而且还反映车主的情感和身份。国外心理学家对不同地方、不同年龄的汽车拥有者的调查发现：一个人对某种汽车颜色的喜爱在一定的程度上可反映出他的性格。

(1) 红色，与其他事物的红色意义相类似，代表充沛火热的生命力，在欢喜间又蕴涵着一种唤醒人们的潜意识，让人产生蓬勃向上的感觉。喜欢红色汽车的人一般具有较强的事业心，对自己的一切充满自信，对人热情，性格较急，一个人时喜欢开快车。

(2) 蓝色，作为装点世界的通用颜色，在"劳斯莱斯"和"奔驰"车族中都会很随意地找到蓝色的身影，虽然一身蓝衫，却身价万金，显示出博大、尊贵的气派和风度。喜欢蓝色汽车的人干事冷静，具有较强的分析能力，知识面较广，性格较为温柔。

(3) 白色，在轿车中是清新亮丽、卓尔不群的象征，正如出污泥而不染的莲花，也似处于平凡而不俗的人中之君，总给人一种行走在高处的不同凡俗的感觉。

(4) 黑色，一直是轿车的争议色。有人认为黑色轿车既保守自尊，又新潮浪漫，其实黑色轿车更具有典雅的魅力，有种安全、沉着的人格感召力。喜欢黑色和白色汽车的人属于工作热情高，万事追求完美的境界，干事简练，从不拖泥带水，心理较成熟。

(5) 绿色，有春风拂面，杨柳临风的感觉，同时更具有田园诗画般的旖旎风情，是和谐、生机盎然的浓缩和升华。喜欢绿、银色汽车的人一般处事中庸、行事稳当，一般不爱冒险，但性格坚强。

(6) 此外，喜欢黄色汽车的人乐观、好交际、朋友众多，但有时比较独断，有时会在无意中得罪人。

在目前的汽车市场上，比较畅销的3种汽车颜色依次为黑色、红色、白色。除去上述轿车的每种色彩的象征外，购车时最好再考虑些个人生活方式、民族习惯和居住的大环境等问题，以适应各种条件。

2. 颜色与车身造型的关系

颜色的重要性还在于能在人的心理上产生一种造型功能。颜色的造型效果取决于其面积、明度、纯度和匹配等因素。对于三维物体的轿车车身，由于其形体、质量及色差所造成的这种影响就更为明显，因此要根据车型来选择轿车颜色。

明度和纯度高的颜色能使车体显得大一些，因此适用于微型轿车。对于大型和中型轿车来说，采用明度和纯度适中的颜色较宜。买大型轿车最好选择低明度和低纯度颜色，因为这类颜色所产生的压缩应使车体看起来较为紧凑和坚实。有时车体丰满的豪华车喷上一两种颜色饰条，可变得"俏丽苗条"起来。

选购汽车颜色还应考虑不同经纬的日照量和地区的光强和湿度。在低纬地区(如海南)，日照时间长，光强相对较强，因此车身的日照面与背面颜色反差很大，如采用柔和的中间色调就可消除这种反差。而在高纬度地区(如黑龙江)，日照时间短，光强相对较弱，反差小，可采用强烈的纯色以加强车身造型效果。

3. 颜色与安全行驶的关系

颜色更重要的是在安全方面的作用。近来，科学的研究表明，轿车行车安全性不仅受其操作安全视线的影响，而且还受到车身颜色的能见度影响。心理学家认为，视认性好的颜色能见度佳，因此把它们用于轿车外部以提高行车安全性。视认性主要与下列因素有关。

(1) 颜色的进退性，即所谓"前进色"和"后退色"。比如使红、黄、蓝、绿的轿车与观察者保持等距度，在观察者看来，似乎红、黄色轿车要近一些，而蓝、绿色轿车要远一些。因此，红、黄色被称为"前进色"，而蓝色、绿色则被称为"后退色"。前进色的视认性较好。

(2) 颜色的胀缩性。将相同车身涂上不同的颜色会产生体积大小不同的感觉。如黄色感觉大一些，有膨胀性，被称为"膨胀色"；蓝色、绿色感觉小一些，有收缩性，被称为"收缩色"。膨胀色与收缩色视认效果不一样，据日本和美国车辆事故调查，发生事故的轿车中，蓝色和绿色的最多，黄色的最少，可见膨胀色的视认性较好。

(3) 颜色的明暗性。颜色在人们视觉中的亮度是不同的，可以分为明色和暗色。红色、黄色为"明色"，蓝色、绿色等得为"暗色"。暗色的车型看起来小一些、远一些和模糊一些。明色的视认性较好。

从安全角度考虑，轿车以视认性好的颜色为佳。对于有些视认性不太好的颜色，如果进行合理的搭配，也可提高其视认性，如蓝色和白相配，效果就大力改善，荧光和夜光漆能增强能见度和娱乐气氛，因而被广泛应用于各种赛车、摩托车等，但对于轿车来说，目前选用这类颜色的仅限于概念车。由于荧光颜色过于强烈，因此在未来应用中必须有适当的管理办法来加以控制。

4. 颜色的残余价值

专家在考察车身颜色时，发现了一个有意思的现象：不同颜色的车在作为二手车卖的时候，价格相差甚远。例如一辆浅蓝色金属漆的福特骑士轿车在买入时只比那深蓝色、绿色的轿车贵70美元，而在卖时却要比同类其他颜色的轿车贵500美元。因此，在购买轿车时，除满足自己的偏好外，还应考虑轿车卖出时颜色的残留价值和增加值。要想使自己的车在转卖时不至于比相同的车跌价，那就应该研究一下汽车的流行色及有关汽车颜色的学问，并能预测未来什么样的颜色会大受欢迎。

轿车颜色专家忠告，在轿车外形日趋类同化的今天，颜色已成为区别轿车造型中关键的之一。颜色最能影响轿车用户的购买行为，颜色是轿车厂商最重要的市场战略。造车人和买车人都应懂得这个道理：颜色就是效益。

2.2.4 新车的验收

1. "零公里"的确定

验收新车的一个很重要的指标就是选择"零公里"的新车。所谓"零千米",是指车辆出厂后未经任何运营,直接销出或经专用运输车送到销售商手中,其行驶里程为"零"。当然,新车连 1km 都没有跑过,有时也不客观,厂家发运过程可能会行驶一段路程。这样,新车的里程表上显示的行驶了 10~20km 是正常的,可以认定还算"零千米"的新车。在购买时,不要选择已经行驶了过多里程的新车(尽管这段里程是送车里程)。因为送车司机可能会违反新车磨合期的行驶规定,为赶时间而超速行驶,造成磨合不良,甚至发动机早期磨损,买回这种车可能会有后患。

应该注意:里程表是可以改动的,某些商家为了盈利,可能将已经行驶了相当路程的车子,通过调整里程表,伪装成零公里的车。怎样识别它们呢?

1) 查看出厂日期

出厂日期是标志该车从生产线上完成装配的日期。它往往被注明在引擎盖下面的一块小铝牌上。如果这个日期与买车的日期十分接近,说明该车较新;如果这个日期与买车的日期相差很远,就可能有问题。因为间隔时间太长,例如积压了一年以上的车辆,有可能被别人反复挑选却未成交。同时,如果又是放在露天任由风吹雨打而缺乏保养,这就会涉及蓄电池、刮水器胶片、润滑油等有无老化的问题。

2) 查看轮胎

零公里新车的轮胎是完全没有磨损的,包括轮胎制造过程中产生的细小痕迹以及刺状的凸起。只要发现哪怕是最细小的轮胎磨损,而里程表显示为"0"的时候,就很有可能隐藏问题。

3) 观察"跑冒滴漏"

所谓"跑冒滴漏",是指车子行驶了一段里程后出现的漏油、漏水、漏气等现象。打开引擎盖,观察发动机汽缸体和汽缸盖、油底壳之间有无机油渗漏;水箱周围有无水渍;电瓶装头附近有无污染和锈蚀;空调管路的接口处有无尘土。

低身观察底盘,转向节附近有无渗油;驱动轴的防尘套是否完好;减振器周围有无尘土粘连;减振的橡胶零件有无变形;变速器和后桥的外壳是否有渗漏的油迹,或观察地面是否有滴油的痕迹。

所有这些,哪怕是极轻微的渗漏,都是绝对不能原谅的。

4) 检察车身

即使是外行人挑车,也会试试车门,说明车门的挑选是验收新车的基本步骤。观察车门时,首先要看门缝缝隙是否均匀一致,然后试试车门开启是否灵活。检查车门有一个很重要的步骤,即听听车门开合时的声音。关门时,如果发出沉闷的砰砰声音,说明车门工艺精湛,密封性良好;而如果关门时,发出清脆的啪啪声,说明车门工艺不好,密封性差。

其次,观察车身。应首先注意引擎盖、后厢盖以及车门装配的几何尺寸是否准确,缝隙是否均匀;边角有无漆溜或鼓包;线条是否清晰明快。观察车身时不要仅仅从正面草草一看了事。最好的方法是从侧面迎着光线观察,这样可以了解车身的弧线是否圆滑,棱线是否笔直,任何线条的不自然都可能是损伤后修补的结果。利用上述方法还可以观察油漆面有无刮伤。若出现严重的刮伤，商家是不会销售的，因此这种刮伤往往极细微，通过一定的处理后很难被发现。当从侧面迎着光线观察观察时，如果发现油漆的色泽有深有浅，或者光洁度不同，就可能是损伤后修补的结果。

另外，可以坐进驾驶室试试门窗升降是否平顺，角落边缘有无锈迹，座位有无污垢。

用手晃动转向盘，上下不能有窜动现象；左右转动转向盘，应该有一点自由行程，这个自由行程要符合使用说明书的要求，一般以不超过15度为宜。应观察仪表及副仪表台装配是否工整，有没有歪斜现象。试试工具箱、烟灰缸以及车内其他小装置的开合是否顺畅。

5) 检查汽车电路

检查蓄电池的液面高度和电液密度是否符合规定，看看蓄电池的正负级装头是否洁净。

打开钥匙门的第一挡，仪表盘上所有的指示灯应该全亮。油量指针应该有向上的变化。检查灯光时，先打开故障报警开关，此时，所有的灯光均应有节奏地闪动；搬动向左右转向的开关和雾灯开关，检查灯光是否健全；挂倒挡，倒挡灯应该亮起，踩下制动踏板，制动灯应该明亮。

检查刮水器，应在中低高各速度上工作正常，喷水清洁器出水畅通。

按动喇叭，声音应该柔和动听。

打开收录机，听听音响效果。先开到最小声音，听听音响对细小声音的分辨能力；然后开到最大声音，听听喇叭是否失真。

2. 怎样试车

试车是购车的关键环节，包括察看、驾驶、检验等项目，请个修理技师或有开车经验的人一同挑选最好不过了。

最主要的检查莫过于检查发动机的运行状态和运转声音。一般来说，新车的运行状态在出厂前均已经过严格检验，所以汽车的启动、换挡、转弯、制动不必仔细检查(在购车现场也很难做到仔细检查)。但发动机的运转声音一定要仔细辨听一下。发动机是一个装配很精密的机器，装配或调整稍有微小出入就会在声音等方面反映出来。

方法是启动马达着车,看看发动机在怠速(即最低运行)状态时是否平稳，有无不规则颤动。注意观察怠速时转速表(如果有的话)的指针是否上下晃动，指示的转速是否符合说明书。

加大油门，发动机的声音应该是由小到大的平稳轰鸣。其中如果有极细小的金属敲击声或沉闷的碰撞声，都可能是发动机致命的缺陷。

如果听不出来其中的奥妙(通常只有修理技师才最擅长)，可以用一个简单的办法，就是多试几台车，互相区别一下它们发动机的声音，选一个声音最小、最柔和的即可。

另外，检查一下油门踏板是否反应灵敏；离合器踏板是否过硬过沉；离合器踏板和制动踏板是否有一定的自由行程，这个自由行程是否符合使用说明书要求；踏下制动踏板到极限，有无继续向下的感觉，如果有，说明刹车油路有问题。

以上3个踏板均应回位迅速，无卡滞的现象。

3. 试驾时注意的问题

试车上路可以考察出车辆的行驶性能。在路上，应该着重考察以下几点。

(1) 在颠簸的道路上，底盘、减振器是否出现异响？如果底盘装配有问题或减振器工作不良，会发生异响。这种声音往往很低沉，不仔细是很难听到的。这时可以打开窗户，将头探出车外倾听,如果正好路过一条安静的胡同,此时的效果最好。当然,这必须是在保障安全的情况下进行。

(2) 紧急加速的性能如何?突然加大油门,看看发动机的反映快慢,车子是否能马上窜起来。如果是,说明加速性能良好。否则,即使您不喜欢开快车,也不要选择这种"肉车"。

(3) 转向性能如何?轻轻转动方向盘,它的反应应该及时灵敏。如果感觉很沉,很费力,或者自由行程过大,反应迟缓,说明方向机有问题。向左右转弯后,不要控制方向盘,让它自己转回,看看是否朝正直方向前进,如果不能回到正直方向或者出现跑偏现象,说明方向机或前轮的前束有问题。

(4) 制动性能如何?检查制动有两种方法,一是轻轻踏下制动踏板,看看是否反应灵敏,反应迟缓或过于灵敏都不好。在较高速时飞快踏下制动踏板,看看是否能够紧急停车。同时,观察急刹车后方向是否仍能保持正直。如果偏向一边,将来上路是很危险的。

本 章 小 结

本章阐述了家用汽车选购的基本知识:购车的主要用途,车型的选择:家用汽车的血统、国产车与进口车差别、男女购车区别、汽车的性能、购车费用,注意观察车市行情,汽车信贷、购车地点、购车时机、确定车身颜色、验收新车。通过本章的学习能够对汽车的选购有全面的了解,对广大欲购车者的消费者和广大的车族有较大的帮助。

复习思考题

一、简答题

1. 简述车型选择的原则。
2. 简述汽车的性能指标。
3. 简述国产车与进口车的差别。
4. 购车的费用包括哪些?
5. 简述汽车信贷的步骤。
6. 简述购车地点包括哪些。
7. 如何验收新车?
8. 如何试车?
9. 什么是"零公里"确定?

二、单选题

1. (　　)是典型的轿车结构,发动机前置,四个车门,车尾有个分隔的后备厢。
   A. 溜背式轿车　　　　　　　　B. 阶背式轿车
   C. 皮卡　　　　　　　　　　　D. 敞篷汽车

2. (　　)是指介于轿车和轻型客车之间的一个新兴车种,它既兼备了这两者的长处,又延伸了这两者的功能,在国外被称为多功能乘用车。

A．RV B．MPV
C．SUV D．微型车

3．男性选车比较注重( )。
A．车身美观 B．装饰精巧
C．动力强劲 D．空间宽敞

4．当一辆车的最大转矩表现在较低转速时，表明这辆车在低转速时( )。
A．后备功率大 B．负荷率低
C．燃油经济性差 D．起步性能好

5．汽车信贷是目前主要的购车方式之一，个人贷款期限一般为( )年。
A．1 B．3
C．5 D．10

三、多选题

1．进口汽车通常分为三大车系，即( )。
A．美国车系 B．欧洲车系
C．日本车系 D．韩国车系

2．考察汽车的"血统"，主要把握哪点？( )
A．发动机 B．底盘
C．变速器 D．车身

3．女性选车比较注重的几方面包括( )。
A．外形刚猛 B．流线车型
C．空间宽敞 D．动力强劲

4．汽车的购车地点主要有( )。
A．汽车专卖店 B．汽车"4S"店
C．汽车生产企业 D．汽车交易市场

5．试车时应检查( )。
A．发动机 B．仪表
C．油门踏板 D．离合器踏板

第 3 章 汽车的户籍管理与保险

教学目标

本章主要讲述汽车的户籍管理与保险的基本知识。通过本章的学习,要达到以下目标。
(1) 掌握机动车号牌及行驶证的使用。
(2) 熟悉汽车的登记注册程序。
(3) 掌握汽车户籍变更与注销的相关知识。
(4) 了解汽车保险的范围及投保的有关内容。
(5) 掌握汽车保险的索赔程序。

教学要求

知识要点	能力要求	相关知识
汽车的户籍管理	(1) 了解车辆管理的基本知识 (2) 熟悉汽车登记注册的程序 (3) 掌握汽车户籍变更与注销的相关知识	机动车号牌、行驶证、汽车户籍
汽车的保险	(1) 了解汽车保险的项目及范围 (2) 掌握汽车投保的相关知识 (3) 了解保险人的保险责任、除外责任和被保险人的义务 (4) 掌握保险的索赔程序	保险、索赔

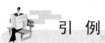
引 例

　　保险的精神和重要性在古今中外都有许多的案例可循,而比较接近现代,也比较有规划、有系统的由来可以追溯到 300 多年前的海上保险。在 17 世纪初,英国的海上活动已十分频繁,其船只不断出没在世界各地,进行经商或航海探险,以开辟政治和经济的新天地。然而当时的科技不如现在发达,因此许多船只出海之后没有平安归来,进而造成当时英国很大的社会问题。因为船只上装载着货物及人员,货物损失,即造成商家经营的困境;人员罹难,即造成其家属收入中断,生活无以为继。在这样的情况下,许多船家、商号便集合起来,成立了一个"协会",加入这个协会的每个商号或个人都出一份钱、一份力,在万一有船只遇难时,便将这一大笔钱用来帮助不幸的商家及船员渡过财务上和生活上的难关。后来,这种制度和精神逐渐受到世人广泛的肯定和认同。进而,在不断地评估和改良之后,便发展成为今天的保险。

如今给汽车上保险已经是法律规定的必要手续,而很少有人知道,世界上最早的一份汽车保险出现在 1898 年,当时给汽车上保险的车主最担心的"马路杀手"不是汽车而是马。

美国的旅行者保险有限公司在 1898 年给纽约布法罗的杜鲁门·马丁上了第一份汽车保险。马丁非常担心自己的爱车会被马冲撞。当时美国全国只有 4 000 多辆汽车,而马的数量达到了 2000 万匹,马车仍然是主要的交通工具。

如今的美国有 2.2 亿辆汽车,而马的数量已经减少到 200 万匹。一个多世纪前还被视为新鲜事物的汽车保险如今已经成为再平常不过的事情。没有上保险的汽车是不准上路行驶的,否则,一旦被交警抓住,是要受到重罚的,如图 3.1 所示。

图 3.1 交警检查车险

3.1 汽车的户籍管理

3.1.1 车辆的管理概述

车辆包括各种机动车和非机动车的数量和构成。汽车是当今交通运输中重要的交通工具,其管理在整个车辆管理中占有重要的地位。车辆管理就是依据道路管理交通法规、规章、国家有关的政策和技术标准,运用行政和技术手段进行监督和管理。其管理的基本方法就是实行车辆牌照制度,包括对车辆进行注册登记、核发牌照和安全技术检验等几个方面。

根据《中华人民共和国机动车登记方法》有关规定,属于民用的车辆由公安机关车辆管理部门(一般称为××省、市公安厅、处、局车辆管理所)负责登记;属于军队编制单位的装备车辆由中国人民解放军和中国人民武装警察部队负责登记。军队内和武警企业化单位(工厂、马场、农场等)和未列入军队、武装警备实力的车辆使用民用车辆号牌和行驶证,由地方车辆管理机关负责。

汽车号牌是指在固定规格材料面上印制车辆所在省份、车辆序号等的揭示牌,是汽车取得合法行驶权的标志。

行驶证是记录该车车型、车号、厂牌车型、核定的载货和载人数量、空车质量、车主单位名称、主管机关和发证机关名称以及车长、车宽、车高、车厢面积、栏板高度、轴距、轮胎只数及尺寸、使用性质、发动机和车型号码等有关事项的证件。

无论地方车辆管理机关或是军队、武警车辆管理机关核发的车辆号牌和行驶证在全国范围内都有效。

车辆牌证在管理中有如下作用。

(1) 对车辆进行编号定名。可据以作为车辆与车主或驾驶人及该车管辖地区等的对照依据，起到了车辆"车籍"登记的作用；可及时掌握车辆所有权转移，车辆改装、改型、喷改颜色以及是否正在使用等变化情况，准确统计机动车保有量，为研究车辆发展规划和制定交通管理规划提供数字依据。

(2) 验明违章车辆的依据。可利用车辆违章摄影设施摄取违章车辆的牌号，查找违章驾驶人。同时可为事故后逃逸车辆、作案及被盗车辆侦缉提供查询，也是来路不明车辆的一个关卡。

(3) 还可用作落实车辆停放地点、制订车辆审验计划等方向管理措施的依据。例如，北京市和上海市都规定：凡新购和复驶机动车辆申领牌证，必须具有该车相应的停车场地，经核实后，在车辆检验登记表内填明停车地点，方可领取牌证。

3.1.2 汽车的登记注册

对于未取得机动车号牌、《机动车行驶证》和《机动车登记证书》的机动车辆，车辆管理所应按照国家规定对其进行审核、检验，核发机动车号牌，进行《机动车行驶证》和《机动车登记证书》的登记。

机动车所有人或代理人到当地(指个人户口所在地、单位注册所在地)车辆管理机关办理登记时需提交以下手续。

(1) 填写《机动车辆注册登记申请表》。

(2) 提供身份证、单位证明或个人户口所在地管理区(或镇、街道办事处)的证明。

(3) 提供机动车辆来源凭证。即合法经营单位开具的购车发票：国产车须有列入当年《车辆生产企业及产品公告》的生产厂及公安厅批推入户车型的出厂合格证；进口车须有"海关货物进口证明书"和"进口机动车辆终检通知单"，如是统一进口的，还须有进口单位转拨(分销)凭证；生产厂(经营单位或进口口岸)所在地至用户所在地的临时号牌或其他调运方式的凭证；主管税务机关出具的车辆购置税完税证明或车辆购置税免征凭证。

(4) 对于港澳台同胞、华侨或外国友人捐赠的进口汽车，须提供省政府批准接受捐赠的批文、"海关货物进口证明书"、进口口岸至用户所在地的临时号牌或其他调运方式的凭证。

(5) 对于减免税进口汽车(包括新车和在用车)，须提供省政府批准文件、外缴海关税款单及指定的物资部门的销售发票。

(6) 对于机关、事业单位购买的大、小型客车，须提供控购凭证，还须有省政府小汽车定编办公室核发的"定编通知书"。

(7) 提供已投保机动车第三者责任保险的单据。

(8) 提供当地人民政府和公安局、车辆管理机关规定的其他证件。

对除使馆、领事馆外的其他驻华机构、商社、"三资"企业及外籍人员的机动车辆，一律核发外籍号牌，须具有部、省等有关部门批准的批文、海关货物进口证明凭证、进口口岸至用户所在地的临时号牌或其他调运方式的凭证、购车发票。"三资"企业、驻境内办事处还须提供经批准的合同文件、工商营业执照复印件,驻境内的外籍人员自用车辆还须提供有效期内居留凭证。

车辆号牌的式样设计标准全国一致,在全国范围内有效。机动车辆号牌的分类、规格、颜色及适用范围见表3-1。

表3-1 机动车辆号牌的分类、规则、颜色及适用范围

序号	分类	外廓尺寸 /(mm×mm)	颜色	每幅面数	适用范围
1	大型汽车	前 4 400×1 400 后 4 400×2 200	黄底黑字黑框线		总质量4.5t(含)、乘坐人数20人(含)和车长 6m(含)以上的汽车、无轨电车及有轨电车
2	小型汽车	4 400×1 400	蓝底白字白框线		除大型汽车以外的各种汽车
3	使馆汽车		黑底白字、红"使"、"领"字白框线		驻华使馆汽车
4	领馆汽车				驻华领事馆汽车
5	境外汽车		黑底白字白框线		入出境的境外汽车
			黑底红字白框线		入出境限制行驶区域的境外汽车
6	外籍汽车		黑底白字白框线		除使、领馆外,其他驻华机构、商社、外资企业及外籍人员的汽车
7	两、三轮摩托车	前 2 200×950 后 2 200×1 400	黄底白字黑框线	2	两轮摩托车和三轮摩托车
8	轻便摩托车		蓝底白字黑框线		轻便摩托车
9	使馆摩托车		黑底白字、红"使"、"领"字白框线		驻华使馆的摩托车和轻便摩托车
10	领馆摩托车				驻华使馆的摩托车和轻便摩托车
11	境外摩托车		黑底白字白框线		入出境的境外摩托车和轻便摩托车
12	外籍摩托车				除使、领馆外,其他驻华机构、商社、外资企业及外籍人员的摩托车和轻便摩托车
13	农用运输车	3 000×1 650	黄底黑字黑框线		三、四轮农用运输车、轮式自行专用机械和电瓶车等
14	拖拉机		黄底黑字		各种在道路上行驶的拖拉机
15	挂车	同大型汽车后号牌		1	全挂车和不与牵引车固定使用的半挂车
16	教练汽车	4 400×1 400	黄底黑字黑框线	2	教练用的汽车及其他机动车,不含摩托车和轻便摩托车
17	教练摩托车	同摩托车号牌			教练用的摩托车和轻便摩托车
18	试验汽车	4 400×1 400			试验用的汽车及其他机动车,不含摩托车和轻便摩托车
19	试验摩托车	同摩托车号牌			试验用的摩托车和轻便摩托车
20	领事入境汽车	2 000×1 650	白底红字黑"临时入境"字红框线(字有金色框线)	1	临时入境参加旅游、比赛等活动的摩托车
21	领事入境摩托车	2 200×1 200			临时入境参加旅游、比赛等活动的摩托车
22	领事行驶汽车	2 200×1 400	白底(有蓝色暗纹)黑字黑框线		无牌证需要临时行驶的机动车

3.1.3 汽车的户籍变更与注销

车辆的户籍变更与户籍注销是车辆管理部门日常工作中一项重要内容，及时开展好这项工作对掌握车辆动态、掌握车辆技术状况有着十分重要的意义。

1. 户籍变更与注销的一般概念

1) 户籍变更

户籍变更是指初次检验的登记项目内容有变更时应履行的手续。

车辆转籍过户是指车辆由甲省(自治区、直辖市)迁移至乙省(自治区、直辖市)或车辆由甲单位转让(或变卖)给乙单位的批改过程。

2) 户籍注销

户籍注销是指车辆管理部门及车主在办理车辆报废或车辆转籍至原车辆管理部门辖区以外的地方时所应履行的手续。

2. 户籍变更与注销应具备的条件

1) 户籍变更应具备的条件

(1) 更换大的总成(如发动机、车架等)、整车改型等。
(2) 车辆户籍转移必须同时具备变更的主体和客体，即要有户籍的转出方和转入方。
(3) 户籍变更的车辆必须是领有正式号牌和行车执照的车辆。
(4) 申请户籍变更的单位或车主应填写汽车技术状态鉴定审批表，并请当地车辆管理部门对车辆进行技术鉴定和计财部门审计。
(5) 户籍变更的车辆必须是经技术鉴定后确认没有达到报废程度的车辆。
(6) 申请户籍变更的单位应填写机动车变更、过户、改装、停驶、复驶、报废审批申请表。
(7) 涉及"控办"的车辆须经控制社会集团购买力办公室(简称"控办")签署意见。
(8) 缴纳汽车交易税。

2) 户籍注销应具备的条件

(1) 户籍注销的车辆必须是领有正式号牌和行车执照的车辆。
(2) 户籍注销的车辆必须是经技术鉴定确认达到报废程度的车辆。
(3) 户籍注销的车辆必须是户籍转出当地公安车管部门辖区的车辆。
(4) 申请户籍注销的单位填写汽车技术状态鉴定审批表和机动车变更、过户、改装、停驶、复驶、报废审批申请。
(5) 由当地报废管理办公室签章。
(6) 收缴户籍注销车辆的号牌、行车执照。

3. 如何办理变更与注销

(1) 办理车辆户籍变更与注销应首先由单位申请，说明变更与注销的原因，填写汽车技术状态鉴订审批表和机动车变更、过户、改装、停驶、复驶、报废审批申请表。
(2) 请车辆管理部门及上级主管部门对车辆的使用性能、技术性能及是否已达报废标准进行检验、鉴定，并对变更和改型签署意见、加盖公章。
(3) 对报废的车辆应由使用单位提出报废申请，在申请中重点说明车辆报废的原因，经技术部门、上级主管部门及车辆管理部门联合鉴定批准后，方可凭审批意见表办理车辆户籍注销。

汽车使用与管理

凡同下列情况之一者，都应报废。

① 累计行驶 55 万 km。
② 使用 13 年或大修二次，无修复价值。
③ 耗油量超过国家规定标准的 15%。
④ 由于各种原因造成车辆严重损坏，无法修复，或修理费用为新车价格 50% 以上。
⑤ 车型老旧，使用多年的进口汽车或国产非定型杂牌车，已无配件来源，技术状况低劣，且不宜修复。
⑥ 排污量、噪声都已超过国家规定标准。

(4) 办理户籍转移过户手续时，应填写机动车过户登记表，过户双方加盖单位公章，在调出车辆管理部门办理户籍迁出审批手续，在调入车辆管理部门办理迁入登记手续，加盖车辆管理业务公章和经办人章。

(5) 凭车辆管理部门的交易凭证到机动车交易市场(或其他管理部门)办理交易税手续，并缴纳交易税。

(6) 重新填写机动车登记申请表和中华人民共和国机动车登记表，报请车辆管理部门批准，撤出原车底案，重新登记。

(7) 按规定到车辆管理部门指定的汽车检测站进行性能检测，领取机动车检测线检测结果表。

(8) 上缴机动车行车执照。

办理完上述各项手续后，携带相应凭证到车辆管理部门认证审批，建立新的车辆档案并核发新的行车执照。

在办理注销手续时，应携带有关部门的审批意见及要注销车辆的行车执照和牌照，交车辆管理部门，由经办机关予以注销。

车辆转籍过户登记后，原籍车辆管理机关应将车辆的全部存案材料及时移交新籍车辆管理部门，由新籍车辆管理部门另发号牌和行车执照。

4. 办理变更需注意的事项

办理机动车户籍变更是车辆户籍管理中的一项重要内容，因为机动车辆最初检验登记的项目内容就是该车最原始的档案内容，如果原始登记内容发生了变化，那么变更后的车辆性能就不能等同于最初登记的车辆性能，也就是说，最初登记的项目内容已经不能概括现有车辆的全貌，所以用户要及时到当地车辆管理部门办理户籍变更手续。

在办理变更的时候应注意以下几点。

(1) 变更内容须经车辆在用单位上级主管部门批准。当机动车发动机或底盘技术状况严重下降，已经没有修复价值，但整车性能尚能满足使用要求时，只需对个别总成进行互换就能恢复车辆技术状况。投入正常使用时，应首先由使用单位的技术部门进行技术鉴定确认必须进行总成互换的，则向上级主管部门提出书面申请。其次，主管部门审查后，签署相应的意见并加盖公章。车辆管理部门凭车辆主管部门的签章办理户籍变更手续。

(2) 发生户籍变更的车辆须经车辆管理部门指定的汽车检测站检测。用户在进行变更检测时，应首先填写机动车辆检测记录表，缴纳一定的机动车检测费，凭检测站检测结果到车辆管理部门办理户籍变更手续。

(3) 已达到报废程度的机动车辆不允许变更。为了确保行车安全、提高现有车辆的技术状况，国家对报废车辆进行了严格规定，除达到报废标准的车辆应予报废外，应严格执行国家经济委员会、国家计划委员会等 10 个部委发布的《关于加速老旧汽车报废更新的暂行规定》。

3.2 汽车的保险

3.2.1 汽车保险的项目及范围

根据《中华人民共和国保险法》第 2 条规定："保险是指投保人根据合同规定，向保险人支付保险费，保险人对于合同约定的可能发生的事故发生所造成的财产损失承担赔偿保险责任，或者当被保险人死亡、伤残、患疾病或者达到合同约定的年龄、期限时，承担给付责任的商业保险行为"。即保险是一种按照合同实施的契约行为，保险关系是以合同的形式建立的。

保险人又叫承保人，其法律上的资格可以是自然人也可以是法人。在我国，根据《保险法》的规定，保险人是法人及保险公司。

投保人也称要保人，指在签订保险合同前向保险人提出投保申请的人。

被保险人是指保险事故(时间)在其财产或其身体上发生而受到损失、损害时，享有向保险人要求赔偿或给付权力的人。

汽车保险属于财产损失险类的机动车辆保险范围。机动车辆保险是以机动车辆本身及其相关利益为保险标的的一种不定值财产保险。这里的机动车辆是指汽车、电车、电瓶车、摩托车、拖拉机等专用机械车、特种车。按照我国《机动车辆保险条款》规定，机动车辆保险一般包括基本险和附加险两部分。

1. 基本险

基本险分为车辆损失险和第三者责任险。

(1) 车辆损失险。是指主要承保保险车辆本身遭受保险责任范围内的一些自然灾害或意外事故，造成保险车辆损失，由保险公司负责修理或进行赔偿。

机动车辆损失险的保险责任一般采用列明风险的方式，只对列明的自然灾害和意外事故造成的保险车辆由直接损失、保险人方承担赔偿责任。

(2) 第三者责任保险。是指保险车辆驾驶人(允许的合格驾驶人)在使用车辆过程中，因意外事故致使他人遭受人身伤亡或财产损失时，保险人依照保险合同的规定赔偿别人的损失。

我国城乡每年发生道路交通事故约 20 万起，直接经济损失达数十亿元至上百亿元。可见，机动车辆的第三者责任风险是巨大的，对公众的人身与财产安全构成了严重的威胁。机动车辆第三者责任保险正是为了维护公众的利益而在许多国家成为法定保险业务，它承保机动车辆所有者或被保险人允许的合格驾驶人员，在使用车辆过程中发生意外事故造成第三者人身伤害或财产直接损失，且依法应由被保险人承担损害赔偿责任，由保险人根据《道路交通事故处理办法》和保险合同的有关规定进行赔偿。机动车辆第三者责任保险属于责任保险范畴，但习惯上又与车辆损失保险统一构成机动车辆保险。

我国道路交通事故是由公安交通部门处理的。对保险人而言，公安交通部门的处理结果是保险人承担责任与否的基础性依据，但又不完全按照公安交通部门的处理结论承担赔偿责任，因为制约保险双方的直接法律依据是保险合同。所以，首先是被保险人有对受害方的损害进行赔偿的责任；其次是这种责任是否符合保险合同中应当支付的赔偿中扣除保险合同中规定的不赔部分或可以免除责任的部分。例如，一被保险人酒后驾车，发生车祸，造成一人

汽车使用与管理

死亡。公安交通部门认定由这位被保险人承担全部责任，并且向死者家属支付赔偿金。在这个案例中，尽管被保险人依法应当向受害方支付赔款，但酒后驾车是违法行为，属于保险合同中的除外责任，因而保险人可以免除自己的责任。

2. 附加险

机动车辆附加险主要包括以下内容：在投保了车辆损失险的基础上，可投保全年盗抢险、玻璃单独破碎险、车辆停驶损失险、自燃损失险、新增加设备损失险；在投保了第三者责任险的基础上，可投保车上责任险、无过失责任险、车载货物掉落责任险；在投保了车辆损失险和第三者责任险的基础上，可投保不计免赔特约险。

《机动车辆保险条款》中共列出了11个险种，除第三者责任险是强制险外，其他的险种车主可根据自己的需要选择。

3.2.2 汽车投保的程序及保险金额、保险费的确定

1. 投保的程序

个人办理投保手续时，应将车辆开至保险公司指定的检验地点，并带驾驶人本人的身份证或介绍信、工作证、驾驶证、车辆行驶证以及有关投保车辆的相关证件。若是从事个体营运的车辆，还应携带营业执照等证件到保险公司办理投保手续，经保险公司工作人员验明证件认为可以投保后，填写机动车辆投保单。投保单的主要内容有投保的险别、被保险人名称、保险标的、车辆厂牌型号、牌照号、发动机号、车架号、吨(座)位数、使用性质；保险金额、保险费率、保险费；第三者责任保险额、保险费；附加险险种及保险费；投保人地址、保险责任起讫日期、投保人签章和投保日期等。

保险公司检查投保单填写无误后，将视情对投保车辆进行必要的检查，符合保险条件后，确定起保时间，核收保险费，保险人向投保人签发保险单(简称保单)。

起保时间由投保人决定，若投保人要求立即开始，保险人将注明收保单的时间，写清年、月、日、时、分，然后由保险人和投保人分别签字盖章，至此保险单开始生效。有效期至约定期满日的24时止。若办理预定投保，应向保险人注明约定起保的日期，保险单生效的时间就从起保日的当天0时起，至约定期满日的24时止。保险有效期以1年为限，可以少于1年，但不能超过1年；期满可以续保，并重新办理手续。

集体单位投保，除带必要证件外，尚需开列投保车辆的型号、号牌、号证、号码等。保险人分别计算相应的数额。

车辆损失险保险费的构成：

$$车辆损失险保险费 = 基本保险费 + 保险余额 \times 费率(\%)$$

第三者责任保险则按照车辆种类及使用性质的不同，选择不同的赔偿限额档次，收取固定保险费。

机动车辆共分为客车、货车、挂车、罐车(包括油罐车、气罐车、液罐车、冷藏车)、特种车、摩托车、拖拉机等13个车种和收费档次，以及国产和进口两个类别。

车辆的使用性质分为非营业车辆，即各级党政机关、社会团体、企事业单位自用的车辆或仅限用于个人及家庭生活的车辆；营业车辆，即从事社会运输并收费的车辆。对于兼顾有两类使用性质的车辆，按高档费率计算。各种类机动车辆保险费率见表3-2。将视情办理或派员到投保单位办理手续。

表 3-2 各种机动车辆保险费率

车辆使用性质	非营业								营业							
险别	车辆损失险			第三者责任险					车辆损失险			第三者责任险				
费别 车辆种类	基本险费/%		费率	固定保险费（限额/万元）					基本保险费/%		费率	固定保险费（限额/元）				
	国产	进口		5	10	20	50	100	国产	进口		5	10	20	50	100
6 座以下客车	240	600	1.2	800	1 040	1 250	1 500	1 650	480	1 120	1.6	1 200	1 560	1 870	2 240	2 460
6 座及 20 座以下客车	600	800	1.2	900	1 170	1 400	1 680	1 850	800	1 160	1.6	1 300	1 690	2 440	2 680	3 250
20 座以上客车	680	800	1.2	100	1 300	1 560	1 870	2 060	880	1 400	1.6	1 400	1 820	2 180	2 620	1 880
2t 以下货车	200	560	1.2	630	820	980	1 180	1 300	400	760	1.6	880	1 140	1 370	1 640	1 800
2t 及 10t 以下货车	480	800	1.2	1 000	1 300	1 560	1 870	2 060	960	1 600	1.6	1 480	1 890	2 270	2 720	2 990
10t 及 10t 以上货车	1 000	1 400	1.2	1 100	1 430	1 720	2 060	2 270	1 600	2 000	1.6	1 580	2 050	2 460	2 950	3 250
挂车	120	160	1.2	350	460	550	660	730	200	240	1.6	500	650	780	940	1 030
油罐车、汽罐车、液罐车、冷藏车	1 050	1 450	1.2	1 150	1 490	1 790	2 150	2 360	1 650	2 050	1.6	1 630	2 119	2 542	3 050	3 355
起重车、工程车、邮电车、消防车、清洁车、医疗车	400	700	1	480	620	740	890	980	500	800	1.6	680	880	1 060	1 270	1 390
摩托车	160	240	0.5	200	260	310	370	410	240	320	0.7	300	390	470	560	620
手扶拖拉机	50		0.5	140	180	220	260	290	80		0.7	210	270	320	380	420
小型四轮拖拉机	60		0.6	160	210	250	300	330	90		0.7	240	310	370	440	480
大中型拖拉机	80	150	0.6	240	310	370	440	480	110	210	0.8	320	420	500	600	660

附 加 险	
全车盗抢险	广东省、四川省、福建省、重庆市为 12%；浙江省、江西省、湖北省、甘肃省、湖南省、海南省、黑龙江省、吉林省、辽宁省、北京市、上海市为 1%；江苏省、安徽省、河南省、贵州省、青海省、陕西省、河北省、云南省、广西壮族自治区、西藏自治区为 0.8%；山东省、山西省、宁夏回族自治区、新疆维吾尔自治区、内蒙古自治区、天津市为 0.6%；客车：6 座以下(不含)按基准费率执行，6 座以上(含)按基准费率减去 0.2%执行；货车、拖拉机及其他车辆按基准费率加上 0.2%执行
车上责任险	车上货物：赔偿限额的 1.5% 车上人员：选择座位投保的，按赔偿限额的 1.2%；以核定座位数投保的，按赔偿限额的 0.6%
无过失责任险	第三者责任保险费的 20%
车载货物掉落责任险	赔偿限额的 0.6%
玻璃单独破碎险	进口车辆：货车，新车购置价的 0.15%；16 座以下客车，新车购置价的 0.25%；16 座以上客车，新车购置价的 0.35% 国产车辆：货车，新车购置价的 0.10%；16 座以下客车，新车购置价的 0.15%；16 座以上客车，新车购置价的 0.20%
车辆停驶险	约定的最高赔偿天数乘以日赔偿金的 10%
自然损失险	赔偿限额的 0.4%
新增加设备损失险	按车辆损失险的费率执行
不计免赔特约险	车辆损失险和第三者责任险保费之和的 20%

汽车使用与管理

保单是载明了保险人与投保人(被保险人)所约定的义务和权力的书面凭证,如图3.2和图3.3所示。其正本交由保险人存执,它是被保险人需变更保险合同内容或遭受保险事故并产生损失向保险人索赔的重要依据,也是保险人处理赔款的主要依据。

中华联合财产保险股份有限公司
CHINA UNITED PROPERTY INSURANCE COMPANY LIMITED

机动车保险/机动车交通事故责任强制保险投保单　　No: 0733154321

欢迎您选择中华联合财产保险股份有限公司投保!您在填写本投保单前,请仔细阅读《机动车交通事故责任强制保险条款》及我公司的机动车保险条款。阅读条款时请您特别注意各保险条款中的保险责任、责任免除、投保人和被保险人义务等内容,并听取保险人就条款(包括责任免除条款)所作的说明。您在充分理解条款后,为保障您的合法权益,须如实、完整、准确地填写本投保单各项内容(在需要选择的项目前的"□"内打"√"确定),并签字确认。您所填写的内容我公司将为您保密。投保事项如有变动,请及时到我公司办理变更手续。谢谢你的合作!

	投保人				与机动车关系	□所有	□管理
	被保险人				与机动车关系	□所有	□管理
	证件类型	□居民身份证　□护照　□军人证 □组织机构代码证　□其他			证件号码		
	住　址						
	邮政编码				联系电话		
	号牌号码				车辆类型		
	所有人				住　址		
	品牌型号				使用性质		
	发动机号				注册登记日期	年　月　日	
	车辆识别代码/车架号				车辆种类	□国产	□进口
投保车辆情况	核定载质量	千克	准牵引总质量	千克	排　量	升	
	核定载客	人	驾驶室共乘	人	功　率	千瓦	
	车辆属性	车辆大类	□家庭自用汽车　□企业非营业客车　□党政机关,事业团体非营业客车　□非营业货车　□摩托车 □拖拉机　□出租、租赁营业客车　□城市公交营业客车　□公路客运营业客车　□营业货车　□特种车　□挂车				
		车辆明细分类	各车类: □6座以下　□6～10座　□10座以上　□10～20座以下　□20座以上　□20～36座　□36座以上 货车类: □2吨以下　□2～5吨　□5～10吨　□10吨以上　□低速载货汽车 特种车: □特种车一　□特种车二　□特种车三　□特种车四 摩托车类: □50CC及以下　□500CC～250CC(含)　□250CC以上及侧三轮 拖拉机类: □农用14.7kW及以下　□农用14.7kW以上　□运输型14.7kW及以下　□运输型14.7kW以上				
投保其他情况	上年有责任交通事故: 次			上年道路交通安全违法行为: 轻微　次,严重　次			
	上年商业险承保公司: □本公司　□其他公司			上年商业车险赔款次数:　次,赔款金额　元			
	指定驾驶人	姓　名	性别	年龄	驾龄	驾驶证号码	
	驾驶人1		□男　□女				
	驾驶人2		□男　□女				
	驾驶人3		□男　□女				
	驾驶人4		□男　□女				
	约定行驶区域: □省内　□固定路线　□场内			平均年行驶里程	车身颜色: □黑□白□灰□红□其他___		
□ 机动车交通事故责任强制保险投保内容							
死亡伤残赔偿限额50 000元		医疗费用赔偿限额8 000元			财产损失赔偿限额2 000元		
无责任死亡伤残赔偿限额10 000元		无责任医疗费用赔偿限额1 600元			无责任财产损失赔偿限额400元		
保险期间: 自　年　月　日零时起至　年　月　日二十四时止,其　个月							
交强险保险费(人民币大写):　仟　佰　拾　元　角　分(¥:　元) 其中:救助基金(　%)¥:　元							
备注:							

图3.2　机动车保险/机动车交通事故责任强制保险投保单

中国保险监督管理委员会监制　　　　　　　　　　　　　限在××省(市、自治区)销售

机动车交通事故责任强制保险单(正本)

| LOGO　××××保险公司 | (地区简称): |
| | 保险单号: |

被保险人					
被保险人身份证号码(组织机构代码)					
地　　址				联系电话	
被保险机动车	号牌号码		机动车种类		使用性质	
	发动机号码		组织代码(车架号)			
	厂牌型号		核定载客	人	核定载质量	千克
	排　　量		功　　率		登记日期	
责任限额	死亡伤残赔偿限额	50 000元	无责任死亡伤残赔偿限额		10 000元	
	医疗费用赔偿限额	8 000元	无责任医疗费用赔偿限额		1 600元	
	财产损失赔偿限额	2 000元	无责任财产损失赔偿限额		400元	
与道路交通安全违法行为和道路交通事故相联系的浮动比率					%
保险费合计(人民币大写):		(¥: 元)其中救助基金(%)¥: 元			
保险期间自　　　年　　　月　　　日零时起至　　　年　　　月　　　日二十四时止					
保险合同争议解决方式					
代收车船税	整备质量			纳税人识别号		
	当年应额	¥　　元	往年补额	¥　　元	滞纳金	¥　　元
	合计(人民币大写):			(¥: 元)		
	完税凭证号(减免税证明号)			开具税务机关		
特别约定						
重要提示	1. 请详细阅读保险条款,特别是责任免除和投保人、被保险人义务。 2. 收到本保险单后,请立即核对,如有不符或疏漏,请及时通知保险人并办理变更或补充手续。 3. 保险费应一次性交清,请您及时核对保险单和发票(收据),如有不符,请及时与保险人联系。 4. 投保人应如实告知对保险费计算有影响的或被保险机动车因改装、加装、改变使用性质等导致危险程度增加的重要事项。并及时通知保险人办理批改手续。 5. 被保险人应当在交通事故发生后及时通知保险人。					
保险人	公司名称:					
	公司地址:					
	邮政编码:	服务电话:		发单日期:		(保险人签章)
核保:		制单:		经办:		

图 3.3　机动车交通事故责任强制保险单

保险人投保第三者责任险后,要发给被保险人保险凭证,俗称机动车辆保险证。它是保险合同已经订立或保险单已正式签发的一种凭据。它与保险单具有同样的作用和效力,可以用来证明被保险人已遵照政府有关法令或规定投保了第三者责任保险。

2. 保险金额的确定

保险金额是保险公司计算保费的基础。根据我国现行的《机动车辆保险条款》，车辆的保险价值根据新车购置价确定。车辆损失险的保险金额可以按投保时的保险价值或实际价值确定，也可以与被保险人协商确定，但保险金额不得超过保险价值，超过部分是无效的。保险价值是指投保作为确定保险金额的标的价值；实际价值是指投保车辆在合同签订时的市场价格。当投保车辆的实际价值高于购车发票金额时，以购车发票金额确定实际价值。

3. 保险费的计算

车辆的保险费是根据投保人所投保车辆的种类、使用性质及需要投保的险种等，按照险别分别计算的相应的数额。

3.2.3 保险责任、除外责任及被保险人应履行的义务

1. 保险责任

车辆损失险下保险人应承担的责任包括自然灾害和意外事故两大类。

自然灾害通常包括雷击、风暴、龙卷风、洪水、暴雨、海啸、地陷、冰陷、崖崩、雪崩、雹灾、泥石流、滑坡等。凡是因上述灾害现象发生而造成被保险车辆损失，保险人应当予以赔偿。

意外事故通常包括碰撞、倾翻、火灾、爆炸、外界物体倒塌、空中运行物体坠落、行驶中平行坠落、载运保险车辆的渡船遭受自然灾害等。这里的撞击不仅指车与车之间的撞击，也包括车上所载货物与外界物体发生的意外碰撞。要注意火灾与汽车自燃的区别，火灾是指在时间和空间上失去控制的燃烧所造成的灾害；汽车的自燃是指其一些机件如电器、线路、供油系统、货物自身等发生问题，造成内部热量无法散发、温度不断升高而导致汽车不明原因的着火燃烧。

发生保险事故时，被保险人对保险车辆采取施救、保护措施所支付的合理费用应由保险人负责赔偿。

投保车辆第三者责任险时，保险人应承担的责任：当保险车辆在由被保险人允许的合格驾驶人使用车辆的过程中发生意外事故，致使第三者遭受人身伤亡或财产直接损毁时，保险人应按保险合同的有关规定给予赔偿。这里的第三者是指机动车辆保险合同当事人以外的他人，而私有车辆的被保险人及其家庭成员不属于第三者的范畴。被保险人投保第三者责任险的车辆造成第三者伤亡后，产生的医疗费、误工费、住院伙食补助费、护理费、残疾者生活补助费、残疾用具费、丧葬费、死亡补偿费、被扶养人生活费、交通费、住宿费等费用应由保险公司负责。

投保各种附加险时保险人应负担的责任险如下。

(1) 全车盗抢险。整个车辆在停放中被他人偷走，或在行驶中途被盗匪劫走时，保险人负责赔偿。

(2) 玻璃单独破碎险。保险车辆玻璃(不包括灯具、车镜玻璃)振裂，或被别人打碎时，保险人按实际损失给予赔偿。但对在维修、安装过程中造成的破碎不负责任。

(3) 车辆停驶损失险。由于保险事故的发生造成车身损坏，致使车辆停驶，在车辆送修到修复竣工之间由于无法使用车辆，可能会带来一些停工损失，保险人应给予一定的赔偿。

(4) 自燃损失险。因本车电器、线路、供油系统发生故障及运载货物自身原因起火燃烧造成的损失应由保险人负责赔偿。

(5) 新增加设备损失险。若被保险人在投保车辆出厂时，在原有各项设备以外，另外加装了设备及设施的保险，当发生事故后，又造成车上新增设备的直接损坏，保险公司应负责赔偿。

(6) 车上责任险。保险车辆在使用过程中，发生意外事故，致使保险车辆上所载货物遭受直接损失和车上人员发生人身伤亡时，保险公司应负责赔偿。

2. 除外责任

我国现行的《机动车辆保险条款》对车辆损失险和第三者责任险都规定了一系列的除外责任，当被保险车辆发生下列损失时，保险人是不负责赔偿的。

(1) 自然磨损、锈蚀、故障、轮胎爆裂。
(2) 地震、人工直接供油、自燃、高温烘烤造成的损失。
(3) 受该车所载货物撞击的损失。
(4) 遭受保险责任范围内的损失后，未经必要的修理而继续使用，致使损失的扩大部分。

保险车辆造成下列人身伤亡和财产损毁，不论在法律上是否应当由被保险人承担赔偿责任，保险人也不负责赔偿。

(1) 被保险人所有或代管的财产。
(2) 私有、个人承包车辆的被保险人及其家庭成员，以及他们所有或代管的财产。
(3) 该车上的一切人员和财产。
(4) 车辆所载货物的掉落、泄漏所造成的人身伤亡和财产损失。

对于下列原因所造成的车辆损失或第三者的经济赔偿责任，保险人不负责赔偿。

(1) 战争、军事冲突、暴乱、扣押、罚没。
(2) 竞赛、测试、进厂修理。
(3) 驾驶人饮酒、吸毒、药物麻醉、无有效驾驶证。
(4) 保险车辆拖带未保险车辆及其他拖带物或未保险车辆拖带保险车辆造成的损失。
(5) 保险车辆肇事逃匿经公安部门侦破后。
(6) 保险车辆在全车被盗窃、抢劫、抢夺，以及在此期间受到损坏，车上零部件、附属设备丢失，以及第三者人员伤亡或财产损失。

除上述外，下列损失和费用，保险人也不负责赔偿。

(1) 保险车辆发生意外事故，致使被保险人或第三者停业、停驶、停电、停水、停产、中断通信以及其他各种间接损失。
(2) 被保险人或其驾驶人的故意行为。
(3) 因保险事故引起的任何有关精神损害赔偿。
(4) 其他不属于保险责任范围内的损失和费用。

3. 被保险人的义务

投保机动车辆保险被保险人应当履行下列义务。

(1) 对保险车辆的情况如实申报，并在签订合的同时一次缴清保险费。
(2) 应当做好车辆的维护、保养工作，保险车辆装载必须符合规定，使其保持安全行驶技术状态，并应根据保险人提出的消除不安全因素和隐患的建议，及时采取相应的措施。

(3) 在保险合同有效期内，保险车辆的转卖、转让、赠送他人、变更用途或增加危害程度，应事先书面通知保险人并申请办理批改手续。不得非法转卖、转让，不得利用保险车辆进行违法犯罪活动。

(4) 保险车辆发生保险事故后，被保险人应当采取合理的保护、施救措施，并立即向事故发生地交通管理机关报案，同时在48小时内通知保险人。

(5) 被保险人索赔时不得有隐瞒事实、伪造单证、制造假案等欺诈行为。

3.2.4 保险的索赔

1. 索赔的一般程序

(1) 当被保险车辆发生事故时(后)，应立即通知保险人(俗称"报案")，将事故的基本情况报给保险人，如灾害事故的发生时间、地点、可能的原因、施救情况、损失概况等。报案可以用电话、传真、电报、派员等方式进行。无论用什么方式报案，最后保户均需填写由保险公司印制的出险通知书和损失清单。

(2) 协助保险人进行现场查勘或进行调查，查明事故的原因和损失情况，接受保险公司理赔业务人员的询问，提供勘查的方便。

(3) 提供保险单、事故的证明、事故责任认定书、事故调解书、判决书、损失清单和有关费用单据，并要在保险车辆修复或交通事故结案之日起3个月内提交。若不提交这些必要单证，保险公司就认为被保险人自愿放弃权益。

(4) 被保险人接到保险公司赔偿或给付的通知，且对保险公司确定的赔款金额无异议后，可在10日内向保险公司领取赔款。

2. 车辆损失险的赔偿

投保的机动车辆出险后，受损车辆必须由保险公司定损，或经保险公司同意后方可定损。

保险车辆在发生保险事故遭受损失后，应对其执行以修复为主的原则。修理前，被保险人须同保险人检验，确定修理的项目、方式和费用，否则保险人有权重新核定或拒绝赔偿。

(1) 车辆全部损失的赔偿。车辆全部损失应按保险金额计算赔偿，但保险金额高于实际价值时，以出险当时的实际价值计算赔偿。即赔偿金额为：

$$赔款 = (实际价值 - 残值) \times (1 - 免赔率)$$

当保险金额等于或低于实际金额时，按保险金额计算赔偿。即赔偿金额为：

$$赔款 = (保险金额 - 残值) \times (1 - 免赔率)$$

(2) 车辆部分损失的赔偿。保险车辆的保险金额达到投保时的保险价值，无论保险金额是否低于出险时的保险价值，发生部分损失按照实际修复费用进行赔偿。即赔偿金额为：

$$赔款 = (实际修复费用 - 残值) \times (1 - 免赔率)$$

当保险金额低于保险价值时，发生部分损失按照保险金额与投保时的保险价值比例计算赔偿修复费用。即赔偿金额为：

$$赔款 = (修复费用 - 残值) \times (保险金额 / 保险价值) \times (1 - 免赔率)$$

除此之外，部分损失最高赔偿金额以保险金额为限。保险车辆按全部损失或部分损失一次赔款加免赔金额之和达到保险金额时，车辆损失险的保险责任即行终止。但保险车辆在保险期限之内，不论发生一次或多次保险责任范围内的部分损失或费用支出，只要每次赔款加免赔金额之和未达到保险金额，其保险责任仍然有效。

3. 第三者责任险赔偿

保险车辆发生第三者责任事故时，按照《中华人民共和国道路交通事故处理方法》以及有关法律法规和保险合同规定，保险人在保险单载明的赔偿限额内核定赔偿数额。

当保险人应付赔偿金额超过赔偿限额时，赔偿金额为：

$$赔款＝赔偿限额×(1-免赔率)$$

当保险人应付赔偿金额低于赔偿限额时，赔偿金额为：

$$赔款＝应付赔偿金额×(1-免赔率)$$

第三者责任事故赔偿后，无论每次事故的赔款是否达到保险赔偿金额，保险责任继续有效，直至保险期满。

车辆损失险和第三者责任险的赔款经保险双方确认后，还应根据车辆驾驶人在事故中所负责任扣除一定的赔款，即免赔率。负全部责任的免赔率为20%，负主要责任的免赔率为15%，负同等责任的免赔率为10%，负次要责任的免赔率为5%，单方肇事事故的免赔率为20%。

本 章 小 结

本章阐述了汽车户籍管理基本知识：车辆管理常识、汽车的登记注册、汽车户籍的变更与注销；汽车保险的相关知识：保险的项目及范围，汽车投保的程序及保险金额、保险费的确定，保险责任、除外责任及被保险人应履行的义务以及保险的索赔。通过本章的学习能够对汽车的户籍管理与保险方面有一个全面的了解。对广大有车族及欲购车族有很大的帮助。

复 习 思 考 题

一、简答题

1. 简述机动车号牌及行驶证的作用与分类。
2. 何谓汽车保险？汽车保险主要包括哪些内容？
3. 简述汽车保险的程序。
4. 何谓保险责任与除外责任？
5. 简述被保险人应履行的义务。

二、单选题

1. 在汽车刹车系统失灵酿成车祸而导致车毁人亡的事件中，属于风险因素的是(　　)。
   A．刹车失灵　　　　　　　　B．车祸
   C．车辆损坏　　　　　　　　D．人员伤亡
2. 由机动车辆本身面临的风险而产生险种是(　　)。
   A．机动车辆损失险　　　　　B．第三者责任险
   C．附加险　　　　　　　　　D．特约险

3．保险人依据法律规定或合同约定，不承担赔偿和给付责任的范围叫做(　　)。
　　A．保险责任　　　　　　　　B．保险范围
　　C．责任免除　　　　　　　　D．保险约定
4．通过保险代理人与投保人之间签订的保险合同所产生的权利义务，其后果承担者是(　　)。
　　A．投保人　　　　　　　　　B．被保险人
　　C．保险人　　　　　　　　　D．保险代理人
5．根据我国机动车保险规定，以下不属于机动车辆范围的是(　　)。
　　A．电瓶车　　　　　　　　　B．电动自行车
　　C．拖拉机　　　　　　　　　D．冷藏车

三、判断题

1．汽车保险赔偿时，若保险金额高于实际损失，则保险赔偿应以实际损失为准。(　　)
2．受损车辆未经保险人同意而由被保险人自行送修的，保险人有权重新核定修理费用或拒绝赔偿。(　　)
3．强制汽车责任保险的目的是使事故受害者能获得基本保障。(　　)
4．机动车辆发生保险事故后，除不可抗拒力外，被保险人应在保险事故发生后48小时内通知保险公司。(　　)
5．机动车保险中的"第三者"不包括车上的乘客。(　　)

第4章 汽车技术状况及其变化

 教学目标

汽车技术状况是汽车在使用过程中使用性能得以发挥的保证。通过本章的学习,要达到以下目标。
(1) 理解汽车技术状况及其变化。
(2) 掌握汽车技术状况变化的主要因素。
(3) 掌握汽车技术状况的变化规律。
(4) 掌握汽车技术等级的评定。

 教学要求

知识要点	能力要求	相关知识
汽车技术状况 汽车运用性能	(1) 了解汽车技术状况及其变化 (2) 理解汽车运用性能及变化	性能参数、评价指标
汽车技术状况变化的原因及其影响因素	(1) 了解汽车技术状况变化的原因 (2) 理解影响汽车技术状况变化的因素	零件损坏、道路、载荷
汽车技术状况的变化规律	掌握汽车技术状况的变化规律	渐发性变化规律、随机性变化规律
汽车技术状况等级的划分和等级的评定	(1) 了解汽车技术状况等级的划分 (2) 掌握汽车技术状况等级的评定	技术等级、经济指标

引 例

从20世纪60年代起,随着汽车数量的日益增多,汽车废气排放物与燃油消耗量的不断上升困扰着人们,迫使人们去寻找一种能使汽车排气净化、节约燃料的新技术装置代替已有几十年历史的化油器,汽油喷射技术的发明和应用使人们这一理想得以实现。早在1967年,德国波许公司成功地研制了D型电子控制汽油喷射装置并用在大众轿车上。这种装置是以进气管里面的压力作为参数,但是它与化油器相比,仍然存在结构复杂、成本高、不稳定的缺点。针对这些缺点,波许公司又开发了一种称为L型电子控制汽油喷射装置,

它以进气管内的空气流量作为参数，可以直接按照进气流量与发动机转速的关系确定进气量，据此喷射出相应的汽油。这种装置由于设计合理，工作可靠，广泛为欧洲和日本等汽车制造公司所采用，并奠定了今天电子控制燃油喷射装置的雏形。至1979年美国的通用、福特，日本的丰田、三菱、日产等汽车公司都推出了各自的电子控制汽油喷射装置，尤其是多气门发动机的推广，使电子控制喷射技术得到迅速的普及和应用。到目前为止，欧美日等主要汽车生产大国的轿车燃油供给系统95%以上安装了燃油喷射装置。从1999年1月1日起，只有采用电子控制汽油喷射装置的轿车才能准许在北京市场上销售。

电子控制燃油喷射装置是汽车发展史的一个重大发明，可以使汽车在不同的技术状况下更合理的消耗燃油。图4.1所示为电子控制式燃油喷射系统示意图。

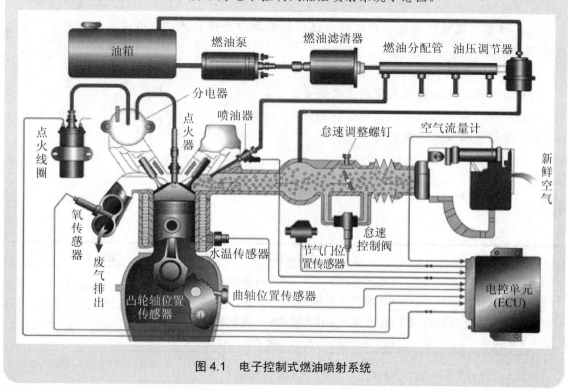

图4.1　电子控制式燃油喷射系统

4.1　汽车技术状况和汽车运用性能

4.1.1　汽车技术状况

汽车技术状况是指定量测得的、表征某一时刻汽车外观和性能参数值的总和。

汽车是一种机、电、液为一体的复杂系统，由上万个不同功能的零件、总成装配而成的整体。特别是近年来制动防抱死系统(ABS)、电子控制燃油喷射系统(EFI)等电子技术在汽车上得到广泛的应用，使得汽车零件和系统更为复杂。零件的好坏是决定汽车技术状况的关键因素。对零件有结构、材料、尺寸精度、几何精度和表面质量等要求，对总成有配合特性、位置误差或技术特性要求，因此才使汽车具有规定的技术状况。

汽车在使用过程中，要与外界环境相接触，汽车零件也要在气体或液体的氛围中相互接触、摩擦，其结果是零件在机械负荷、热负荷和化学腐蚀作用下，引起零件变形、磨损、氧化、腐蚀等一系列物理的和化学的变化，使零件尺寸、零件相互装配位置、配合间隙、表面质量等发生改变。如发动机汽缸活塞组件的尺寸、曲柄连杆机构的尺寸、离合器主从动盘的尺寸、制动蹄与制动鼓的间隙等，在汽车使用过程中时刻都在发生着变化。零件性能下降后，汽车的技术状况将受到影响，因此汽车技术状况的变化取决于组成零件的综合性能的变化。

随着汽车行驶里程的增加，汽车的技术状况将逐渐变坏，致使汽车的动力性下降、燃料消耗量和润滑油消耗量显著增加、制动性和操纵稳定性变差、使用方便性下降、排放污染物和噪声超限、行驶安全性和使用可靠性变差，直至最后达到使用极限。

4.1.2 汽车运用性能

汽车技术状况可用汽车的工作能力或运用性能来评价。汽车的运用性能包括动力性、经济性、使用方便性、行驶安全性、使用可靠性、载质量和容积等，其评价指标见表4-1。

表4-1 汽车运用性能评价指标

运用性能	评价指标
动力性	最高行驶车速，加速时间或加速距离，最大爬坡度，平均技术速度，低挡使用时间
使用经济性	燃料消耗量，润滑油消耗量，维修费用
使用方便性	每100km平均操纵作业次数，操作力，灯光、信号的完好程度，启动暖车时间，最大续驶里程
行驶安全性	制动距离，制动力，制动减速度，制动时的方向稳定性，侧滑量
使用可靠性	故障率和小修频率，维修工作量，因技术故障停歇的时间

技术状况完好的汽车使用一段时间后，运用性能将逐渐下降。汽车运用性能下降会导致汽车运输生产过程中运输生产率下降、运输成本增加、经济效益变差，同时对环境的污染加剧，并易于发生行车安全事故。假设某一技术状况完好的载货汽车第一年生产率为100%、维修工作量为100%、运输成本为100%，随着使用时间增加，其运输生产率、维修工作量和运输成本的相对变化见表4-2。

表4-2 运输生产率、成本、维修工作量与行驶里程的关系

汽车工作时间/年	运输生产率/%	维修工作量/%	运输成本/%
1	100	100	100
4	75～80	150～170	130～150
8	55～60	200～215	150～170
12	45～50	250～300	170～200

4.1.3 汽车运用性能的变化

汽车的运用性能是由原设计与制造工艺所确定的，主要取决于汽车的设计制造质量，在汽车使用过程中，汽车的实际运用性能从汽车的初始性能开始，随着使用时间或行驶里程的增长而变化。

$$A_k(t) = A_{k1} \exp[-k(t-1)] \tag{4-1}$$

式中：$A_k(t)$——汽车实际运用性能；
　　　A_{k1}——汽车初始运用性能；
　　　t——汽车工作时间，年；
　　　k——根据汽车工作强度改变的系数。

由式(4-1)可以看出，汽车使用时间或行驶里程越长，汽车运用性能降低越大。因此，在评价汽车运用性能时要考虑汽车使用时间或行驶里程。汽车实际运用性能是由汽车总的使用时间或总的行驶里程所确定的平均质量指标。

$$A_k(t) = \frac{A_{k1}\exp k}{t}\sum_{t=1}^{t}\exp[-kt] \quad (4-2)$$

汽车的初始性能取决于汽车的制造质量；而汽车的实际运用性能除取决于汽车的制造质量外，还取决于汽车的运用条件和运输工作情况等多方面的因素。在汽车制造方面，可以通过改进汽车的结构设计和完善汽车的制造工艺来提高汽车的运用性能；在汽车运用方面，可以通过合理运用来提高汽车的实际运用性能，如图4.2所示。

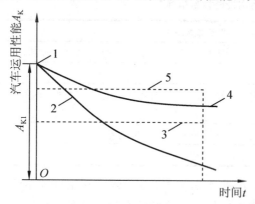

1—汽车初始性能
2—汽车实际运用性能随时间变化的曲线
3—汽车实际运用性能
4—汽车合理运用对性能的影响
5—通过合理运用可以提高的实际运用性能

图4.2　汽车运用性能与使用时间的关系

由图 4.2 可见，汽车合理运用可使汽车运用性能随使用时间增长而下降的程度减小，具体如图 4.2 中曲线 4 所示，由于合理运用可使汽车实际运用性能 3 提高到图中曲线 5 所示高度，从而使汽车使用过程中实际运用性能的平均水平有所提高，并延长汽车的使用寿命。要实现汽车的合理运用，必须对汽车技术状况的影响因素和在各种运用条件下提高汽车技术状况的措施进行研究，依靠有一定技术专长的人员和汽车技术状况管理组织等手段来保证汽车的工作能力；同时，要做好汽车运用技术管理的基础工作，在汽车运用过程中要经常按使用时间或行驶里程测量、记录汽车运用性能的变化情况，以作为分析汽车技术状况变化，并确定提高汽车技术状况相应措施的依据。

4.2　汽车技术状况变化的原因和影响因素

4.2.1　汽车技术状况变化的原因

汽车技术状况变化是汽车诸多内在原因综合作用的结果。主要原因有零件之间相互摩擦产生磨损，零件与有害物质接触产生腐蚀，零件在交变载荷作用下产生疲劳，零件在外载、温度和残余内应力作用下发生变形,橡胶及塑料等非金属零件和电器元件长时间使用而老化,由于偶然事件造成零件损伤等。这些原因使零件原有尺寸和几何形状及表面质量发生改变,破坏了零件原来的配合特性和正确的位置关系,从而引起汽车(或总成)技术状况变坏。

汽车零件的主要损坏形式可分为以下几种。

1. 磨损

磨损是相互接触的物体在相对运动中表层材料不断磨耗的过程,它是伴随摩擦而产生的必然结果,是零件的主要损坏形式,如图 4.3 所示。引起汽车技术状况变化的零件磨损形式主要有磨料磨损、分子—机械磨损和腐蚀磨损。

图 4.3 制动片磨损

磨料磨损是零件相互摩擦表面间有坚硬、锐利微粒的作用下产生的磨损,如制动蹄摩擦衬片与制动鼓的磨损等。微粒的来源有来自外界,如尘埃、沙土等;而有的微粒是从零件工作表面上脱落下来的,如金属磨屑。在零件相互摩擦过程中,磨料的作用将加速零件的磨损过程。

分子—机械磨损也称粘着磨损,是在相互摩擦的零件表面靠得太近和承受压力极大并且缺少润滑油的情况下,由于相互摩擦表面分子相互吸引作用而粘接在一起造成的一种损坏形式,如汽缸"拉缸"和曲轴"烧瓦"。当零件接触面承受大载荷、滑动速度高、同时润滑又不良时,零件表面在摩擦过程中会产生大量的热能,使材料强度降低并形成局部热点,易使零件局部表面金属粘接在一起;而粘接点在零件表面的相对运动中又被撕开,使一部分金属从一个零件表面转移到另一个零件表面而造成零件表面的损伤。

腐蚀磨损是摩擦表面在氧化物、酸、碱等腐蚀物质作用下而产生的磨损,如气门和气门座的磨损。腐蚀物质对零件表面的腐蚀可使表面形成薄而脆的氧化层,在摩擦力作用下,氧化层脱落,腐蚀作用进一步向零件深部发展,再形成氧化层。如此,氧化层不断生成,不断脱落,从而造成了零件表面的损伤。

2. 疲劳损坏

疲劳损坏是由于零件在交变载荷作用下,承受超过材料耐疲劳极限的循环应力而产生的损坏。通常,易于产生疲劳损坏的零件是承受交变载荷较大的零件,如汽车的钢板弹簧等。在交变载荷于零件内部所产生的循环应力作用下,零件表面产生疲劳裂纹,裂纹不断积累、加深、扩展而导致零件的疲劳损坏,如齿轮齿面的疲劳点蚀,如图 4.4 所示。

3. 腐蚀

腐蚀产生于与腐蚀性物质接触的零件表面。氧化作用可以使材料坚固性下降,导致零件外观形状变坏;酸、碱可以使零件表面产生疏松、剥落现象。易于产生腐蚀损坏的主要部件有燃料供给系统和冷却系统管道、车身、车架等。在汽车运动中,车身外表要受到风沙的磨蚀;而汽车使用环境中的空气湿度、尘埃等对车身及裸露的金属零件也都有一定的腐蚀作用,如图4.5所示。

图4.4 齿轮齿面的疲劳点蚀

图4.5 被腐蚀的轴

4. 变形

零件所受载荷在内部产生的内应力超过零件材料的弹性极限时就会发生变形,如图4.6所示。通常是由于零件原设计计算的错误或违反运用规定所造成的,如汽车超载引起的车轴、车架变形和断裂等。零件在制造和加工过程中产生的残余内应力和零件受热不均匀产生的热应力足够大时,也会导致零件变形或变形过程加剧。

图4.6 断裂的车轴

5. 老化

老化是由于零件材料在物理、化学和温度变化的影响下逐渐变质或损坏的故障形式,如图4.7所示。汽车上的轮胎、油封、膜片等橡胶零部件和晶体管、电容器等电器元件若长期受环境和温度变化的影响,会逐渐老化而失去原有性能。例如:温度的冷、热作用;油类及液体的化学作用;太阳光的辐射作用等。老化随时间的延长而逐渐发生,新的零件无论使用与否都会逐渐老化,如橡胶制品的零件即使不用长期放置也会失去弹性或出现龟裂;塑料制品的零件长期闲置经过冬夏冷暖季节的交替,也会变硬、发脆或断裂。

图 4.7 老化的球笼防尘套

因汽车零件和运行材料性能的变化而使汽车技术状况逐渐变坏的现象不仅发生于汽车使用过程中,也发生于存储过程中。例如:橡胶、塑料等非金属零件因老化而失去弹性,强度下降;燃料、润滑油、制动液等氧化变质及产生沉淀;金属零件产生锈蚀;车身表面漆层剥落等。

4.2.2 影响汽车技术状况变化的因素

在汽车使用过程中,汽车技术状况变化的快慢不仅取决于汽车结构设计和制造工艺水平的高低,还受到各种使用因素的影响。

1. 汽车结构设计与制造工艺对汽车技术状况的影响

汽车的初始性能是由结构设计和制造工艺保证的,汽车结构设计与制造工艺是否合理以及零件材料选择是否适当,影响着汽车使用过程中技术状况的变化。

(1) 设计不合理。汽车整车及总成或零件不合理的设计会使汽车零件过早损耗。例如轴的台阶处过渡圆角过小会造成应力集中,这些应力会成为汽车零件破坏的起源;花键、键槽、油孔、销钉孔等在设计时,如果没有充分考虑到这些对截面削弱而造成的应力集中,也会引起汽车零件早期疲劳损坏。

(2) 材料选择不当。汽车零件材料选择不当或材料质量差会使汽车零件过早损耗。例如,制造发动机曲轴的材料必须具有高的强度,一定的冲击韧度,足够的弯曲、扭转疲劳强度和刚度,轴颈表面应具有高的硬度和耐磨性,选择材料时要充分考虑这些性能要求;材料内部存在沙孔、裂纹等会使零件力学性能大大降低,导致零件过早失效。

(3) 工艺不合理。汽车零件在制造、装配、磨合和试验过程中,工艺不合理会使零件产生裂纹、较大的残余内应力以及较差的表面质量,会使零件早期失效。例如,过盈配合零件的装配精度不够,导致相互配合的零件之间的滑移和变形,产生磨损;间隙配合零件的装配间隙过大,导致汽车零件冲击过大,使汽车使用性能下降。

2. 使用因素对汽车技术状况的影响

1) 道路条件

汽车运行的道路条件影响汽车运行速度、发动机工况、汽车承受的载荷、操纵装置(换挡、转向、制动等)的工作频度等,从而决定汽车零部件的磨损过程,影响汽车的工作能力。

汽车在良好道路上行驶时，行驶阻力小，承受的冲击和动载荷小，汽车的速度性能得以发挥，燃油经济性好，零件磨损速率小，汽车的使用寿命长。

汽车在坏路面上行驶时，行驶阻力大，低挡使用的时间比例大，汽车的平均技术速度低，但发动机转速和负荷却很大，汽缸内平均压力也很高，所以汽缸—活塞组件磨损严重；汽车在崎岖不平的道路上行驶时，汽车底盘各总成受到的冲击载荷加大，有时甚至遭到直接破坏和损伤；汽车在不良道路上使用时，由于操作次数增加和使用时间增长，离合器、变速器、制动蹄和制动鼓等部件的磨损增大，这都使得汽车在坏路面上运行时的使用寿命大大缩短。

2) 交通状况

交通状况对汽车技术状况的变化有很大影响。汽车在高速公路等交通状况良好的道路上行驶时，能够经常采用高挡在经济工况下运行，操纵次数减少，汽车运行平稳，所承受的冲击载荷大大减轻；在城市混合交通状况等不良交通状况下运行时，常因车多路窄、交通流量大、交叉路口多而不能以最佳工况运行。汽车经常处于频繁起步、加速、减速、制动和停车为主的非稳定工况，变速器换挡次数多，离合器、制动器使用频繁，影响汽车零件、总成的使用寿命，引起汽车技术状况的恶化。

3) 气候条件

气候条件包括环境温度、湿度、风力、风向和阳光辐射强度等。气候条件可以影响汽车总成工作温度状态，改变它们的技术性能和工作的可靠性。

图4.8所示为环境温度与汽车及总成故障率的关系曲线。从图中可以看出，有一个可以使汽车及总成故障率低，可靠性高的温度区域就是汽车最佳工作温度的范围。汽车上的每个总成都有一个适合它们工作的温度范围，如发动机磨损最小时的冷却液温度为70~90℃(图4.9)。气温过低时，发动机启动困难，燃油雾化不良，燃料消耗增大，润滑油黏度大、流动性差，零件磨损严重，非金属材料制成的零件易硬化、开裂、弹性下降或零件结构强度降低；气温过高时，发动机易爆燃，润滑油温度高，黏度下降，油性变差，易变质，零件磨损加剧，供给系统和液压制动管路产生气阻并易发生爆胎。

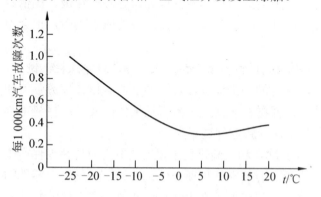

图4.8　环境温度对汽车故障率的影响

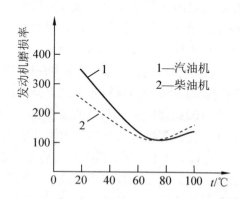

图4.9　温度对发动机磨损的影响

在湿热的南方地区，空气中水蒸气浓度大，而炎热干燥的高原地区夏季，空气中灰尘多。这些水蒸气和灰尘会恶化汽车零部件的工作环境，加剧零部件的磨损和润滑材料的变质。

4) 燃料和润滑材料

汽车性能的提高对燃料和润滑材料的品质要求越来越严格，汽车技术状况的迅速恶化往往和汽车燃料和润滑材料的选择不当有关。

(1) 汽油。汽油的辛烷值、馏分温度、安定性、含硫量等对汽车技术状况的变化有直接的影响。辛烷值与发动机的压缩比不相适应，抗爆性能差，易发生爆燃，发动机承受的机械负荷和热负荷增大，使汽缸磨损加剧，甚至会造成活塞等零件损坏。90%蒸发温度和终馏点表示汽油中所含重馏分的多少，对汽油能否完全燃烧和发动机磨损程度有较大影响。馏分温度过高，汽油不易完全燃烧。没有完全燃烧的汽油以液滴状态进入汽缸，冲刷缸壁润滑油膜，窜入曲轴箱污染润滑油，加速润滑油变质，使汽缸活塞组零件磨损加剧。安定性差，生成的实际胶质增加，实际胶质生成的沉积物使燃烧室积炭增加，气门关闭不严，供油系统堵塞。燃料中的含硫量超标时，会对发动机零件产生腐蚀作用。

(2) 柴油。柴油的蒸发性、十六烷值、黏度、安定性、含硫量等对发动机工作过程有很大影响。十六烷值低，燃烧性能差，发动机工作粗暴，使汽缸磨损严重，排放污染物增加。90%和95%回收温度过高，易产生不完全燃烧和形成积炭。黏度过大，低温流动性和雾化性差，燃烧不完全；黏度过小，不能保证柴油机供给系精密偶件的可靠润滑。安定性不好，不饱和烃含量多，实际胶质多，残炭多，使燃烧室生成积炭、胶质沉积物。硫含量越大，发动机零件磨损越严重，还会使发动机沉积物增加，加速润滑油的劣化变质。

(3) 发动机润滑油。发动机润滑油的黏度级别和使用性能级别对润滑油的低温流动性、保证可靠润滑和防止零件损伤具有重要作用。黏度不当，黏温性差，使发动机低温启动困难，影响发动机的可靠润滑。油性和极压性差，润滑油吸附金属表面的能力差，工作表面易出现边界摩擦或半干摩擦状态，使发动机的磨损增加。清净分散性差，发动机内易形成积炭、漆膜和油泥。氧化安定性和抗腐蚀性差，润滑油易变质，氧化后的酸性物质使发动机零件腐蚀损坏。

此外，车辆齿轮油、汽车润滑脂、汽车自动变速器油、汽车制动液、发动机冷却液等一些使用性能对汽车技术状况的变化也有直接的影响。

5) 驾驶技术

驾驶技术对汽车的使用寿命有直接影响。驾驶人应严格遵守驾驶操作规程，采用预热启动、低速升温、低挡起步、温度控制、及时换挡、行驶平稳、安全滑行、合理节油等一系列正确合理的操作方法；根据道路情况合理选择行驶路线和车速，保证车辆经常处于最佳工作状态，从而使汽车技术状况变差的速度放慢，延长汽车使用寿命。

6) 载荷

汽车载质量应按制造厂规定的额定装载量。汽车载质量影响零件强度、操纵装置的工作频度以及发动机负荷和转速。如果汽车载质量增加，汽车各总成承受的负荷增加，工作状态不稳定，低速挡使用时间比例增大，发动机处于高负荷和不稳定状态下工作，冷却系统和润滑系统的工作温度过高，从而导致发动机和其他总成的磨损增大，使汽车的使用寿命缩短。

7) 车速

车速高低对汽车技术状况的影响十分明显。汽车载质量一定时，行驶车速对发动机磨损的影响如图 4.10 所示。汽车行驶车速过高时，发动机经常处于高转速下运转，活塞平均运动速度增高，汽缸磨损量增加；高速行驶时，制动使用更为频繁，汽车制动器磨损加剧；高速

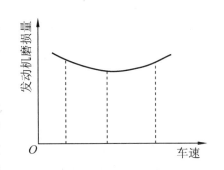

图 4.10 行驶车速对发动机磨损的影响

行驶导致轮胎发热，磨损加剧。汽车行驶车速过低，低挡使用的时间比例增多，汽车行驶相同里程发动机平均运转次数增多，同时由于润滑条件变差，其磨损强度较大。为了减少机件磨损，行驶中必须控制车速，正确选用挡位，用中速行驶。

8) 汽车维修质量

汽车维护是为了维持汽车技术状况完好而进行的作业；汽车修理是为了恢复汽车技术状况完好而进行的作业。所以汽车维修具有维持和恢复汽车技术状况的作用，对汽车技术状况有直接影响。汽车维护应采用强制维护的原则，汽车行驶一定里程或时间后必须到维修企业进行一级、二级维护作业，以维持汽车技术状况完好，保障安全行车；汽车修理应贯彻视情修理的原则，根据汽车检测诊断和技术鉴定的结果，视情按不同作业范围和深度进行，既要防止拖延修理造成汽车技术状况的恶化，又要防止提前修理造成的浪费。

4.3 汽车技术状况变化的规律

汽车技术状况的变化规律是指汽车技术状况与汽车行驶里程或行驶时间的变化关系。汽车在使用过程中受到外部环境和内部条件多种因素的共同作用，其结构强度和使用条件的变化都有平稳变化的一面，同时又有不确定的一面，反映在汽车技术状况变化规律上，表现为渐发性和偶发性两种变化规律。

4.3.1 汽车技术状况渐发性变化规律

渐发性变化规律指汽车技术状况的变化随行驶时间或行驶里程呈单调变化，从而可用函数式表示的变化规律。渐发性变化规律又称为汽车技术状况随行程的变化规律。

在按使用说明书的要求合理运用汽车的前提下，汽车大部分总成、机构技术状况是从初始状态(E_n)按行驶里程依次平稳而单调地逐渐变化至极限状态(E_0)，如图4.11所示。

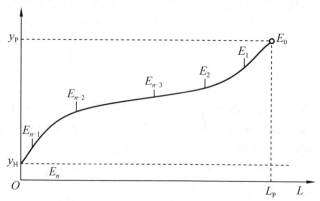

图4.11 汽车技术状况渐发性变化规律

y_H—技术状况参数的名义值　y_P—技术状况参数的极限值
L_P—汽车工作到技术状况参数达到极限值的行驶里程

汽车技术状况随行驶里程的变化过程可以用二者之间的函数关系式描述，一般可表示为 n 次多项式或幂函数两种形式。

(1) n 次多项式。

$$y = a_0 + a_1 L + a_2 L^2 + \cdots + a_n L^n \tag{4-3}$$

式中：y——汽车技术状况参数值；

L——汽车行程或汽车工作时间；

a_0——汽车技术状况的初始值；

a_1, a_2, $\cdots$, a_0——待定系数，表征 y 与 L 的关系。

用多项式表征汽车技术状况参数与行驶里程或工作时间的关系时，一般取第一至第四项，其精度已经足够；而对制动蹄与制动鼓间的间隙、离合器踏板自由行程等参数变化规律的描述用前两项，即用线性函数描述已足够精确。

(2) 幂函数。

$$y = a_0 + a_1 L^b \tag{4-4}$$

式中：a_1, b——确定汽车技术状况变化程度的系数。

对于主要因零件磨损所引起的汽车技术状况参数变化的规律，可用幂函数描述，如曲轴箱窜气量随行驶里程的变化过程等。

属于渐发性规律的技术状况参数类型有汽车零件因磨损而导致的配合间隙的变化量、冷却系统和润滑系统中沉淀物的积累量、润滑油消耗率及润滑油中机械杂质含量等。当汽车技术状况呈渐发性变化规律时，可以通过及时的维护和修理措施防止故障的发生；通过对参数变化量的测量，来确定汽车技术状况，预测汽车故障的发生。

4.3.2 汽车技术状况偶发性变化规律

偶发性变化规律表示汽车或总成出现故障或达到极限状态的时间是随机的、偶发的，没有严格的对应关系，没有必然的变化规律，对其变化过程独立地进行观察所得结果呈现不确定性，但在大量重复观察中又具有一定的统计规律。偶发性变化规律又称为汽车技术状况的随机变化规律。

汽车技术状况的随机变化过程受汽车使用中的偶然因素、驾驶操作技术水平、零部件材料的不均匀性和隐蔽缺陷等因素的影响，没有确定的变化形式，汽车或某总成技术状况变坏而进入故障状态所对应的行程是随机变量，与故障前的状况无直接关系，如轮胎被扎穿导致故障的概率跟轮胎的新旧程度没有关系。若机件所承受的载荷超过规定的许用标准，可使机件产生损伤并迅速超过极限值而进入故障状态，如图 4.12 所示。

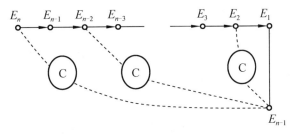

图 4.12 汽车技术状况偶发性变化规律

汽车技术状况参数的随机变化是各影响因素具有随机性的反映。当给定汽车技术状况参数的极限值时，该随机性变化表现为汽车技术状况参数达到极限值所对应的行程是多种多样的，如图4.13中的L_{P1}、L_{P2}、…、L_{Pn}所示；而在同一行驶里程下，汽车技术状况也存在明显差异。

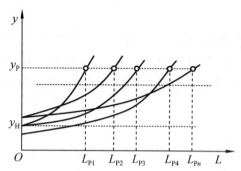
(a) 汽车技术状况参数达到极限对应的行程

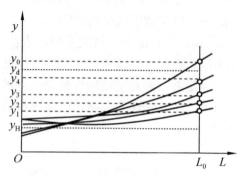
(b) 同一行驶里程下汽车技术状况

图4.13　汽车技术状况的随机变化

对于这种汽车技术状况的随机性变化，不可避免地会引起汽车定期检测、维护作业超前或滞后，导致错失汽车维修的时机。显然，只有掌握汽车技术状况随机变化规律，才能正确地确定汽车的技术状况，从而精确地把握汽车检测、诊断和维护作业的周期，确定作业工作量，提高汽车检测和维修质量，延长汽车的使用寿命。

汽车实际使用过程中，汽车技术状况是渐发性变化过程和偶发性变化过程的总反映。因此，只有彻底掌握汽车技术状况的两种变化规律，才能合理地制定汽车诊断参数标准和诊断周期，才能有针对性地对汽车实行定期检测，预测汽车的运行潜力和故障。

4.4　汽车技术状况的分级和评定

汽车在使用过程中，其技术状况变化的程度随行驶里程或使用时间的长短不同及运行条件、使用强度、维修质量的不同而各有差异。为了及时掌握汽车技术状况，应合理地组织和安排运输能力，科学地制订汽车维修计划，各运输单位应定期对汽车性能进行综合评定，核定其技术状况，并根据有关标准将车辆技术状况划分等级，以便于车辆的合理运行和科学管理。

4.4.1　汽车技术状况等级划分标准

中华人民共和国交通部颁布的《汽车运输业车辆技术管理规定》第十七条明确了车辆技术状况等级划分的标准，规定了车辆按技术状况分为一级车、二级车、三级车和四级车四类。

1. 一级车——完好车

一级车是指新车行驶到第一次定额大修间隔里程的2/3和第二次定额大修间隔里程的2/3以前，汽车各主要总成的基础件和主要零部件坚固可靠，技术性能良好；发动机运转稳定，无异响，动力性能良好，燃料润滑油消耗不超过定额指标，废气排放和噪声符合国家标准；各项装备齐全、完好，在运行中无任何保留条件。

概括起来，一级车所应满足的标准有 3 条。
(1) 技术性能良好，各项主要技术指标满足定额要求。
(2) 车辆行驶里程必须在相应定额大修间隔里程的 2/3 以内。
(3) 车辆状况完好，能随时投入使用，参加运输生产。

一级车必须同时符合上述 3 项条件，凡有一项达不到要求，则不能核定为一级车。从这个规定可以看出，一级车不仅受汽车技术状况和性能指标的制约，而且还受到汽车行驶里程即新旧程度的制约。因为新车或第一次大修后的汽车，其行驶里程若超过其相应定额大修间隔里程的 2/3 以上时，其技术状况和性能必然随行驶里程的增加而下降，虽其下降程度尚未低于上述规定的技术性能要求，也不能核定为一级车。而对于已经过第二次大修的汽车，无论其技术状况如何都不能核定为一级车。因为其行驶里程长，车辆老旧，其基础件和主要零部件的可靠性必然下降，汽车的技术性能难以全面恢复到较高的标准。

2. 二级车——基本完好车

二级车是指汽车主要技术性能和状况或行驶里程低于一级车的要求，但符合(GB 7258—2004《机动车运行安全技术条件》的规定，能随时参加运输的车辆。二级车技术状况处于基本完好状态的汽车，因此又称为基本完好车。

3. 三级车——需修车

三级车是指送大修前最后一次二级维护后的车辆和正在大修或待更新尚在行驶的车辆。三级车主要指下述汽车。
(1) 凡技术状况和性能较差，不再计划作二级维护作业，即将送大修，但仍在行驶的汽车。
(2) 正在大修的汽车。
(3) 技术状况和性能变坏，预计近期更新但还在行驶的汽车。

三级车是技术状况处于需要修理状态的汽车，因此又称为需修车。

4. 四级车——停驶车

四级车指预计在短期内不能修复或无修复价值的车辆。汽车已不能行驶，短期内不能修复，或修复费时、费力及代价昂贵，经济上不合理，无修复价值，但又尚未报废。四级车是技术状况处于需停驶的汽车，因此又称为停驶车。

4.4.2 汽车平均技术等级

汽车平均技术等级是综合体现汽车运输企业技术管理水平、技术装备素质和企业发展后劲的主要技术经济指标之一，标志着汽车运输企业所有车辆的平均技术状况。对一个企业所拥有的每辆车汽车技术等级评定后，统计出一级车、二级车、三级车和四级车的数量，企业所有汽车的平均技术等级可按式(4-5)求出：

$$\bar{S} = \frac{1 \times S_1 + 2 \times S_2 + 3 \times S_3 + 4 \times S_4}{\sum_{i=1}^{4} S_i} \tag{4-5}$$

式中：$\bar{S}$——汽车平均技术等级；
S_1、S_2、S_3、S_4——分别为一级车、二级车、三级车和四级车的数量。

4.4.3 营运车辆技术等级的评定

营运车辆技术等级的评定依据是 JT/T 198—2004《营运车辆技术等级划分和和评定要求》。该标准适用于营运车辆。

《营运车辆技术等级划分和和评定要求》规定了营运车辆技术状况等级的评定内容、评定规则、等级划分、评定项目和技术要求。该标准主要依据 GB/T 18276－2000《汽车动力性台架试验方法和评价指标》、GB 18352《轻型汽车污染物排放限值及测量方法》、GB 18565－2001《营运车辆综合性能要求和检验方法》、GB/T 18566－2001《运输车辆能源利用检测评价方法》以及 QC/T 476－2007《客车防雨密封性限值及试验方法》等文件,评定营运车辆整车装备及外观检查、动力性、燃料经济性、制动性、转向操纵性、前照灯发光强度和光束照射位置、排放污染物限值、车速表示值误差等。营运车辆技术等级评定项目和技术要求按表 4.3 的规定执行。

营运车辆技术等级划分为一级、二级和三级。

(1) 一级:表 4.3 中分级的项目应达到规定的一级技术要求;没分级的项目应为合格。

(2) 二级:表 4.3 中 1.2、1.9 和 4.2 应达到规定的技术要求;1.1、1.3、2.1、3.1、4.4、5.2、7 和 10 八个项目中至少有三项应达到规定的一级技术要求;没分级的项目应为合格。

(3) 三级:表 4-3 中分级的项目应达到三级技术要求;没分级的项目应为合格。

表 4-3 营运车辆技术等级的评定项目和技术要求

序号	项目	技术要求		
		一级	二级	三级
1	整车装备与外观			
1.1	整车装备与标识	(1)整车装备应齐全、完好、有效,各连接部件紧固完好,车体应周正;车体外缘左右对称部位(在离地高 1.5m 以内测量)高度差不大于轴距的 1.2/1000 (2)GB 18565－2001 的 11.1.2 和 11.1.3	GB 18565－2001 的 11.1	
1.2	车架、车身、驾驶室	(1)GB 18565－2001 的 11.8.1、11.8.2、11.8.4、11.8.5 和 11.8.7 表面无锈迹、无脱掉漆		GB 18565－2001 的 11.8.1、11.8.2、11.8.4、11.8.5 和 11.8.7
1.3	车门、车窗	(1)GB 1856－2001 的 11.8.6.1 (2)玻璃应完好无损	(1)GB 1856－2001 的 11.8.6.1 (2)玻璃不得缺损	
1.4	驾乘坐椅	GB 18565－2001 的 11.8.3 和 11.8.10		
1.5	卧铺[a]	GB 18565－2001 的 11.8.12		
1.6	行李架(舱)[a]	GB 18565－2001 的 11.8.11		
1.7	安全出口[a]、安全带	GB 18565－2001 的 11.8.9 和 11.11.1		
1.8	车厢、地板、护轮板(挡泥板)	GB 18565－2001 的 11.8.3 和 11.8.15		

续表

序号	项目	技术要求		
		一级	二级	三级
1.9	车轮、轮胎	微型车辆胎冠花纹深度不小于3.2mm,其他车辆转向轮的胎冠花纹深度不小于3.5mm,其余轮胎花纹深度不小于2.5mm		GB 18565－2001 的 11.9.1
1.10	悬架装置	GB 18565－2001 的 11.9.2、11.9.3 和 11.9.5		
1.11	传动系、车桥	GB 18565－2001 的 11.10 和 11.8.4		
1.12	转向节及臂,横、直拉杆及球销	GB 18565－2001 的 7.11		
1.13	制动装置(行车、应急、驻车)	GB 18565－2001 的 6.1、6.2、6.9 和 6.13.2.2		
1.14	螺栓、螺母紧固	GB 18565－2001 的 11.9.1.8 和 11.9.2		
1.15	灯光数量、光色、位置	GB 18565－2001 的 8.4～8.13		
1.16	信号装置与仪表	GB 18565－2001 的 8.14～8.20		
1.17	漏气、漏油、漏水、漏电	GB 18565－2001 的 10.2 和 8.21		
1.18	底盘异响	GB 18565－2001 的 11.6.2		
1.19	发动机异响	GB 18565－2001 的 11.6.1		
1.20	润滑	GB 18565－2001 的 11.7.1 和 11.7.3		
1.21	灭火器	GB 18565－2001 的 11.11.12		
1.22	车内外后视镜、前下视镜	GB 18565－2001 的 11.11.2		
1.23	侧面、后下部防护装置[b]	GB 18565－2001 的 11.11.9		
2	动力性			
2.1	驱动轮输出功率	GB/T 18276－2000 表1中额定值的要求	GB/T 18276－2000 表1中允许值的要求	
2.2	滑行性能	GB 18565－2001 的 11.5		
3	燃料经济性			
3.1	等速百公里油耗	不大于该车型制造厂规定的相应车速等速百公里油耗的103%	GB/T 18566	
4	制动性			
4.1	制动力	GB 18565－2001 的 6.13.1.1 和 6.13.1.2		
4.2	制动力平衡	在制动力增长全过程中同时测得的左右轮制动力差的最大值,与全过程中测得的该轴左右轮最大制动力中大者之比;对前轴不得大于16%,对后轴不得大于20%;当后轴制动力小于后轴轴荷的60%时,在制动力增长全过程中,同时测得的左右轮制动力之差的最大值不得大于后轴轴荷的5%		GB 18565－2001 的 6.13.1.3
4.3	制动协调时间	GB 18565－2001 的 6.13.1.4		

续表

序号	项目	技术要求		
		一级	二级	三级
4.4	车轮阻滞力	各轴的阻滞力均不得大于该轴轴荷的2.5%	GB 18565—2001 的 6.13.1.5	
4.5	驻车制动	GB 18565—2001 的 6.13.3		
5	转向操纵性			
5.1	转向轮横向侧滑量	GB 18565—2001 的 7.3		
5.2	转向盘最大自由转动量	最大设计车速大于或等于 100km/h 汽车为 15°，最大设计车速小于 100km/h 汽车为 20°	GB 18565—2001 的 7.1	
5.3	悬架特性 [c]	GB 18565—2001 的 7.6		
6	前照灯			
6.1	发光强度	GB 18565—2001 的 8.2		
6.2	光速照射位置	GB 18565—2001 的 8.1.1～8.1.3		
7	排放污染物控制			
7.1	汽油车怠速污染物排放 [d]	轻型 CO≤3.5%；HC≤700×10^{-6} 重型 CO≤4.0%；HC≤1000×10^{-6}	GB 18565—2001 的 9.1.1.2	
7.2	汽油车双怠速污染物排放 [d]	M1 类怠速： CO≤0.7%；HC≤135×10^{-6} 高怠速： CO≤0.25%；HC≤90×10^{-6} N1 类怠速： CO≤0.85%；HC≤180×10^{-6} 高怠速： CO≤0.45%；HC≤130×10^{-6}	GB 18565—2001 的 9.1.1.1 表 4	
7.3	柴油车自由加速烟度 [e]	R_b≤3.6	GB 18565—2001 的 9.1.2.2 表 8	
7.4	柴油车排气可见污染物 [e]	光吸收系数(m^{-1})：2.2	GB 18565—2001 的 9.1.2.1 表 7	
8	喇叭声级	GB 18565—2001 的 9.2.4		
9	车辆防雨密封性 [a]	QC/T 476		
10	车速表示值误差	车速表示值误差 0～+15%	GB 18565—2001 的 11.4	

注：a. 载客汽车

b. 载货汽车

c. 用于对最大设计车速大于或等于 100km/h、轴载质量小于或等于 1500kg 的载客汽车。

d. 按 GB 18352 通过型式认证装配点燃式发动机的轻型汽车，应进行双怠速试验；其他装配点燃式发动机的车辆应进行怠速试验。

e. 按 GB 18352 通过型式认证装配压燃式发动机的轻型汽车，应进行排气可见污染物试验；其他装配压燃式发动机的车辆应进行自由加速烟度试验。

本 章 小 结

本章阐述了汽车技术状况和汽车运用性能及其变化，分析了汽车技术状况变化的原因，重点讲述了结构设计与制造工艺、使用因素对汽车技术状况变化的影响，分析了汽车技术状况的渐发性和偶发性变化规律，阐述了汽车技术状况等级的划分标准以及汽车技术状况等级的评定方法。

复习思考题

一、单选题

1．新的零件无论使用与否都会发生的损坏形式是(　　)。
　　A．磨损　　　　　　　　　　B．变形
　　C．老化　　　　　　　　　　D．腐蚀
2．因零件磨损所引起的汽车技术状况参数变化的规律，一般用(　　)描述。
　　A．指数函数　　　　　　　　B．n次多项式
　　C．三角函数　　　　　　　　D．幂函数
3．为了减少机件磨损，汽车采用(　　)行驶。
　　A．低速　　　　　　B．中速　　　　　　C．高速
4．新车行驶到第一次定额大修间隔里程的 2/3 和第二次定额大修间隔里程的 2/3 以前的汽车属于(　　)。
　　A．一级车　　　　　　　　　B．二级车
　　C．三级车　　　　　　　　　D．四级车
5．JT/T 198—2004《营运汽车辆技术等级划分和评定要求》中分级的项目达到一级技术要求，设分级的项目应为合格的车辆级别是(　　)。
　　A．一级　　　　　　B．二级　　　　　　C．三级

二、多选题

1．影响汽车运用性能的因素包括汽车的(　　)。
　　A．结构设计　　　　　　　　B．制造工艺
　　C．运行条件　　　　　　　　D．运输工作情况
2．引起汽车技术状况变化的零件磨损形式主要有(　　)。
　　A．磨料磨损　　　　　　　　B．分子—机械磨损
　　C．腐蚀磨损　　　　　　　　D．黏着磨损
3．下列哪种属于合理的汽车运用条件？(　　)
　　A．发动机在冷却液温度为 70～90℃运行
　　B．选用辛烷值高的汽油
　　C．选用黏度小的发动机润滑油
　　D．选用正确挡位，中速行驶

4．汽车技术状况渐发性变化规律可用( )描述。
   A．指数函数   B．n 次多项式
   C．三角函数   D．幂函数
5．下列哪些汽车属于三级车？( )
   A．技术状况和性能较差，不再计划作二级维护作业，即将送大修，但仍在行驶的汽车
   B．正在大修的汽车
   C．技术状况和性能变坏，预计近期更新但还在行驶的汽车
   D．技术状况处于需要修理状态的汽车

三、简答题
   1．什么是汽车技术状况？
   2．汽车技术状况变化的原因有哪些？
   3．影响汽车技术状况变化的因素有哪些？
   4．简述汽车技术状况变化的两种变化规律。
   5．汽车技术状况等级是如何划分的？如何进行评定？

第5章 汽车技术管理

通过本章的学习,要达到以下目标。
(1) 理解并掌握车辆技术管理的基本任务和主要内容。
(2) 理解并掌握车辆选配和使用的前期管理及车辆的基础管理。
(3) 了解车辆在一般条件下与特殊条件下的使用和车辆驾驶操作基本要求。
(4) 理解并掌握车辆的日常维护、二级维护与车辆修理管理。
(5) 了解车辆改造、更新和报废的管理。

知识要点	能力要求	相关知识
汽车技术管理的对象、目的、原则、特点、主要内容和职责	(1) 了解汽车技术管理的基本任务和主要内容 (2) 掌握汽车技术管理的原则和特点	技术管理
车辆管理	(1) 了解汽车的前期管理 (2) 了解汽车基础管理的主要内容	车辆选配、技术档案
车辆使用	(1) 了解汽车在一般条件下的使用内容 (2) 了解汽车驾驶基本要求和日常维护	一般条件、特殊条件
汽车维护管理	(1) 了解汽车维护要求 (2) 掌握汽车二级维护检测 (3) 了解汽车维护监督	一级维护检测、二级维护检测
汽车修理管理	(1) 掌握汽车修理的要求 (2) 了解汽车维修业的分类和开业条件 (3) 掌握汽车修理质量检查评定的内容和规则	总成大修、车辆小修、汽车修理质量评定
汽车改造、更新和报废	了解汽车改造、更新和报废的概念及其有关规定	代用燃料汽车、车辆技术寿命、经济寿命、汽车折旧

汽车使用与管理

引 例

汽车在道路上行驶方向是分左右的,这个由来是不同的。原来一开始是靠左行的,这是长期演变的结果。在古代,无论中外,道路行走的规范都是相当地方化,但道路延长,交往扩大,地方性习惯也区域化。

按照英国人的说法,他们的左行上溯到古罗马帝国。以名誉为"第一生命"的英国骑士,经常会遇到"生命诚可贵,爱情价更高。若为名誉故,两者皆可抛"的生死决斗机会,而不论是比剑或使戟,上马决生死时,因系右手持用武器,所以马匹必须靠近左才能准确地刺杀对手。通过不断的练习和对决,骑士靠左行就成为习惯,上行下效,久而久之,朝野蔚然成风。当骏马换成跑车时,现代骑士仍然沿袭右驾左行的传统。18世纪,英国在地球上称霸,把右驾左行的交通规则也带到了它的殖民地。

开创右行的人是拿破仑,法国大革命前,法国贵族的马车同样也是习惯左行。在受尽压迫的底层人民看来,左行意味着贵族和特权,那右行就带有革命的意义。于是法国大革命了,车辆右行了。

美国在吸取欧洲制车的优点后,孕育出讲求舒适与安全的"美式汽车文化",引起汽车产业革命。使汽车普及化的福特T型车,则在"左驾右行"的流行架构中,扮演方向盘的角色。1908年3月,福特推出了既便宜又耐用的车,很快使"福特"的品牌占有全美50%的汽车市场,到1927年5月,共生产了1 500万辆,而亨利·福特一直认为"左驾右行"是最理想的驾车方式,因此T型车都是左驾的,北美大陆的公路规则就这样确定了下来。

而中国原来是左行,因为当时中国主要是英国势力范围。而抗战胜利后,美国汽车开始大量进入中国,左驾车一举占了数量优势,于是国民政府下令1946年1月1日开始,汽车一律右行,一直延续至今。图5.1所示为右行指示牌。

图5.1 右行指示牌

5.1 概　　述

汽车技术管理是以预防为主和技术与经济相结合为原则的全过程综合性管理。

5.1.1 汽车技术管理的对象和目的

1. 管理对象

中华人民共和国交通部在1990年3月制定并颁布了《汽车运输业车辆技术管理规定》。该规定是我国公路运输管理法规的重要组成部分，是各级交通运输管理部门在对运输车辆进行行业管理时必须遵循的规章，也是各运输单位和个人在进行运输生产时必须遵循的准则。《汽车运输业车辆技术管理规定》指出汽车技术管理的对象是所有运输车辆，包括各种隶属关系的从事营运的车辆和非营运的车辆，主要对象是营运车辆。

2. 管理目的

车辆技术管理的目的是保持车辆技术状况良好，确保运行安全，保护环境，充分发挥车辆的效能，降低运行消耗，以取得良好的经济效益和社会效益。

5.1.2 汽车技术管理的原则和特点

《汽车运输业车辆技术管理规定》指出，"车辆技术管理应坚持预防为主和技术与经济相结合的原则；对运输车辆实行择优选配、正确使用、定期检测、强制维护、视情修理、合理改造、适时更新和报废的全过程综合性管理"，即根据预防为主和技术与经济相结合的原则对车辆实行全过程综合性管理。

1. 汽车的择优选配

汽车的择优选配包含择优选购和合理配置两重意思。择优选购是指根据运输生产需要和运行条件，按汽车的适应性、可靠性、经济性、维修性等要求进行择优选型购置汽车；合理配置是根据所承担运输任务的件质、运量、运距、道路、气候以及油料供应情况等条件，合理配备汽车类型的构成。例如大、中、小型汽车比例；汽、柴油车比例；通用、专用汽车比例等。择优选配车辆的过程，就是技术与经济相结合的过程。

2. 正确使用

车辆使用得好坏直接影响车辆技术状况、使用寿命、性能发挥、运行消耗、安全生产和环境保护。因此，车辆使用过程中一定要根据车辆性能、结构和运行条件等，掌握车辆的运用规程，正确使用。盲目追求眼前效益，不维、不修、超载、超拖、超负荷运行是严重违背正确使用要求的。

3. 定期检测

建立汽车检测制度，通过综合性能检测站对车辆技术状况进行检测，以此控制车辆的使用、维护、修理、改造、更新和报废。因此，定期检测是行车技术管理的核心，是实施强制维护、视情修理的前提，是贯彻预防为主和技术与经济相结合原则的重要环节。

4. 强制维护

根据预防为主的原则，对车辆按规定的行驶里程或时间间隔进行强制维护，是为了及时发现和消除故障、隐患，防止车辆早期损坏。强制维护是在计划预防维护的基础上进行状态检测的维护制度，也就是说在执行计划维护时结合状态检测，确定附加维护作业项目。

5. 视情修理

经过检测诊断，根据需要确定车辆修理的时间和项目(包括作业范围、作业深度)，既可以防止拖延修理而造成技术状况恶化，又可以避免提前修理造成浪费。只有对车辆进行定期检测，才能实现以技术状况为基础的修理方式，检测诊断技术是实现视情修理的重要保证。视情修理体现了技术与经济相结合的原则，反映了汽车维修技术的发展。

6. 合理改造、适时更新和报废

车辆的合理改造、适时更新和报废是全过程综合件管理不可缺少的部分，是提高运输装备素质和经济效益的重要手段。车辆改造前，必须进行技术经济论证，符合技术上可靠、经济上合理的原则。对在用车辆按提高经济效益、社会效益和环境效益的原则，在适当时候用新车辆或高效率、低消耗、性能先进的车辆予以更换。型号老旧、性能低劣、物料超耗严重、维修费用过高的车辆，再继续使用下去既不经济又不安全，应按汽车报废标准报废。

5.1.3 汽车技术管理的主要内容

汽车技术管理的主要内容如下。
(1) 车辆管理，包括车辆选配和使用的前期管理及车辆的基础管理。
(2) 车辆使用管理。
(3) 车辆检测诊断管理。
(4) 车辆维护管理。
(5) 车辆修理管理。
(6) 车辆改造、更新和报废管理。

5.1.4 汽车技术管理的职责

全行业车辆技术管理实行分级管理，明确各级管理机构车辆技术管理的职责，是贯彻交通部《汽车运输业车辆技术管理规定》、实施全行业车辆技术管理的重要前提。

车辆技术管理职责包括交通部车辆技术管理的主要职责；省、自治区、直辖市交通厅(局)车辆技术管理的主要职责；运输单位车辆技术管理的主要职责。

1. 交通部车辆技术管理的主要职责

(1) 贯彻执行国家有关车辆技术管理的方针、政策、法规和制度。
(2) 依法制定全国运输车辆技术管理的方针、政策、法规和制度。
(3) 负责全国运输车辆技术管理工作的组织领导、监督检查和协调服务。
(4) 组织交流和推广车辆技术管理的先进经验和现代化管理方法。

2. 省、自治区、直辖市交通厅(局)车辆技术管理的主要职责

(1) 贯彻执行国家和上级有关车辆技术管理的方针、政策、规章和制度，并组织实施。

(2) 依法制定本地区有关运输车辆技术管理的规章、制度、定额和措施。

(3) 对本地区运输车辆技术管理工作进行组织领导、监督检查和协调服务。

(4) 组织安全、法制教育和专业技术培训,提高车辆技术管理人员、技工、驾驶人的素质。

(5) 推广现代化管理方法和先进经验,开展爱车、节油、节胎等竞赛活动和各种咨询服务。

3. 运输单位车辆技术管理的主要职责

(1) 贯彻执行道路运输管理部门和上级发布的有关车辆技术管理的各项方针、政策、规章和制度。

(2) 制定本企业车辆技术管理的规章和制度以及车辆技术管理的目标和考核指标,并组织实施。建立和管理车辆技术档案,按规定统计、汇总上报各项技术管理方面的报表。

(3) 负责本企业车辆选型、购置、使用、检测、维修、改造、更新和报废的全过程综合性管理。

(4) 建立健全车辆技术管理的各级岗位责任制,明确车辆管理部门和管理人员的职责和权限。

(5) 组织有关人员分析处理技术责任事故,开展质量分析活动。

(6) 正确使用车辆更新改造资金和大修理基金。

(7) 推广现代化管理方法,应用新技术、新工艺和新材料。

(8) 组织职工进行安全法制教育和专业技术培训,不断提高职工素质。

(9) 开展爱车、节油、节胎等专业技术竞赛活动,总结推广先进经验。

(10) 开展技术革新、合理化建议和技术咨询服务活动。

5.2 车 辆 管 理

5.2.1 车辆选配和使用的前期管理

1. 车辆选配

交通运输部门应根据当地社会运力、油料供应、运量、运距和道路、气候等社会和自然条件制定车辆发展规划。

选购车辆应根据运输任务和运行条件进行选型论证。选择车型应考虑的要素如下。

(1) 实用性。实用性是指符合汽车的用途。明确购车的目的是营运性还是非营运性,按国家有关标准确定汽车的类型和级别。

(2) 适应性。除汽车种类、容载量与运输对象条件的适应性外,还有与社会经济条件的适应性和与特殊使用条件的适应性。

社会经济条件是指汽车工业、石油工业、公路建设、汽车维修技术和汽车使用法规等。汽车性能和结构应符合 GB 7258—2004《机动车运行安全技术条件》、《汽车运输业车辆技术管理规定》、《道路运输车辆维护管理规定》和 GB 18565—2001《营运车辆综合性能要求和检验方法》等车辆管理规定。

汽车在低温、高温、山区或高原地区、坏路等条件下使用时,只靠使用措施是难以改善的,汽车选型时应注意汽车性能和结构与特殊使用条件的适应性。

(3) 安全性。对汽车安全性的评价包括汽车本身防止或减少道路交通事故的性能,即主动安全性;发生事故后汽车本身减轻人员伤亡或货物受损的保护性能,即被动安全性。汽车制动系、转向系应符合 GB 12676—1999《汽车制动系统结构、性能和试验方法》、GB 17675—1999《汽车转向系基本要求》的规定;汽车照明、信号装置应符合 GB 4785—1998《汽车及挂车外部照明和信号装置的安装规定》的要求;车外后视镜和前下视镜、遮阳板、风窗玻璃刮水器、轿车防雾除霜装置、牵引连接装置、侧面和后面的防护装置、汽车安全带、安全出口、灭火器和安全架等安全防护装置应配备齐全。评价汽车安全性还要注意制动防抱死系统(ABS)、驱动防滑系统(ASR)、安全气囊(SRS)等现代汽车安全系统的采用。

(4) 节能性。选购汽车时要比较同类汽车的燃料经济性,要注意汽车燃料经济性新的测量方法。柴油车与汽油车相比可节省燃料 30%左右,因此汽车选型时还应注意对发动机类型的评价。

(5) 环保性。控制汽车排放污染物和噪声是保护环境的主要措施。

我国新生产的汽车执行 GB 18352.3—2005《轻型汽车污染物排放限值及测量方法(中国Ⅲ、Ⅳ阶段)》等标准。GB 18285—2005《点燃式发动机汽车排气污染物排放限值及测量方法(双怠速法及简易工况法)》规定了装配点燃式发动机的汽车怠速和高怠速工况下排气污染物排放限值及测量方法和点燃式发动机轻型汽车稳态工况法、瞬态工况法和简易瞬态工况法 3 种简易工况测量方法,适用于装用点燃式发动机的新生产的和在用汽车。

我国已发布实施 GB 1495—2002《汽车加速行驶车外噪声限值及测量方法》,新生产车的噪声控制应符合该标准的要求。对在用汽车主要检验和控制汽车定置噪声、客车车内噪声、驾驶人耳旁噪声和喇叭声级。

(6) 经济性。经济性也是选择汽车时要考虑的重要因素。评价汽车的经济性不仅要考虑购置费,而且要考虑经营费,即要全面地比较汽车寿命周期费用。设备工程学将设备一生的输出与设备一生的输入的比值称为设备综合效率,即:

$$设备综合效率 = \frac{设备一生的输出}{设备一生的输入}$$

对于汽车而言,对设备的输入就是汽车的寿命周期费用,而设备一生的输出是指汽车参加运输工作在寿命周期内创造的总收入,显然以较小的输入创造出较大的输出,即净收益大(图 5.2)为经济性好的选型方案。

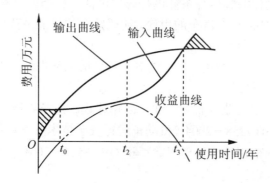

图 5.2 汽车选择的盈亏分析示意

规模较大的运输单位应根据其运输任务和经营范围，合理配备大、中、小型汽车以及通用和专用车，以充分发挥车辆吨(座)位和容载量利用率。

2. 车辆使用的前期管理

新车在接收和使用前应做到以下几点。

(1) 新车在接收时应按合同和说明书规定，对照车辆清单或装箱单进行验收，清点随车工具和附件等。

(2) 新车投入使用前应进行一次全面检查，并根据制造厂的规定进行清洁、润滑、紧固和必要的调整。

(3) 在新型汽车投入使用前，运输单位应组织驾驶人和维修工进行培训，在掌握车辆性能、使用和维修方法后方可使用。

(4) 新车投入使用前，应建立车辆技术档案，配备必要的附加装备和安全防护装置。

(5) 新车应严格执行磨合期的规定，做好磨合工作。

(6) 新车按制造厂的规定选择燃料、润滑剂和工作液。

(7) 新车应有该车型的维修手册，按 GB/T 18344—2001《汽车维护、检测、诊断规范》的要求制定新车的汽车维护工艺规程。

5.2.2 车辆的基础管理

车辆基础管理的主要内容是：车辆的装备；车辆技术档案的建立和管理；汽车技术等级的评定；技术经济定额的制定或修订；车辆的租赁、停驶和封存；车辆折旧等。

车辆装备应符合下列要求。

1. 车辆装备

(1) 车辆的经常性装备应符合 GB 7258—2004《机动车运行安全技术条件》、GB 18565—2001《营运车辆综合性能要求和检验方法》、CB 4785—1998《汽车及挂车外部照明和信号装置的安装规定》、CT/T 3052—1995《城市客运车辆保养通用技术条件》、GB/T 17295—1998《货运全挂车通用技术条件》和 JT/T 328—1997《货运半挂车通用技术条件》的有关规定，并保证齐全、完好，不得任意增减。

(2) 车辆在特殊条件下使用时，应根据需要，配备保温、预热、防滑、牵引等临时性装备。

(3) 车辆运输超长、超宽、超高或保鲜等特殊货物时，应根据需要增加临时性装备。

(4) 运输危险货物的车辆装备应符合交通部标准 JT 617—2004《汽车运输危险货物规则》的有关规定。

2. 车辆技术档案

车辆技术档案是对车辆从购置到报废全过程技术管理情况的系统记录。

1) 车辆技术档案的作用

(1) 掌握车辆的使用性能，作为正确使用车辆的依据，有利于车辆性能的充分利用和发挥。

(2) 掌握车辆技术状况及其变化规律，以便适时组织车辆检测和维修作业，有利于主动保持和及时恢复车辆的技术状况。

(3) 掌握车辆运行材料和维修材料、工时的消耗情况，作为制定定额、实行定额管理以及编制材料供应计划的依据，有利于减少人力、物力的消耗。

(4) 为改进车辆结构、性能和配件生产以及科学研究工作提供有关技术资料，为汽车制造厂提高产品质量进行信息反馈。

(5) 车辆技术档案还是运输行业管理部门发放、审核营运证的依据之一。

2) 车辆技术档案的内容和格式

车辆技术档案一般包括车辆基本情况和主要性能、车辆运行使用情况、检测和维修情况、车辆技术状况和事故处理情况等方面的记录。主要内容有以下几点。

(1) 车辆基本情况和主要性能。记载车辆的装备、主要性能、总成改装等情况。

(2) 车辆运行使用情况。记载车辆的行驶里程、燃料消耗、轮胎使用等情况。

(3) 检测和维修情况。记载车辆检测时间、检测内容、检测结果；记载车辆各级维护和小修情况；记载车辆和总成大修情况。

(4) 车辆技术状况。记载车辆技术等级评定日期和评定等级。

(5) 事故处理情况。记载车辆机械事故发生的状况、原因和处理情况。

车辆技术档案的格式由各省、自治区、直辖市交通厅(局)统一制定。

主要包括说明、车辆基本情况登记表、车辆技术参数表、车辆维修登记表、车辆主要总成部件更换登记表、车辆等级评定登记表、车辆变更登记表、车辆使用记录、车辆交通事故登记表、车辆驾驶人登记表。

3) 车辆技术档案的建立和管理

(1) 车辆技术档案应逐车建立，做到有车即有档，新车未建档或档案不完整，不允许运行。

(2) 车辆技术档案实行专人负责、分级管理。基层运输单位的车管技术员是技术档案的具体负责人，负责档案的填写、保管和资料分析报告，各级技术管理部门负责检查督促。各省、自治区、直辖市运输管理部门只建立反映车辆基本情况和性能等情况的车辆台账。

(3) 车辆技术档案的记载应做到及时、完整和准确。及时是指档案中规定的内容要按时记载，不得拖延；完整是要按规定内容和项目要求填写，一项不漏，不留空白；所谓准确，就是真实可靠。

(4) 为了更好地发挥车辆技术档案为生产服务的作用，各级技术管理部门应建立定期分析报告制度。

3. 汽车技术等级评定

为了及时掌握汽车技术状况，以便采取相应的技术措施，汽车运输业应做好汽车技术等级的评定工作。

交通部 1990 年第 13 号令《汽车运输业车辆技术管理规定》将运输业所有车辆分为四级：一级，完好车；二级，基本完好车；三级，需修车；四级，停驶车。这是原则的规定，可操作性不强。

2004 年 3 月交通部发布了 JT/T l98—2004《营运车辆技术等级划分和评定要求》规定了营运车辆技术状况等级的评定内容、评定规则，等级划分、评定项目和技术要求具体内容见第 4 章。

2004 年 7 月交通部又发布了 GB 7258—2004《机动车运行安全技术条件》。

4. 车辆租赁、停驶和封存

(1) 租赁车辆的技术档案、技术经济指标完成情况和技术等级由出租与承租双方记录和考核。

(2) 因部分总成和部件损坏在较长时间内无法解决但不符合报废条件的车辆,运输单位可作停驶处理。

(3) 凡技术状况良好,因其他原因需要较长时间停驶的车辆,运输单位可作封存处理,报上级主管部门备案。封存期间不进行指标考核,但应妥善保管、定期维护。启封使用时,应进行一次维护作业,经检验合格后,方可参加运行。

5. 车辆折旧

车辆在使用过程中逐步转移到运输成本中那部分损耗价值,称为折旧。如果提取的折旧资金少于重置完全价值,或者没有将折旧资金及时用于更新车辆,会导致车辆新度系数下降。所以折旧资金的提取和合理使用,关系到企业的长远利益。

车辆折旧里程的规定是提取车辆基本折旧资金的依据,不是车辆报废的标准。

5.3 车辆使用

5.3.1 车辆在一般条件下的使用

车辆在一般条件下的使用内容包括车辆装载、汽车拖挂、车辆运输危险货物的使用、车辆通过危险路段等情况下的使用、汽车运行材料的使用等。

1. 车辆装载

1) 超载对车辆运行的影响

车辆的装载质量是在车辆设计时就确定的,车辆各总成、零部件的负荷能力是根据确定的装载质量计算的。如果车辆超载行驶,将加速汽车零件的磨损、变形和损坏,也就直接影响车辆使用寿命。车辆超载(图 5.3)行驶,发动机处于高负荷工况,将使发动机冷却液温度和发动机油温度过高,使发动机损坏。车辆超载行驶也会使车架、传动系和轮胎等提前损坏。车辆超载还影响行驶稳定性、操纵稳定性和制动性能。不仅影响车辆运输效率,增加运行消耗,降低车辆使用寿命,还会造成交通事故。

图 5.3 车辆超载

2) 车辆装载规定

(1) 车辆的额定装载质量应符合制造厂或行政主管部门规定。

(2) 经过改造的车辆，或因其他原因需要重新标定装载质量时，应经车辆所在地主管部门核定。

(3) 车辆换装轮胎时，轮胎负荷能力要符合原厂要求。

(4) 车辆装载要均匀，否则使车轴和轮胎超载。

(5) 车辆载运易散落、飞扬、污秽物品时应封盖严密，以免污染环境。

2. 汽车拖挂

汽车拖挂(图 5.4)应注意以下问题。

(1) 汽车拖挂总质量应根据不同使用条件，通过试验确定。确定拖挂总质量的原则应符合《汽车运输业车辆技术管理规定》的要求。

(2) 汽车拖带挂车时，只准许拖挂一辆。挂车的装载质量不准超过汽车的装载质量。连接装置必须牢固，防护网和挂车的制动器、标杆、标杆灯、制动灯、转向灯、尾灯必须齐全。

(3) 汽车技术状况不良的汽车不应组织拖挂。

(4) 新车或大修车在磨合期不应拖挂。

(5) 汽车空载不得拖带重载挂车。

(6) 驾驶操作不熟练的驾驶人不得驾驶拖挂汽车。

(7) 应在道路条件良好线路上组织拖挂路况差的不宜拖挂。

图 5.4　汽车拖挂

3. 车辆运输危险货物的使用

车辆在运输易爆、易燃、毒害、腐蚀、放射性等危险货物时(图 5.5)容易造成人身伤亡和财产损毁。车辆运输危险货物时必须执行交通部 JT 617—2004《汽车危险货物运输规则》的规定，其规范了托运人和承运人的责任。

在运输危险货物前，要了解所运危险品的性质和注意事项，车辆应配置符合 GB 13392—2004《道路运输危险货物车辆标志》的标志，要制定安全防范措施。在运输时，要匀速行驶，避免急加速、急减速和紧急制动；运输易燃、易爆物品时，禁止在车上或周围吸烟或用明火，车上不得坐无关人员，在行人稠密的地方或有火源的地方严禁停车；对油罐车其接地线要触地；在运载有毒物品后，应及时冲刷车辆，但严禁在河流、饮用水源处冲刷车辆。

图 5.5　爆炸品运输

4. 车辆在通过危险路段等情况时的使用

车辆在通过危险的路段、渡口、桥梁和遇有临时开沟、设线、水毁、塌方、冰坎、翻浆等情况时，必须采取有效的技术措施，保障行车安全。

5. 汽车运行材料的使用

汽车运行材料的合理使用在第 7 章讲述。本部分仅做简要概述。

(1) 汽车运行材料的规格必须符合汽车制造厂说明书的规定。

(2) 燃料的运输和存放要注意防火、防爆，预防损失和变质。

(3) 汽车运行材料应保持清洁，柴油必须经过沉淀、过滤后方能使用。

(4) 不同种类、牌号的汽车运行材料不得混合使用。更换不同牌号的润滑油或进行季节换油时必须做好清洗工作。

(5) 按 GB/T 17145—1997《废润滑油回收与再生利用技术导则》的规定，做好废润滑油的回收和管理工作；回收的废润滑油应分类、分级存放，防止混入泥沙、雨水或其他杂物。

(6) 按 GB/T 9768—2008《轮胎使用与保养规程》、JT/T 242—1995《汽车运输企业轮胎技术管理台账》和 JT/T 303—1996《汽车轮胎使用与维修要求》的规定，加强轮胎管理，提高轮胎使用维修技术水平。

5.3.2　车辆在特殊条件下的使用

车辆在特殊条件下的使用包括车辆在磨合期的使用、在低温条件下的使用、在高温条件下的使用和在山区或高原条件下的使用等几个方面，使用特点和规定详见第 9 章的内容。

5.3.3　车辆驾驶操作基本要求和日常维护

1. 车辆驾驶基本操作

驾驶人应严格遵守驾驶操作规程。行车前做到预热启动、低速升温、低挡起步。行驶中注意保持发动机温度、及时换挡、行驶平稳、安全滑行、合理节油。在拖带挂车时加强主、挂车之间连接机构的检查，避免冲击。

2. 车辆日常维护

日常维护是以清洁、补给和安全检视为作业内容，由驾驶人负责执行的车辆维护作业。

出车前、行车中和收车后进行,如图5.6所示。

图5.6 车辆日常维护

日常维护的主要内容归结为以下3个方面。

(1) 对车辆外观、发动机外表进行清洁,保持车容整洁。

(2) 对车辆的润滑油(脂)、燃油、冷却液、制动液、各种工作介质、轮胎气压进行检视补给。

(3) 对汽车制动、转向、传动、悬架、灯光、信号等安全部位和装置以及发动机的运转状况进行检视、校紧,确保行车安全。

具体可概括为①驾驶室内的检查,主要对灯光、仪表及操控装置进行检查;②发动机室内的检查,主要是对发动机冷却、润滑装置,以及液压制动储液罐和风窗玻璃清洗液等进行检查;③车外检查:主要对灯光、轮胎和装载等进行检查;④低速行驶检查,让车辆以较低车速行驶,对仪表、转向及制动等项目进行复查。

3. 汽车日常维护的基本要求

日常维护是以预防性为主的维护作业,是驾驶人的一项重要工作职责,也是汽车运输企业的一项经常性的技术工作。因此,要求每一位驾驶人在汽车日常维护保养中,必须强制执行"三检"、"四清"和"四防"。"三检"即坚持出车前、行车中和收车后检视车辆的安全机构及各部件连接紧固情况;"四清"即保持空气、机油、燃油滤清器和蓄电池的清洁;"四防"即防止"漏油、漏水、漏气、漏电"的维护制度,以达到车容整洁、车况良好、行车安全之目的。

4. 汽车日常维护的作业内容

汽车日常维护的基本作业内容为清洁、紧固和润滑。清洁作业的目的是保持车辆整洁,防止水和灰尘等腐蚀车身及零部件。紧固是因为当车辆行驶一定的里程后,车辆各部件连接处的螺栓、螺母等紧固件由于颠簸、振动等原因,可能发生松动甚至脱落,若不及时按要求拧紧或配齐,则会隐藏事故隐患,无法保证行车安全。润滑作业包括发动机润滑、变速器润滑、驱动桥润滑、转向器润滑以及轮毂润滑等。润滑作业是保证车辆各运动部件正常运转、减小运动阻力,降低温度、减少磨损的重要手段。进行润滑作业时要严格按照各汽车生产厂家的要求进行更换和加注润滑油脂。如果所更换和加注的润滑油脂的品牌、规格不当,则会造成发动机等总成的过早磨损或损坏,从而降低车辆使用寿命。

5.4 汽车维护管理

5.4.1 汽车维护要求

1. 汽车维护的目的和原则

在汽车的技术状况完好或基本完好的情况下，为了延长汽车的使用寿命并使之经常处于良好技术状态而对汽车所采取的一系列技术措施，称为汽车维护或保养。汽车维护应贯彻"预防为主、定期检测、强制维护"的原则。汽车维修行业内有"七分养护，三分修理"之说，由此可见汽车维护保养的重要性。在汽车的使用过程中，由于汽车的新旧程度及使用地区条件的不同，在各个时期对汽车维护保养的作业项目也不同。根据 GB/T 18344—2001《汽车维护、检测、诊断技术规范》有关规定，汽车维护可分为定期维护和非定期维护两大类。并将定期维护分为日常维护、一级维护和二级维护等三类，将非定期维护分为季节性维护和磨合维护等两类。维护作业以清洁、检查、紧固、润滑、调整和补给等六大作业为主，维护范围随着行驶里程和时间间隔的增加逐步扩大，内容逐步加深。

2. 汽车维护分级

1) 一级维护

一级维护指除日常维护作业外，以清洁、润滑、紧固为作业中心内容，并检查有关制动、操纵等安全部件，由维修企业负责执行的车辆维护作业。

从上述定义中以看到，一级维护作业的中心内容是在日常维护的基础上增加了润滑、紧固和安全部件检查的要求，并明确指出汽车一级维护的执行应由维修企业负责，即应进厂维护。在汽车使用过程中，随着行驶里程的增加，有些零部件可能会出现松脱，润滑部位出现缺油和漏油等不良现象，影响汽车的操纵安全性。因此，定期对汽车进行一级维护是必要的。由于一级维护作业中零部件紧固、润滑油添加(或更换)和安全部件技术状况的检查等属专业性维护作业，必须由专业技术工人利用相关设施(举升设备或地沟)和专用设备，按技术标准进行。因此，汽车一级维护的执行应由维修企业负责。

2) 二级维护

二级维护指除完成一级维护作业外，以检查、调整转向节、转向摇臂和悬架等经一定时间使用容易磨损或变形的安全部件为主，并拆检轮胎，进行轮胎换位。检查调整发动机工况和排气污染控制装置等，是由维修企业负责执行的车辆维护作业。

从作业深度上看，二级维护要求在维护前进行不解体检测诊断以确定附加作业项目，并强调对安全部件检查(或拆检)、调整的要求，尤其强调了二级维护"检查调整发动机工况和排气污染控制装置"的要求。这不仅充分体现了汽车二级维护是全面实施汽车维护作业，对汽车技术性能定期检测，对有关部件视情修理的原则，而且体现了随着汽车技术和汽车检测维修技术的发展以及对大气环境污染治理方面日益强化的要求，汽车维护技术水平的提高。

汽车二级维护作业的技术性和专业性要求更高，因此必须严格按要求到维修企业进行，并在技术人员的指导下由专业汽车维护技工来完成。

3. 汽车维护周期的确定

汽车一、二级维护周期以汽车行驶里程为基本依据,对于不便使用行驶里程确定的汽车可用行驶时间间隔确定汽车维护周期。

汽车维护周期的确定依据汽车使用说明书的规定,同时考虑影响汽车技术状况变化的因素,可对汽车维护周期进行适当调整。

调整汽车维护周期的依据如下。

(1) 汽车的结构性能。
(2) 汽车使用的地形条件、道路条件和气候条件。
(3) 汽车运行材料和配件质量。
(4) 汽车排放污染控制的强化。
(5) 技术经济因素。确定汽车维护周期时,还应体现技术与经济相结合的原则,在保证汽车良好的技术状况下尽量使汽车维修费用最低。

汽车维护和修理成本与维护周期的关系如图 5.7 所示。曲线 1 为单位行驶里程的维护费用,它随维护作业里程延长而减少。曲线 2 为单位行驶里程的修理费用。它随维护作业里程的延长而增加。曲线 3 为单位行驶里程维修总费用,对应曲线 3 上的最低点(图中 A 点)的作业里程即为维护和修理总费用最小的维护作业周期里程。

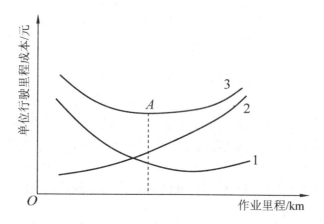

图 5.7　汽车技术维护和修理费用与作业里程的关系

1—单位行驶里程技术维护费用　2—单位行驶里程修理费用　3—单位行驶里程维修总费用

5.4.2　汽车二级维护检测

汽车二级维护时首先要进行检测,汽车进厂后,根据汽车技术档案的记录材料(包括车辆运行记录、维修记录、检测记录、总成修理记录等)和驾驶人反映的车辆使用技术状况(包括汽车动力性、异响、转向、制动、燃油和润滑油消耗等)确定所需检测项目,依据检测结果和车辆实际技术状况进行故障诊断,从而确定附加作业项目。附加作业项目确定后与基本作业项目一并进行二级维护作业。二级维护过程中要进行过程检验,过程检验项目的技术要求应满足有关的技术标准或规范。二级维护作业完成后,应经维修企业进行竣工检验,竣工检验合格的车辆,由维修企业填写"汽车维护竣工出厂合格证"后方可出厂。

汽车二级维护工艺过程如图 5.8 所示，汽车二级维护检测分为二级维护前的检测、二级维护作业过程中的检测和二级维护竣工检测 3 类。

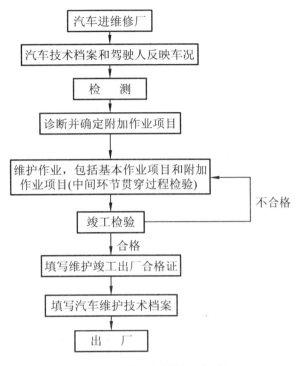

图 5.8 汽车二级维护工艺过程

1. 汽车二级维护前的检测

汽车二级维护前的检测主要是针对驾驶人的反映和汽车外视情况，应用仪器、设备对汽车进行不解体检测，以确定二级维护附加作业项目。由维修企业按标准来执行，出具的诊断报告，作为签订维护合同的依据之一。

汽车二级维护检测项目见表 5-1，共有 13 项，按检测目的和范围可归纳为以下 7 个方面。

(1) 发动机动力性能检测(表 5-1 第 1 项)。
(2) 排放净化性能检测(表 5-1 第 2 项)。
(3) 电控燃油喷射系统检测(表 5-1 第 3 项)。
(4) 柴油机工作性能检测(表 5-1 第 4 项)。
(5) 安全性能检测(表 5-1 第 5、8 项)。
(6) 操纵和行驶系统检测(表 5-1 第 6、7、9 项)。
(7) 底盘传动系统技术状况检测(表 5-1 第 10~13 项)。

对汽车二级维护检测有以下两方面基本要求。

(1) 汽车二级维护检测应使用针对检测项目的专用检测仪器、设备，仪器、设备精度必须满足有关规定。
(2) 汽车二级维护检测项目的技术要求应参照国家有关技术标准或原厂要求。

表 5-1 汽车二级维护检测项目

序号	检测项目
1	发动机功率,汽缸压力
2	汽车排气污染物,三效催化转化器的作用
3	电控燃油喷射系统
4	柴油车检查供油提前角,供油间隔角和喷油泵供油压力
5	制动性能,检查制动力
6	转向轮定位,主要检查前轮定位角和转向盘自由转动量
7	车轮动平衡
8	前照灯
9	操纵稳定性,有无跑偏、发抖、摆头
10	变速器,有无泄漏、异响、松脱、裂纹等现象,换挡是否轻便灵活
11	离合器,有无打滑、发抖现象,分离是否彻底,接合是否平稳
12	传动轴,有无泄漏、异响、松脱、裂纹等现象
13	驱动桥,主减速器有无泄漏、异响、松动、过热等现象

2. 二级维护作业过程中的检测

汽车二级维护作业过程中的检测主要是对二级维护生产过程中的汽车维修质量进行跟踪检测,发现问题及时解决,由维修企业按标准进行,并做出检测记录。

3. 汽车二级维护竣工检测

汽车二级维护竣工检测主要是对二级维护及其附加作业项目的作业质量进行检测评定,由汽车综合性能检测站按标准进行,出具的检测报告,作为维修企业的质量检验员签发出厂合格证的依据之一。汽车二级维护竣工要求见表 5-2。

表 5-2 汽车二级维护竣工要求

序号	检测部位	检测项目	技术要求	备注
1	整车	清洁	汽车外部、各总成外部、三滤应清洁	检视
		面漆	车身面漆、腻子无脱现象,补漆颜色应与原色基本一致	检视
		对称	车体应周正,左右对称	汽车平置检查
		紧固	各总成外部螺栓、螺母按规定力矩拧紧,锁销齐全有效	检查
		润滑脂	发动机、变速器、转向器、驱动桥润滑符合规定,各通气孔畅通。各部润滑点润滑脂加注符合要求,润滑脂嘴齐全有效,安装位置正确	检视
		密封和电器	全车无油、水、气泄漏,密封良好,电器工作可靠,绝缘良好	检视
		前照灯、信号灯、仪表、刮水器、后视镜等	稳固、齐全、有效;符合有关规定	检视

续表

序号	检测部位	检测项目	技术要求	备注
2	发动机	发动机工作状况	发动机能正常启动，低、中、高速运转均匀和稳定，水温正常，加速性能良好，无断缸、回火、放炮等现象，发动机运转稳定后无异响	路试
		发动机功率	无负荷功率不小于额定值的80%	检测
		发动机装备	齐全有效	检视
3	离合器	踏板自由行程	符合原厂规定	检测
		离合情况	接合平稳，分离彻底，无打滑、抖动和异响	路试
4	转向系	转向盘最大转动量	符合规定	检查
		横直拉杆装置	球头销不松旷，各部螺栓、螺母紧固，锁止可靠	检查
		转向机构	操作轻便、转动灵活，无摆振、跑偏等现象，车轮转到极限位置时，不得与其他部件有碰擦现象	路试
		前束和最大转角	符合规定	检测
		侧滑	符合 GB 7258—2004 中的有关规定	检测
5	传动系	变速器、传动轴、驱动桥	变速器操作灵活，不跳挡，不乱挡；变速器、传动轴、驱动桥各部无异响、传动轴装配正确	路试
6	行驶系	轮胎	轮胎磨损应在规定范围内，同轴轮胎应为相同的规格和花纹，转向轮不得使用翻新轮胎，轮胎气压符合规定，后轮钢孔与制动鼓观察孔对齐	检查
		钢板弹簧	钢板弹簧无断裂、位移、缺片，U型螺栓紧固，前后钢板支架无裂纹和变形	检查
		减振器	稳固有效	路试
		车架	车架无变形，纵横梁无裂纹，铆钉无松动，拖车钩、备胎架齐全，无裂损变形，连接牢固	检查
		前后轴	无变形和裂纹	检查
7	制动系	制动性能	符合 GB 7258—2004 中的有关规定	路试或检测
		制动踏板自由行程	符合规定	检测
		驻车制动性能	符合 GB 7258—2004 中的有关规定	路试或检测
8	滑行	滑行性能	符合规定	路试或检测
9	车身车厢	车身	驾驶室装置紧固，门锁灵活无松旷，限动装置齐全有效，驾驶室门关闭牢靠，无旷动，风窗玻璃完好，窗框严密，门把、门锁、玻璃升降器齐全有效，暖风装置工作正常	检查
		车厢	车厢不歪斜，整体不变形，底板无损坏，边板、后门平整无变形，铰链完好，关闭严密，前后锁扣作用可靠	检视
10	排放	排气污染物	符合 GB 18285—2005 中的有关规定	检测

5.4.3 汽车维护监督

《道路运输车辆维护管理规定》要求车辆维护管理与监督检查的内容有如下几个方面。

(1) 道路运输经营业户，必须按国家有关规定执行车辆维护制度，并加强管理；车辆的二级维护由各级道路运输管理机构负责监督管理。

(2) 车辆二级维护出厂前，须进行竣工检测，并由维修企业的质量检验员审验合格后，签发出厂合格证。维修企业应开具统一规定的汽车维修项目、费用清单和结算凭证。

(3) 道路运输经营业户应持出厂合格证到当地道路运输管理机构审核备案。实现了计算机联网的地区，应实现车辆技术管理和信息传递的自动化。

(4) 从事驻在地运输超过 3 个月的车辆，车主应持车籍地道路运输管理机构的委托书，纳入驻在地车辆维护的管理。

(5) 对车辆二级维护执行情况的监督应在车站、货场和车辆所属道路运输经营业户驻地进行。对达到二级维护里程或间隔时间的车辆，道路运输经营业户应自觉按时维护，道路运输管理机构要及时督促。

(6) 道路运输经营业户年度审验时应出示车辆二级维护出厂合格证(已审核备案的除外)。

(7) 对汽车维修企业，主要检查其执行国家有关车辆维护规范的情况、经营行为、在质量保证期内的返修率和质量监督抽查上线检测一次合格率；质量保证期内的车辆返修率应低于 5%，质量监督抽查上线检测一次合格率应不低于 85%。

(8) 对汽车综合性能检测站，主要检查二级维护竣工检测标准及项目的执行情况和经营行为。

5.5 汽车修理管理

5.5.1 汽车修理要求

车辆修理应贯彻视情修理的原则，即根据车辆检测诊断和技术鉴定的结果，视情按不同作业范围和深度进行，既要防止拖延修理造成车况恶化，又要防止提前修理造成浪费。汽车修理一般在汽车修理厂进行，如图 5.9 所示。

图 5.9　汽车在修理厂进行修理

1. 车辆修理分类

车辆修理按作业范围分为车辆大修、总成大修、车辆小修和零件修理。

(1) 车辆大修。车辆大修是新车或经过大修的车辆在行驶一定里程(或时间)后，经过检测诊断和技术鉴定，用修理或更换车辆任何零部件的方法恢复车辆的完好技术状况，完全或接近完全恢复车辆寿命的恢复性修理。

(2) 总成大修。总成大修是车辆的总成经过一定使用里程(或时间)后，用修理或更换总成任何零部件(包括基础件)的方法恢复其完好技术状况和寿命的恢复性修理。

(3) 车辆小修。车辆小修是用修理或更换个别零件的方法保证恢复车辆工作能力的运行性修理，主要是消除车辆在远行过程或维护作业过程中发生或发现的故障或隐患。

(4) 零件修理。零件修理是对因磨损、变形、损伤等而不能继续使用的零件进行修理。

2. 修竣车辆和总成的出厂规定

(1) 送修车辆和总成修竣检验合格后，承修单位应签发出厂合格证，并将技术档案、修理技术资料和合格证移交送修单位。

(2) 车辆或总成修竣出厂时，不论送修时的装备(附件)状况如何，均应按有关规定配备齐全；发动机应安装限速装置。

(3) 接车人员应根据合同规定，就车辆或总成的技术状况和装备情况等进行验收。如发现确有不符合竣工要求的情况时，承修单位应立即查明，及时处理。

(4) 送修单位必须严格执行车辆磨合期的规定，在保证期内因修理质量发生故障或提前损坏时，承修单位应优先安排，及时排除，免费修理；如发生纠纷，由维修管理部门组织技术分析，进行仲裁。

5.5.2 汽车维修企业开业条件

1. 汽车维修企业分类

按从事的汽车维修生产任务划分，汽车维修企业(如图 5.10 所示)分为一类汽车维修企业、二类汽车维修企业和三类汽车维修业户。

图 5.10 汽车维修企业

1) 一类汽车维修企业

从事汽车大修和总成修理生产的企业。此类企业也可从事汽车维护、汽车小修和汽车专项修理生产。

2) 二类汽车维修企业

从事汽车一级、二级维护和汽车小修生产的企业。

3) 三类汽车维修业户

专门从事汽车专项修理(或维护)生产的企业和个体户。

专项修理(或维护)的主要项目为车身修理；涂漆；篷布、坐椅和内装饰修理；电器、仪表修理；蓄电池修理；散热器、油箱修理；轮胎修补；安装汽车风窗玻璃；空调器、暖风机修理；喷油泵、喷油器、化油器修理；曲轴修理；汽缸镗磨；车身清洁维护等。

2. 汽车维修业开业条件

汽车维修企业开业条件是指为保证汽车维修企业的正常生产和维修质量，各类汽车维修企业所必须具备的设备、设施、人员、环保等条件。它是根据各类汽车维修企业的经营范围确定的。国家标准总局、交通部发布的中华人民共和国国家标准 GB/T 16739—2004《汽车维修业开业条件》按经营范围将汽车维修企业划分为汽车整车维修企业和汽车专项维修业户。按经营规模大小，整车维修企业分为一类整车维修企业、二类整车维修企业和三类整车维修企业。

汽车整车维修企业指有能力对所维修车型的整车、各个总成及主要零部件进行各级维护、修理及更换，使汽车的技术状况和运行性能完全(或接近完全)恢复到原车的技术要求，并符合相应国家标准和行业标准的规定的汽车维修企业。汽车整车维修企业开业条件包括以下几个方面。

(1) 人员条件。企业管理负责人、技术负责人及检验、业务、价格核算、维修(机修、电器、钣金、油漆)等关键岗位至少应配备 1 人，并应经过有关培训熟悉岗位专业知识和业务技能，并掌握汽车维修及相关行业的法规及标准，取得行业主管部门颁发的从业资格证书，持证上岗。技术负责人应具有汽车维修或相关专业的大专以上文化程度，或具有汽车维修或相关专业的中级以上专业技术职称。

(2) 组织管理条件应符合以下标准。

① 经营管理。应具有与汽车维修有关的法规等文件资料；应具有规范的业务工作流程，并明示业务受理程序、服务承诺、用户抱怨受理制度等；应具有健全的经营管理体系，设置技术负责、业务受理、质量检验、文件资料管理、材料管理、仪器设备管理、价格结算等岗位并落实责任人；应实行计算机管理。

② 质量管理：应具有汽车维修的国家标准和行业标准以及相关技术标准；应具有所维修车型的维修技术资料及工艺文件，确保完整有效并及时更新；应具有汽车维修质量承诺、进出厂登记、检验、竣工出厂合格证管理、技术档案管理、标准和计量管理、设备管理及维护、人员技术培训等制度；应建立汽车维修档案和进出厂登记台账。汽车维修档案应包括维修合同、进厂、过程、竣工检验记录，出厂合格证副页，结算凭证和工时、材料清单等。

(3) 安全生产条件。企业的安全保护设施、消防设施等应符合有关规定，应具有与其维修作业内容相适应的安全管理制度和安全保护措施，建立并实施安全生产责任制。企业应有各工种、各类机电设备的安全操作规程，并将安全操作规程明示在相应的工位或设备处。使用、存储有毒、易燃、易爆物品、腐蚀剂、压力容器等均应有相应的安全防护措施和设施。生产厂房和停车场应符合安全、环保和消防等各项要求。

(4) 环境保护条件。企业的作业环境以及按生产工艺配置的处理"三废"(废油、废液、废气)、通风、吸尘、净化、消声等设施，均应符合有关规定。企业应具有废油、废液、废气、废蓄电池、废轮胎及垃圾等有害物质集中收集、有效处理和保持环境整洁的环境保护管理制度。有害物质存储区域应界定清楚，必要时应有隔离、控制措施。涂漆车间应设有专用的废水排放及处理设施，采用干打磨工艺的，应有粉尘收集装置和除尘设备，应设有通风设备。调试车间或调试工位应设置汽车尾气收集净化装置。

(5) 设施条件应符合以下标准。

① 接待室(含客户休息室)。企业应设有接待室，一类企业的面积不少于$40m^2$，二类企业的面积不少于$20m^2$。接待室应整洁明亮，明示各类证、照、主修车型、作业项目、工时定额及单价等，并应有客户休息的设施。

② 停车场。企业应有与承修车型、经营规模相适应的合法停车场地，一类企业的面积不少于$200m^2$，二类企业的面积不少于$150m^2$。企业租赁的停车场地应具有合法的书面合同书。停车场地面平整坚实，区域界定标志明显。

③ 生产厂房。生产厂房地面应平整坚实，面积应能满足所需设备的工位布置、生产工艺和正常作业，一类企业的面积不少于$800m^2$，二类企业的面积不少于$200m^2$。租赁的生产厂房应具有合法的书面合同书。

(6) 设备条件应符合以下标准。

① 企业应配备与其所承修车型相适应的量具、机动工具及手工工具。量具应定期进行检定。

② 企业应配备表5-3至表5-5所列的通用设备、专用设备及检测设备，其规格和数量应与其生产纲领和生产工艺相适应。

③ 各种设备应符合国家标准和行业标准要求的产品技术条件。

④ 各种设备应能满足加工、检测精度的要求和使用要求。检测设备应通过型式认定，并按规定经有资质的计量检定机构检定合格。

⑤ 允许外协的设备，应具有合法的合同书，并能证明其技术状况符合上述③和④的要求。

表5-3 通用设备

序号	设备名称	序号	设备名称
1	钻床	4	压力机
2	电焊及气体保护焊设备	5	空气压缩机
3	电焊设备		

表5-4 专用设备

序号	设备名称	大中型客车	大型货车	小型车	其他
1	换油机设备		√		
2	轮胎轮辋拆装设备		√		
3	轮胎螺母拆装机	√	√	—	
4	车轮动平衡机		√		
5	四轮定位仪	—	—		
6	转向轮定位仪	√	√	—	
7	制动毂和制动盘维修设备	√	√	—	

续表

序号	设备名称	大中型客车	大型货车	小型车	其他
8	汽车空调冷媒加注回收设备	√	—	√	
9	总成吊装设备		√		
10	汽车举升机	—	—	√	一类应不少于 5 台
11	地沟设施	√	√	—	一类应不少于 2 个
12	发动机检测诊断设备		√		应具备示波器、转速表、发动机检测专用真空表的功能
13	数字式万用表		√		
14	故障诊断设备	—	—	√	
15	汽缸压力表		√		
16	汽油喷油器清洗及流量测量仪			√	
17	正时仪		√		
18	燃油压力表	—	—	√	
19	液压油油压力表		√		
20	连杆校正器		√		允许外协
21	无损探伤设备		√		修理大中型客车必备，其他允许外协
22	车身清洗设备	—	—	√	
23	打磨抛光设备	√		√	
24	除尘除垢设备	√		√	
25	型材切割设备		√		
26	车身整形设备		√		
27	车身校正设备	—	—	√	
28	车架校正设备	√	√		二类允许外协
29	悬架试验台	—		√	二类允许外协
30	喷烤漆房设备	√		√	
31	喷油泵试验设备		√		
32	喷油器试验设备		√		
33	调漆设备	√	—	√	
34	自动变速器维修设备	—		√	
35	立式精镗床		√		
36	立式研磨机		√		
37	曲轴磨床		√		允许外协
38	曲轴校正设备		√		
39	凸轮轴磨床		√		
40	激光淬火设备		√		
41	曲轴、飞轮与离合器总成动平衡机		√		

注："√"为要求具备，"—"为不要求具备。

表 5-5 主要检测设备

序号	设备名称	其他
1	声级计	
2	排气分析仪和或烟度计	
3	汽车前照检测设备	二类允许外协
4	侧滑试验台	二类允许外协
5	制动试验台	修理大型货车及二类允许外协
6	车速表试验台	二类允许外协
7	底盘测功机	允许外协

汽车专项维修业户的开业条件与汽车整车维修企业的开业条件有很多方面类似，具体见国家标准总局、交通部发布的中华人民共和国国家标准 GB/T 16739—2004《汽车维修业开业条件》。

5.5.3 汽车修理质量检查评定

汽车修理质量检查评定是对整车大修、发动机大修、车身大修竣工质量及其基本检验技术文件完善程度的综合评价。

《汽车修理质量检查评定标准》包括三部分：GB/T 15746.1—1995《汽车修理质量检查评定标准 整车大修》；GB/T 15746.2—1995《汽车修理质量检查评定标准 发动机大修》；GB/T 15746.3—1995《汽车修理质量检查评定标准 车身大修》。各标准分别规定了汽车整车大修、发动机大修、车身大修质量检查评定的主要内容、评定规则和办法，三方面评定规则相同，只是评定的具体内容和办法不同。

汽车整车大修质量检查评定，是对汽车整车大修竣工质量和汽车整车大修基本检验技术文件完善程度的综合评价。

1. 汽车大修基本检验技术文件评定

汽车大修基本检验技术文件是指在汽车大修过程中，汽车修理企业为保证汽车修理质量所填制的必要的修理检验单证。主要包括汽车大修进厂检验单、汽车大修工艺过程检验单、汽车大修竣工检验单、汽车大修合格证，简称"三单一证"。

(1) 汽车大修进厂检验单。大修汽车进厂时，由汽车维修检验技术人员对送修车技术状况和装备齐全状况进行技术鉴定的记录。

(2) 汽车大修工艺过程检验单。汽车在大修过程中，由汽车维修检验技术人员对总成和零部件按其修理工艺过程中工艺顺序所进行技术鉴定的记录。

(3) 汽车大修竣工检验单。汽车大修竣工后，由汽车维修检验技术人员对汽车的技术状况进行技术鉴定的记录。

(4) 汽车大修合格证。承修单位对大修竣工经过技术鉴定并符合相应标准后的汽车所开具的质量凭证。

2. 汽车大修竣工质量评定

汽车整车大修竣工质量是汽车整车大修竣工后恢复其完好技术状况和寿命的程度。

汽车大修竣工质量评定包括一般技术要求、主要性能要求、发动机运转状况、传动系统工作状况。

(1) 一般技术要求。一般技术要求有如下 17 项：驾驶室总成和客车车厢；涂换质量；保险杠、翼子板；驾驶室、货厢、客车车厢、总成、零部件和附件装备；坐椅；门窗和玻璃；离合器、制动踏板、驻车制动拉杆；轮胎；车轮；转向机构；电气设备和仪表；整备质量；润滑；轴距；紧固件；铆接和焊接。

(2) 主要性能要求。主要性能要求有如下 9 项：动力性；经济性；滑行性能；转向操纵性；制动性能；前照灯；车速表；排放、噪声；密封性。

(3) 发动机运转状况。发动机运转状况有如下 4 项：启动性能、发动机怠速运转、发动机运转性能、机油压力。

(4) 传动系工作状况。传动系工作状况有如下 4 项：离合器、变速器、传动轴和中间轴承、主减速器、差速器。

按 GB/T 15746.1—1995《汽车修理质量检查评定标准　整车大修》规定的评定项目、评定技术要求进行检查和评定。

5.6　汽车改造、更新和报废

5.6.1　汽车改造

1. 车辆改造的概念和要求

为改善车辆性能或延长其使用寿命，经过设计、计算、试验，改变原车辆的零部件或总成称为车辆技术改造。

车辆改造必须事前的进行技术论证，符合技术上可靠、经济上合理的原则。

2. 车辆改造的主要内容

1) 汽车排放控制技术改造

对在用车辆进行排放控制技术改造，经过有针对性的整车匹配和实施示范取得成功经验后，可以达到减少在用车污染排放的目的。可进行试验开发的技术有加装尾气净化装置、燃油蒸汽回收装置、高能电子点火装置、化油器电控补气加闭环三效催化转化器等。

2) 代用燃料汽车改造

为扩大汽车能源和减少污染物排放，可将燃油汽车改造为使用液化石油气(LPG)或压缩天然气(CNG)的汽车。

代用燃料汽车的改造应考虑以下因素。

(1) 由于代用燃料汽车的运行范围受燃料供应(加气站等配套设施)的限制，应优先用于城市公交车和出租车等。

(2) 针对具体车型，首先必须进行系统的匹配试验。

(3) 燃气汽车改造应符合 GB/T 18437.1—2001《燃气汽车改装技术要求　压缩天然气汽车》和 GB/T 18437.2—2001《燃气汽车改装技术要求　液化石油气汽车》的规定。

3) 汽车节油改造

在具体的使用条件下，可采用经济化油器、强制怠速节油器、风扇离合器、子午线轮胎、导流装置等，实现节油的目的。

5.6.2 汽车更新

1. 车辆更新的概念

以新车辆或高效率、低消耗、性能先进的车辆更换在用车辆称为车辆更新。车辆更新包含了以下 4 个方面的含义。

(1) 同类型新车辆替换在用车辆。
(2) 高效率、低消耗、性能先进的汽车或大吨位车辆替换性能差或小吨位车辆。
(3) 在用车辆尚未达到报废程度，但性能较差而被替换。
(4) 在用车辆已达报废条件而被替换。

由此可见，凡属上述 4 个方面的车辆替换都属车辆更新范围。

2. 车辆技术寿命和经济寿命

汽车从开始使用到不能使用的整个时期称为汽车使用寿命。影响汽车使用寿命的因素很多，基本上可分为技术上的和经济上的两大类。

1) 技术因素
(1) 车辆本身的制造和维修质量。
(2) 车辆的运行条件，如道路条件、货物种类、装卸方法、驾驶人操作水平、车速和装载质量等。
(3) 有形损耗等。

2) 经济因素
(1) 大修费、维修费和运行材料费等。
(2) 基本折旧率的规定等。

从技术角度上看，车辆在使用中，机件会不断地磨损、腐蚀、疲劳和老化。随着车龄的增长，整车、总成和部件的性能会逐渐恶化，直到不能保持正常的运行技术状况，这之间的年限称作汽车的技术寿命。

技术寿命是可以通过恢复性的修理来延长的。至于延长到何种程度，或是说经过几次大修再报废，其合理性需要做营运上的分析来确定。因此出现了用核算有关成本来确定车辆最佳更新期的方法。车辆经济寿命的确定原则是使用车辆年均总费用(包括折旧费、大修费、维修费和运行材料费等)低于再延期使用该车所需的年均总费用，即年均总费用最低(图 5.11 所示)，所以说经济寿命是指车辆使用年均总费用最低的使用年限。

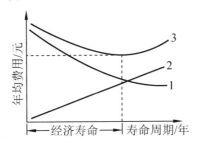

图 5.11 经济寿命周期原理图

1—年均折旧费　2—年均经营费　3—年均总费用

3. 确定车辆最佳更新期的方法

车辆最佳更新期的确定方法有多种，下面以面值法为例说明经济寿命的确定方法。

面值法是以设备的有形损耗理论为基础的确定设备最佳更新期的方法。面值法是以车辆的账面数据作为分析的依据，以同类型车辆的统计资料进行分析计算来确定车辆经济寿命的方法。从理论上讲，年总费用最低的使用年限就是经济寿命。

【例 5-1】 某汽车运输企业购买一批车辆，单价是 60 000 元，同类车型各年经营费用和年末估计净值见表 5-6，其理论最佳更新期为多少年？

表 5-6　同类车型各年经营费用和年末净值　　　　　　　　　　单位：元

年限	1	2	3	4	5	6	7
年经营费用	10 000	12 000	14 000	18 000	23 000	28 000	34 000
年末净值	30 000	15 000	7 500	3 700	2 000	2 000	2 000

分析：累计年经营费用(又称年维持费用)由表 5-6 各年经营费用累加得到，累计折旧费由车辆投资总额减去各年年末车辆净值得到，年均总费用为累积年经营费与累计折旧费之和除以年数。年均总费用见表 5-7。由表 5-7 可知，取年均总费用最低的年限为车辆最佳经济更新年限，即为 5 年。

表 5-7　同类车型年均总费用计算表　　　　　　　　　　单位：元

年限	1	2	3	4	5	6	7
累计年经营费用	10 000	22 000	36 000	54 000	77 000	105 000	139 000
累计折旧费	30 000	45 000	52 500	46 250	58 000	58 000	58 000
年均总费用	40 000	33 500	29 500	27 563	27 000	27 167	28 143

4. 更新下来车辆的处理

对于更新下来的运输车辆，运输单位可根据国家有关规定进行处理，处理后的变价收入应用于车辆更新改造，不得挪作他用。

如果更新下来的运输车辆未达到报废条件，可移作他用，或转让出售，如：作为使用强度较低的非专业运输车或按质论价出售给外单位或出租给外单位。如果属于报废车辆的更新，应按报废车辆处理，不得转让或移作他用。

5.6.3　汽车报废

车辆经长期使用，车型老旧，性能低劣，物料超耗严重，维修费用过高，继续使用不经济、不安全的应予报废。具体按《汽车报废标准》的规定执行。

1. 1997 年的《汽车报废标准》

1997 年，国家经济贸易委员会等部委发布了修订的《汽车报废标准》，作出以下规定。

凡在我国境内注册的民用汽车，属于下列情况之一的应当报废。

(1) 轻、微型载货汽车(含越野型)、矿山作业专用车累计行驶 30×10^4 km，重、中型载货汽车(含越野型)累计行驶 40×10^4 km，特大、大、中、轻、微型客车(含越野型)、轿车累计行

驶 50×10^4 km，其他车辆累计行驶 45×10^4 km。

(2) 轻、微型载货汽车(含越野型)、带拖挂的载货汽车、矿山作业专用车和各类出租汽车使用 8 年，其他车辆使用 10 年。

(3) 因各种原因造成车辆严重损坏和技术状况低劣、无法修复的。

(4) 车型淘汰、已无配件来源的。

(5) 汽车经长期使用，耗油量超过国家定型车出厂标准规定值 15%。

(6) 经修理和调整仍达不到国家对机动车运行安全技术条件要求的。

(7) 经修理和调整或采用排气污染控制技术后，排放污染物仍超过国家规定的汽车排放标准的。

除 9 座以上出租车和轻、微型载货汽车(含越野型)外，对达到上述使用年限的客、货车辆，经公安车辆管理部门依据国家机动车安全、排放有关规定严格检验，性能符合规定的可延缓报废，但延长期不得超过本标准第二条规定年限的一半。对于吊车、消防车、钻探车等从事专门作业的车辆，还可根据实际使用和检验情况，再延长使用年限。所有延长使用年限的车辆都需按公安部的规定增加检验次数，不符合国家有关汽车安全、排放规定的应当强制报废。

(8) 本标准自发布之日起施行，在本标准发布前已达到本标准规定报废条件的车辆，允许在本标准发布后 12 个月之内报废。

2. 对 1997 年《汽车报废标准》的调整

2000 年 12 月 18 日，国家经济贸易委员会、国家发展计划委员会、公安部、国家环保总局联合发文，对 1997 年制订的《汽车报废标准》中非营运载客汽车和旅游载客汽车的使用年限和办理延缓等作出了以下调整。

(1) 9 座(含 9 座)以下非营运载客汽车(包括轿车、含越野型)使用 15 年。达到报废标准后要求继续使用的，不需要审批，经检验合格后可延长使用年限，每年定期检验 2 次，超过 20 年的，从第 21 年起每年定期检验 4 次。

(2) 旅游载客汽车和 9 座以上非营运载客汽车使用 10 年。达到报废标准后要求继续使用的按现行规定程序办理，但可延长使用年限最长不超过 10 年。延缓报废使用的旅游载客汽车每年定期检验 4 次；延缓报废使用的 9 座以上非营运载客汽车每年定期检验 2 次，超过 15 年的，从第 16 年起每年定期检验 4 次。

(3) 上述车辆达到报废年限后需继续使用的，必须依据国家机动车安全、污染物排放有关规定进行严格检验，检验合格后延长使用年限。但旅游载客汽车和 9 座以上非营运载客汽车可延长使用年限最长不超过 10 年。

(4) 上述车辆定期检验时，一个检验周期连续 3 次检验都不符合国家标准《机动车运行安全技术条件》(GB 7258—1997)规定的，收回号牌和行驶证，通知机动车所有人办理注销登记。达到报废标准后，不得办理注册登记和转籍过户登记。

(5) 营运车辆转为非营运车辆或非营运车辆转为营运车辆，一律按营运车辆的规定报废。

(6) 本通知没有调整的内容和其它类型的汽车，仍按照国家经贸委等部门《关于发布<汽车报废标准>的通知》(国经贸经[1997]456 号)和《关于调整轻型载货汽车报废标准的通知》(国经贸经[1998]07 号)执行(注：轻型载货汽车是指厂定总质量大于 1.8 吨小于等于 6 吨的载货汽车)。右置方向盘汽车报废的管理，按照公安部《关于加强右置方向盘汽车管理的通知》(公交管[2000]183 号)执行。

(7) 对按规定需办理审批手续的延缓报废车辆，仍按现行规定程序办理。对原已办理延缓报废手续，但未达到新的报废标准的，按普通正常车辆管理，重新打印行驶证副证，并按规定办理年检签章，不再加盖延缓报废检验合格印章。对按照原报废标准应当报废但未办理完毕注销登记的车辆，按照新规定执行到年限可继续用机动车。

(8) 本通知自发布之日起施行。

本 章 小 结

本章阐述了汽车技术管理的对象、目的、原则、特点、主要内容和职责。汽车技术管理的主要内容包括车辆管理，车辆使用管理，车辆检测诊断管理，车辆维护管理，车辆修理管理，车辆改造、更新和报废管理。

复习思考题

一、判断题

1. 日常维护可有可无。（　）
2. 汽车一级维护属于定期保养。（　）
3. 汽车底盘不影响车容，故不需要做保养。（　）
4. 制动液加得越多越好。（　）
5. 一级维护后离合器踏板、制动踏板自由行程应符合规定。（　）
6. 汽车二级维护前必须对其进行技术评定，以确定附加作业内容。（　）
7. 发动机正常状况下其功率应不小于额定功率的 80%。（　）
8. 二级维护不包括一级维护的内容。（　）
9. 二级维护时必须检查齿轮油液面和油质。（　）
10. 二级维护后空调装置的制冷系统要密封，制冷效果良好。（　）
11. 二级维护是新的维护制度中最高级别的维护。（　）
12. 磨合期结束后必须更换机油、机油滤芯。（　）

二、简答题

1. 车辆技术管理的原则和特点是什么？
2. 车辆技术管理内容有哪些？
3. 车辆基础管理包括哪些内容？
4. 车辆技术档案包括哪些内容？
5. 车辆装载应满足哪些要求？
6. 组织汽车拖挂应注意哪些问题？
7. 日常维护的主要内容是什么？
8. 出车前要进行哪些作业项目？

9. 汽车一级维护竣工检验的技术要求有哪些？
10. 汽车二级维护前对其进行技术评定的目的是什么？
11. 简述汽车一级维护、二级维护的作业内容和工艺流程。
12. 汽车二级维护的竣工检验由哪几部分组成？
13. 简述汽车二级维护竣工检验对发动机和底盘有哪些要求。
14. 汽车二级维护检测项目有哪些？汽车二级维护检测、诊断的要求有哪些？
15. 汽车二级维护竣工检验中采用人工检查的主要内容有哪些？
16. 为什么要贯彻"定期检测、强制维护、视情修理"的原则？

第6章 车辆利用和管理评价定额及指标

教学目标

车辆利用评价指标是评价汽车综合性能的基本依据。为了评价、分析和计划运输生产活动，需要采用一系列表明车辆运输生产活动的数量指标和质量指标，并据此研究车辆各方面的利用程度，以改善企业的生产经营活动，降低运输成本，提高运输生产率。车辆管理评价定额和指标是坚持预防为主和技术与经济相结合的车辆技术管理原则的量化。通过本章的学习，要达到以下目标。

(1) 了解运输量统计指标。
(2) 掌握车辆利用单项指标体系。
(3) 掌握车辆运用效率指标。
(4) 了解汽车运输成本和汽车运行消耗。
(5) 掌握汽车运输业应建立的车辆管理主要技术经济定额和指标。

教学要求

知识要点	能力要求	相关知识
车辆利用评价指标	(1) 了解车辆运输量统计指标 (2) 掌握车辆利用单项指标 (3) 掌握车辆利用综合指标	运输成本
车辆管理评价定额和指标	(1) 了解主要技术经济定额 (2) 掌握主要技术经济指标	

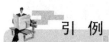
引 例

青藏公路全长 1 937km，为国家二级公路干线，路基宽 10m，坡度小于 7%，最小半径 125m，最大行车速度 60km/h，全线平均海拔在 4 000m 以上，虽然线路的海拔高，但登上昆仑山后，高原系古老的湖盆地貌类型，起伏平缓，共修建涵洞 474 座，桥梁 60 多座，总长 1 347m，初期修建、改建公路和设备购置总投资 4 050 万元，每千米平均造价 2.52 万元。

这条公路于 1950 年动工，1954 年通车。西宁市至格尔木市段路线翻越橡皮山(海拔 3 800m)、旺尕秀山(海拔 3 680m)、脱土山(海拔 3 500m)等高山，跨越大水河、香日德河、盖克光河、巴西河、清水河、洪水河等河流，总计长 782km，其中属于平原和微丘区的里程为 564km，属于重丘区的里程为 218km。全段海拔为 2 200～3 800m。格尔木市至拉萨市段翻越昆仑山(海拔 4 600m)、风火山(海拔 5 010m)、唐古拉山(海拔 5 320m)、头二九山(海拔 5 180m)等高山，跨越楚玛尔河、红梁河、曲水河、秀水河、北麓河、雅马尔河、通天河等河流，总计长 1 161km，其中属于平丘区的里程为 1 013km，在重丘区为 148km。全段海拔在 4 000m 以上。

1974 年开始全面改建，并将公路标准提高为二级公路，加铺沥青路面，如图 6.1 所示。

图 6.1 青藏公路

青藏公路的改建工程极为艰巨，尤其是在海拔高的多年冻土地区铺筑沥青路面，各国均无先例。中国工程技术人员根据土基冰层中含冰量情况，采取填筑足够高度的路基以保护冻土的方法，使路面所吸收的热量不至于影响路基下面的冻土土基，并采取路基排水设施以防止地面水对路基的浸蚀，从而实现了稳定路基的目的。青藏公路改建后，道路状况得到改善，大大提高了车辆通过能力，降低了运输成本。

6.1 车辆利用评价指标

车辆结构和性能对车辆的使用效果影响很大，所以车辆利用评价指标是评价汽车综合性能的基本依据。为了评价、分析和计划运输生产活动，需要采用一系列表明车辆运输生产活动的数量指标和质量指标，并据此研究车辆各方面的利用程度，以改善企业的生产经营活动，降低运输成本，提高运输生产率。汽车运输企业车辆利用指标体系主要是针对车辆在时间、速度、行程、载重能力和拖挂能力利用等方面来设置的。

6.1.1 运输量统计指标

1. 运量

运量是一定时期内运送旅客或货物的数量，是运输业最基本的指标。分为客运量和货运量两种。客运量既取决于旅客人数或出行次数，又同人口数量、结构及其生活水平密切相关。

货运量主要由产品产量及其商品率、生产企业地域组合以及进口商品数量等因素决定，它在一定程度上反映了该地区工农业生产发展水平、结构与特征。

1) 客运量

客运量是指统计期内运输车辆实际运送的旅客人数，计算单位：人。

统计原则：在计算客运量时，不管旅客行程的长短或客票票价多少，每位乘客均按一人计算；不足购票年龄免购客票的儿童不计算客运量。

2) 货运量

货运量是指统计期内运输车辆实际运送的货物重量，计算单位：吨。

2. 周转量

周转量是全面反映运量和运输距离的运输生产产量指标。分旅客周转量、货物周转量和换算周转量。它是运输部门制订运输计划和考核运输任务完成情况的重要指标之一。

1) 旅客周转量

旅客周转量是指统计期内运输车辆实际运送的每位旅客与其相应运送距离的乘积之和。旅客周转量是反映交通部门一定时期内旅客运输工作量的指标，计算公式为：

$$P_k = \sum(q_k \cdot L_L) \tag{6-1}$$

式中：P_k——旅客周转量，t·km；

q_k——车辆实际载客量，人；

L_L——载客行程总长度，km。

2) 货物周转量

货物周转量是指统计期内运输车辆实际运送的每批货物重量与其相应运送距离的乘积之和。计算公式为：

$$P_h = \sum(q_h \cdot L_L) \tag{6-2}$$

式中：P_h——货物周转量，t·km；

q_h——车辆实际载质量，t；

L_L——载货行程总长度，km。

3) 换算周转量

换算周转量是指将旅客周转量按一定比例换算为货物周转量，然后与货物周转量相加，成为一个包括客货运输的换算周转量指标。它综合反映了各种运输工具在报告期实际完成的旅客和货物的总周转量，是考核运输业的综合性的产量指标。计算单位：吨公里。

计算方法：以运输车辆所完成的周转量，按一定比例换算成同一计算单位后加总求得。公路客货周转量的换算系数为10人·公里＝1吨·公里。

3. 运输量

汽车运输的运输量是指汽车运输完成的运量和周转量，也称产量。它是运输生产的产量指标。由运量和周转量两种指标评价，而不是运量和周转量之和。

6.1.2 车辆利用单项指标

车辆利用单项指标是分别从时间、速度、行程、装载能力和车辆动力等方面的利用程度来反映运输车辆的利用状况，如图6.2所示。

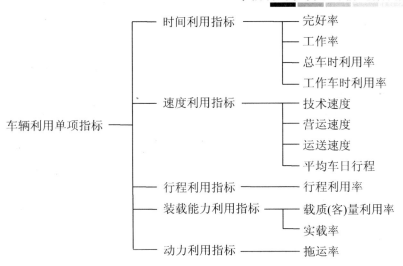

图 6.2 车辆利用单项指标

1. 时间利用指标

在评价车辆利用程度及统计车辆工作状况时,常常需同时考虑车辆和时间这两个数量因素。因此,一般采用车日和车时这两个复合指标作为统计车辆工作状况和确定车辆时间利用程度指标的基本计量单位。车日指标是从动态方面反映汽车运输企业保有车辆数量的指标。一辆车在运输企业保有一日,即为一个车日。由于汽车在运输企业可能处于运输生产过程中的各个不同环节,如运行环节、待客货环节、修理和保养环节或等待保养和修理环节等,因而可以有不同的车日指标,以反映车辆的运用状态。

凡是企业的在册营运车辆,不论其技术状况如何,是工作还是停驶,只要在本企业保有一天,就计为一个车日,称为营运车日或在册车日。在统计期内,企业所有营运车辆车日的总数称为总车日(U),计算单位:车日。

计算方法:一辆营运车辆,不管其技术状况是否完好,每保有一天即计为一个车日。在报告期内,营运车辆无增减变化时,总车日为营运车数乘上报告期日历日数。营运车辆发生增减变化时,新增车辆从落籍并取得有关证件之日起开始计算。报废车辆自批准之日起不再计算。计算公式为:

$$U = \sum_{i=1}^{m} A_i D_i \qquad (i=1,2,\cdots,m) \tag{6-3}$$

式中:i——按相同保有日数划分的车辆组别;

A_i——保有日数相同的第 i 组车辆数;

D_i——第 i 组车辆中每辆车在企业保有的日历日数。

【例 6-1】 某企业报告期有汽车 500 辆,全部投入营运,报告期日历日数为 30 天,报告期内未发生车辆增减、调出、调入变化。请计算企业报告期内的总车日。

解:
$$U = \sum_{i=1}^{m} A_i D_i = 30 \times 500 = 15\,000 \,(车日)$$

企业每辆车在这一报告期就是 30 个总车日,500 辆在报告期共计 15 000 个总车日。在报告期若发生车辆的增减变化,可根据规定按各辆车分别计算总车日,再汇总成为报告单位的报告期的总车日数。

车辆数指标可以反映一个时点公路运输的规模或生产能力，它在报告期内经常是有增减变化的，而总车日指标则消除了车辆变动对车辆数量的影响，若将时点数(车辆数)变为一个时期数(车日数)指标，可用车辆在企业保存天数之和反映企业对车辆使用的水平或规模。总车日指标是企业编制运输计划的依据，也是计算汽车运用情况的基础。

企业营运车辆按其技术状况之不同，可分为完好和非完好车辆。技术状况完好的车辆又可能处于不在进行运输工作和在车场(库)内等待运输工作两种不同状态。非技术完好状态的车辆也有可能处于保修状态和等待报废状态两种情况。因此，企业营运总车日的总体构成可用图 6.3 表示。

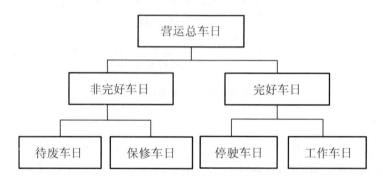

图 6.3　营运总车日构成示意图

完好车日是指报告期内总车日中，营运车辆技术状况完好，不需要进行修理或维护即可参加运输的车日。包括实际出车工作及由于各种非技术性原因而停驶的车日，计算单位：车日。非完好车日是指报告期内总车日中，因技术状况不好不能出车的车辆所占的车日。包括正在进行或等待进行维护、修理的车辆及待报废车辆所占的车日。计算单位：车日。

工作车日是指报告期内完好车日中实际出车工作的车日。计算单位：车日。计算方法：一辆营运汽车，只要当天出过车(以签发路单为依据)，不管其出车时间长短，出车班次多少和完成运输量多少，也不管是否发生过保养、修理、停驶或中途抛锚等情况，均计为一个工作车日。为装货、调车和其他营运性工作而出车，应计为工作车日，为进行试车未发生营运性活动而出车的，不算工作车日。

停驶车日是指报告期内完好车日中未出车工作的车日。计算单位：车日。一般是因为无客、无货、燃料供应中断、缺司机、缺轮胎、路线阻碍，以及风、雨、雪等气象因素及其他原因而未能出车工作的车辆所占车日。

工作车日与停驶车日之和为完好车日。在车日统计计算中，营运车辆只要当天出车参加营运，不论其出车时间长短，完成任务多少，均计为一个工作车日。但是，车辆在一个工作车日的 24 小时中，可能处于不同的状态。为了进一步分析车辆在一个短时间内的利用程度，在这里又引入了车时的概念。

车时(即车辆小时)是指每辆营运车辆在企业内保有的小时数。企业所有营运车辆的车时总数，等于营运车辆数与其在企业保有小时数的乘积。车辆在一个工作日内可能处于不同状态即在路线上工作或在车库内停驶。在路线上工作的车辆又有行驶和停驶两种不同的状态。其中，处于行驶状态的车辆还可以有重车行驶和空车行驶之分；在线路上处于停歇状态的车辆，还有因装载而停歇、因卸载而停歇、因车辆技术故障而停歇及由于组织原因而停歇之分；在车库内停驶的车辆也可能有因技术保养而停驶、因修理而停驶、因等待运输而停驶及因等待报废而停驶之不同。由此可见，车辆在工作车日内可能处于 10 种不同的状态，因而营运车总车时也应由 10 种不同状态相应车时组成，如图 6.4 所示。

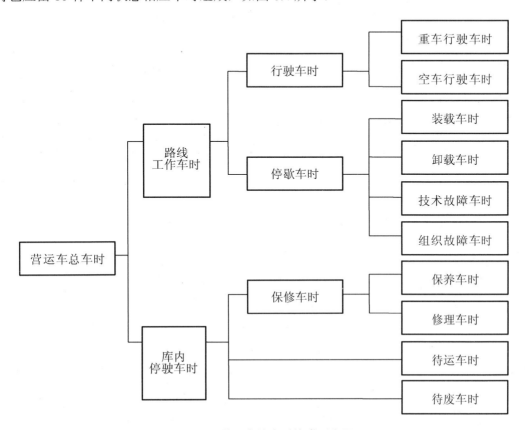

图 6.4　营运车总车时构成示意图

以车日和车时为基础，用以反映车辆时间利用的指标，包括完好率、工作率、总车时利用率及工作车时利用率 4 项。

1) 完好率

完好率（α_a）是指统计期内完好车日（U_a）与总车日（U）的比值，即：

$$\alpha_a = \frac{U_a}{U} \times 100\% = \frac{U - U_n}{U} \times 100\% \tag{6-4}$$

式中：U_n——非完好车日。

完好率用来表示总车日内有多少车日可能用于运输工作，故又称为完好车率。完好率以百分比表示，显然其不足百分数之值为车辆的非完好率（α_n），即：

$$\alpha_n = 100\% - \alpha_a \tag{6-5}$$

车辆完好率表明在统计期内，技术状况良好可随时出车进行运输工作的车辆的情况，是反映车辆的技术状况、车辆管理、运用和修理、保养工作质量的指标。完好率指数的高低不直接影响车辆生产率，但它确切地反映了企业全部营运车辆的技术状况和水平，说明企业进行运输生产活动时，车辆在时间利用方面可能达到的程度。影响完好率的因素很多，车辆本身所特有的技术性能就是一个很主要的方面，例如车辆的使用寿命、坚固性和可靠性，对保养和修理的适应性、安全性等。车辆的生产活动是在复杂的营运条件下进行的,不利的运输条件常会导致车辆技术状况的恶化。道路状况对于车辆的完好程度也有很大影响,即使车辆在城市道路和公路干线上行驶,也会因路面的等级和种类、交通量的频繁程度等不同,致使同一种型号车辆的技术状况出现很大的差别。恶劣的气候条件也会给车辆的技术状况带来不利的影响。

在一定条件下,车辆完好率的高低,主要取决于企业对车辆的技术管理、使用状况以及保修质量。汽车运输企业应加强技术管理和保修工作,特别要注意车辆的例行保养。除了要合理地改进保修作业的劳动组织,改进操作工艺和方法,改进机具设备和广泛采用新技术外,还应建立和健全岗位责任制,不断提高保修工人的技术水平和管理水平,保证原材料的及时供应和质量等。驾驶人的技术操作水平和熟练程度,对于车辆的技术状况也有很大的影响。科学地采用定车、定挂、定人的管理方式,经常注意对驾驶人的技术培训和安全教育等,也是提高完好率的重要措施。

2) 工作率

工作率(α_d)指统计期内工作车日(U_d)与完好车日(U_a)的比值,即:

$$\alpha_d = \frac{U_d}{U_a} \times 100\% \tag{6-6}$$

工作率用来表示车辆的实际利用程度。工作率以百分比表示,显然其不足百分数之值为停驶率(α_p),即:

$$\alpha_p = 100\% - \alpha_d \tag{6-7}$$

车辆工作率表明了车辆在时间方面的利用程度,它对于车辆生产率有直接的影响。在既定完好率的前提下,工作率的高低与运输组织工作和生产调度工作有很大关系,只有努力消除导致车辆停驶的各种原因,才有可能使工作率维持在较高水平上。为此,应加强企业的物资管理工作和生产调度工作,注意有计划地培养驾驶人;加强与公路部门的联系和协作,逐步有计划地改善路面质量,提高路面等级,改善交通管理,保证线路畅通;加强与气象部门的联系,注意天气变化规律,及时采取必要措施;加强计划运输和货源组织工作;等等。在一个营运车日内,车辆可能处于各种不同的运动状态。要提高车辆时间利用,通常可从两方面着手:一是延长出车时间,一是缩短车辆各类停歇时间。

3) 总车时利用率

总车时利用率(ρ)是指统计期工作车日内车辆在路线上的工作车时与总车时的比值,它用来表示平均一个工作车日的24小时中有多少时间用于出车工作,故又可称为昼夜时间利用系数。对于单个车辆在一个工作日内的总车时利用率,可按式(6-8)计算:

$$\rho = \frac{T_d}{24} \times 100\% \tag{6-8}$$

式中:T_d——车辆在路线上的工作时间,又可称值勤时间。

对于全部车辆在工作车日内的总车时利用率,则可按式(6-9)计算:

$$\rho = \frac{H_d}{24U_d} \times 100\% \tag{6-9}$$

式中:H_d——全部车辆在线路上的工作车时。

4) 工作车时利用率

工作车时利用率(δ)是指统计期内车辆在路线上的行驶车时与路线上工作车时的比值,它用来表示车辆在路线上工作车时内有多少车时用于运行,故又称为工作时间利用系数。对于单个车辆,工作车时利用率可用式(6-10)计算:

$$\delta = \frac{T_r}{T_d} \times 100\% \qquad (6-10)$$

式中:T_r——车辆在线路上的行驶车时;

T_d——车辆在线路上的工作车时。

对于全部车辆,工作车时利用率则可按式(6-11)计算:

$$\delta = \frac{H_r}{H_d} \times 100\% = \frac{H_d - H_s}{H_d} \times 100\% \qquad (6-11)$$

式中:H_r——全部车辆在线路上的行驶车时;

H_s——全部车辆在线路上的停歇车时。

2. 速度利用指标

车辆速度是指平均每单位时间内的行驶里程,它包括技术速度、营运速度、运送速度及平均车日行程 4 项指标。

1) 技术速度

技术速度(v_r)是指车辆在行驶时间内平均每小时行驶的里程。用于表示车辆行驶的快慢,计算公式为式(6-12):

$$v_r = \frac{L}{T_r} \quad (km/h) \qquad (6-12)$$

式中:L——车辆在行驶时间内的总行程,km;

T_r——包括与交通管制有关的短暂停歇时间在内的车辆行驶时间,h。

技术速度的高低主要取决于车辆本身的技术性能,尤其是速度性能(如动力性能、最高速度、加速性能等);另外,车辆的结构、动力性能、制动性能、行驶平顺性、稳定性以及车辆的外形等,对行驶速度也有很大的影响,道路条件往往是影响车辆技术速度发挥的一个重要原因。具有良好速度性能的车辆,在恶劣的道路条件情况下,也不可能达到较高的技术速度。道路条件对于车辆技术速度的影响主要表现在道路的等级、宽度、坡度、弯度、视距、路面状况和颜色等。在城市运输中,道路的交通量、照明条件、法定的行驶速度、交通信号标志等,对车辆技术速度也有很大的影响。

提高车辆的行驶速度是指车辆应具有合理的技术速度,高速度应以确保行车安全为前提。车辆技术速度的提高应在许可的技术范围之内,片面地追求技术速度的提高,会造成车辆机械的过量磨损,行车燃料的大量浪费等经济损失,从而影响行车安全和导致运输成本的升高。

2) 营运速度

营运速度(v_d)是指车辆在路线上工作时间内平均每小时所行驶的里程,它用来表示车辆在路线上工作时间内运转的快慢,计算公式为式(6-13):

$$v_d = \frac{L}{T_d} = \frac{L}{T_r + T_s} \quad (km/h) \qquad (6-13)$$

式中:T_s——车辆在线路上的停歇车时。

营运速度的大小不仅受技术速度的影响,还取决于运输组织工作好坏、运输距离远近和装卸停歇时间长短等因素的影响。在一定的技术速度下,营运速度与工作时间利用系数成正比。

3) 运送速度

运送速度(v_c)是指车辆运送旅客或货物的平均行驶速度,它用以表示客货运送的快慢,计算公式为式(6-14):

$$v_c = \frac{L}{T_c} \tag{6-14}$$

式中:T_c——客货在途时间,h。

影响运送速度的主要因素有车辆的技术速度、营运速度、始发和终点作业(装卸作业)时间,以及途中作业时间等。技术速度是决定运送速度的基本条件,但运送速度一般都低于技术速度。

4) 平均车日行程

平均车日行程($\bar{L}_d$)指统计期内平均每一个工作车日车辆所行驶的里程,是车辆速度性能利用与出车时间利用的综合性指标。计算公式为式(6-15):

$$\bar{L}_d = \frac{L}{U_d} \quad (千米/车日) \tag{6-15}$$

式中:L——车辆在统计期内工作车日内的总行程,km;

U_d——统计期内的工作车日,车日。

因此,平均车日行程是一个速度和时间利用方面的综合性指标。提高平均车日行程的主要途径是努力避免或减少车辆的停放时间,保持合理的技术速度,争取最高的营运速度。这方面的措施有:提高车辆运行作业计划的质量,加强装卸工作组织和逐步实现装卸机械化,制订科学的站务作业定额,等等。

3. 行程利用指标

1) 行程利用率

行程利用率(β)指统计期内车辆的载重行程在总行程中所占的比重。它用来表示车辆总行程的有效利用程度,计算公式为式(6-16):

$$\beta = \frac{L_L}{L} \times 100\% = \frac{L_L}{L_L + L_V} \times 100\% \tag{6-16}$$

式中:L_L——统计期内车辆的载重行程,km;

L_V——统计期内的空车行程,km。

提高行程利用率是提高车辆运用效率,降低运输成本的重要途径之一。影响行程利用率的因素很多,诸如货源、客源的充足程度及其在空间和时间的分布情况、运输组织工作质量、车库与货场的空间布局等都对行程利用率有明显的影响。

行程利用率是一个十分重要的指标,在总行程一定的前提下,要提高行程利用率,必须增加载重运行的比重,车辆只有在载重运行下才会进行有效生产。车辆空驶是一种很大的浪费,它不仅没有产生运输工作量,相反却消耗了燃料和轮胎,增加了机械的磨损,从而致使运输成本上升。车辆空驶距离越长,这种影响也就越严重。要提高车辆生产率和降低成本,提高行程利用率是一个有效措施。车辆空驶是不可能完全避免的,影响车辆空驶的因素很多,例如：货流的平衡性，车辆与货物相适应的程度，车站、车队、车间、加油站、装卸作业点间的平面配置，运输市场管理状况，运输合同执行情况，等等。

加强运输组织工作是提高行程利用率的一个重要方面，为此应积极做好货源组织工作，正确掌握营运区内货源的形成及货流的规律，确保生产的均衡性；应加强运输市场的管理，坚持合理运输；应不断提高车辆运行作业计划的准确性，积极推广先进的调度方法；应科学地确定收、发车点和组织车辆行驶线路；正确选择双班运输的交接地点；应尽量调派与装运货物相适宜的车型，组织回程专用车辆装运普通货物；应加强经济调查，合理规划车站，车队、车间(包括修理厂)、加油站之间的平面位置等。

2) 空驶率

空驶率(χ)指统计期内空驶行程在总行程中所占的比重，计算公式为式(6-17)：

$$\chi = \frac{L_V}{L} \times 100\% \tag{6-17}$$

4. 装载能力利用指标

装载能力利用指标是表示车辆载质(客)量能力有效利用程度的指标，它包括载质(客)量利用率和实载率两项指标。

1) 载质(客)量利用率

载质(客)量利用率指统计期内载货(客)汽车实际完成周转量与其载运行程载质(客)量的比值，用以反映载运行程载货(客)量利用程度，计算公式为式(6-18)：

$$\gamma = \frac{P}{P_0} \times 100\% = \frac{\sum(q \cdot L_L)}{\sum(q_0 \cdot L_L)} \times 100\% = \frac{\sum(q \cdot L_L)}{q_0 \sum L_L} \times 100\% \tag{6-18}$$

式中：P——车辆实际完成的周转量，$P = \sum p$，吨(人)·公里；

P_0——车辆额定周转量，$P_0 = \sum p_0$，吨(客)·位公里；

q——车辆实际载质量，吨(人)；

q_0——车辆额定载质量，吨(人)位；

L_L——载重行程总长度，km。

若只计算某一运次(或某一路段)的载重(客)量利用率，则称为静载重量利用率或路段满载率，计算公式为式(6-19)：

$$\gamma = \frac{p}{p_0} \times 100\% = \frac{q \cdot L_L}{q_0 \cdot L_L} \times 100\% = \frac{q}{q_0} \times 100\% \tag{6-19}$$

由此可见，静载质量利用率为车辆的实际载质量与额定载质量的比值，表示车辆额定载质量的利用程度，它与行程无关。

在计算货车的载质量利用率时，附载旅客所完成的旅客周转量人·公里应换算为吨·公里。在计算客车的载客量利用率时，附载货物所完成的货物周转量吨公里应换算成人·公里。

【例6-2】某运输企业统计期有10辆货车，标记吨位为4吨，统计期共完成货物周转量9.6万吨·公里，并因带客完成旅客周转量4万人·公里。总行程3万公里，旅客周转量按10人·公里折1吨·公里计算，试计算汽车载质量利用率。

解：$\gamma = \frac{P}{P_0} \times 100\% = \frac{\sum(q \cdot L_L)}{q_0 \sum L_L} \times 100\% = \frac{9.6 + \frac{4}{10}}{4 \times 3} \times 100\% = 83.3\%$

车辆载质(客)量的大小与利用程度的高低,对车辆生产率有很大影响。一般情况下,载质量能力大的车辆具有较高的生产能力,但能力的发挥还取决于载质量能力的利用程度,载质量能力利用得越充分,车辆生产率也就提高得越多。

在车辆载质(客)量既定的情况下,影响载质(客)量利用程度的主要因素有:货物的特征,如体积、形状、包装情况、特殊要求等;起点站的货源和客源情况以及沿线客货源补充程度;车辆的型式;货物装车的技术;运输组织工作水平;车辆的技术状况、道路条件等。

车辆载质(客)量利用水平对于车辆生产率的影响比较显著,汽车运输企业在运输组织方面,应加强货源组织和理货工作;逐步实现车辆专用化;大宗货物应调派大吨位车辆予以装运;积极开展拖挂运输;等等。在装车组织方面,应加强对主要货种和车型的研究,不断提高装载技术;配合物资部门改善货物的包装;开展成组运输时,应作好配载工作;做好零担货物配装计划;严格执行有关的装载规定;等等。

2) 实载率

实载率(ε)指统计期内车辆实际完成周转量占其总行程额定周转量的比重,用以反映总行程载货(客)量的有效利用程度,计算公式为式(6-20):

$$\varepsilon = \frac{P}{P_1} = \frac{\sum p}{\sum p_1} \times 100\% = \frac{\sum(q \cdot L_L)}{\sum(q_0 \cdot L)} \times 100\% \qquad (6\text{-}20)$$

对单个车辆或一组吨(客)位相同车辆,计算公式也可以写为式(6-21):

$$\varepsilon = \frac{P}{P_1} = \frac{\sum(q \cdot L_L)}{q_0 \sum L} \times 100\% = \frac{\sum(q \cdot L_L)}{q_0 \dfrac{\sum L_L}{\beta}} \times 100\% = \gamma\beta \qquad (6\text{-}21)$$

式中:$\sum L$——车辆在统计期内完成的总行程,km;

P_1——统计期内车辆全行程周转量,即车辆在总行程中载质(客)量充分利用时所能完成的周转量之和,又可称为总行程载质量。

由此可见,实载率在数值上等于行程利用率与载质(客)量利用率相乘之积,可以用来综合说明车辆行程和载重量两方面的利用程度。因而,利用实载率可以较全面地评价车辆结构不同和企业运输组织不同时的车辆有效利用程度。

5. 动力利用指标

动力利用指标(θ)即拖运率,指统计期内挂车完成的周转量与主、挂车合计完成的周转量之比,用以评价车辆动力的利用程度。计算公式为式(6-22):

$$\theta = \frac{P_t}{P_m + P_t} \times 100\% = \frac{\sum p_t}{\sum p_m + \sum p_t} \times 100\% \qquad (6\text{-}22)$$

式中:P_t——统计期内挂车完成的周转量,$P_t = \sum p_t$,吨(人)·公里;

P_m——统计期内主车完成的周转量,$P_m = \sum p_m$,吨(人)·公里。

开展拖挂运输的经济效益十分显著,在具备一定货源、道路、现场等条件下,拖运率水平的高低与运输组织质量,汽车与挂车的性能,车辆配备及构成,以及运输法规等密切相关,开展拖挂运输是提高运输效率和降低单位成本的一个有效途径。

6.1.3 车辆利用综合指标

1. 车辆运用效率

车辆生产率是指在一定时期内(年、季、月、日),一辆营运车所完成的运输量(吨公里或人公里)。营运车辆的时间利用程度、速度利用程度、行程利用程度、载质(客)量利用程度以及拖挂能力利用程度的高低综合影响车辆生产率的高低。

表示营运车辆生产率的主要指标有单车期产量、车吨(客)期产量以及车公里产量。

1) 单车期产量与单车日产量

单车是指一辆营运汽车。汽车带全挂车的,单车指汽车及其所带的全挂车。挂车本身无动力装置,只能由汽车或牵引车拖带行驶。挂车完成的运输量并入汽车计算。

单车期产量是指一定时期内平均每辆营运车所完成的换算周转量。计算单车产量的具体期(日历时间)一般为年、季、月、日。因此,单车期产量通常包括或分别称为单车年产量、单车季产量、单车月产量和单车日产量等。由于单车日产量有其特殊性,所以单独列出阐述。

(1) 单车期产量。单车期产量的计算方法有以下两种。

① 按计算期全部营运车辆完成的换算周转量与平均营运车数计算。计算公式为式(6-23):

$$P_{dc} = \frac{P}{N} \quad (t \cdot km) \tag{6-23}$$

式中:P_{dc}——单车期产量,t·km;
P——计算期换算周转量,t·km;
N——同期平均营运车数。

② 按车辆的各项运用效率指标计算。计算公式为式(6-24):

$$P_{dc} = D\alpha_d \overline{L}_d \beta \overline{q}_0 \gamma / (1-\theta) \quad (t \cdot km) \tag{6-24}$$

式中:D——计算期日历日数,日;
α_d——车辆工作率;
$\overline{L}_d$——平均车日行程,km;
β——行程利用率;
$\overline{q}_0$——车辆平均额定载质(客)量,吨(人)位;
γ——载质(客)量利用率;
θ——拖运率。

如果企业全部营运车辆的额定载质(客)量均相同,式(6-24)中的车辆平均额定载质(客)量可按额定载质(客)量计算。

【例 6-3】 2007 年某汽车运输公司全年完成货物周转量 112 044 160 吨公里,平均营运车数为 400 辆,平均吨位 5.2t,车辆完好率 85%,车辆工作率 79%,平均车日行程 200km,行程利用率 61%,载质量利用率 98%,拖运率 36%,请计算该公司单车年产量。

解:按式(6-23)计算

$$P_{dc} = \frac{P}{N} = \frac{112\ 044\ 160}{400} = 280\ 110.40 \ (t \cdot km)$$

按式(6-24)计算：
$$P_{dc} = D\alpha_d \overline{L}_d \beta \overline{q}_0 \gamma/(1-\theta) = 365 \times 79\% \times 200 \times 61\% \times 5.2 \times 98\%/(1-36\%)$$
$$\approx 280\ 110.40 (t \cdot km)$$

由此可见，两种方法计算的结果完全一样。

(2) 单车日产量。单车日产量是指一定时期内平均每辆营运车每个营运车日完成的运输量(换算周转量)。其计算方法也有两种。

① 按计算期全部营运车完成的换算周转量与营运车日数(即平均营运车数×计算期日历日数)计算。计算公式为式(6-25)：

$$P_{dcr} = \frac{P}{ND} \qquad (6-25)$$

式中：P_{dcr}——单车日产量，$t \cdot km$；
　　　N——同期平均营运车数；
　　　D——计算期日历日数。

② 按车辆各项运用效率指标计算。计算公式为式(6-26)：

$$P_{dcr} = \alpha_d \overline{L}_d \beta \overline{q}_0 \gamma/(1-\theta) \qquad (6-26)$$

【例6-4】 还用例6-3中2007年某汽车运输公司的数据资料，计算该公司2007年度单车日产量。

解：按式(6-25)计算：
$$P_{dcr} = \frac{P}{ND} = \frac{112\ 044\ 160}{400 \times 365} \approx 767.43\ (t \cdot km)$$

按式(6-26)计算：
$$P_{dcr} = \alpha_d \overline{L}_d \beta \overline{q}_0 \gamma/(1-\theta) = 79\% \times 200 \times 61\% \times 5.2 \times 98\%/(1-36\%) \approx 767.43\ (t \cdot km)$$

单车期产量包括单车年产量、单车季产量、单车月产量和单车日产量，它们之间的关系主要表示为式(6-27)、式(6-28)和式(6-29)：

$$P_{dcn} = P_{dcr} D_n \quad (t \cdot km) \qquad (6-27)$$
$$P_{dcj} = P_{dcr} D_j \quad (t \cdot km) \qquad (6-28)$$
$$P_{dcy} = P_{dcr} D_y \quad (t \cdot km) \qquad (6-29)$$

式中：P_{dcn}——单车年产量，$t \cdot km$；
　　　P_{dcj}——单车季产量，$t \cdot km$；
　　　P_{dcy}——单车月产量，$t \cdot km$。
　　　D_n——年度日历日数；
　　　D_j——季度日历日数；
　　　D_y——月度日历日数。

由于一年中有7个月的日历天数是31天，有4个月的日历天数为30天，二月份的日历天数平年为28天，闰年为29天，在比较不同年度、季度、月度的车辆生产率水平时，即比较单车年产量、单车季产量、单车月产量时，就会受到日历日数不同的干扰。因此，在比较不同时期车辆生产率水平时，一般使用单车日产量较好些，可以更好地综合反映车辆的运用效率，排除日历日数不同的影响。

在一定的条件下，单车产量的高低与运输企业完成的周转量多少有关。周转量完成的多少与企业车辆在时间、速度、行程、载质量以及货物(旅客)运送的平均距离有关。所以，单车产量集中地反映了车辆在时间、速度、行程、载质量等方面的综合利用效率。

2) 车吨(客)期产量与车吨(客)日产量

由于各种营运车辆的额定载质(客)量可能差异很大，即使车辆利用程度(如工作率、平均车日行程、行程利用率、载质(客)量利用率、拖运率)完全相同，完成的运输量也会相差悬殊，即采用单车期产量表示车辆生产率时，不能反映出营运车辆额定吨(客)位的差异。因此，为了消除车辆额定吨(客)位差异对车辆生产率的影响，增加企业之间或企业内部各车队之间的可比性，还要设置车吨(客)期产量指标。

(1) 车吨(客)期产量。车吨是指一辆营运货车的一个额定吨位，车客是指一辆营运客车的一个额定座位。车吨(客)期产量就是指企业在一定时期内全部营运车辆平均每个额定吨(客)位所完成的运输量。其计算方法也有两种。

① 按计算期换算周转量与同期平均总吨(客)位数计算。

按计算期换算周转量与同期平均总吨(客)位数计算车吨(客)期产量的计算公式为式(6-30)：

$$P_{cd} = \frac{P}{Q} = \frac{P}{N\bar{q}_0} \quad (\text{t·km}) \tag{6-30}$$

式中：P_{cd} ——车吨(客)期产量，t·km；

P ——计算期换算周转量，t·km；

Q ——平均总吨(客)位数，($Q = N\bar{q}_0$)，吨/日；

N ——同期平均营运车数；

$\bar{q}_0$ ——车辆平均额定载质(客)量，吨(人)位；

② 按车辆的各项运用效率指标计算。

按车辆的各项运用效率指标计算车吨(客)期产量的计算公式为式(6-31)：

$$P_{cd} = D\alpha_d \bar{L}_d \beta\gamma/(1-\theta) \quad (\text{t·km}) \tag{6-31}$$

【例6-5】 某汽车运输公司某年度有关资料如下，请计算该公司该年度的车吨年产量指标。

完成货物周转量：112 001 065.5925 吨·公里。

平均营运车数：400 辆。

平均吨位：5.198 吨。

日历日数：365 天。

车辆工作率：79%。

平均车日行程：200km。

行程利用率：61%。

载质量利用率：98%。

拖运率：36%。

解：按公式(6-30)计算：

$$Q = N\bar{q}_0 = 400 \times 5.198 = 2\,079.20 \text{ (吨/日)}$$

$$P_{cd} = \frac{P}{Q} = \frac{112\,001\,065}{2\,079.2} \approx 53\,867.38 \text{ (t·km)}$$

按公式(6-31)计算：

$$P_{cd} = D\alpha_d \bar{L}_d \beta\gamma/(1-\theta) = 365 \times 79\% \times 200 \times 61\% \times 98\%/(1-36\%) \approx 53\,867.38 \quad (\text{t·km})$$

与单车期产量一样，车吨(客)期产量按月、季、年计算时也会受不同月度、季度、年度日历日数差异的影响。为了消除这种日历日数不同的影响，可计算车吨(客)日产量指标。

(2) 车吨(客)日产量。车吨(客)日产量是指一定时期内,企业全部营运车辆每个额定吨(客)位每个营运车日所完成的运输量(换算周转量),其计算公式有两个。

① 按计算期换算周转量与总车吨(客)日计算。

按计算期换算周转量与总车吨(客)日计算车吨(客)日产量的计算公式为式(6-32):

$$P_{cdr} = \frac{P}{QD} \tag{6-32}$$

式中:P_{cdr}——车吨(客)日产量,t·km;
D——计算期日历日数。

② 按有关车辆运用效率指标计算。

按有关车辆运用效率指标计算车吨(客)日产量的计算公式为式(6-33):

$$P_{cdr} = \alpha_d \overline{L}_d \beta \gamma / (1-\theta) \quad (t \cdot km) \tag{6-33}$$

综上所述,以车吨(客)日产量指标表示营运车辆生产率既可以排除计算期日历日数不同的影响,又可以排除营运车辆额定吨(客)位数不同的影响。车吨日(客)产量的高低取决于企业运输生产组织工作的质量,取决于营运车辆运用效率的高低。因此,车吨(客)日产量指标是一个能较准确地综合反映车辆运用效率的指标,以车吨(客)日产量反映的车辆生产率具有广泛的可比性。

3) 车公里产量

车公里产量是指车辆平均每行驶1km所完成的运输量,有两种计算方法。

(1) 按周转量和总行程计算。按周转量和总行程计算车公里产量的计算公式为式(6-34):

$$P_{cgl} = \frac{P}{L} \quad (t \cdot km) \tag{6-34}$$

式中:P_{cgl}——车公里产量,t·km;
L——同期总行程,km。

式中计算期总行程,可以根据每辆营运车累计,也可以按式(6-35)计算:

$$L = U\alpha_d \overline{L}_d \quad (km) \tag{6-35}$$

式中:U——总车日,日;
α_d——车辆工作率;
$\overline{L}_d$——平均车日行程,km。

(2) 按有关车辆运用效率指标计算。按有关车辆运用效率指标计算车公里产量的计算公式为式(6-36):

$$P_{cgl} = \beta \overline{q}_0 \gamma / (1-\theta) \quad (km) \tag{6-36}$$

式中:β——行程利用率;
$\overline{q}_0$——车辆平均额定载质(客)量,吨(人)位;
γ——载质(客)量利用率;
θ——拖运率。

归纳以上提到的计算公式,如果已知有关指标的数据,一定时期内全部营运车辆所完成的周转量,可以根据式(6-37)~式(6-45)计算:

$$P = P_0 \gamma \tag{6-37}$$

式中： P ——周转量，吨(客)位公里；

P_0 ——载运行程载质(客)量，吨(客)位公里；

γ ——载质(客)量利用率。

$$P = P_1 \varepsilon \tag{6-38}$$

式中： P_1 ——总行程载质量，吨(客)位公里；

ε ——实载率。

$$P = P_{dc} N \tag{6-39}$$

式中： P_{dc} ——单车期产量， $t \cdot km$ ；

N ——同期平均营运车数。

$$P = ND\alpha_d \bar{L}_d \beta \bar{q}_0 \gamma / (1-\theta) \tag{6-40}$$

式中： D ——计算期日历日数，日；

α_d ——车辆工作率；

$\bar{L}_d$ ——平均车日行程，km ；

β ——行程利用率；

$\bar{q}_0$ ——车辆平均额定载质(客)量， t(人)位；

θ ——拖运率。

$$P = P_{dcr} ND \tag{6-41}$$

$$P = P_{dcr} U \tag{6-42}$$

式中： U ——总车日数，车日。

$$P = P_{cd} Q \tag{6-43}$$

式中： P_{cd} ——车吨(客)期产量， $t \cdot km$ ；

Q ——平均总吨(客)位数。

$$P = P_{cdr} QD \tag{6-44}$$

式中： P_{cdr} ——车吨(客)日产量， $t \cdot km$ ；

$$P = P_{cgl} L = P_{cgl} U \alpha_d \bar{L}_d \tag{6-45}$$

式中： P_{cgl} ——车公里产量， $t \cdot km$ ；

L ——同期总行程，km 。

2. 汽车的运输成本

汽车的运输成本是指汽车运输单位为完成客、货运输所支出各种费用的总和。按完成一个运次或一定期间的运输量计算的成本称为汽车运输总成本，平均单位运输量的成本称为汽车单位运输成本。单位运输成本是反映汽车运输单位生产技术水平和经营管理水平的综合指标。通过精确地核算汽车运输成本可以掌握运输生产消耗的补偿尺度，为确定运价和运输盈利额提供依据，并揭示降低成本的方向。

1) 核算办法

汽车运输成本通常按客车运输成本(简称客车成本)和货车运输成本(简称货车成本)分别计算，不按旅客运输成本和货物运输成本计算。因为汽车运输生产过程中所消耗的各种汽车运行材料如燃料、轮胎等是车辆运行耗费的，不是用于构成运输产品(运输量)的实体。完成等量的运输量，各种运行材料的耗费并不总是相等；而且在同一运次中，客车载客并附载少量货物(行李、包裹)或货车载货并附载少数旅客(押运员等),很难分清运行材料总消耗量中运输旅客和运输货物二者各自的消耗量,自然也就不易分别计算旅客运输成本和货物运输成本。所以,汽车运输生产的各项直接费用,不是按运输业务类别(旅客运输、行李包裹运输、货物运输)归集,而是按车辆类别(客车、货车)归集;间接费用一般是按车辆分配而不是按客运和货运的运输量来分配。由于车型和使用燃料不同,运行消耗有差异,所以汽车运输成本常按不同车型、不同燃料分别计算;在需要时还分别按不同道路、货种计算运输成本。运输业产品的生产和消费是在同一个过程完成的,没有与生产过程相分离的产品销售过程。因此,汽车运输成本不计算销售成本而直接计算完全成本。

客车单位运输成本按人公里或千换算人公里(简称千人公里)所支付的费用计算;货车单位运输成本按吨公里或千换算吨公里(简称千吨公里)所支付的费用计算。客车捎运货物应将其货物周转量换算为人公里计入客车完成的周转量内;货车附载旅客应将其旅客周转量换算为吨公里计入货车完成的周转量内。吨公里与人公里的换算比率在中国为 1:10。

2) 成本开支范围

汽车运输成本包括运输生产过程中所消耗的物化劳动的转移价值和劳动者新创造的价值中以工资形式分配给劳动者的那部分价值,这决定着汽车运输成本的开支范围。各国政府对成本开支范围均有统一规定。汽车运输成本的费用主要有:①运输生产过程中所消耗的燃料、润滑料、轮胎等费用;②支付公路管理单位的养路费;③固定资产的折旧费、修理费;④进行科学研究、技术开发所发生的不构成固定资产的费用;⑤按国家规定列入成本的职工工资、福利费、特定原材料节约奖、技术改进和合理化建议奖;⑥按规定比例计算提取的工会经费和按规定列入成本的职工教育经费;⑦生产营运过程中发生的事故损失和残损赔偿费,经同级财政机关批准核销的坏账损失;⑧财产保险费,契约、合同公证费和鉴证费、咨询费、专有技术使用费以及应列入成本的排污费;⑨流动资金贷款利息;⑩广告费和营运业务费、办公费、差旅费、劳动保护用品费、冬季取暖费、仓库经费、展览费等管理费等。除此以外,应在基本建设资金、各种专项基金和专项费用中开支的费用,以及与本企业生产经营活动无关的其他费用等均不得列入成本。

3) 成本构成

根据规定的成本开支范围,汽车运输成本应按一定的成本项目进行核算。中国的汽车运输成本划分为车辆费用和企业管理费两类共 10 个项目。车辆费用指营运车辆为进行运输生产而发生的各项费用,包括驾驶人工资、福利基金、燃料、轮胎、保修、大修、折旧、养路费、其他等 9 个项目;企业管理费为一个项目,是指企业及其所属的汽车站、汽车队为经营管理和组织生产所发生的各项管理费用和业务费用,包括管理人员工资及福利基金、办公费、水电费、差旅费、管理和业务部门固定资产的折旧费和维修费等。

为进行成本控制和成本预测与分析,汽车运输成本项目可归纳为三类费用:①在一定期间内与同期所完成运输量多少无关的固定费用(也称期间费用),如职工的(计时)基本工资和固定津贴,绝大部分的企业管理费等;②随汽车行驶里程增减而增减的变动费用(通称车公里变动费用),如按车公里计算的燃料消耗量的费用,以车公里为基础计算的按胎公里摊销(提)的轮胎费用,按车公里计提的汽车大修基金,按生产法计提的汽车折旧费等;③随周转量增减而增减的变动费用(通称吨公里、人公里变动费用),如按营运收入或周转量计缴的养路费,按周转量计发的驾乘人员行车津贴,按周转量计算的附加燃料消耗量的费用等。上述三类费用固定与变动的情况,都是相对运输总成本而言的。在单位运输成本中情况则恰恰相反。一定时期内，运输总成本中的固定费用在单位运输成本中是变动的，它随周转量的增加而降低；车公里变动费用在燃料、轮胎、大修、折旧等按车公里计算的单位消耗量或提取率基本稳定的条件下，随车公里产量(见汽车运用效率指标)的升高而降低；吨公里变动费用则是固定的，即不论完成的周转量增加还是减少，单位吨公里变动费用都保持不变。

4) 降低成本的意义和途径

降低汽车运输成本表明节约了完成单位运输量的劳动耗费，是降低汽车运价的前提。降低汽车运价能够节约物资流通过程中的运输费用和人们的旅行费用，同时也有利于扩大汽车的合理使用范围。降低汽车运输成本的主要途径是改善经营管理，注重经济效益，提高车辆运用效率和劳动生产率，节约燃料、轮胎等运行材料的消耗，降低保养、修理等费用。

5) 单位运输产品产量所支付的费用

单位运输产品产量所支付的费用由变动成本和固定成本组成。变动成本(车辆运行费用)是指与车辆行驶有关的费用支出，包括运行材料费用、车辆折旧费用、车辆维修费、养路费，其中运行费占运输成本 40%左右，燃料费用占 25%~30%，轮胎费用占 10%~15%。固定成本是指与车辆行驶无关的费用支出，包括职工工资、行政办公费用、房屋维修费、职工培训费，占运输成本 60%。

6.2 车辆管理评价定额和指标

车辆管理评价定额和指标是坚持预防为主和技术与经济相结合的车辆技术管理原则的量化，包括主要经济定额和指标两个方面。

6.2.1 主要技术经济定额

1. 行车燃料消耗定额

行车燃料消耗定额是指汽车每行驶百公里或完成百吨公里周转量所消耗燃料的限额。根据 GB 4352—2007《载货汽车运行燃料消耗量》和 GB 4353—2007《载客汽车运行燃料消耗量》规定，按车型、使用条件、载质(客)量和燃料种类分别制定。

燃料实际消耗量是指报告期营运汽车进行运输生产实际消耗的燃料数量，不包括保养、修理作业和试车时所消耗的燃料数量。其计算单位为升。实际消耗量应按燃料种类、载货汽车和载客汽车以及不同的车辆厂牌、型号分组计算。

燃料平均实际消耗量是指营运汽车行驶一定里程或完成一定的运输量平均实际消耗的燃料数量。其计算公式如下。

1) 按行驶里程计算即式(6-46)：

$$H_c = \frac{H_s}{L} \times 100\% \tag{6-46}$$

式中：H_c——平均每百车公里燃料消耗量，升/百车公里；

H_s——燃料实际消耗量，L；

L——总行程，km。

2) 按运输量计算，即式(6-47)：

$$H_d = \frac{H_s}{P_m + P_t} \times 100\% \qquad (6-47)$$

式中：H_d——平均每百吨(人)公里燃料消耗量，升/百车公里；

P_t——统计期内挂车完成的周转量，吨(人)公里；

P_m——统计期内主车完成的周转量，吨(人)公里。

按定额计算的燃料应消耗量是指营运汽车实际行驶里程或完成运输量，按规定的燃料消耗定额应消耗的燃料数量。行车燃料消耗定额由各省、市、自治区交通厅(局)统一规定。按定额计算燃料应消耗数量时，应根据有关规定将由于路面等级、重车和空车、拖带挂车以及其他各种因素而应加发或减发的燃料数量计算在内。

燃料节约或超耗缴量是指营运汽车实际消耗的燃料数量与按定额计算的燃料应消耗量比较的差额。计算公式为式(6-48)：

$$H_{ch} = H_s - H_y \qquad (6-48)$$

式中：H_{ch}——燃料节约或超耗缴量，L；

H_y——按定额计算的燃料应消耗量，L。

按上式计算结果，负数(-)为节约数量，正数(+)为超耗数量。

节(亏)油率(ω)是指公路运输企业燃料节约或超耗数量占按定额计算的应消耗量的比重。计算公式为式(6-49)：

$$\omega = \frac{H_{ch}}{H_y} \times 100\% \qquad (6-49)$$

2. 轮胎行驶里程定额

轮胎行驶里程定额是指新胎从开始装用，经翻新到报废总行驶里程的限额，按车型、轮胎种类和使用条件分别制定。

3. 车辆维护和小修费用定额

车辆维护和小修费用定额是指车辆每行驶一定里程维护和小修耗用的工时和物料费用的限额，按车型和使用条件分别制定。

4. 车辆大修间隔里程定额

车辆大修间隔里程定额是指新车到大修，或大修到大修之间所行驶里程的限额，按车型和使用条件分别制定。

5. 发动机大修间隔里程定额

发动机大修间隔里程定额是指新发动机到大修，或大修到大修之间所使用的里程限额，按发动机型号分别制定。

6. 车辆大修费用定额

车辆大修费用定额是指车辆大修所耗工时和物料费用的限额，按车型分别制定。

6.2.2 主要技术经济指标

汽车运输业应建立的主要技术经济指标有 7 项：完好率，车辆平均技术等级，车辆二级维护实施率，车辆维护返工率，车辆新度系数，小修频率，轮胎翻新率。

1. 完好率

完好率是指统计期内完好车日在总车日中所占比重。车辆完好率表明在统计期内，技术状况良好可随时出车进行运输工作的车辆的情况，是反映车辆的技术状况、车辆管理、运用和修理、保养工作质量的指标。

2. 车辆平均技术等级

车辆技术等级评定就是对长期运行的车辆在一定时期的技术状况按统一的评定指标加以评估和划分。车辆平均技术等级是指所有运输车辆技术状况的平均等级。

3. 车辆二级维护实施率

车辆二级维护实施率是指实际完成的二级维护车辆数与按维护周期应完成的二级维护车辆数之比，即式(6-50)：

$$\varphi = \frac{E_w}{E_j - E_b} \times 100\% \tag{6-50}$$

式中：φ——二级维护实施率；
E_w——完成的二级维护车辆数；
E_j——计划完成的二级维护车辆数；
E_b——计划变更的二级维护车辆数。

4. 维护返工率

维护返工率是指车辆维护出厂后，返工辆次占维护竣工总辆次的百分比，即式(6-51)：

$$\tau = \frac{W_f}{W_j} \times 100\% \tag{6-51}$$

式中：τ——车辆维护返工率；
W_f——维护返工辆次；
W_j——维护竣工总辆次。

5. 车辆新度系数

车辆新度系数是综合评价运输单位车辆新旧程度的指标。计算公式为式(6-52)：

$$\xi = \frac{G_j}{G_y} \tag{6-52}$$

式中：ξ——车辆新度系数；
G_j——年末单位全部运输车辆固定资产净值；
G_y——年末单位全部运输车辆固定资产原值。

车辆固定资产原值是指购置车辆支付的费用。车辆固定资产净值是指车辆原值减去累积折旧费的余额。

6. 小修频率

小修频率是指每千公里发生小修的次数(不包括各级维护作业中的小修)。

7. 轮胎翻新率

轮胎翻新率是指在统计期内经过翻新的报废轮胎数占全部报废轮胎数的百分比，即式(6-53)：

$$\eta = \frac{F_f}{F_b} \times 100\% \tag{6-53}$$

式中：η——轮胎翻新率；

F_f——经过翻新的报废轮胎数；

F_b——全部报废轮胎数。

车辆管理评价定额和指标的实例见表 6-1。

表 6-1 某汽车运输总公司技术经济定额和指标

定额和指标	数值
轮胎行驶里程定额/10 000km	
载客汽车	
普通斜交轮胎	10
子午线轮胎	12
载货汽车	
普通斜交轮胎	8
子午线轮胎	9
行车燃料消耗定额/(次·(1 000km)$^{-1}$)	不大于该车型原厂规定的相应车速等速百公里燃料消耗量的110%
汽车小修频率/(次·(1 000km)$^{-1}$)	0.6
汽车小修费用定额/(员·(1 000km)$^{-1}$)	8
汽车二级维护费用定额/(元/月)	
30座以上客车(装载质量3 t 以上货车)	300
30座以下客车(装载质量3 t 以下货车)	200

本 章 小 结

本章阐述了车辆利用和管理评价定额及指标，介绍了运输量统计指标的内容，重点讲述了车辆利用评价指标，包括单项指标和综合指标。车辆利用单项指标包括时间利用指标、速度利用指标、行程利用指标、装载能力利用指标和动力利用指标。车辆利用综合指标有车辆运用效率和汽车运输成本。车辆运用效率是指在一定时期内，一辆营运车所完成的运输量(吨公里或人公里)。主要指标有单车期产量、车吨(客)期产量以及车公里产量。汽车运输成本包括核算方法、开支范围、成本构成以及降低成本的有效途径。还讲述了汽车运输业应建立的车辆管理主要技术经济定额和指标。

复习思考题

一、判断题

1. 完好车日就是工作车日。（ ）
2. 技术速度是指车辆在路线上工作时间内平均每小时所行驶的里程。（ ）
3. 轮胎的翻新次数越多，则翻新率越高。（ ）
4. 车辆平均技术等级是指所有运输车辆技术状况的平均等级。（ ）

二、名词解释题

1. 完好车日。
2. 车辆完好率。
3. 汽车大修间隔里程定额。
4. 轮胎翻新率。

三、简答题

1. 如何计算汽车运输成本？
2. 如何按运输量计算汽车燃料消耗量？
3. 如何计算车辆新度系数？

第 7 章　汽车的运行材料及其使用

 教学目标

　　汽车运行材料是指在车辆运行过程中，使用周期较短，消耗费用较大，对车辆使用性能有较大影响的一些非金属材料，占汽车使用成本中的 40%左右，它主要包括汽车使用过程中的燃料、润滑材料、制动液、冷却液以及轮胎消耗等。通过本章的学习，要达到以下目标。
　　(1) 掌握车用燃料、润滑油料、工作液和轮胎的牌号及选用，了解其分类、性能、检测指标。
　　(2) 掌握汽车能源利用检测评价方法和汽车运行燃料消耗量的确定。
　　(3) 了解车用新能源及其发展方向。

 教学要求

知识要点	能力要求	相关知识
汽车燃料	(1) 掌握车用汽油的使用 (2) 了解车用轻柴油的合理选用	汽油、轻柴油
汽车能源利用检测评价方法	(1) 了解能源利用检测方法 (2) 掌握汽车能源利用的考核指标	
汽车运行燃料消耗量的确定	了解汽车燃料消耗量的标准和计算方法	
汽车使用节油方法	(1) 了解汽车使用节油的基本途径 (2) 掌握汽车使用节油的基本措施	
车用新能源	(1) 了解液化石油气、氢和醇类等新能源的使用 (2) 掌握天然气和电能的使用	混合动力汽车、电动汽车
润滑材料及其使用	(1) 掌握机油的性能特点及其使用 (2) 了解齿轮油和润滑脂的性能特点及其使用	
轮胎及其使用	(1) 了解汽车轮胎的类型 (2) 了解汽车轮胎的规格 (3) 掌握汽车轮胎的合理选用	子午线轮胎
工作液的合理使用	(1) 了解汽车主要工作液的性能特点 (2) 掌握发动机冷却液的合理选用 (3) 了解汽车自动变速器油、制动液和空调制冷剂的合理选用	发动机、变速器、空调

引 例

最早的轮胎是由木头制造而成的,这从我国古代的战车和国外的绅士马车上都能看出。后来,当探险家哥伦布在1493—1496年的第二次探索新大陆到达西印度群岛中的海地岛时,发现了当地小孩所玩的橡胶硬块,这使他大吃一惊。后来他把这个奇妙的东西带回了祖国,若干年以后,橡胶得到了广泛的应用,车轮也逐渐由木制变成了硬橡胶制造。但这时的橡胶轮胎还是实心的,走起来还很不舒服,而且噪声也很大。

直到1845年,出生于苏格兰的土木技师R.w.汤姆生发明了世界上第一个充气轮胎,并以《马车和其他车辆的车轮改良》为题,获得了英国政府的专利。1847年《科学·美国》杂志介绍了汤姆生的充气轮胎,称其为划时代的改良。但是,当时的英国过于注重传统的绅士化,为了保护马车而限制蒸汽车的发展,汽车的速度在市区被限定为时速2mile(约3.2km),郊区为4mile(约6.4km)。这样,汤姆生的发明便没有了市场,因此,慢慢地也就被人们遗忘了。也就是说,汤姆生的第一次轮胎革命并未给人类带来太阳一样的光明,因为人类所应经受的黑暗似乎还没有到头。但是太阳总是要出来的,因为人类以及万物都需要它,近40年以后的1888年,在爱尔兰当兽医的苏格兰人J.B.邓禄普先生取得了充气轮胎的专利。当时,J.B.邓禄普先生10岁的儿子强尼买了一辆三轮自行车,但是因为当时的轮胎还都是用硬橡胶做的实心轮胎,因此,在满是石头的路上行走时很不舒服,儿子的抱怨激发了邓禄普先生的灵感,因此,被遗忘了近40年的充气轮胎再次问世。随着时代的进步,邓禄普先生发明的充气轮胎很快在自行车上得到了应用,并迅速迈向了汽车领域,为世界汽车工业的发展做出了巨大贡献。

初期的充气轮胎是用涂有橡胶的帆布当胎体,因为帆布的纵线和横线互相交叉,行走时由于轮胎的变形导致线的互相摩擦,因此线就很容易被磨断,这时的轮胎只能跑200~300km。1903年,J.F.帕玛先生发明了斜纹纺织品,这种斜纹纺织品的发明促成了交叉层轮胎的发展,使轮胎的寿命向前跨了一大步。因为斜叉的胎体不会再因轮胎的行走而引起摩擦,帘线不容易被磨断,所以寿命大大加长。

1930年米其林制造了第一个无内胎轮胎;1946年又发明了举世闻名的子午线轮胎,如图7.1所示。因此,轮胎的发展是经历了一个漫长的历程,在这漫漫长夜里,不知有多少代人为之付出了艰辛的劳动和高超的智慧。

图7.1 汽车轮胎

7.1 汽车燃料

汽车燃料主要指汽油(汽油机,即点燃式发动机用燃料)和柴油(柴油机,即压燃式发动机用燃料),它们是当前汽车运行的主要动力来源。汽车加油一般在加油站进行,如图7.2所示。

图7.2 汽车加油站

7.1.1 车用汽油

燃料通常是指能够将自身存储的化学能通过化学反应(燃烧)转变为热能的物质。汽车燃料主要有车用汽油和轻柴油,另外还有一些正在开发中的代用燃料。

汽油由碳原子5~11的烃类混合物构成。汽油质量与发动机性能密切相关,辛烷值的高低、烃类组成成分都直接影响发动机的燃烧性能;蒸发性与发动机的运转性能有关;烃类组成、燃料清洁度又与发动机的排放有关;氧化安定性又影响到存储时燃料的变质及燃烧物的排放等。在这些性能中,提高辛烷值具有重要的经济效益和社会效益,因为它直接影响发动机的热功效率及油耗,同时使用高辛烷值的汽油可以有效地防止爆振,从而减少污染、保护环境。

1. 汽油的主要使用性能

汽油对发动机性能有重要影响,其特性有:蒸发性、抗爆性、燃烧热值、汽化潜热、化学稳定性和安全性。

1) 汽油的蒸发性

汽油的蒸发性是指汽油从液态转变为气态的难易程度。为保证在不同的气温和发动机的各种工况下都能形成正常工作需要的混合气且平顺地向不同工况转换,汽油必须有适当的蒸发性。

汽油机在低温启动时,由于进气系统和发动机处于预热阶段,汽油受热量小,不易蒸发,因此要求汽油要有良好的蒸发性,否则会使混合气形成不良,燃烧不完全,油耗增加,碳氢化合物(HC)排放浓度增加，进入汽缸内的未蒸发汽油冲刷发动机汽缸且直接流入油底壳稀释发动机机油，加快机油变质，并影响机油性能，增加发动机磨损；另一方面，蒸发性过大同样对汽油机供油系统不利，主要是高温时在油路中易产生"气阻"，造成供油不畅，其次是在保管和使用中蒸发损失增加会造成浪费和污染，过高的蒸发性也容易使电喷汽油机的碳罐过载。

对汽油的蒸发性影响最大的是馏程和饱和蒸气压两个指标。一般要求测出 10%、50%、90%的馏出温度和干点等，它们反映了不同工作条件下汽油的蒸发性能，与汽油的使用性能关系密切。10%馏出温度表示了汽油中含轻质馏分的多少，它对发动机在冬季启动的难易和发动机在夏季使用中是否发生气阻有直接关系；50%馏出温度表示汽油平均蒸发性，对发动机的预热和加速有一定影响，这个温度越低，发动机的加速性和稳定性就好，反之，会造成发动机由低速向高速过渡时加速不顺畅；90%馏出温度和干点表示汽油重质成分含量的多少，它对汽油能否完全燃烧和发动机磨损大小有一定影响，这两个温度过高，说明汽油中含有的重质成分过多，汽油不能完全蒸发，因而燃烧时发动机冒黑烟，油耗增大，没有完全燃烧的重质汽油还会冲刷汽缸壁的润滑油，从而加剧机械磨损。

饱和蒸气压是汽油蒸发达到平衡后的汽油蒸气对容器壁产生的压力，它是保证汽油在使用中不发生气阻的质量指标。在国家标准中，规定汽油饱和蒸气压在春夏季节不得大于 67kPa 或 74kPa，在秋季不得大于 80kPa 或 88kPa。

2) 汽油的抗爆性

汽油发动机的热功率与它的压缩比直接相关，随压缩比的增大，发动机热功率也会提高。因而希望采用压缩比高的发动机。但是压缩比的提高则易发生一种异常燃烧——爆燃。爆燃是在特定情况下，当混合气点燃后火焰前沿未传播的那部分混合气，在汽缸高温高压的影响下，生成大量极不稳定的过氧化物，当积聚到一定量时，不等火焰前沿传到，它就会自行分解并发火引燃混合气，在未燃烧部分的混合气中会出现许多燃烧中心，燃烧速率猛烈增加，火焰传播速度达 1 500～2 500m/s；同时，燃气压力在局部区域内瞬间高达 9 800kPa 左右，比正常燃烧的压力高 3 倍，这种高速爆炸的气体冲击波在汽缸内产生清脆的金属敲击声，该燃烧叫做爆燃。爆燃所特有的异常声音称为爆振。发动机产生爆燃将导致发动机功率降低、油耗增加，长时间的爆燃还会使发动机过热，使活塞、活塞环、汽缸垫、气门、连杆、轴瓦、火花塞等零件变形损坏，使发动机寿命缩短。因此，为避免爆燃，高压缩比的汽油机要求汽油的抗爆性能也相应提高。

汽油的抗爆性是指汽油在发动机中燃烧时不发生爆振的能力。汽油抗爆性可用汽油的辛烷值来评价。所谓汽油的辛烷值，是在一定的试验条件下与该汽油抗爆性相同的标准燃料所含的异辛烷体积百分数，代表点燃式发动机燃料抗爆性的一个约定数值。在规定条件下的标准发动机试验中，通过和标准燃料进行比较来测定。测定辛烷值的方法不同，所得值也不同，通常分为马达法辛烷值(MON)和研究法辛烷值(RON)两种，分别用 900r/min 和 600r/min 的单缸发动机测定，以表示高转速和低转速时汽油的抗爆性。

目前，西欧国家一般采用研究法辛烷值，我国也已经采用了研究法辛烷值。马达法与研究法的区别仅仅在于试验时的运转条件不同，前者较苛刻，因此几乎所有汽油的马达法辛烷值都比研究法辛烷值低，两者之差称为灵敏度，它成为衡量抗爆性随着燃烧条件而变化的尺度。一些国家引用抗爆性指标来评价汽油的灵敏度，抗爆指数可按式(7-1)求出：

$$抗爆指数=(MON+RON)/2 \qquad (7-1)$$

由于实验室所测定的汽油辛烷值不能完全反映汽车在道路上行驶时汽油的实际抗爆性能力，因此一些国家采用行车法来评定汽油的实际抗爆性，即道路辛烷值。

为了提高汽油的抗爆性，主要采用先进的炼制工艺生产和添加抗爆剂。虽然四乙基铅可明显提高汽油的抗爆性，但由于铅微粒会随着铅汽油燃烧后排到大气中，对人体有害，同时，铅会对尾气后处理装置的三元催化剂造成中毒，因此，世界各国和地区均向低铅和无铅迈进。我国从 2000 年 1 月 1 日起停止生产含铅汽油。无铅汽油的生产主要依靠在炼制工艺中增加重整、烷基化、异构化和醚化组分来实现。

3) 汽油的安定性

汽油在其正常的存储与使用过程中保持其性质不发生永久变化的能力称为汽油的安定性。安定性差的汽油在存储及运输过程中易发生氧化反应，生成胶状与酸性物质，使辛烷值降低、酸值增加。汽油中生成的胶质过多时，会使发动机工作时的油路被阻塞，造成供油不畅，混合气变稀，气门被黏着而关闭不严；还会使积炭增加，导致散热不良而引起爆振和早燃；沉积于火花塞上的积炭还可能造成点火不良，甚至不能产生电火花。

汽油的氧化安定性通常采用实际胶质和诱导期来评价。实际胶质是在规定条件下测得的发动机燃料的蒸发残留物，以毫克每百毫升表示。诱导期是在规定的加速氧化条件下，油品处于稳定状态所经历的时间周期，用分钟表示。

4) 汽油的腐蚀性

汽油的腐蚀性是指在运输、储运和使用过程中与运输设备、储运容器和发动机零件金属发生化学反应，使金属失去固有性质的能力。汽油的腐蚀性来源于少量的非烃化合物和外来杂质。汽油中含有硫、活性或非活性的硫化物、水溶性酸或碱等，对金属有腐蚀性。汽油内单质游离状态的元素硫含量达到 0.005%时，汽油会对与其接触的铜片造成腐蚀。在较高的温度下，单质硫能直接腐蚀钢铁。

汽油规格中的硫含量主要用来控制非活性硫化物。通常，汽油的腐蚀性可以用硫含量、水溶性酸及碱、酸度来表征，可以用铜片试验来评定。

5) 汽油的有害性

汽油中含有许多有害物，主要有苯、烯烃、芳烃、锰、铁、铜、铅、磷、硫、机械杂质等。

2. 我国汽油的规格

石油产品的质量标准称为油品规格。各国的汽油规格都是根据本国具体情况制定的。随着生产技术的发展和国际贸易的需要，汽油规格不断修正提高并趋于建立统一的国际标准。

我国国家质量监督检验检疫总局和国家标准化管理委员会于 2006 年 12 月 6 日发布了最新的我国车用汽油强制性国家标准 GB 17930—2006《车用汽油》，这一标准按研究法辛烷值(RON)将汽油分为 90 号、93 号和 97 号 3 种，见表 7-1。

表 7-1 车用汽油技术规格

项目		质量指标			试验方法
		90 号	93 号	97 号	
抗爆性					
研究法辛烷值(RON)	不小于	90	93	97	GB/T 5487
抗爆指数(RON+MON)/2	不小于	85	88	报告	GB/T 5487　GB/T 503
铅质量分数/(g/L) (a)	不大于	0.005			GB/T 8020
馏程:					GB/T 6536
10%蒸发温度/℃	不高于	70			
50%蒸发温度/℃	不高于	120			
90%蒸发温度/℃	不高于	190			
终馏点/℃	不高于	205			
残留量/% (体积分数)	不大于	2			
蒸汽压/kPa					GB/T 8017
11 月 1 日至 4 月 30 日	不大于	88			
5 月 1 日至 10 月 31 日	不大于	74			
实际胶质/(mg/100mL)	不大于	5			GB/T 8019
诱导期/min	不小于	480			GB/T 8018
硫含量/%（质量分数）(b)	不大于	0.05			GB/T 380、GB/T 11140、GB/T 17040、SH/T 0253、SH/T 0689、SH/T 0742
硫醇(需满足下列要求之一)					
博世试验		通过			SH/T 0174
硫醇中硫的质量分数/%	不大于	0.001			GB/T 1792
铜片腐蚀(50℃，3h)/级	不大于	1			GB/T 5096
水溶性酸或碱		无			GB/T 259
机械杂质及水分		无			目测　(c)
苯含量/%（质量分数） (d)	不大于	2.5			SH/T 0693、SH/T 0713
芳烃含量/%（质量分数） (e)	不大于	40			GB/T 11132、SH/T 0741
烯烃含量/%（质量分数） (e)	不大于	35			GB/T 11132、SH/T 0741
氧含量/%（质量分数）	不大于	2.7			SH/T 0663
甲醇含量/%(质量分数) (a)	不大于	0.3			SH/T 0663
锰含量/(g/L) (f)	不大于	0.018			SH/T 0711
铁含量/(g/L) (a)	不大于	0.01			SH/T 0712

注：a 车用汽油中，不得人为加入甲醇以及含铅或含铁的添加剂。
　　b 在有异议时，以 GB/T 380 方法测定结果为准。
　　c 将试样注入 100mL 玻璃量筒中观察，应当透明，没有悬浮和沉降的机械杂质和水分。在有异议时，以 GB/T 511 和 GB/T 260 方法测定结果为准。
　　d 在有异议时，以 SH/T 0713 方法测定结果为准。
　　e 对于 97 号车用汽油，在烯烃、芳烃总含量控制不变的前提下，可允许芳烃的最大值为 42%（体积分数），在含量测定有异议时，以 GB/T 11132 方法测定结果为准。
　　f 锰含量是指汽油中以甲基基锰形式存在的总锰含量，不得加入其他类型的含锰添加剂我国车用燃油的质量标准与发达国家还有很大差距,其中与污染排放有关的质量指标明显偏高,与欧洲燃油规范相比相差很大,主要存在硫含量高、汽油中芳烃含量较低、汽油中烯烃含量高、汽油的蒸气压力高和辛烷值分布差等问题。我国汽油清洁化与国际接轨主要分3个阶段。

1) 第一阶段

从 2000 年 1 月 1 日起,我国全面禁止生产含铅汽油,用了 9 年时间实现了汽油无铅化,在无铅化过程中实现了高标号化,并积极推进汽油清洁化进程,即对汽油的硫含量、烯烃含量、芳烃含量、苯含量等提出了限制。2000 年 7 月 1 日起在北京、上海、广州三大城市执行汽油国家新标准 GB 17930—1999。汽油新标准 GB 17930—1999 规定硫质量分数不大于 0.08%、烯烃质量分数不大于 35%,芳烃质量分数不大于 40%。汽油新标准与欧Ⅰ号标准相当。2003 年 7 月 1 日,我国全面实施新汽油标准,成功地迈出中国汽油清洁化的第一步。

2) 第二阶段

新车要全面达到 GB 18352.1—2001 标准,达到欧洲Ⅱ号标准,2007 年达到欧洲Ⅲ号标准。

3) 第三阶段

从 2010 年起,汽油质量与国际接轨。

3. 汽油的合理选用

1) 按发动机压缩比选用汽油牌号

汽油的牌号是以汽油的辛烷值来表示的,汽油的牌号代表其辛烷值的高低,辛烷值越高,抗爆性就越好。我国的汽油是按研究法辛烷值(RON)划分的。表 7-2 所示为我国部分汽油车发动机主要技术特征和要求的汽油牌号。

表 7-2 部分汽油车发动机主要技术特征和要求的汽油牌号

汽车型号	发动机型号结构特征	(功率/kW)/[转速/(r/min)]	排量/L	压缩比	无铅汽油牌号(RON)
CA1092	CA6102	99/3 000	5.56	7.2	90
上海桑塔纳 2000	电控多点喷射	74/5 200	1.80	9.5	90 以上
奥迪 A6	电控多点喷射	92/5 800	1.80	10.1	97
上海帕萨特 B5	B5 ANO,电控多点	92/5 800	1.80	10.3	93 以上

2) 根据汽车制造商推荐选用

汽车制造商一般会在使用说明书中推荐适用的汽油牌号,用户可根据具体情况适当选用,但不能低于制造商推荐的牌号。如选用低于要求的汽油牌号,易引起发动机爆燃,使功率下降,油耗增加,甚至损坏发动机部件。反之,如选用的牌号过高会造成浪费。

3) 不要使用不合格汽油

汽油在运输、储运过程中轻质馏分容易损失、发生氧化变质而导致实际胶质增多,使汽油质量下降。这类汽油容易引起发动机故障,应尽量避免使用。使用电控燃油喷射系统的汽车应选用无铅汽油,否则,会影响氧传感器和三元催化器的正常工作。

4) 推广使用加入汽油清净剂的无铅汽油

电喷式发动机在进气行程中把雾状汽油直接喷向进气门,此时油道内的温度可能高达 200 多度(℃),其结果是在进气门上方、气门杆和喷嘴上极易形成积炭,而且沉积的速度会很快。

积炭结在进气门的密封面上会导致气门关闭不严、缸压下降、发动机指标全面下降；气门杆积炭多了会造成启动时气门冷粘连，发动机剧烈抖动；而喷嘴的积炭使进油不畅、发动机功率下降。新一代的清净剂可有效地在金属表面形成分子活化层，保护金属表面不结积炭。对原有的积炭颗粒，也可逐渐将其活化，慢慢去除，从而保护发动机。

5) 高原地区使用的汽油的辛烷值可以适当降低

当汽车在海拔较高的高原地区使用时，由于进气压力下降，有利于减轻爆振，所以汽油的辛烷值可以适当降低，根据资料表明：海拔高度每增加300m，汽油辛烷值的要求可平均减低1~2个单位(RON)。

注意：对于装有处理排气的催化转换器的汽车，无铅汽油是必需的。因为铅会损坏催化转换器的贵金属(如铂)，使其失效，还会破坏氧传感器。无铅汽油是高级别、高辛烷值成分的混合物。在2000年，最大铅含量限制为5mg/L。无铅汽油的主要数据见表7-3。

表7-3 无铅汽油的主要数据(欧洲标准EN 228，从2000年1月1日起生效)

	要求	单位	规格
抗爆品质	高级，min	RON/MON	95/85
	高级，min	RON/MON	91/82.5
	超高级，min	RON/MON	98/88
密度		kg/m³	720~775
硫，max		mg/kg	150
苯，max		%体积	1
铅，max		mg/L	5
挥发性	蒸发压力，夏季，min/max	kPa	45/60
	蒸发压力，冬季，min/max	kPa	60/90
	蒸发体积，在70℃，夏季，min/max	%体积	20/48
	蒸发体积，在70℃，冬季，min/max	%体积	20/50
	蒸发体积，在100℃，min/max	%体积	46/71
	蒸发体积，在150℃，min/max	%体积	75/—
	干点，max	℃	210
	气阻指数过渡期，春季和秋季，max		1 150

注：RON是研究法辛烷值；MON是马达法辛烷值

7.1.2 车用轻柴油

按国家标准可将柴油分为轻柴油、重柴油、军用柴油等。汽车用柴油机属于高速柴油机，所用柴油为轻柴油。轻柴油是由沸点范围160~370℃的石油直馏组分或其与二次加工组分调和而成的高速柴油机燃料，可含有氧化安定剂、改善低温流动性和燃烧性能的各种添加剂。轻柴油的闪点高于35℃，质量热值稍低于汽油，相对密度大(0.80~0.85)，密度比汽油高。轻柴油的化学组成与汽油类似，含有烷烃、环烷烃、芳烃、烯烃和少量非烃化合物，只是沸点较高。烃的分子量较大，烃分子一般含有16~23个碳原子，分子结构更为复杂。

汽车使用与管理

1. 柴油的使用性能

车用高速柴油机(1 000r/min 以上)使用轻柴油，低速柴油机使用重柴油。表 7-4 所示为轻柴油性质与发动机性能的关系。

表 7-4 轻柴油性质与发动机性能的关系

发动机性能	轻柴油性质	要求	发动机性能	轻柴油性质	要求
可靠性	黏度、润滑性	适当	运转性	低温流动性	好
	含硫量	低	着火性	十六烷值	高
	残炭	低		十六烷值	高
低温启动性	50%馏出温度	低	排放	芳烃含量	低
	十六烷值	高		含硫量	低

1) 柴油的低温流动性

柴油的密度和黏度都比汽油大，因此柴油的低温流动性决定柴油机燃料供给系统在寒冷的气候下能否正常供油。柴油的低温流动性在日本用凝点来评定，在美国用浊点来评定，在欧洲用冷滤点来评定，在我国用凝点和冷滤点来评定。

(1) 浊点。浊点是柴油在逐渐冷却过程中，开始析出石蜡晶粒，使油变为浑浊时的温度。在浊点温度下，柴油中开始出现很少的微小结晶，使液体不再透明，为保证发动机低温下的正常供应、输送，柴油的使用温度一般应高于浊点 3～5℃。

(2) 凝点。在规定的仪器和试验条件下使柴油冷却，冷却到液面仍能流动的最低温度称为倾点。液面开始静止不动的最高温度称为凝固点，简称凝点。

(3) 冷滤点。冷滤点是在规定条件下，20mL 试样开始不能通过过滤器的最高温度，以 ℃ 表示。

柴油的温度刚冷到浊点时，还保持着一定的流动性，这时多数柴油还能通过柴油机燃料供给系统的各种过滤器。油温在倾点时，油内结晶已临近凝点时的状态。柴油的温度低到凝点时，油内析出的石蜡结晶已经形成立体网状结构，液体完全吸附在网格中间，因而失去了流动性。凝点是柴油在低温下使用、运输和装卸的重要指标，在室外工作的发动机应该使用凝点低于周围气温 5～7℃ 的柴油，以保证发动机正常工作。如果在低温下静置的柴油的温度低于凝点，将无法向车辆油箱加油。

通常，改进柴油低温流动性的途径有 3 条，即脱蜡、向柴油中调入二次加工馏分的煤油和向柴油中加流动性性能改进剂。其中，添加流动性性能改进剂是国内外目前常用的方法。

2) 柴油的雾化和蒸发性

柴油发动机的燃烧室和喷油设备既定后，柴油的雾化和蒸发性就决定了柴油发动机燃烧室内形成混合气质量的良好程度。影响柴油雾化和蒸发性的主要因素有柴油的馏程、运动黏度、密度和闪点。

柴油的蒸发性用按规定条件下柴油加热蒸发出 50%、90%体积的温度和 10%余物残炭等指标来控制。50%馏出温度低，柴油机易于启动，暖机期间有较好的动力性能。我国规定柴油的 50%馏出温度不高于 300℃。90%馏出温度高，说明柴油中的重质馏分多，会导致柴油机产生过热现象，动力性能下降，燃料消耗量增加；90%馏出温度低、10%余物残炭少，有利于提高柴油机的运行性能。

虽然馏分轻一些对柴油工作有许多好处，但馏分过轻的柴油往往十六烷值偏低，滞燃期长,而且蒸发速度快,使在滞燃期喷入汽缸的柴油全部参加燃烧,造成汽缸内压力迅速升高,易产生工作粗暴现象。此外,轻柴油馏分太轻,黏度随之减小,对喷油泵的耐久性和喷雾质量有不良影响。所以轻柴油的馏分太重太轻都是不适当的。

黏度是液体流动时内部分子的摩擦力。柴油的黏度对柴油供给系统的燃油输送、高压油泵、喷油器与雾化都有很大的影响。

3) 柴油的抗工作粗暴性

柴油的抗工作粗暴性用十六烷值表示。所谓十六烷值,是代表柴油在发动机中发火性能的一个约定量值,燃料的发火性表示其自燃的能力。当燃料热到一定程度,不用点火便能自行燃烧的温度称为燃料的自燃点。如果轻柴油的自燃点低,容易发火,则滞燃期短,发动机工作柔和。反之,自燃点太高,不易发火,则滞燃期长,柴油机工作粗暴。十六烷值是以标准四冲程可变压缩比的单缸柴油机与标准燃料对比测定。标准燃料由两种烃调和而成,其一是自燃点低、发火性很好的正十六烷($C_{16}H_{34}$),它的十六烷值定为"100"单位;另一种是自燃点高、发火性很差的α-甲基萘($C_{11}H_{10}$),它的十六烷值定为"0"单位。把这两种烃按不同的体积混合,就可以得到十六烷值为 0~100 单位的一系列标准燃料。

十六烷值过低,柴油的发火性不好,当燃料喷入汽缸后着火延迟期过长,大量的燃料不能立刻燃烧而积累起来,当自燃开始时,这些积累下来的过多燃料同时燃烧,造成压力增长过快,在汽缸内产生强烈的金属敲击现象,这一现象称为柴油机的爆振。

提高柴油十六烷值的方法:一是用硫酸或选择溶剂除去柴油中的芳香烃;二是添加十六烷值改进剂。

4) 柴油的腐蚀性

柴油中含有的腐蚀性物质主要有硫、有机酸、水溶性酸或碱等。

柴油中含有硫过多会对发动机具有极大的危害,硫对零件的腐蚀作用强,增大了燃烧产物中的二氧化硫、三氧化硫的排放,会对环境造成极大危害,同时会加速机油的变质等。为此,很多国家对柴油中的含硫量进行了严格控制,例如,柴油轿车普及率最高的欧洲已经开始使用含硫量低于 0.001% 的超低硫柴油。

柴油存储较长时间后,会氧化产生有机酸,从而使酸度增大,而过多的酸含量对容器、燃油供给系统的零件有腐蚀作用,能使喷油器喷嘴结焦,高压油泵的柱塞磨损增大,燃烧室内积炭增多,发动机功率下降。

柴油腐蚀性的评定项目主要有:硫含量、硫醇硫含量、有机酸、灰分和水分、铜片腐蚀、水溶性酸或碱等。

5) 柴油的安定性

柴油的安定性是指存储安定性和热安定性。直馏轻柴油的安定性很高;调和二次加工组分的轻柴油含有较多的烯烃和芳烃,安定性较低;轻柴油馏分越重,环烷烃、芳烃和胶质越多,安定性越低。安定性好的柴油在存储过程中颜色和实际胶质变化不大,基本上不会生成不可溶的胶质和沉渣。

6) 机械杂质、水分

柴油中含有的机械杂质会使滤清器堵塞,加剧供给高压油的精密配合副的磨损,还可能引起高压油泵阻塞和喷油器喷针卡死,出油阀关闭不严和喷嘴堵塞等故障。为此,在使用中应加强过滤和沉淀,严格执行滤清器的定期更换,以防止机械杂质进入燃油系统。

由于水分的润滑性极差,进入供油系统后会造成精密的配合零件缺乏正常的燃油润滑,加剧零件磨损,缩短寿命;油路中存在水分会滋长微生物,尤其是在滤清器中,甚至造成滤清器堵塞；水分会加强有机酸和硫化物对发动机部件的酸性腐蚀和锈蚀；气温降到0℃以下油内水分结冰，堵塞油路，影响供油；水分使柴油自燃点升高，导致柴油机启动困难。

2. 轻柴油规格

我国轻柴油规格执行GB 252—2000标准，按凝点分为10号、5号、0号、-10号、-35号和-50号6个牌号。轻柴油技术标准见表7-5。

表7-5 轻柴油技术标准

项目		轻柴油	试验方法
色度，号	不大于	3.5	GB/T 6540
氧化安定性，总不溶物/(mg/100mL)	不大于	2.5	GB/T 0175
硫质量分数/%	不大于	0.2	GB/T 380
酸度/(mgKOH/100mL)		7.0	GB/T 258
10%蒸余物残炭质量分数/%	不大于	0.3	GB/T 268

柴油包含多种碳氢化合物，其沸点范围为180～370℃。各国的国家标准规定了汽车的规范，而欧洲标准EN 590则在整个欧洲普遍采用。标准中最重要的规范见表7-6。

表7-6 柴油燃料的主要数据(欧洲标准EN 590自2000年1月1日起生效)

	要求	单位	规格
	燃点，min	℃	55
	水，max	mg/kg	200
	含硫量，max	mg/kg	350
	润滑性，"磨损伤痕直径"，max	μm	460
温带气候	密度(在15℃时)，min/max	kg/m³	820/845
	黏度(在40℃时)，min/max	mm²/s	2/4.5
	十六烷值，min	—	51
	十六烷指数，min	—	46
	升到250℃，蒸馏，max	体积 %	65
	升到350℃，蒸馏，max	体积 %	85
	升到360℃，蒸馏，max	体积 %	95
	过滤极限，max	℃	+5～-20
寒冷气候	密度(在15℃时)，min/max	kg/m³	800/845～800/840
	黏度(在40℃时)，min/max	mm²/s	1.5/45～1.2/4
	十六烷值，min	—	45～47
	十六烷指数，min	—	45～43
	升到180℃，蒸馏，max	体积 %	10
	升到340℃，蒸馏，max	体积 %	95
	过滤极限，max	℃	-205～-44

3. 轻柴油的合理选用

1) 牌号的选择

柴油的牌号是根据柴油凝点的高低来划分的，这样用户就能很方便地选择牌号。当车辆停放的环境气温低于凝点时，柴油将会凝固，造成柴油无法在供油系统正常流动，发动机将不能启动和运转，因此，在选用柴油牌号时，应依据车辆使用地区和季节的气温，一般所选柴油的凝点应比当地气温低 5～7℃，以保证最低气温时不凝固。

2) 使用中注意事项

(1) 不同牌号的柴油不能掺兑使用，否则会降低柴油的凝点。

(2) 不能在柴油中掺入汽油，否则会导致发动机启动困难。

(3) 要做好柴油的净化工作，否则油中的杂质会造成系统堵塞、卡滞等情况。

(4) 加油时，必须注意勿使水分进入油箱。夏季保持油箱装满柴油过夜，可防止油箱气温下降吸入潮湿的空气。

(5) 冬季使用桶装高凝点柴油时，不得用明火加热，以免爆炸。各种牌号的柴油应分别存储，不宜露天存放，禁止曝晒。

7.2　汽车能源利用检测评价方法

我国国标 GB/T 18566—2001《运输车辆能源利用检测评价方法》中，规定了以汽油、柴油作为燃料的乘用车和商用车的能源利用的检测方法、考核指标和评价方法。

检测项目为汽车满载百公里油耗的检测值。

7.2.1　检测方法

1. 用底盘测功机检测

在底盘测功机(图 7.3)上模拟汽车满载、等速行驶在平坦良好路面上的行驶阻力，实际检测汽车等速百公里油耗值。检测步骤如下。

图 7.3　汽车底盘测功机

(1) 将预热好的车辆平稳驶上底盘测功机，摆正。

(2) 选定检测车速。轿车：(60±2)km/h；其他车辆：(50±2)km/h。

(3) 汽车用直接挡(无直接挡用最高挡)在规定的检测车速下对测功机加载，模拟汽车满载、等速行驶在平坦良好路面上的行驶阻力。

汽车用直接挡(无直接挡用最高挡)以规定的检测车速运转，车速稳定后开始检测，要求检测不低于 500m 距离的油耗。在检测记录表上记录测量时间段的燃料消耗量、时间或距离。连续检测 2 次并记录，如果重复性检验满足检测结果，认为检测有效，计算汽车满载百公里油耗检测值和算术平均值。

百公里油耗检测值按式(7-2)、式(7-3)计算：

$$Q_{\mathrm{m}} = \frac{F}{S} \times 100 \tag{7-2}$$

$$Q_{\mathrm{m}} = \frac{3.6F}{V \times t} \times 100 \tag{7-3}$$

式中：Q_{m}——满载百公里油耗检测值，L/100km；

　　　F——燃料消耗量，mL；

　　　S——测量距离，m；

　　　t——燃油消耗时间，s；

　　　V——车速，km/h。

2. 采用道路试验

对于不能用底盘测功机进行油耗检测的车辆，应按有关规定，采用道路试验进行规定检测车速的等速行驶油耗试验。

7.2.2　检测数据的校正

燃料消耗量的检测值均应校正到标准状态下的数值。

1. 标准状态

环境温度：20℃。
大气压力：100kPa。
汽油密度：0.742g/cm³。
柴油密度：0.830g/cm³。

2. 校正公式(7-4)

$$Q_{\mathrm{mj}} = \frac{Q_{\mathrm{mp}}}{C_1 \times C_2 \times C_3} \times 100 \tag{7-4}$$

式中：Q_{mj}——检测百公里油耗校正值，L/100km；

　　　Q_{mp}——检测百公里油耗算术平均值，L/100km；

　　　C_1——环境温度校正系数，$C_1=1+0.0025(20-T)$；

　　　C_2——大气压力的校正系数，$C_2=1+0.0021(P-100)$；

　　　C_3——燃料密度的校正系数，汽油机：$C_3=1+0.8(0.742-G_{\mathrm{s}})$；

　　　　　　　　　　　　　　　　　　柴油机：$C_3=1+0.8(0.83-G_{\mathrm{d}})$；

　　　T——检测时的环境温度，℃；

　　　P——检测时的大气压力，kPa；

　　　G_{s}——检测时的汽油平均密度，g/cm³；

　　　G_{d}——检测时的柴油平均密度，g/cm³。

7.2.3　考核指标和评价方法

1. 考核指标

汽车满载百公里油耗检测校正值Q_{mj}(单位为L/100km)。

2. 评价方法

用汽车满载百公里油耗检测校正值Q_{mj}与该型号汽车出厂相应车速的等速百公里油耗值比较：Q_{mj}大于出厂值的10%为不合格。

7.3 汽车运行燃料消耗量的确定

7.3.1 汽车运行燃料消耗量的标准

汽车运行燃料消耗量是指汽车在一定行驶条件下，某一路段消耗的燃料数量。

1984年，我国发布了 GB/T 4352—1984《载货汽车运行燃料消耗量》和 GB/T 4353—1984《载客汽车运行燃料消耗量》两个国家标准，使我国运行燃料消耗量有了标准的计算方法。

标准给出的汽车运行燃料消耗量的计算公式由两部分组成，即汽车基本运行条件下运行燃料消耗量和运行条件修正系数。

所谓基本运行条件，是指本标准所规定的一类道路，月平均气温为5~28℃；海拔等于或低于500m。

7.3.2 汽车运行燃料消耗量的计算方法

不同条件下的汽车运行燃料消耗量的计算公式如下。

(1) 同一运行条件下载货汽车运行燃料消耗量的计算式(7-5)为：

$$Q_i = \left(q_a \frac{S}{100} + q_b \frac{WS}{100} + q_c \frac{\Delta GS}{100}\right) k_r k_h k_t \tag{7-5}$$

式中：Q_i——汽车运行燃料消耗量，L；

q_a——汽车空载基本燃料消耗量，L/100km；

q_b——汽车每完成百吨公里周转量的基本附加燃料消耗量，L/(100t·km)或升/(千人·公里)；

q_c——整车整备质量变化的基本附加燃料消耗量，L/(100t·km)

S——汽车行驶的里程，km；

W——汽车装载质量，t；

ΔG——汽车整备质量变化量，即汽车实际的整备质量减去汽车制造厂规定的汽车整备质量(G_0)，t；

k_r——道路修正系数；

k_h——海拔修正系数；

k_t——月平均气温修正系数。

(2) 同一运行条件下大型客车运行燃料消耗量的计算式(7-6)为：

$$Q_i = \left(q_a \frac{S}{100} + q_b \frac{NS}{100} + q_c \frac{\Delta GS}{100}\right) k_r k_h k_t \tag{7-6}$$

式中：N——汽车载客人数，人；

q_b——汽车每完成千人公里周转量的基本附加燃料消耗量，升/(千人·公里)；

q_c——汽车空重综合燃料消耗量，L/100km；

(3) 同一运行条件下小型客车运行燃料消耗量的计算式(7-7)为：

$$Q_i = q\frac{S}{100}k_r k_h k_t \tag{7-7}$$

式中：q——汽车综合基本燃料消耗量，L/100km；

(4) 同一运行条件下汽车总的燃料消耗量的计算式为式(7-8)：

$$Q = Q_1 + Q_2 + \cdots + Q_n = \sum_{i=1}^{n} Q_i \tag{7-8}$$

式中：Q_i、Q——汽车运行燃料消耗量，L；

道路类别和修正系数 k_r 见表 7-7，海拔修正系数 k_h、月平均气温修正系数 k_t 见表 7-8 和表 7-9。

表 7-7 道路类别和修正系数 k_r

道路类别	公路等级	城市道路等级	修正系数 k_r
1 类道路	平原、微丘的高速、一、二级公路		1.00
2 类道路	平原、微丘的四级公路	平原、微丘的一、二、三、四级道路	1.10
3 类道路	山岭、重丘的一、二、三级公路	重丘地形一、二、三、四级道路	1.25
4 类道路	平原、微丘级外公路	级外道路	1.35
5 类道路	山岭、重丘四级公路		1.45
6 类道路	山岭、重丘级外公路		1.70

表 7-8 海拔高度修正系数 k_h

海拔高度 h/m	≤500	500～1500	1500～2500	2500～3500	>3500
k_h	1.00	1.03	1.07	1.13	1.20

表 7-9 月平均气温修正系数 k_t

月平均气温/℃	>28	28～5	5～-5	-5～-15	-15～-25	<-25
k_t	1.02	1	1.03	1.06	1.09	1.13

7.4 汽车使用节油方法

由于汽车油料的价格持续攀高，汽车使用节油就成了降低成本的主要措施。

7.4.1 汽车使用节油的基本途径

主要有合理组织汽车运输、保持完好的汽车技术状况、采用节油装置和技术、推广节油驾驶技术 4 个方面。

1. 合理组织汽车运输

(1) 提高实载率。根据汽车的单位容积装载质量，提高容载质量的利用率；为了提高实载率，还要做好货运调查，安排好调运方案。

(2) 合理组织拖挂运输。发动机的负荷率越低，则发动机的油耗率越高。组织汽车拖挂运输会使发动机的负荷率提高，从而使发动机的油耗率下降。

2. 保持完好的汽车技术状况

(1) 汽车具有完好的技术状况是使用节油的重要保证；而提高汽车维修质量是维持或恢复汽车技术状况的措施。

(2) 汽车使用过程中，若能按合理的维护周期、作业项目和技术要求进行清洁、润滑、紧固、检验、调整和及时排除故障，就能减小零件的磨损，保证各系统或装置作用的充分发挥，从而可降低汽车燃料的消耗。

3. 采用节油装置和技术

(1) 采用电控多点汽油喷射系统。采用电控汽油喷射系统的发动机可以对空燃比进行精确控制，使发动机在任何工况下都处于最佳工作状态。与化油器式发动机相比，燃料消耗率可降低 5%～10%。

(2) 采用高能电子点火系。能根本克服传统点火装置存在的高速缺火、触点易烧蚀和火花能量提高受到限制等缺点，因此可以提高汽车的动力性和经济性。

(3) 采用风扇离合器或电子风扇。驱动冷却风扇所消耗的功率为发动机额定功率的 5%～10%。目前在一些载货汽车上仍采用直接驱动式风扇，而在较多的情况下不需要风扇工作。采用风扇离合器一般可获得 3%～5%的节油效果，气温越低，节油效果越显著。

(4) 改善润滑。润滑油的主要作用是减少零件的磨损，以提高传动效率，延长汽车使用寿命。一般情况下，汽车的机械摩擦损失消耗发动机功率的 25%～29%，通过改善润滑，机械摩擦损失约减少 30%，这对汽车节油有实际的意义。改善润滑的主要措施为：一是在保证润滑减摩的前提下尽可能选用低黏度级润滑油；二是选用多黏度级润滑油。

(5) 减少汽车行驶阻力。减少滚动阻力的主要措施是采用子午线轮胎。子午线轮胎的滚动阻力比普通斜交轮胎减少 25%～30%，一般使油耗减少 5%～8%。减少空气阻力的主要措施是加装导流装置，一般可获得 2%～7%的节油效果。目前常采用的导流装置有：导流板，装在驾驶室顶上；间隙密封罩，装在驾驶室与车厢之间；防护罩，装在车厢下部。

4. 推广节油驾驶技术

(1) 正确选用行车速度(通常发动机转速为 2 500～4 000r/min，车速为 60～90km/h)。在道路上行车，汽车使用不同挡位行驶时的油耗是不一样的。最经济的驾驶方法是尽可能地使用高挡位。

(2) 把握良好的换挡时机。当发动机转速处于 2 000～3 000r/min 时是最佳的换挡时机。低挡高速行驶往往使油耗超过正常值的 45%，高挡低速行驶则使发动机运转不充分，影响寿命。

(3) 踩油门要轻，缓慢加油。一次猛加油和缓加油到同样速度，油耗相差可以到 12mL。

(4) 减少怠速状态。怠速时油耗高，如果长时间怠速，可关闭发动机。

(5) 利用汽车的惯性行驶达到滑行的目的。汽车滑行时发动机中断动力供给，在怠速或强制怠速情况下工作，可以不用油或少用油，因此可以节约燃料；滑行的种类如下。

① 下坡滑行。汽车下坡时，在保证安全的前提下，可充分利用其自身的惯性让汽车滑行，从而节油。在下坡的坡道小于 5%、坡长超过 100m 的直线道路上，可采用下坡滑行，但车速须控制在 30km/h 以内。

② 加速滑行。加速滑行的实质是在行驶时用瞬间多消耗燃料来提高车速，利用加速时存储的动能让汽车滑行。在滑行时，发动机处于怠速或熄火状态，从而可节省一部分燃料；另外做加速滑行时，增大了发动机负荷率，降低油耗量，因此通过加速滑行可以节油。

③ 减速滑行。减速滑行是预见性滑行。汽车在行驶中遇到特殊情况，窄途会车、避让等需要减速通过，或车辆需要进场、转向、掉头、靠边停驶等情况需要减速时，驾驶人一般都在做出正确判断后，松开加速踏板，利用车辆的初速度滑行，达到减速或停车的目的，可以节油。

7.4.2 汽车使用中的节油措施

汽车节油6个措施如下。

1) 保养空滤器

空气滤清器的作用是净化进入汽缸内的空气，堵塞后会增加燃油的消耗量，要注意经常保养。

2) 勤清除积炭

燃烧室的积炭增多后，容易引起可燃混合气的自燃，造成功率下降，如果积炭过多，会增耗燃油8%左右，因此在二级保养和因其他原因拆卸汽缸盖时要认真清除燃烧室和活塞顶部的积炭，减少不必要的燃油消耗。

3) 检查火花塞

火花塞是将高压电引进发动机的汽缸内，在电极间产生火花，点燃混合气。经试验证明：一只火花塞不工作，要多消耗燃油25%。另外火花塞间隙的大小、积炭的多少等都对功率和耗油有直接的影响。在使用中应注意正确调整好火花塞间隙，过大在发动机高速时容易断火，过小则火花较弱，不易点燃混合气，容易造成积炭，形成短路而不能跳火，从而影响发动机的正常工作，降低了发动机的功率，增加了燃油的消耗。

4) 保证制动性能

良好的制动装置可以提高汽车行驶的平均速度和运输效率，如果制动性能不好，就难以保证行车安全，也同样影响发动机燃油的消耗量。因此正确地保养、调整制动系统也是安全节油的一个方面。在使用中要保证制动系的正常工作性能，防止出现制动不灵、制动发咬、制动跑偏和制动不稳等故障。

5) 维护消声器

消声器是为了减少噪声而设计的。它的功能主要是消除部分噪声，减少公害，但从另一方面讲它又阻碍废气的排出，消耗部分功率。如果消声器破裂损坏，则会进一步阻碍废气的排除畅通，增加油耗。因此平时要注意消声器的性能，如发现破损等现象应及时给予排除或更换。

6) 随时查胎压

由于轮胎在按标准充气后，经过一段时间就会自然消耗掉一部分，而轮胎气压的下降对行驶阻力、轮胎的使用寿命及燃油的消耗有较大的影响。所以在行车中要注意检查轮胎的气压，保证其在正常范围之内。

7.5 车用新能源

新能源汽车是指采用非常规的车用燃料作为动力来源(或使用常规的车用燃料，但采用新型车载动力装置)，综合车辆的动力控制和驱动方面的先进技术，形成的技术原理先进、具有新技术、新结构的汽车。

汽车燃料除了大家熟悉的汽油和柴油外，目前还有液化石油气、天然气、乙醇等代用燃料，新能源车型包括电动车、混合动力车、燃料电池车等。

与传统汽车相比，新能源汽车具有提高燃料经济性、降低汽车排放、减少石油的消耗，减少温室气体排放等特点，它包括代用燃料汽车和代用动力汽车两类，如图 7.4 所示。

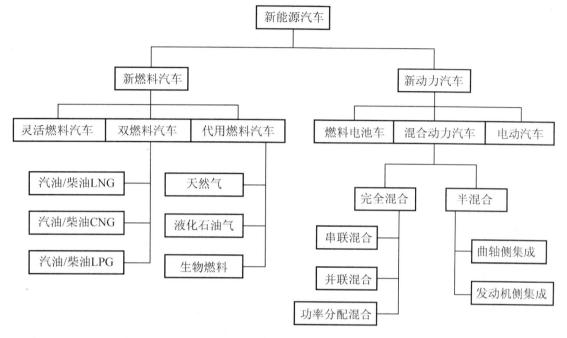

图 7.4 新能源汽车

新燃料汽车不改变发动机的基本结构，仅替代发动机的燃料。其中，灵活燃料汽车使用传统汽油或柴油与某种添加剂(如甲醇、乙醇)混合而成的燃料，而且混合比可以在一定范围内变化(目前的变化范围为 0～85%)。双燃料汽车可以使用传统汽油或柴油和液化天然气、压缩天然气、液化石油气等燃料，它一般有两套独立的供油系统。单一新燃料汽车仅使用液化天然气、压缩天然气、液化石油气或生物燃料(如甲醇、乙醇、生物柴油)等一种新燃料。新动力汽车改变了发动机的基本结构，例如，混合动力电动汽车同时安装内燃机和电动机驱动两个或两个以上的驱动系统，这些驱动系统通过串联、并联和功率分配等方式组合到一起，并能按照不同的道路交通条件进行动力源组合或转换，从而发挥最佳的动力功率。电动汽车仅能使用电能作为驱动能源，它本身不产生电能，需要不断充电来保持其驱动力。

7.5.1 液化石油气

液化石油气(Liquefied Petroleum Gas，LPG)是石油产品之一，是由炼厂气或天然气(包括油田伴生气)加压、降温、液化得到的一种无色、挥发性气体。

1. 液化石油气资源

我国液化石油气资源包括油田和石油炼厂两个方面。油田的液化石油气是伴生气的处理过程中产生的轻烃产品，如大庆、胜利、中原等油田都有该产品。

油田的液化石油气的主要成分是丙烷和丁烷，其内不含烯烃，所以适于直接用作车用燃料。

表 7-10 所示为我国几个石油炼厂液化石油气主要成分的体积分数。

表 7-10 石油炼厂液化石油气主要成分的体积分数   单位：%

石油炼厂	C_3H_8	C_3H_6	C_4H_{10}	C_4H_8	$C_2H_6+C_2H_4$	其他
南京石油化工厂	18.17	23.06	29.04	26.45	1.28	2.0
大庆炼油厂	13.60	50.90	—	31.80	0.20	3.5
锦州石油六厂	8.50	24.50	23.90	33.40	1.30	8.4

2. 液化石油气的主要物化特性

汽车用液化石油气的主要成分是丙烷和丁烷，它们的主要物化特性如表 7-11 所示。

表 7-11 液化石油气的主要物化特性

物化特性参数	丙烷	丁烷	物化特性参数	丙烷	丁烷
H/C 原子比	2.67	2.5	理论空燃比(质量比)	15.65	15.43
密度(液相)/(kg·m^{-3})	528	602	理论空燃比(体积比)	23.81	30.95
密度(气相)/(kg·m^{-3})	2.02	2.598	高热值/(MJ·kg^{-1})	50.38	49.56
分子量	44.097	58.124	低热值/(MJ·kg^{-1})	45.77	46.39
沸点/℃	-42.1	-0.5	混合气热值/(MJ·m^{-3})	3.49	3.52
凝点/℃	-187.7	-138.4	混合气热值/(MJ·kg^{-1})	2.79	2.79
临界温度/℃	96.7	152.0	低热值(液态)/(MJ·L^{-1})	27.00	27.55
临界压力/MPa	4.25	3.8	辛烷值 RON	111.5	95
汽化潜热/(kJ·kg^{-1})	426	385	着火极限(体积分数)(%)	2.2~9.5	1.9~8.5
比热容(液体，沸点)/(kJ·kg^{-1}·K^{-1})	2.48	2.36	着火温度(常压下)/℃	466	430
比热容(气体，25℃)/(kJ·kg^{-1}·K^{-1})	1.67	1.68	火焰传播速度/(cm·s^{-1})	38	37
气/液容积比(15℃)	273	236	火焰温度/℃	1970	1975

3. 液化石油气的特点

(1) 抗爆性能高。

(2) 排放污染少。

(3) 火焰传播速度慢。

(4) 点火能量高。

(5) 与空气的理论混合气热值低。

(6) 便于携带。

4. 液化石油气在汽车上的使用

1) 对车用液化石油气的技术要求

为保证液化石油气的质量能满足汽车的使用需求，我国对车用液化石油气的技术要求见表 7-12。

表 7-12 车用液化石油气的技术要求

项目		质量指标		试验方法
		车用丙烷	车用丙丁烷混合物	
37.8℃蒸气压(表压)/kPa		≤1430	≤1430	按 GB/T 6602
组分(%)	丙烷	—	≥60	按 SH/T 0230
	丁烷及以上组分	≤2.5	—	
	戊烷及以上组分	—	≤2	
	丙烯	≤5	≤5	
残留物	100mL 蒸发残留物/mL	≤0.05	≤0.05	按 SY/T 7509
	油渍观察	通过	通过	
密度(20℃或15℃)/(kg·m^{-3})		实测	实测	按 SH/T 0231
铜片腐蚀		不大于 1 级	不大于 1 级	按 SH/T 0232
总硫含量(体积分数)(×10^{-6})		≤123	≤123	按 SY/T 7508
游离水		无	无	目测

注：① 蒸发压可用 GB/T 12576 方法计算，但在仲裁时应用 GB/T 6602 测定。
② 密度可用 GB/T 12576 方法测定，但在仲裁时应用 SH/T 0231 测定。

2) 液化石油气汽车类型

按燃料供给系统不同，可将液化石油气车划分为专用液化石油气汽车、液化石油气与汽油两用燃料汽车、液化石油气与柴油双燃料汽车等。

(1) 专用液化石油气汽车以 LPG 作为唯一燃料，其发动机的燃料供给系统专为 LPG 燃料设计，能充分发挥 LPG 燃料的特点，使用性能最佳。

(2) 液化石油气与汽油两用燃料汽车是通过对现成汽油车改装而成的。它有两套燃料供给系统，一套为保留的原车供油系统，另一套为增加的 LPG 供给装置。

发动机可以分别使用 LPG 和汽油作为燃料，两种燃料的转换通过电磁阀实现，由于发动机结构改动较小，它因此当使用液化石油气燃料时，往往不能充分发挥其优点，导致汽车性能不如专用液化石油气汽车。

(3) 液化石油气与柴油双燃料汽车是通过对现成柴油车改装而成的。同液化石油气与汽油两用燃料汽车一样，它也有两套燃料供给系统，一套为原柴油供给系统，另一套为增加的 LPG 供给装置。两套燃料供给系统可根据发动机的运行工况按一定比例同时供给 LPG 和柴油两种燃料。其中柴油只作引燃燃料，LPG 是主要燃料。

7.5.2 天然气

天然气(Natural Gas，NG)是各种替代燃料中最早被广泛使用的一种。

1. 天然气资源

天然气的主要成分是甲烷(CH_4)，其体积一般占天然气的 80%~99%。不同产地的天然气的组分构成见表 7-13，天然气的主要物化特性见表 7-14。

表 7-13　不同产地的天然气的组分构成

名　称	CH_4	C_2H_6	C_3H_8	C_4H_{10}	C_mH_n	H_2	N_2	CO_2	H_2S
气田天然气(四川)(%)	97.20	0.70	0.20			0.10	0.70	1.0	0.10
油田天然气(四川)(%)	88.59	6.06	2.02	1.54	0.06	0.07	1.46	0.2	
大庆天然气(%)	91.05	1.64	2.70	2.23	1.09				

表 7-14　天然气的主要物化特性

物化特性参数	数值	物化特性参数	数值
H/C 原子比	4	理论空燃比(质量比)	17.25
密度(液相)/($kg \cdot m^{-3}$)	424	理论空燃比(体积比)	9.52
密度(气相)/($kg \cdot m^{-3}$)	0.715	高热值/($MJ \cdot kg^{-1}$)	55.54
分子量	16.043	低热值/($MJ \cdot kg^{-1}$)	50.05
沸点/℃	−161.5	混合气热值/($MJ \cdot m^{-3}$)	3.39
凝点/℃	−182.5	混合气热值/($MJ \cdot kg^{-1}$)	2.75
临界温度/℃	−82.6	低热值(液态)/($MJ \cdot L^{-1}$)	21.22
临界压力/MPa	4.62	辛烷值 RON	130
汽化潜热/($kJ \cdot kg^{-1}$)	510	着火极限(体积分数)/%	5～15
比热容(液体，沸点)/($kJ \cdot kg^{-1} \cdot 1K^{-1}$)	3.87	着火温度(常压下)/℃	537
比热容(气体，25℃)/($kJ \cdot kg^{-1} \cdot 1K^{-1}$)	2.23	火焰传播速度/($cm \cdot s^{-1}$)	33.8
气/液容积比(15℃)	624	火焰温度/℃	1918

2. 天然气的特点

(1) 着火极限宽。

(2) 与空气的理论混合气热值低。

(3) 火焰传播速度慢。

(4) 点火能量高。

(5) 抗爆燃性能好。

(6) 密度小。

(7) 排放污染少。

(8) 携带性较差。

(9) 使用天然气可使发动机的磨损减小。

3. 天然气在汽车上的使用

1) 天然气的存在形式

作为车用燃料的替代品，根据存在形式不同，可将天然气划分为压缩天然气(Compressed Natural Gas，CNG)和液化天然气(Liquefied Natural Gas，LNG)两种。

(1) 压缩天然气(CNG)。压缩天然气是将天然气经过脱水、脱硫净化处理后，经多级压缩至 25MPa 左右存储在气瓶中，使用时经减压器减压后供给发动机燃烧即可。

(2) 液化天然气(LNG)。液化天然气是将天然气经过一定工艺，使其在-162℃左右变为液态，存储在高压气瓶中。

与压缩天然气相比,液化天然气工作压力降低,储气瓶体积减小,续驶里程延长。但它对低温存储技术要求较高。

2) 天然气汽车类型

根据天然气的储存形式不同,可将天然气汽车划分为压缩天然气汽车和液化天然气汽车。

(1) 压缩天然气汽车。目前国内外发展较快的是压缩天然气汽车。我国车用压缩天然气的技术指标见表 7-15。

表 7-15 我国车用压缩天然气技术指标

项目	技术指标
高位发热量/(MJ·m^{-3})	>31.4
总硫(以硫计)/(mg·m^{-3})	≤200
硫化氢/(mg·m^{-3})	≤15
二氧化碳(体积分数)(%)	≤3.0
氧气(体积分数)(%)	≤0.5
水露点/℃	在汽车驾驶的特定地理区域内,在高操作压力下,水露点不应高于-13℃;当最低气温低于-8℃,水露点应比最低气温低 5℃

按燃料供给系统的不同,又可将压缩天然气汽车划分为专用压缩天然气汽车、压缩天然气与汽油两用燃料汽车、压缩天然气与柴油双燃料汽车等。

① 专用压缩天然气汽车以 CNG 作为唯一燃料,其发动机的燃料供给系统专为 CNG 燃料设计,能充分发挥 CNG 燃料的特点。

② 压缩天然气与汽油两用燃料汽车是通过对现成汽油车改装而成的,有两套燃料供给系统,一套为保留的原车供油系统,另一套为增加的 CNG 供给装置。

发动机可以分别使用 CNG 和汽油作为燃料,两种燃料的转换利用选择开关实现。图 7.5 所示为东风雪铁龙爱丽舍压缩天然气与汽油双燃料轿车的实物照片。

图 7.5 东风雪铁龙爱丽舍压缩天然气与汽油双燃料轿车

由于压缩天然气与汽油两用燃料汽车的发动机结构未作改动,因此对原来的汽油机使用性能没有影响;但当使用天然气燃料时,往往不能充分发挥其优点,会导致发动机功率略有下降。

③ 压缩天然气与柴油双燃料汽车是通过对现成柴油车改装而成的。其燃料供给系统可根据发动机的运行工况按一定比例同时供给 CNG 和柴油两种燃料。其中柴油只作引燃燃料，CNG 是主要燃料。

(2) 液化天然气汽车。由于液化天然气对存储技术要求较高，使得存储容器的成本高，这从一定程度上限制了液化天然气汽车的发展。

3) 天然气汽车技术

所谓天然气汽车技术，是指汽车用天然气存储、加注以及合理运用等方面的技术，主要包括以下几方面。

(1) 加气站技术。无论是压缩天然气还是液化天然气，它们向汽车上加注时所需的加气设备都比汽油、柴油等传统燃料的加注设备复杂一些，必须保证压缩天然气的压力和液化天然气的低温，这需要较高的技术水平。

(2) 发动机技术。天然气燃料的性质不同于汽油和柴油，因此天然气发动机的结构也不同于汽油机和柴油机，应对其燃料混合、发动机燃烧室结构、点火系统等方面的独特之处进行研究与开发。

(3) 气瓶技术。由于汽车具有的流动性，燃料必须时刻携带。

绝大多数天然气汽车都把气瓶布置在行李厢里，如图 7.6 所示。

图 7.6　东风雪铁龙爱丽舍 CNG 气瓶

7.5.3　醇类燃料

醇类燃料汽车是指以甲醇或乙醇为燃料的汽车。它与电动车、天然气汽车一样，都是新能源和低公害汽车。醇类燃料汽车发展较早，到目前为止，在技术和成本方面已经达到实用阶段。1995 年美国加州已有 12 700 辆甲醇汽车投入行驶，巴西汽车中 30%以上是乙醇汽车。

1. 醇类燃料的特点

醇类燃料资源丰富。甲醇可从天然气、煤、石油、重质燃料、木柴和垃圾等物质中提炼。乙醇的原料主要是含糖、含淀粉的农作物，如甜菜、甘蔗、玉米等。醇类燃料吸水性很强，挥发性高、容易发生早燃,主要特点如下。

(1) 辛烷值比汽油高,可采用高压缩比提高效率。但是醇类燃料的抗爆性敏感度大,中、高速时的抗爆性不如低速时好。将普通汽油与浓度为15%~20%的甲醇混合,可使辛烷值达到优质汽油的水平。

(2) 蒸发潜热大,这使得醇类燃料低温启动和低温运行性能恶化。此外,甲醇、乙醇的闪点比汽油高,甲醇在5℃以下,乙醇在20℃以下,并且难以在进气系统中形成可燃混合气,如果发动机不加装进气预热系统,燃烧全醇类燃料时汽车难以启动。但在汽油中混合低比例的醇,由燃烧室壁供给液体醇类蒸发热能,蒸发潜热大这一特点可提高发动机热效率和冷却发动机。

(3) 常温下为液体,操作容易,存储和携带方便。

(4) 可燃界限宽,燃烧速度快,可以实现稀薄燃烧。

(5) 对于传统的发动机技术有继承性,特别是使用汽油—醇类混合燃料时,发动机结构变化不太大。

(6) 热值低。甲醇的热值只有汽油的48%,乙醇的热值只有汽油的64%。因此,与燃用汽油相比,在同等的热效率下,醇类燃料经济性低;沸点低,蒸气压高,容易产生气阻。

(7) 甲醇有毒,会刺激眼结膜,也会通过呼吸道、消化道和皮肤进入人体,刺激神经,造成头晕、乏力、气短等症状。

(8) 腐蚀性大。醇类具有较强的化学活性,能腐蚀锌、铝等金属。甲醇混合燃料的腐蚀性随甲醇含量的增加而增加。另外,醇与汽油的混合燃料对橡胶、塑料的溶胀作用比单独的醇或汽油都强,混合20%醇时对橡胶的溶胀最大。

(9) 醇混合燃料容易发生分层。醇类的吸水性强,混合燃料进入水分后容易分离为两相。因此,醇混合燃料要加助溶剂。

甲醇、乙醇与汽油性能对照表见表7-16。

表7-16 甲醇、乙醇与汽油性能对照表

项目	甲醇	乙醇	汽油
常温物理状态	液态	液态	液态
密度/(g/cm^3)	0.7914	0.7843	0.72~0.75
沸点/℃	64.8	78.3	30~220
闪点/℃	12	14	-43
自燃点/℃	470	420	260
饱和蒸汽压/(kPa)	30.997	17.332	62.0~82.7
热值/(MJ/kg)	20.26	27.20	44.52
蒸发潜热/(kJ/kg)	110	862	297
辛烷值(RON)	112	111	90,93,95
辛烷值(MON)	92	92	85,88,90
十六烷值	3	8	27
相对分子质量	32	46	100~115
着火极限(体积分数%)	6.7~36	4.3~19	1.3~7.6
空燃比	6.4	9.0	14.8

2. 醇类燃料在汽车上的应用

醇类燃料在汽车上应用主要有3种类型：掺烧、纯烧和改质。

1) 掺烧

掺烧主要是醇(甲醇或乙醇)以不同的比例掺入汽油中，甲醇、乙醇与汽油的混合燃料分别用 M(Methanol)和 E(Ethanol)表示，其后的数字表示甲醇或乙醇的体积混合百分比，如 M15 表示甲醇体积分数为15%的混合燃料，E20 表示乙醇体积分数为20%的混合燃料。研究表明，如果掺烧的醇少于20%，发动机不必做改造，只要做适当的调整，汽车性能即可与燃烧汽油时相当。掺烧比例大时，可通过适当增加压缩比和加装发动机预热装置保证发动机的各种使用性能。同时，在混合燃料中添加助溶剂，可防止醇类燃料与汽油分层。

2) 纯烧

纯烧是指单纯燃烧甲醇或乙醇燃料。该种类型的优点是发动机可以根据燃料的特点进行改造，如按醇类燃料的理论空燃比设计和调整供油系统、加装发动机预热装置、加大油泵的供油量、改善零部件的抗腐蚀性等。通过改造发动机，纯烧类型汽车的动力性和经济性相比烧汽油时有较大的改善。

3) 改质

改质类型现在主要是指甲醇改造。利用发动机的余热将甲醇改质成为 H_2 和 CO，然后输送到发动机内燃烧。采用甲醇改质时需要对发动机进行较大的改造，最好重新设计发动机。醇类燃料对降低汽车排放污染有积极的贡献，国内外试验表明，醇类燃料排放的 CO、HC、NO_x 都比汽油低，乙醇由于大幅度提高压缩比，使 NO_x 排放增加。醇类燃料排放污染低，来源丰富，尤其是我国煤矿丰富地区和南方产糖地区，发展醇类燃料有广阔的前景。

7.5.4 氢气燃料

氢气可用水来制取，并且氢气燃烧后又生成水，这种快速的资源循环使得氢能源取之不尽、用之不竭；氢气还是非常理想的清洁燃料，可燃烧生成水，无 CO_2、CO、HC、炭烟等污染物质。

1. 氢气资源

制取氢气的资源很多，如煤、石油、天然气、水等，都可用来制取氢气。

2. 氢气的主要物化特性

氢气的主要物化特性如表 7-17 所示。

表 7-17 氢气的物化特性

物理状态	车上存储状态	液态的相对密度	常压下沸点/℃	自然沸点/℃	最低点火能量/MJ	火焰传播速度/(m/s)
气态	气态或液态	0.07 (与空气比)	-253	530~560	0.02	4.85

3. 氢气的特点

(1) 着火界限宽。

(2) 点火能量低。
(3) 火焰传播速度快。
(4) 与空气的理论混合气热值低。
(5) 自燃温度高。
(6) 燃烧排污少。
(7) 发动机的热效率高。
(8) 发动机的磨损量减小。

4. 氢气在发动机上的使用

氢气既可与汽油作为混合燃料用于发动机,也可以单独作为内燃机燃料用于发动机。

1) 氢与汽油混合作为燃料

目前,氢燃料在汽车上的使用多为氢与汽油混合使用。

2) 氢气单独作为内燃机燃料

氢气单独作为内燃机燃料在发动机上使用,其供氢方式有缸内直接供氢法、预燃室喷氢法、进气道间歇喷射——电磁控制法、进气道间歇喷射——进气门座工作面吸入法、进气管连续喷射——空气导流法和进气管连续喷射——混合器法等几种。

为提高发动机的功率,一般采用内部混合气形成的氢发动机,即缸内直接供氢法。

由于喷射压力不同,有低压喷射型和高压喷射型两种喷射形式。

(1) 低压喷射型。低压喷射型的喷射压力比较低,约为 1MPa。它是在发动机压缩行程的前半行程将氢喷入缸内。其优点是可提高发动机的功率,不发生回火现象。

(2) 高压喷射型。高压喷射型的喷射压力比较高,须大于 8MPa。它是在发动机压缩行程末上止点附近将氢喷入缸内。其优点是可增大发动机的压缩比,提高其热效率,也不会发生回火、爆燃及早燃等现象。

德国宝马汽车公司(BMW)在液氢汽车研发方面一直处于领先地位,图 7.7 所示即为该公司推出的使用液态氢的 Hydrogen 7 轿车。

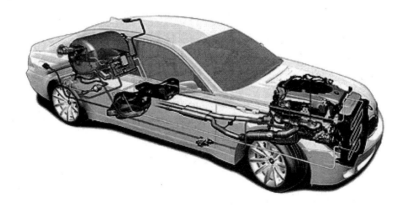

图 7.7　BMW 推出的使用液态氢的 Hydrogen 7 轿车

5. 氢气的存储

氢气的存储常用金属氢化物、高压容器、液氢 3 种方式。

1) 金属氢化物存储

金属及合金的氢化物吸附氢就像海绵吸水一样,效率很高。但金属氢化物储氢方式的重量大,且氢压太低,使得氢很难直接喷入汽缸。

2) 高压容器存储

高压容器是将氢压缩后存储其中,这种储氢方式能提供较高的压力。但高压容器储氢方式的重量也比较大,与金属氢化物储氢方式相当。

3) 液氢存储

液氢是把氢气液化后存储在绝热容器中。氢气的沸点为-253℃。为此,BMW 开发出了如图 7.8 所示的绝热能力极佳的储氢系统。

图 7.8　BMW　Hydrogen 7 轿车氢气钢瓶(可储存 8kg 的液态氢)

液氢储氢方式设备重量轻,并且借助小型液氢泵还可获得 8～10MPa 的高压,以满足高压喷射方式的需要。但这种储氢方式需使用绝热容器,价格昂贵,并且还容易发生蒸发泄漏等。

6. 氢气的安全性

由于氢气的自燃温度高,若无明火,一般不会着火,使用比较安全。另外,氢气的密度比较小,质量小,如在存储过程发生泄漏,也会很快扩散到空气中,不会发生爆炸或着火。因此,氢气的使用安全性比较好。但是,氢气在存储、使用过程中也存有一定的危险,如泄漏能力强、易被高温炽热点点燃等。

7. 氢气使用存在的问题

(1) 在汽车上安全方便的储运方法。
(2) 大量生产廉价氢气的方法。
(3) 氢气燃料的供给系统。

但是,从长远和发展的观点来看,氢气是最有前途的替代燃料。

7.5.5　电能

电能是二次能源,可以来源于其他任何一种能源。电动汽车有蓄电池式和燃料电池式,混合动力汽车的应用日趋广泛。将其他能源转变为电能并储存于蓄电池作为动力源的汽车称为纯电动汽车。

1. 特点

来源方式多，直接污染及噪声很小，结构简单，维修方便；蓄电池能量密度小，续驶里程短，动力性差；蓄电池质量大，寿命短，价格高；蓄电池充电时间长；蓄电池制造和处理存在污染。

2. 现状与前景

电动汽车从主体上看处于试验研究阶段；要完全解决技术上的难题并降低成本需要时间；有希望成为未来汽车主体；代表国家有美国、德国、日本。

3. 电池

要使电动汽车能与内燃机汽车相竞争，关键是开发出比能量高、比功率大、使用寿命长、成本低的蓄电池。

蓄电池是电动汽车的动力源泉。目前，制约电动汽车发展的关键因素是动力蓄电池不理想。电动汽车蓄电池的主要性能指标是比能量、比功率和使用寿命等。蓄电汇目前主要有铅酸蓄电池、镍镉电池、镍氢蓄电池、锂离子电池。

4. 混合动力电动汽车

混合动力电动汽车的动力系统主要由控制系统、驱动系统、辅助动力系统和电池组等部分构成。

以串联混合动力电动汽车为例，如图7.9所示。在车辆行驶之初，蓄电池处于电量饱满状态，其能量输出可以满足车辆要求，辅助动力系统不需要工作；电池电量低于总电量的60%时，辅助动力系统启动；当车辆能量需求较大时，辅助动力系统与蓄电池组同时为驱动系统提供能量；当车辆能量需求较小时，辅助动力系统为驱动系统提供能量的同时还给蓄电池组进行充电。蓄电池组的存在使发动机工作处于一个相对稳定的工况，使其排放得到改善。

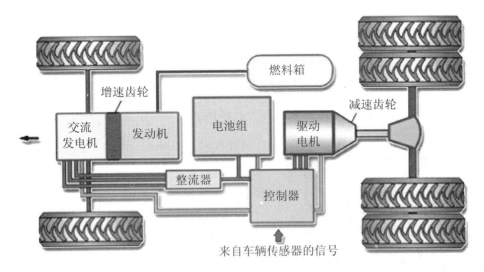

图7.9 串联混合动力电动汽车

7.5.6 二甲醚

二甲醚(DME)是一种由煤、煤层气、天然气和生物原料生产出来的燃料，它在常温下为惰性气体、无致癌作用、无腐蚀、无毒，长期暴露在空气中也不会形成过氧化物。由于二甲醚十六烷值高，燃料中含氧较高，因此柴油机燃用二甲醚所产生的排放、噪声可大幅度降低。

1. 优点

(1) 二甲醚化学分子中无 C-C 键的分子结构，氧的质量百分比高达 34.8%，这为发动机实现无烟排放提供了基础。

(2) 二甲醚十六烷值高于柴油，具有良好的自燃性能，非常适合作为柴油机的代用燃料。

(3) 二甲醚沸点较低(-24.9℃)，能够迅速形成良好的混合气，从而缩短了滞燃期，使柴油机具有良好的冷启动性能。

2. 缺点

(1) 二甲醚在常温、常压下为气态，因此燃料供给系统需要改动。

(2) 二甲醚热值仅为柴油热值的 66.8%，二甲醚密度只有柴油密度的 78.5%，为了达到原柴油机的动力性，以体积计二甲醚的供给量是柴油的 1.9 倍。

(3) 二甲醚黏度低(为柴油的 0.037～0.075 倍)，在高压供油系统中容易泄漏，使偶件容易发生早期磨损。

(4) 对金属无腐蚀，对普通橡胶、塑料有腐蚀作用。

我国地域广大，资源分布不均匀。因此，应因地制宜，注重多种新能源汽车的均衡发展。各地充分利用本地资源优势，让各种新能源为节约我国石油资源作出贡献。

7.6 润滑材料及其使用

汽车的润滑材料包括发动机油、车辆齿轮油以及润滑脂。

7.6.1 机油

发动机润滑油简称机油，是润滑系统的液态工作介质，如图 7.10 所示。发动机机油的作用是润滑、冷却、清净、密封、防锈、消除冲击负荷等。由于发动机工作条件恶劣，因此对发动机机油提出了更高的要求，以满足各种复杂条件下的使用要求。

图 7.10 机油

1. 发动机机油的规格

发动机润滑油可分为汽油机润滑油和柴油机润滑油。

发动机润滑油的等级及规格广泛采用美国汽车工程师学会(SAE)黏度分类法和美国石油学会(API)的使用条件分类法。

1) 黏度分级

国际上广泛使用的是美国汽车工程师学会(SAE)

的发动机黏度分类法,见表 7-18。

表 7-18 发动机机油的黏度等级(SAE)分级

冬季用(低温型)	夏季用(高温型)
0W,5W,10W,15W,20W,25W	20,30,40,50,60
黏度小→黏度大	黏度小→黏度大

SAE J 300—1987《发动机油黏度分类》标准将发动机油分为多级和单级(用含有字母 W 和不含有字母 W 区分)两组黏度系列。单级油即冬、夏专用油,其中 W 代表冬季机油品种。多级油用 SAE 等级的双重号码表示,如 5W/30,表示该机油在高温时具有与 SAE 30 相同的黏度,而在低温时相当于 SAE 5W 的黏度。

冬季用润滑油用黏度等级号加冬季英文字母 W 表示,以最大低温黏度、最高边界泵送温度以及 100℃时的最小运动黏度划分为 0W、5W、10W、15W、20W、25W 这 6 个黏度等级。数字越大,黏性越大。

夏季用润滑油不加字母 W,仅以 100℃时运动黏度划分为 20、30、40、50、60 这 5 个黏度等级。表 7-19 为 GB/T 14906—1994 发动机机油黏度分类。

表 7-19 GB/T 14906—1994 发动机机油黏度分级

黏度等级	低温黏度/(MPa·s) 最大值	边界泵送温度不高于/℃	运动黏度(100℃)/(mm²·s⁻¹) 不小于	运动黏度(100℃)/(mm²·s⁻¹) 不大于
0W	3 250(在-30℃)	-35	3.8	—
5W	3 500(在-25℃)	-30	3.8	—
10W	3 500(在-20℃)	-25	4.1	—
15W	3 500(在-15℃)	-20	5.6	—
20W	4 500(在-10℃)	-15	5.6	—
25W	6 000(在-5℃)	-10	9.3	—
20	—	—	5.6	9.3
30	—	—	9.3	12.5
40	—	—	12.5	16.3
50	—	—	16.3	21.9
60	—	—	21.9	26.1

2) 使用性能分级

发动机机油的使用性能分级是根据发动机机油在发动机台架试验中所得到的润滑性、清净分散性、抗氧化性、抗腐蚀性等性质确定其质量品级的。

目前,API 使用性能分类法把汽油机机油定为 S 系列,把柴油机机油定为 C 系列。API 分类法是按照发动机性能强化程度和工作条件的苛刻程度来划分的,为了保证发动机机油的使用性能,以上两个系列各级油品的质量除应符合各自规定的性能要求外,还必须通过规定的发动机试验。

根据质量品级不同又将汽油机机油分为 SC、SD、SE、SF、SG、SH、SJ、SK、SL 这 9 个质量品级。柴油机油分为 CC、CD、CD-Ⅱ、CE、CF-4、CG-4 和 CH-4 这 7 个质量品级。字母越往后,质量品级越高,见表 7-20。

表 7-20　发动机机油的使用性能(API)分级

汽油机 S 系列	柴油机 C 系列
SC，SD，SE，SF，SG，SH，SJ，SK，SL	CC，CD，CD-Ⅱ，CE，CF-4，CG-4，CH-4
质量品级普通　→　质量品级优	质量品级普通　→　质量品级优

我国现行的发动机机油性能级别国标为 GB/T 7631.3—1995，表 7-21 为我国汽油机机油 API 分级，表 7-22，为我国柴油机机油 API 分级。标准中给出各级别的产品特性、使用场合以及使用对象。与美国 API 分类一样，级别代号一般由两个英文字母组成，汽油机机油级别代号的第一个字母用 S 表示，柴油机级别代号的第一个字母用 C 表示，级别代号的第二个字母用于区分性能等级。此外，还有汽油机和柴油机通用型润滑油，其牌号同时用汽油机和柴油机中牌号表示，如 SG/CF。

表 7-21　我国汽油机机油 API 分级(GB/T 7631.3—1995)

等级代号	机油特性和使用场合
SA(废除)	用于运行条件异常和老化发动机。该油品不含添加剂，对使用性能无特殊要求
SB(废除)	用于缓和条件工作的货车、客车或其他汽油机，也可以用于要求使用 API SB 级的汽油机，仅具有抗擦伤、抗氧化和抗轴承腐蚀性能
SC	用于货车、客车或其他汽油机以及要求使用 API SC 级的汽油机。可控制汽油机高低温沉积物及磨损、锈蚀和腐蚀
SD	用于货车、客车和某些轿车的汽油机以及要求使用 API SD、SC 级的汽油机。该油品控制汽油机高、低温沉积物、磨损、锈蚀、腐蚀的性能优于 SC 级油，并可代替 SC 级油
SE	用于轿车和某些货车的汽油机以及要求使用 API SE、SD 级的汽油机。该油品抗氧化性能及控制汽油机高温沉积物、磨损、锈蚀、腐蚀的性能优于 SD 或 SC 级油，并可代替 SD 或 SC 级油
SF	用于轿车和某些货车的汽油机以及要求使用 API SF、SE 或 SC 级的汽油机。该油品抗氧化性能和抗磨损性能优于 SE，还具有控制汽油机高温沉积物、磨损、锈蚀、腐蚀的性能。并可代替 SE、SD 或 SC 级油
SG	用于轿车、货车和轻型卡车的汽油机以及要求使用 API SG 级的汽油机。SG 质量还包括 CC(或 CD)的使用性能。该油品改进了 SF 级控制汽油机沉积物、磨损和油的氧化性能，并具有抗锈蚀和腐蚀的性能，并可代替 SF、SF/CD、SE 级油或 SE/CC 级油
SH	用于轿车和轻型卡车的汽油机以及要求使用 API SH 级的汽油机，SH 质量在汽油机磨损、锈蚀、腐蚀以及沉淀物的控制和油的氧化方面优于 SG 级油，并可代替 SG 级油

表 7-22　我国柴油机机油 API 分级(GB/T 7631.3—1995)

等级代号	机油特性和使用场合
CA(废除)	用于使用优质燃料、在轻型内燃机中负荷下运行的柴油机以及要求使用 API CA 级的发动机。有时也用于运行条件温和的汽油机。具有一定高温清净性和抗氧化、抗腐蚀性能
CB(废除)	用于燃料质量较小、在轻型内燃机中负荷下运行的柴油机以及要求使用 API CB 级的发动机，有时也用于运行条件温和的汽油机。具有控制发动机高温沉积物和轴承腐蚀的性能
CC	用于在中及高负荷下运行的非增压、低增压或增压式柴油机，并包括一些高负荷汽油机。对于柴油机具有控制高温沉淀物和轴瓦腐蚀的性能，对于汽油机具有锈蚀、腐蚀和高温沉淀物的性能，并可代替 CA、CB 级油

续表

等级代号	机油特性和使用场合
CD	用于需要高效控制磨损及沉积物或使用包括高硫燃料非增压、低增压及增压柴油机，以及国外要求使用 API CD 级油的柴油机。具有控制轴承腐蚀和高温沉积物的性能，并可代替 CC 级油
CD-II	用于要求高效控制磨损和沉积物的重负荷二冲程柴油机以及要求使用 API CD 级油的发动机，同时也满足 CD 级油性能要求
CE	用于在低速高负荷和高速高负荷条件下运行的低增压和增压式重负荷柴油机以及要求使用 API CE 级油的发动机，同时满足 CD 级油的性能要求
CF-4	用于高速四冲程柴油机以及要求使用 API CF-4 级油的柴油机。在油耗和活塞沉积物控制方面性能优于 CE 级油并可代替 CE 级油，该油品特别适用于高速公路行驶的重负荷卡车

3) 发动机机油的认证

为适应各种发动机对润滑油的润滑性、清净分散性、抗氧化性等性能的要求，有必要对润滑油的性能进行分类。目前，世界上许多国家采用美国石油学会(API)的使用性能分类法。近年来也出现了国际润滑油标准化和认可委员会(ILSAC)、欧共体市场车辆制造委员会(CCMC)、欧洲汽车制造商协会(ACEA)、日本汽车标准组织(JASO)的发动机使用性能分类法。

当润滑油生产厂商要获得上述结构的某级别的油品认证时，必须按规定把该级别的油样品送往该机构，由该机构按严格的标准进行油品试验，对于符合该标准的，该机构就颁发认证许可，油品厂家方可在产品的包装上标明获得该机构认证级别代号，即可在产品包装上打上"符合 API××级别"或"等效于 API××级别"的字样。

我国的长城润滑油公司生产的世纪星(5W/50 SJ/CF)发动机机油，获得了 SAE 的 5W/50 级别的黏度认证和 API 的 SJ/CF 的使用性能认证。有个别汽车制造商也有自己的油品使用性能标准，如：德国大众的发动机润滑油标准 VW/505.00，VW/505.01，VW/506.01，VW/507.01 等是该公司对不同的发动机所制定的使用性能标准。

2. 发动机机油的性能要求

1) 清净分散性

清净分散性是指机油能抑制积炭、漆膜和油泥生成或清除这些沉积物的性能。发动机机油应具有良好的清净分散性。发动机基础油本身不具备清净分散性能，是通过使用添加剂而获得的。清净分散剂是通过增溶作用、分散作用和酸中和作用来实现对积炭、漆膜、油泥的抑制、清除、溶解和分散效果的；金属清净剂(磺酸盐、烷基水杨酸盐等)对积炭和漆膜作用效果好，能防止环槽中油泥沉积，对活塞环区清净能力最好，但对低温油泥效果差；无灰分散剂正相反，对防止环槽中油泥沉积能力差，对低温油泥有很好的分散作用，一般两种添加剂复合使用。

2) 润滑性

在各种条件下，发动机机油降低摩擦、减缓磨损和防止金属烧结的能力叫做发动机机油的润滑性。机油的润滑性可用相互运动的摩擦副之间的摩擦因数来表征。当处于液体润滑状态时，油膜厚度比运动副表面粗糙度大得多，摩擦因数随润滑油黏度降低而减小。当润滑油的黏度降低到一定程度时，油膜厚度降低到近似等于运动副的粗糙度，该区域为混合润滑状态，此时起润滑作用的不再是润滑油的黏度性能，而完全是润滑油的化学性质，即润滑油的油性和极压性。

润滑油的油性是润滑油在摩擦金属表面上的吸附性。润滑油中极性分子定向排列吸附在金属表面上形成吸附膜，但在高温、高速、高压时吸附的油膜会脱落，导致油性失效。极压性是摩擦面接触压力非常高、油膜容易产生破裂的极高压力的润滑条件，当润滑油中加入硫、磷等化合物添加剂时，高温下这些化合物分解生成活性元素与金属形成化学反应膜，该反应膜的熔点和剪切强度比较低，能降低摩擦和磨损，极压性的实质就是润滑油在摩擦表面的化学反应性质。

3) 低温操作性

从发动机机油方面保证发动机在低温条件下容易启动和可靠供油的性能叫做发动机机油的低温操作性。发动机机油应具有良好的低温操作性。

发动机在启动过程的阻力主要与发动机的润滑油阻力有关。当汽车在严寒的冬季启动时，由于润滑油的黏度随着室外温度降低而增大，势必造成发动机启动阻力增大，曲轴转速下降，从而造成发动机启动困难。一般认为发动机机油黏度增加后，机油流动困难，供油不足，造成磨损严重。因此发动机具有的低温操作性主要包括有利于低温启动和降低启动磨损两方面。

4) 黏温性

油品黏度随着温度的升高而降低，随着温度的降低而升高，这种性质称为油品的黏温性。好的黏温性是指油品的黏度随温度的变化程度小。显然，发动机机油应具有良好的黏温性。一般在基础油中加入黏度指数改进剂可提高油品的黏温性，加入降凝剂可改进机油的低温流动性。由低黏度的基础油和黏度指数改进剂调配而成，具有良好的黏温性，能同时满足低温使用要求的发动机机油叫做多级发动机机油，俗称稠化机油。

发动机机油黏温性的评价指标：黏度指数。黏度指数越高，油品的黏温性越好。

5) 氧化安定性

发动机运转的过程也是润滑油不断工作循环的过程，此间发动机机油与氧气相互作用，反应生成氧化产物，使油品质量变差，其物理化学性质恶化，叫做发动机机油氧化。发动机机油抗氧化的能力叫做发动机机油抗氧性。为解决润滑油的氧化问题，应在油中加入各种抗氧化剂。

6) 抗腐性

发动机机油抵抗腐蚀性物质对金属腐蚀的能力叫做发动机机油的抗腐性。

发动机润滑油中的劣化物质和燃烧产物中的有机酸不可避免地会对金属产生腐蚀作用。腐蚀是发动机轴承和其他摩擦零部件磨损增大的主要原因。腐蚀过程由金属与氧化产物作用首先生成金属氧化物，接着金属氧化物与有机酸反应生成金属盐。特别是高速柴油机使用的铜铅、镉银轴承的抗腐蚀性能差，即使有微量的酸性物质也会引起严重的腐蚀，使轴承出现斑点、麻坑、甚至使整块金属剥落。

为提高发动机机油的抗腐性，一般都要在基础油中加入抗腐蚀添加剂，加深机油的精制程度，减少酸值。

7) 抗泡沫性

发动机机油消除泡沫的性质叫做发动机机油的抗泡沫性。

在常压下润滑油可溶解9%体积的空气，当发动机机油受到激烈搅动，将空气混入油中时易形成气泡，使润滑油的流动性变坏，润滑能力下降；增大了油的压缩性，使润滑系统油压下降；增大油与空气的接触面积，加速油的氧化，使导热性变差，降低冷却效果；作为传递介质时影响传递效果，妨碍稳定工作。

3. 发动机机油的合理选用

发动机机油的品种繁多，对用户而言，选择合适的机油不仅延长发动机的使用寿命，而且也影响用户的使用成本。因此，选择机油油品规格过高或过低都不利，应该按出厂说明书所规定的用油要求，根据使用环境的温度范围用油，根据发动机生产年代、工作条件苛刻程度选油，优先选用供货可靠的、知名度大的品牌润滑油。

1) 黏度等级的选用

汽车发动机的黏度等级主要根据环境温度选取，其原则是要保证发动机既能在最低气温下顺利启动，又能保证在汽车高温运行时正常润滑和密封。从节能的角度看，在保证汽车发动机润滑的条件下，应尽可能选择黏度小的润滑油。各级别发动机机油的适用温度范围见表 7-23。

表 7-23 SAE 黏度级别适用温度范围

SAE 黏度级别	适合温度/℃	SAE 黏度级别	适合温度/℃
0W	−55～−10	15W/30	−20～30
5W	−30～−25	15W/40	−20～40
5W/20 或 5W/30	−30～30	20W	−15～−5
10W	−25～−20	20W/30	−15～30
10W/30	−25～30	20	−10～30
15W-	20～−15	30	0～30
15W/20	−20～20	40	10～50

黏度等级的选用除温度条件外，还要考虑汽车的运行条件和发动机技术状况。对于重载或超载的山区公路汽车和拖带挂车或半挂车的高速长途运行的载货汽车，宜选用黏度较高的机油；对于载重轻、道路条件好的短途运输汽车，宜选用黏度较低的机油；对于发动机技术状况差，摩擦副配合间隙大的汽车，可以选用黏度较高的机油；在新车或大修后的汽车走合期应选用较低的黏度级别。

多级油的特点在于突出的高、低温性能，即低温启动时，机油能迅速流到发动机零件的摩擦部位提供润滑，减少发动机的磨损；在高温时具有较高的黏度，从而使机油在摩擦表面保持足够的黏度，提供良好润滑。多级油冬夏都能用，既可减少季节性换油，又可降低发动机摩擦阻力，减少燃油消耗，节约能源。但在气温高的地区使用多级油也是不必要的。

2) 质量等级的选择

汽油发动机与柴油机工作条件不同，使用的机油等级也不相同。即便同属汽油机或柴油机，其工作负荷、转速也可能相差很大，在使用机油的级别上也会有差异。汽油机主要根据发动机的热负荷、机械负荷等不同选择不同质量等级的机油。

汽油机根据发动机的压缩比及附加装置选用机油质量等级时要考虑以下因素。

(1) 发动机的压缩比、排量、最大功率、最大转矩。

(2) 发动机负荷，即发动机功率(kW)与曲轴箱容量(L)之比。

(3) 曲轴箱通风、废气再循环等排气净化装置的采用对发动机的影响。

(4) 城市汽车时开、时停等运行工况对生成沉淀物和机油氧化的影响。

汽油机压缩比越高,其发动机的热负荷和机械负荷越大,要求汽油机机油的质量等级越高。对于压缩比小于 6.5 的汽油机,可选用 SC 级汽油机机油;对于压缩比在 6.5～7.5 之间以及装有 PVC 阀的汽油机,可选用 SD 级或 SD 级以上的汽油机机油;对于压缩比在 7.5～8.5 之间以及装有 EGR(废气再循环装置)的汽油机,可选用 SE 级汽油机机油;对于压缩比大于 8.5 以及装有 TWC(排气催化转化器)的汽油机,可选用 SF 级以上的汽油机机油。选用原则见表 7-24。

表 7-24 汽油机机油的选用原则

压缩比	<6.5	6.5～7.5	7.5～8.5	>8.5
油品等级	SC	SD	SE	SF
装有 PVC 阀		SD 或 SD 以上		
装 EGR/TWC			SE 或 SE 以上	

部分汽油发动机选用机油使用性能级别见表 7-25。

表 7-25 汽油车发动机选用机油使用性能级别(部分)

汽车型号	发动机型号 结构特征	汽油机机油使用性能级别
CA1092	CA6102	SD
EQ1092	EQ6100-1	SD
上海桑塔纳 2000	电控多点喷射	VW50000(改良机油)或 SF
捷达 CT	电控多点喷射	SG
上海别克 GL/GLX	V6,电控多点喷射	SJ

柴油机根据发动机的强化系数确定其质量等级。柴油机也是依据热负荷和机械负荷来选择机油的质量等级,负荷越大,工作温度越高,工作强度越剧烈,要求机油的质量等级也越高。柴油机的热负荷和机械负荷由强化系数 K 表示为式(7-9):

$$K = P_e \cdot C_m \cdot Z \qquad (7-9)$$

式中:K——柴油机的强化系数;

P_e——发动机的有效压力,0.1MPa;

C_m——活塞平均速度,m/s;

Z——冲程系数(四冲程为 0.5,二冲程为 1.0)。

强化系数的大小与柴油机机油的选用保证见表 7-26。对于大型载货汽车,应选用 CF-4 柴油机机油。发动机使用硫含量高的轻柴油或运行条件苛刻的,选用的柴油机机油的使用性能级别要相应提高。例如,卡马兹系列载货汽车装用的 740 型柴油机的强化系数为 34,在 30～50 之间,可选用 CC 级柴油机机油,但用于林区运材,则选用 CD 级柴油机机油为宜。

表 7-26 强化系数与柴油机机油的对应关系

强化系数	30～50	50～80	>80
柴油机机油级别	CC	CD	CE

部分柴油车发动机的技术特性和要求的柴油机机油使用性能级别见表7-27。

表7-27 柴油车发动机的技术特性和要求的机油使用性能级别(部分)

汽车型号	发动机型号结构特征	最大功率/[kW/(r/min)]	最大转矩/[(N·m)/(r/min)]	排量/L	压缩比	柴油机机油性能级别
解放CA1091k2	CA6110A ω型燃烧室	103/2 900	392/1 800～2 000	6.842	17	CC
南京依维柯8140.27S	8140.27 涡轮增压	76/3 800	230/2 200	2.499	18	CD
斯太尔1491	WD61567/77 ω型燃烧室	206/2 400	1 070/1 400	9.7	16	CD

4. 发动机机油的更换

在内燃机机油使用过程中，如何合理地确定更换机油期一直是润滑油生产厂、机油用户和发动机制造商之间关注的问题。这个问题的复杂性在于：一方面，发动机机油质量升级换代过程的加快为换油期的延长提供可能；另一方面，发动机的机械负荷、热负荷的不断提高，油箱容量以及机油消耗的降低，使用条件的苛刻，又制约了换油期的延长，所以，要确切地提供机油更换期是很困难的。机油的更换期过短既造成浪费又不利于环保。机油更换期过长要损害发动机的使用寿命，导致维修费用的增加。发动机机油的更换标准有两类，一类是以油品质量变化为依据，即换油指标；另一类是汽车制造商推荐的换油标准，即换油周期。

1) 换油指标

发动机机油在使用中，经取样化验，若汽油机机油有一个指标超过机油的换油标准，发动机机油就应该更换。汽油机需符合标准 GB/T 8028—1994，见表7-28；柴油机需符合标准 GB/T 7607—2002《柴油机换油指标》，见表7-29。

这种换油方法也称按质换油。该换油指标对于具有检测手段的大型企业完全可以实施，而且能切实保证润滑油得到充分有效的使用，但对于不具备检测条件的家庭用户来说，是难以实施的。

表7-28 汽油机机油换油指标

项目	换油指标
100℃运动黏度变化率/%	超过±25
水分/%	大于0.2
闪点(开口)/℃	低于165(单级)，150(多级)
酸值，mgKOH/g	大于2.0
铁含量/(mg·kg^{-1})	大于250(SC)，200(SD)，150(SE)
正戊烷不溶物/%	大于1.5(SC，SD)，2.0(SE)

表 7-29 柴油机换油指标

项目		换油指标		试验方法
		CC, SD/CC SE/CC	CD、SF/CD	
100℃运动黏度变化率/%	超过	±25		GB/T 11137 和 GB/T 7067 中 3.2
碱值/mgKOH/g	<	新油的 50%		Sh/T 0251
闪点(开口)/℃	<	单级油 180 多级油 160		GB/T 3536
酸值增值/(mgKOH/g	>	2.0		GB/T 7304
铁含量/(mg·kg⁻¹)	>	200 100 ①	150 100 ①	Sh/T 0197 或 Sh/T 0077
正戊烷不溶物/%	>	3.0 1.5 ①		GB/T 8926　B 法
水分/%	>	0.2		GB/T 260

注：①适用于固定式柴油机

2) 换油周期

在难以对机油进行质量检测时，为确保发动机始终处于良好的工况状态，应使用汽车制造商推荐的换油标准，按汽车的行驶里程进行换油。这个换油周期是制造商根据试验得出的，一般来说，该换油周期比按质量换油周期短。

车主可定期对车辆的机油状况进行检测，用机油尺沾少许机油放在手指上，如机油呈黑色，非常稀薄，并含有沙砾，则说明此时的机油变质，应立即更换。为了延长发动机机油的使用寿命，在更换机油时应将机油放尽；加强曲轴箱通风和保持发动机温度正常，防止油气、水汽污染；机油温度不要过高，以免机油变质和加速氧化变质，要加强对润滑系统的维护。

7.6.2 润滑脂

润滑脂(俗称黄油，如图 7.11 所示)是汽车用润滑剂的一个重要品种，实际上是一种稠化了的润滑油，与液体润滑油相比，润滑脂具有较高的负荷承载能力和较好的阻尼性；它相比润滑油，蒸发损失小，高温、高速下的润滑性好；可在较宽的温度范围内和较长的时间内保持良好的润滑性能，使用寿命较长。但它的缺点是冷却散热作用差，启动摩擦力矩大和更换操作较复杂。润滑脂性能的好坏直接影响零件的磨损程度和使用寿命的长短。

图 7.11　润滑脂

1. 润滑脂的性能指标

润滑脂的使用范围很广，工作条件差别很大，不同机械设备对润滑脂性能要求不同，根据使用部位的工作条件，对其性能的基本要求是：适当的稠度、良好的高低温性能、抗磨性、抗水性、防腐性、防锈性和安定性等。

1) 稠度

稠度是指润滑脂的浓稠程度。适当的稠度可使润滑脂容易加注并保持在摩擦面上，以保持持久的润滑作用。不同的稠度适用的转速、负荷和环境温度等工作条件也有所不同，所以，稠度是润滑脂的一个重要指标。美国润滑脂协会(NLGI)按润滑脂在 25℃的工作锥入度将润滑脂分为 9 个牌号(表 7-30),被国际上广泛采用。润滑脂的牌号越大,锥入度越小,润滑脂越硬,外观显得越黏稠。常用的锥入度为 200～300,锥入度超过 400 后,就失去塑性而成为液体。

表 7-30 美国润滑脂协会稠度分级和锥入度范围

级号	000	00	0	1	2
锥入度范围(25℃)	445～475	400～430	355～385	310～340	265～295
级号	3	4	5	6	—
锥入度范围(25℃)	220～250	175～205	130～160	85～115	—

润滑脂的稠度用锥入度表示。锥入度是指在规定时间温度条件下,规定质量的标准锥体刺入润滑脂试样的深度,以 1/10mm 表示。锥入度反映润滑脂在低剪切速率下的变形和流动阻力,其值越大,润滑脂越软,即稠度越小,越易变形和流动。锥入度是决定选择使用的关键指标。锥入度小的润滑脂一般用于高负荷、低转速的摩擦副;锥入度大的润滑脂一般用于低负荷、高转速的摩擦副。

2) 高温性能

温度对润滑脂的流动性有很大影响,温度上升,润滑脂变软,溶化时会从摩擦表面流失,失去润滑作用。润滑脂失效过程的快慢也与使用温度有关,耐热性好的润滑脂可以在较高的使用温度下不熔融流失,并且变质失效的过程较为缓慢。汽车润滑脂的高温性能可用滴点、蒸发损失和漏失量等指标评定。

润滑脂的滴点是指在规定的条件下,达到一定流动性的温度,以℃表示。滴点的高低大致可决定润滑脂的最高使用温度,一般润滑脂应在滴点以下 20～30℃或更低的温度下使用。

蒸发损失是指在规定的条件下,润滑脂损失量占润滑脂总质量的百分比。它是影响润滑脂使用寿命的一项重要因素,对于在高温和温差较大的条件下工作的润滑脂影响较大。为了更好地评定汽车润滑脂的耐热性,还要按规定测定汽车轮毂轴承润滑脂的漏失量。漏失量大说明润滑脂的耐热性差。

3) 低温性能

汽车起步时,各润滑部位润滑脂的温度几乎和环境温度一样,汽车在寒冷地区使用时要求润滑脂在低温下仍保持良好的润滑性能。润滑脂的低温黏度用相似黏度表示,它是一定温度和剪切速率下测得的黏度。相似黏度影响启动阻力和功率损失,以及润滑脂进入摩擦间隙的难易程度,所以它是评定润滑脂低温性能的重要依据。

4) 胶体安定性

胶体安定性是指润滑脂在使用中避免胶体分解,防止液体润滑油被析出的能力,用析油量判定。析油量越大则润滑性能越低,当析油量超过 5%～20%时,润滑脂基本就不能再使用。容易析油的润滑脂不能用于高温、重负荷的摩擦副。

5) 氧化、机械安定性

氧化安定性指润滑脂在存储和使用中抵抗氧化的能力。若氧化安定性差,则润滑脂易氧化生成有机酸,对金属构成腐蚀。

机械安定性指润滑脂在机械工作条件下抵抗稠度变化的能力。若润滑脂的机械安定性差，表明在工作中受剪切作用时易使稠化剂的纤维结构不同程度被破坏，造成其稠度下降。

6) 抗水性

抗水性是指润滑脂在水中不被溶解、不从周围介质中吸收水分、不被水洗掉的能力。

抗水性好的润滑脂用于在工作中经常接触水的摩擦副，如水泵轴承、轮毂轴承等。

2. 润滑脂的分类

润滑脂的分类包括名称分类(表 7-31)和操作条件分类。根据 GB/T 7631.8—1990 的规定，润滑脂的操作条件(温度、水污染和负荷等)分类采用国际(ISO 标准)分类方法，见表 7-32。润滑脂属于 L 类(润滑脂和有关产品)的 X 组，每一种润滑脂用一组大写字母及稠度级别组成的代号表示。

表 7-31　各种润滑脂的特性和用途

润滑脂类型	特　性	使用温度/℃	用　途
钙基润滑脂	抗水性能好，耐热性能差	60	转向横直拉杆球头销、离合器、制动器踏板轴
钠基润滑脂	抗水性能差，耐热性能好	120	不太适合在汽车上使用
钙钠基润滑脂	抗水和耐热性能介于钙基和钠基润滑脂之间	100	轮毂轴承、传动轴滑动叉及轴承、转向传动轴承、制动器凸轮轴
锂基润滑脂	具有良好的抗水和耐热性能(低温性能良好)和安定性	120	适用于汽车各个部分的润滑，应用广泛
石墨润滑脂	具有良好的抗水和耐压性能，耐热性能稍差	60	钢板弹簧的片间润滑，其他低速、大负荷部位的润滑

例如，某种润滑脂的使用条件为：最低操作温度-30℃，最高操作温度120℃；环境条件：经受水洗；防锈性：淡水存在下防锈；负荷条件：低负荷；稠度等级：2 级。则该润滑脂的代号为 L-XCCHA2，相当于《汽车通用锂基润滑脂》(GB/T 5671—1995)。

表 7-32　润滑脂按操作条件的分类

操作温度				水污染				负荷条件	
最低温度/℃	字母	最高温度/℃	字母	环境条件		防锈性		综合性字母	字母和备注
				字母	备注	字母	备注		
0	A	60	A	L	L——干燥环境	L	L——不防锈	A	—
-20	B	90	B	L	—	M	M——淡水存在下的防锈性	B	—
-30	C	120	C	L	—	H	H——盐水存在下的防锈性	C	—
-40	D	140	D	M	M——静态潮湿环境	L	—	D	—
<-40	E	160	E	M	—	M	—	E	—

续表

操作温度				水污染				综合性字母	负荷条件
最低温度/℃	字母	最高温度/℃	字母	环境条件		防锈性			字母和备注
				字母	备注	字母	备注		
		180	F	M		H		F	
		>180	G	H		L		G	
				H		M		H	
				H		H		I	

3. 汽车润滑脂的规格

汽车用润滑脂的规格有 GB/T 5671—1995《汽车通用锂基润滑脂》、SH/T 0396—1992《石墨钙基润滑脂》、GB 7324—2010《通用锂基润滑脂》、SH/T 0039—2005《工业凡士林》。通用润滑脂的规格见表7-33。

表7-33 汽车通用锂基润滑脂

项目	质量指标			试验方法
	1号	2号	3号	
外观	浅黄至褐色光滑油膏			目测
工作锥入度/(0.1mm)	310～340	265～295	220～250	GB/T 269
滴点/℃	170	175	180	GB/T 4929
钢网分油(100℃，24h) % 不大于	10	5		SH/T 0324
相似黏度(-15℃，10S^{-1})/(Pa·S) ① 不大于	800	1000	1300	SH/T 0048
游离碱(NaOH)/%	不大于 0.15			SH/T 0329
腐蚀(T2 铜片，100℃，24h)	铜片无绿色或黑色变化			GB/T 7326 乙法
蒸发量(99℃，22h) 不大于	2.0			GB/T 7328
水淋流失量(38℃，1h) 不大于	8			SH/T 0109
延长工作锥入度(100 000 次)0.1mm 不大于	380	350	320	GB/T 269
氧化安定性(99℃，100h，0.760MPa) 压力降/MPa 不大于	0.07			SH/T 0325
防腐蚀性(52℃，48h)，级 不大于	合格			GB/T 5018
杂质(个/cm³) 10μm 以上 不大于 25μm 以上 不大于 75μm 以上 不大于 125μm 以上 不大于	2000 1000 500 200			SH/T 0336

①以中间基原油、环烷基原油生产的润滑脂，相似黏度的质量指标允许1号、2号、3号分别为不大于800,1000,1500 Pa·S。

4. 汽车润滑脂的选用

1) 润滑脂的选择

润滑脂的合理选用与节能关系密切，试验表明，润滑脂的稠度牌号不宜太大。如汽车轮毂轴承选用 2 号润滑脂要比选用 3 号润滑脂节能，其综合经济效益可提高约 60%，对于汽车底盘中的其他摩擦节点使用 0 号润滑脂较好。原则上，我国南方的车辆宜全年使用 2 号润滑脂；北方的车辆冬季宜用 1 号润滑脂，夏季宜用 2 号润滑脂。在选择润滑脂时，还要搞清润滑脂的失效机理、使用部位、使用的温度、速度、负荷和工作环境等。所谓润滑脂失效，指的是润滑脂失去了对摩擦副的润滑性能，不能起到减磨的作用。引起润滑脂失效的因素主要有：机械剪切力、离心力、工作温度和氧化环境状况等。在机械剪切力的作用下，润滑脂结构会发生破坏，引起软化、相对黏度下降、稠化度降低、析油量增加等，最终导致失效；在离心力的作用下，润滑脂被甩出摩擦界面或者使润滑脂产生分油，使润滑脂中的油分减少，锥入度减小而硬化，达到一定程度后就会导致润滑脂完全失效。

润滑脂在高温环境和摩擦热的作用下，会发生蒸发损失，使润滑脂的油性逐渐减少、变硬和黏度增加。润滑脂也会与空气发生氧化反应而产生酸性物质，消耗润滑脂中的抗氧化添加剂，到一定程度后，有机酸会腐蚀金属并破坏润滑脂的结构，使其滴点下降、黏度增加。因此，选用润滑脂时还应注意以下几个原则。

(1) 工作温度。工作温度越高，润滑脂的使用寿命越短。一般轴承温度升高 10~15℃，润滑脂的使用寿命下降约 1/2。所以，对于工作温度高的摩擦部位一定要选用氧化安定性好、热蒸发损失少、滴点高、析油量少的润滑脂；而对于工作温度较低的摩擦部位，则一定要选用低温启动性能好、相对黏度小的润滑脂。

(2) 运动速度。轴承通常以速度因数 DN 表示润滑脂适用的速度。其中 D 表示轴承内径(mm)，N 表示轴承转速(r/min)。

(3) 承受负荷。对于重负荷车辆，应采用稠度大一些的润滑脂，如选择加有极压添加剂、二硫化钼或石墨的润滑脂；潮湿或水接触的情况下应选用抗水性好的钙基、锂基润滑脂。

(4) 防锈性要求严格时，应选用加防锈剂的润滑脂。

(5) 环境条件。主要考虑润滑部位的湿度、灰尘、腐蚀性等因素，对于特殊环境应选用特殊性能的润滑脂。

2) 润滑脂使用注意事项

(1) 轴承的润滑对抗水性、耐磨性、抗极压性要求高，宜选用性能优越的汽车通用锂基润滑脂。

(2) 润滑部位(如水泵轴承、离合器踏板轴、制动踏板轴、传动轴各点、前后钢板弹簧销、转向节主销、转向横拉杆等处)润滑脂的用量少，对润滑要求相对较低，为减少润滑脂种类，也使用汽车通用锂基润滑脂。

(3) 固体鳞片状石墨，不易从摩擦面挤出，可起到持久的润滑作用，适宜用在汽车钢板弹簧等负荷大、润滑速度低的部位。

(4) 稠化剂、添加剂不同的润滑脂不能混合使用。

7.6.3 车辆齿轮油

车辆齿轮油(图 7.12)是指用于汽车、拖拉机和工程机械等车辆的手动变速器和驱动桥以及转向器的齿轮传动机构的润滑油，具有减磨、冷却、清洗、密封、防锈和降噪等作用。

图 7.12 齿轮油

齿轮油工作时温度范围比发动机油小,但工作环境更苛刻。

1. 车辆齿轮油的性能指标

(1) 低温操作性及黏温性。

(2) 润滑性和极压抗磨性。

极压性指齿轮油中的极压抗磨剂在高压、高速、高温的苛刻工作条件下,能在齿面上与金属发生化学反应生成反应膜,防止齿面发生擦伤或烧结的性质,有时也叫承载能力或抗胶合性。

(3) 热氧化安定性。

(4) 抗腐蚀性和防锈性。

2. 车辆齿轮油的分类和规格

车辆齿轮油广泛采用 API 使用分类法,按齿轮油负荷承载能力和使用场合不同,API 将手动变速器和驱动桥齿轮油分为 GL-1,GL-2,GL-3,GL-4,GL-5,GL-6 这 6 个等级。

我国参照采用 API 分类法,把车辆齿轮油分为普通车辆齿轮油(CLC)、中负荷车辆齿轮油(CLD)和重负荷车辆齿轮油(CLE)3 个品种,分别与 API 分类法的 GL-3、GL-4、GL-5 相对应,见表 7-34 和表 7-35。

表 7-34 API 齿轮油使用分类

标号	适用范围
GL-1	齿面压力、低滑动速度下运行的汽车螺旋锥齿轮、涡轮后轴和各种机械变速器
GL-2	汽车涡轮后轴,其负荷、温度及滑动速度的状况用 GL-1 级齿轮油不能满足使用要求
GL-3	中等速度及负荷运转的汽车机械变速器和后桥螺旋锥齿轮规定用 GL-3
GL-4	在高速低转矩及低速高转矩下运转的小客车和其他车辆的各种齿轮特别是准双曲面齿轮
GL-5	在高速冲击负荷、高速低转矩、低速高转矩条件下运转的小客车和其他车辆的各种齿轮,特别是准双曲面齿轮
GL-6	在高速冲击负荷运转中汽车的各种齿轮,特别是高偏置准双曲面齿轮,偏置大于 50mm 或接近从动齿轮直径的 25%

表 7-35 车辆齿轮油的详细分类

	组成、特性和使用说明	使用部位
普通车辆齿轮油	精制矿油加抗氧剂、防锈剂、抗泡剂和少量极压剂等制成，适用于中等速度和负荷比较苛刻的机械变速器和螺旋锥齿轮的驱动桥	机械变速器、螺旋锥齿轮的驱动桥
中负荷车辆齿轮油	精制矿油加抗氧剂、防锈剂、抗泡剂和极压剂等制成，适用于在低速高扭矩，高速低扭矩下操作的各种齿轮，特别是客车和其他各种车辆用的准双曲面齿轮	机械变速器、螺旋锥齿轮和使用条件不太苛刻的准双曲面齿轮的驱动桥
重负荷车辆齿轮油	精制矿油加抗氧剂、防锈剂、抗泡剂和极压剂等制成，适用于比CLD更恶劣的工作环境的各种齿轮，特别是轿车和其他各种车辆的准双曲面齿轮	使用条件苛刻的准双曲面齿轮及其他各种齿轮的驱动桥，也可用于机械变速器

车辆齿轮油的黏度分类采用美国汽车工程师学会(SAE)的分类方法。

黏度分为7个等级，含字母W的是冬季用齿轮油，不含字母W的是夏季用齿轮油。

冬季用：70W，75W，80W，85W。

夏季用：90，140，250。

我国车辆齿轮油按照黏度等级分类与SAE分类法相同。

3. 车辆齿轮油的选择与使用

1) 车辆齿轮油的选择

应按车辆使用说明书的规定选择与该车型相适应的齿轮油品种和牌号。还可参照下列原则。

(1) 工作条件的苛刻程度。

(2) 当地季节气温选择齿轮油牌号。

2) 车辆齿轮油使用注意事项

(1) 不能将使用级别较低的齿轮油用在要求较高的车辆上。

(2) 不要误认为高黏度齿轮油的润滑性能好。

(3) 齿轮油油面一般要加到与齿轮箱加油口下缘平齐。

(4) 齿轮油的使用寿命较长，但也应按规定的换用标准换用新油；换油时应趁热放出旧油，并清洗齿轮箱。

7.7 轮胎及其使用

7.7.1 轮胎的类型

1. 轮胎的分类

(1) 按轮胎的用途分类，可分为轻型乘用车用轮胎、载重车轮胎、农用机械轮胎、工程机械轮胎、特种车辆轮胎。

(2) 按帘布层材料分类，可分为人造丝帘线轮胎、尼龙帘线轮胎、钢丝帘线轮胎。

(3) 按胎体结构分类，可分为普通斜交轮胎、子午线轮胎。

(4) 按轮胎气压分类，可分为高压胎、低压胎、超低压胎。

高压胎：一般为 5～7kg/cm², 即 0.5～0.7MPa。

低压胎：一般为 1.5～4.5kg/cm², 即 0.15～0.45MPa。

超低压胎：一般为 1.5kg/cm² 以下，即小于 0.15MPa。

(5) 按轮胎胎体结构分类。可分为充气轮胎、实心轮胎。现代汽车绝大多数采用充气轮胎。充气轮胎按组成结构的不同又可分为有内胎轮胎和无内胎轮胎两种。

2．轮胎的比较

1) 斜交轮胎与子午线轮胎比较

斜交轮胎与子午线轮胎比较如图 7.13 和图 7.14 所示。

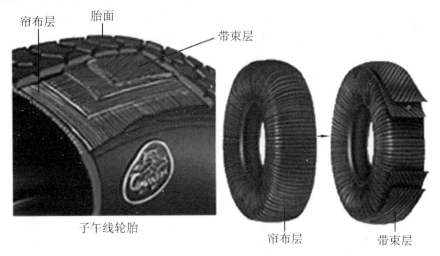

图 7.13　子午线轮胎结构

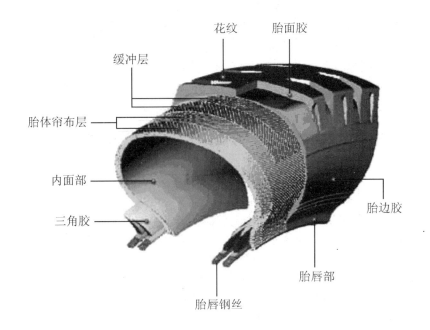

图 7.14　斜交轮胎结构

(1) 帘线的布置不同。斜交轮胎的帘线与轮胎子午线断面的交角 β（胎冠角）一般为 52°～54°，相邻层帘线相交排列。帘布层数越多，强度越大，但弹性越低。在胎侧表面上标注有帘布层数。轮胎帘线的受力非常复杂，作最简单的假设：如果在轮胎子午线断面方向上所受的力为 p，则帘线方向上的力应该为 $p/\cos\beta$，而 $\beta \approx 52°～54°$，显然，帘线受力大于 p。

子午线轮胎的胎体帘线的排列方向与轮胎的子午线断面一致，即沿着轮胎的径向排列。由于帘线的这种排列方向与受力方向一致，即胎冠角 $\beta=0$，$\cos\beta=1$，帘线受力等于 p，使帘线的强度能得到充分利用，子午线轮胎的帘布层数一般比普通斜交轮胎少 40%～50%。对于相同承载能量的轮胎，子午线轮胎的层数比斜交轮胎少，胎体较柔软。在承载能力没有降低的前提下，轮胎的胎体变薄，滚动阻力减小，高速滚动时胎体发热量减小，特别适合高速运行。

(2) 带束层的作用不同。由于斜交轮胎的胎冠角为 β，胎体在圆周方向的承载力也由帘线完全承受，因此，斜交线轮胎的带束层主要起缓冲作用。在子午线轮胎中，由于胎体帘线向着半径方向，故圆周方向强度就小。因此，子午线轮胎的带束层不仅仅是缓冲层，它既要完成在半径方向的压缩任务，又要起到保持圆周方向的刚性的绑带作用，故称其为带束。另外，如不用带束捆紧，就不可能做成扁平率小的轮胎。子午线轮胎带束层的帘线与胎面方向交角很小，一般在 20° 以内，带束层在圆周方向上把帘布层包住，承受了圆周方向的载荷，并使胎面强度显著提高。采用钢丝帘线带束层的子午线轮胎不易被钉子扎破。

(3) 受侧向力作用时接地面积不同。斜交轮胎相比子午线轮胎帘布层数多，胎体厚，胎侧刚性小，在侧向力作用下，胎体变形不大，使整个轮胎发生倾斜，导致轮胎胎冠面积减小；而子午线轮胎由于帘布层数少，胎体薄，外胎面（胎冠）刚性大，而胎侧部分柔软，所以在侧向力的作用下，胎侧变形较大，胎冠的接地面积基本不变。可见，轮胎在承受侧向力时，子午线轮胎具有明显的优越性。

由于子午线轮胎明显优于普通斜交轮胎，因此在轿车上已得到普遍采用。在货车上也越来越多地采用了子午线轮胎。二者比较见表 7-36。

2) 有内胎轮胎与无内胎轮胎比较

有内胎轮胎气体被密封在内胎内，外胎用来保护内胎并使之不受外来损害，是强度高而富有弹性的外壳。当轮胎被尖物扎破时，压缩气体便从内胎孔往外泄漏，由于气体压力高，泄漏速度快，如果在高速行驶过程中，快速泄漏不易被察觉，在高速时容易造成轮胎爆胎，对行车安全造成极大威胁。

表 7-36 子午线轮胎与斜交轮胎比较表

名称比较	子午线轮胎	斜交轮胎
优点	承载能量大。由于子午线轮胎的帘线强度能得到充分利用，故承载能量大，比普通斜交轮胎提高约 14%。 接地面积大，附着性能好，胎面滑移小，对地单位压力小，因而滚动阻力小，使用寿命长，相比普通斜交轮胎，使用寿命可延长 30%～50%。 胎冠较厚且有坚硬的带束层，不易刺穿，行驶时变形小，可降低油耗 3%～8%，因帘布层数少，胎侧薄，所以散热性能好。 径向弹性大，缓冲性能好，由于胎侧部分比较柔软，胎体弹性好，能吸收冲击能量，故缓冲能量强，在承受侧向力时接地面积基本不变，在转向行驶和高速行驶时稳定性好	轮胎噪声小，外胎面柔软，制造容易，价格便宜

续表

名称比较	子午线轮胎	斜交轮胎
缺点	因胎侧较薄柔软，胎冠较厚，在其与胎侧过渡区易产生裂口，吸振能力弱，胎面噪声大，制造技术要求高，成本也高	转向行驶时接地面积小，胎冠滑移大，抗侧向力能力差，高速行驶时稳定性差，滚动阻力较大，油耗偏高，承载能力弱

无内胎轮胎没有内胎和垫带，空气直接充入外胎中，为保证压缩气体不泄漏，轮胎胎体本身必须有好的气密性，为此，在无内胎轮胎的外胎内壁上附加了一层厚度为 2~3mm 的专门用来封气的橡胶密封层。同时，外胎和轮辋之间也要有很好的气密性，因此在胎圈外侧有一层橡胶密封层，用以增加胎圈与轮辋挡圈内侧贴合的密封性，胎圈在压缩气体的压力作用下把胎圈外侧的密封层紧紧压在轮辋挡圈内侧形成密封面，保证了压缩气体不外泄。有的在胎体内壁上黏附一层用未硫化橡胶的特殊混合物制成的自黏层，当轮胎被尖物扎穿时，自黏层能自行将刺穿的孔黏合，这种轮胎叫做有自黏层的无内胎轮胎，其气门嘴直接固定在轮辋上，其间用橡胶衬垫密封。

无内胎轮胎的优点如下。

(1) 轮胎被尖物刺穿时压力不会急剧下降，能继续安全行驶。
(2) 由于没有内胎，故摩擦生热少，散热快，工作温度低，使用寿命长，适宜高速行驶。
(3) 结构简单，质量较小。

无内胎轮胎的缺点如下。

(1) 自黏层只有在穿孔尺寸不大时方可能黏合。
(2) 当天气炎热时，有自黏层的无内胎轮胎的自黏层可能软化而向下流动，从而破坏车轮平衡。

无内胎轮胎具有轮胎被尖物刺穿时压力不会急剧下降，能继续安全行驶；由于没有内胎，故摩擦生热少，散热快，工作温度低，使用寿命长，适宜固定行驶；结构简单，质量较少等优点而应用广泛。

7.7.2 轮胎的规格

1. 轮胎规格的解读

1) 轮胎尺寸

充气轮胎的主要尺寸如图 7.15 所示，主要有轮胎断面宽度(B)、轮辋名义直径(d)、轮胎断面高度(H)、轮胎外直径(D)、负荷下静态半径和滚动半径等。

(1) 轮胎断面宽度 B。轮胎按规定气压充气后，轮胎外侧面间的距离。
(2) 轮辋名义直径 d。轮辋规格中直径大小的代号，与轮胎规格中相对应的轮胎内直径一致。
(3) 轮胎断面高度 H。轮胎按规定气压充气后，轮胎外直径与轮辋名义直径之差的一半。
(4) 轮胎外直径 D。轮胎按规定气压充气后，在无负荷状态下，胎面最外表的直径。

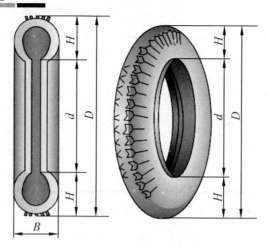

图 7.15　轮胎尺寸标记

　　　　D—轮胎外径　　　　d—轮胎内径
　　　　H—轮胎断面高度　B—轮胎断面宽度

　　(5) 负荷下静态半径。轮胎在静止状态下，只承受法向负荷作用时，从车轮中心到支撑平面的垂直距离。

　　(6) 轮胎滚动半径。车轮旋转运动与平移运动的折算半径。

　　2) 轮胎系列

　　扁平率 H/B 是轮胎断面高度 H 与宽度 B 之比(以百分比表示)，即 $H/B×100\%$。轮胎扁平率(轮胎的高宽比)越小，说明轮胎的断面越宽，故高宽比小的轮胎称为宽断面轮胎。宽断面轮胎的优点是断面宽，接地面积大，接地比压小，磨损减少，滚动阻力也小，抗侧向稳定性强。因此，在相同承载能力下，宽断面轮胎较普通轮胎的直径可以减少。宽断面轮胎较普通轮胎的车轮中心下降，从而降低了整车质心，提高了汽车的行驶稳定性，因此，在高速轿车上广泛应用。

　　轮胎系列就是用轮胎的高宽比的名义值大小(不带%)表示的，例如 80 系列、75 系列、70 系列、60 系列、55 系列等。

　　从 20 世纪 20 年代开始，轿车轮胎的外径减小了 25%，轮辋直径减小了 35%，轮胎和轮辋的宽度增加了将近一倍，轮胎的高宽比不断减小，轿车达 0.5，赛车达 0.4，特别是宽大的轮胎与高级轿车匹配，更为美观大方。

　　3) 轮胎的层级

　　轮胎的层级是表示轮胎承载能力的相对指数，主要用于区别尺寸相同，但结构和承载能力不同的轮胎。轮胎的层级数与轮胎帘布的实际层数没有直接关系，就是说轮胎的层级不代表轮胎帘布的实际层数。轮胎层级常用 PR(Ply Rating)表示。

　　4) 轮胎最高速度和速度级别符号

　　轮胎最高速度是指在规定条件(路面级别、轮辋名义直径)下，在规定的持续行驶时间(持续行驶最长时间为 1 小时)内允许使用的最高速度。将轮胎最高速度(km/h)分为若干级，用字母表示，叫速度级别符号，目前有 25 个，表 7-37 所示仅摘编了一部分轮胎速度符号；表 7-38 所示为轮胎速度在不同轮辋名义直径下的轿车最高速度。

表7-37 轮胎速度级别符号与最高行驶速度(部分)

轮胎速度级别符号	轮胎最高行驶速度/(km/h)	轮胎速度级别符号	轮胎最高行驶速度/(km/h)
L	120	R	170
M	130	S	180
N	140	T	190
P	150	U	200
Q	160	H	210

表7-38 轮胎速度在不同轮辋名义直径下的轿车最高速度(部分)

轮胎速度级别符号	轮胎最高行驶速度/(km/h)		
	轮辋名义直径10in	轮辋名义直径12in	轮辋名义直径≥13in
Q	135	145	160
S	150	165	180
T	165	175	190
H		195	210

5) 轮胎负荷指数和轮胎负荷能力

轮胎负荷指数是指在规定条件(轮胎最高速度、最大充气压力等)下轮胎负荷能力的数字符号。轮胎负荷指数用LI表示,轮胎负荷能力用TLCC表示。轮胎负荷指数目前有0,1,2,3,…,279,共有280个,表7-39仅摘录一部分。

表7-39 轮胎负荷指数(LI)与轮胎负荷能力(TLCC)对应关系(部分)

轮胎负荷指数(LI)	轮胎负荷能力(TLCC)/N	轮胎负荷指数(LI)	轮胎负荷能力(TLCC)/N
79	4 370	84	5 000
80	4 500	85	5 150
81	4 620	86	5 300
82	4 750	87	5 450
83	4 870	88	5 600

6) 轮胎上的"3T"指标

美国交通运输部规定,轿车轮胎上必须有轮胎磨耗(Tread Wear)、温度(Temperature)、牵引力(Traction)标志,简称"3T"指标。

磨耗指标:衡量轮胎胎面耐磨性能和使用寿命,它的级别以具体数字表示,该指标越高,轮胎胎面耐磨性越好。

温度:衡量轮胎行驶时升温的高低,实际上与轮胎高速性能相关,它用A、B、C区别。A级为特优,B为良好,C为一般。

牵引力:衡量轮胎与地面的附着性能,也以A、B、C三级区分,A为特优,B为良好,C为一般。

2. 轮胎规格的表示方法

目前，充气轮胎一般习惯用英制表示，但欧洲国家常用公制表示，有些国家用英制和公制混合表示，个别国家也用字母作代号来表示轮胎规格尺寸，我国轮胎规格标记主要采用英制，有些也用英制和公制混合表示。

我国的轮胎标准经过几次修订，现执行的标准为轿车轮胎 GB 9743—2007；轿车轮胎系列 GB/T 2978—2007；载货汽车轮胎 GB 9744—2007；载货汽车轮胎系列 GB/T 2977—2007。标准规格规定了轮胎规格、基本参数、主要尺寸、气压负荷对应关系等。轮胎规格规定外胎外径为 D，胎圈内径或轮辋直径为 d，断面宽为 B，断面高度为 H 等。本部分以实例说明汽车轮胎规格的表示方法，基本反映了欧洲、美国、日本和我国等对汽车轮胎规格的规定。

1) 轿车轮胎规格

(1) 斜交轮胎：例如，6.70—13—6PR。

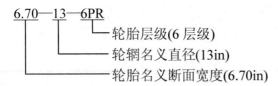

(2) 子午线轮胎：例如，185/70 R 13 86 T。

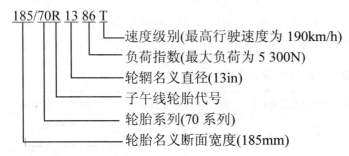

2) 载货汽车轮胎规格

(1) 微型载货汽车普通断面斜交轮胎：例如，4.50—12—ULT。

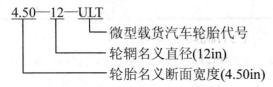

(2) 轻型载货汽车普通断面斜交轮胎：例如，6.50—15—LT。

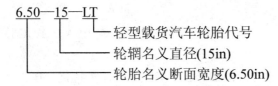

(3) 轻型载货汽车普通断面子午线轮胎：例如，6.50—R 15—LT。

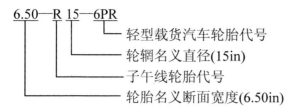

3. 轮胎胎侧标志

有关轮胎的规格标志等信息都标明在胎侧表面上，主要项目有规格、层级(层数)、负荷、气压、商标、帘布材料、滚动方向、生产序号、轮胎花纹磨损标记、"3T"指标和平衡点。轮胎胎侧的标记如图 7.16 所示。

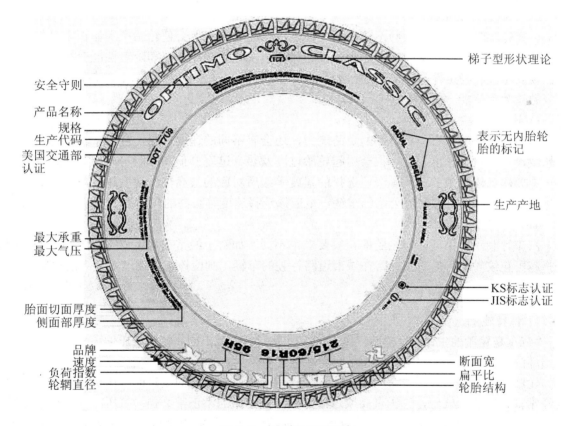

图 7.16 轮胎胎侧的标记

(1) 商标。商标是轮胎生产厂家的标志，包括商标文字及图案，一般比较突出和醒目，易于识别。大多数与生产企业厂名标志相连。

(2) 滚动方向。轮胎上的花纹对行驶中的排水防滑特别关键，所以花纹不对称的越野车轮胎常用箭头标志装配滚动方向，以保证设计的附着力、防滑等性能。安装时要注意其方向。

(3) 生产序号。用一组数字及字母标志，表示轮胎的制造年月及数量。

(4) 轮胎花纹磨损标记。在轮胎一侧用橡胶条、块标示轮胎的磨损极限，一旦轮胎磨损达到该标志，轮胎则应及时更换，否则会因强度不够导致中途爆胎。

(5) 平衡点。一般是用颜色(红、黄、白、浅蓝)胶料制成□、○、△、◇等形状，硫化在胎侧，装用轮胎时，它与内胎嘴成180°对装，促使平衡。

(6) 其他标记。例如成品等级、生产许可证及其他附属标志。

7.7.3 轮胎的合理选用

1. 轮胎的合理选择

1) 轮胎规格的选择

一般在汽车制造商随车手册中规定了使用的轮胎规格，用户应该严格按要求选用，不得低于要求的规格，也不要随意变更轮胎规格。因为轮胎的规格是制造商按照设计要求选定，在正常使用过程中，轮胎能完全满足汽车行驶时的动力性、操纵性、制动性、安全性和舒适性等方面的要求。

2) 负荷系数的选择

选择轮胎时必须保证轮胎不能超载。如果轮胎超载，不但会使轮胎产生非正常磨损而引起寿命急剧缩短，而且有时还会因为轮胎超载而引发轮胎刚度不够和附着性能变坏，严重影响行驶安全性和稳定性。应根据轮胎载荷要求选择轮胎规格中负荷系数 LI 的值，负荷系数所对应的轮胎负荷能力应大于额定载荷。

3) 速度等级的确定

同一规格的轮胎不但有不同的负荷能力，还会有不同的速度等级，有时车辆的轮胎负荷不超载，但有可能速度超载，也会引起轮胎过度发热、过度磨损和爆胎等问题。在选择轮胎时一定要注意规格中的速度等级，选择的速度等级所对应的最高行驶速度越高，它的高速性能越好。对于经常行驶高速公路的车辆，更应该选择速度等级高的轮胎。

4) 轮胎花纹的选择

汽车行驶路面不同，对轮胎的花纹要求也不同。如对于经常在恶劣道路行驶的车辆，应选择越野花纹轮胎；而对于经常在城市道路行驶的车辆，则应该选择速度等级高的轮胎。

2. 轮胎的合理使用

1) 保持轮胎气压

"气压是轮胎的生命"，轮胎气压不同，所承受负荷就不同。轮胎气压偏离标准是轮胎早期损坏的主要原因，尤其是气压不足对轮胎的危害最大。

轮胎气压是决定轮胎寿命的主要因素。轮胎应按照制造商的规定的气压进行加气，平时应经常检查轮胎的气压，气压过高或过低都会造成轮胎的不正常磨损。气压过高会造成轮胎中间过度磨损；气压过低汽车轮胎以低压向前滚动时，胎体内帘线产生较大的变应力和变形，加速帘线的疲劳损伤。因胎体变形增加了胎面与地面的接触面积，使胎面与地面的相对滑移加剧，摩擦产生的热量增多，胎温会很快提升。轮胎的气压与负荷有直接关系，负荷小时，要求气压低；负荷大时，要求气压高。表 7-40 所示为我国部分汽车使用的轮胎规格和轮胎气压。

轮胎气压越低，胎侧变形越大，胎体帘线产生的变应力越大。由于帘线能承受伸张变形的能力较强，而承受压缩变形的能力较弱，故周期性的压缩变形会加速帘线的疲劳破坏。轮胎以较低气压状态滚动时，除增大胎体的应力外，还因摩擦加剧而使轮胎温度升高，降低了橡胶和帘线的抗拉强度。试验表明，轮胎气压降低 20%，轮胎使用寿命降低 15% 以上。

表 7-40 我国部分汽车使用的轮胎规格和轮胎气压

汽车型号	轮胎规格	轮胎气压/kPa
CA1092	9.00～20.12 层级	前轮 392；后轮和备胎 480
北京切诺基	P205/75 R 15	前后轮 207
富康	165/70 R 14 81T	前轮 220；后轮 210；备胎 240
奥迪 A6	205/60 W R 15	前后轮 220；备胎 260
广州本田雅阁 2.0Exi	195/65 R 15 91 V	前轮 200；后轮 230

轮胎气压不足导致损坏的主要特征是：初期外胎内壁和内胎表面出现黑色环圈，以后则出现局部的帘线松散或环状的帘线断裂，帘布脱层，胎面胶特别是胎肩部分加速磨损；后轮并装的双胎间可能相互摩擦，呈周边磨损；轮胎花纹中易嵌入钉子和石块，引起机械损伤；外胎在轮辋上移动，会使胎圈磨损和内胎气门嘴撕裂。

当轮胎气压过高时，造成轮胎接地面积减小，增大了单位面积上的负荷，同时轮胎弹性减小，因胎体帘线过于伸张，应力增大，由此造成胎冠磨损增加。如汽车在不良路面上行驶时，由于车轮承受的动负荷大，则易使胎面剥离或爆胎。气压过高对轮胎的磨损强度虽比气压不足时要小，但爆胎的可能性却很大。

2) 保持左右轮胎气压一致

当一侧轮胎气压过低时，行车、刹车过程中车辆就会向这一侧跑偏。同一辆汽车上应选用同一品牌、结构和性能的轮胎，条件不允许时，至少应该在同一轴上装用品牌、规格、花纹和类型相同的轮胎，因为品牌、规格不同，轮胎的外径尺寸、帘线材料和层级就不同，轮胎对地面的附着力也就不同。如果把差异较大的轮胎装在同一机械或同一轴上，就会造成各轮胎承载不均、工作不协调，从而导致轮胎磨损加剧。

3) 禁止轮胎超负荷工作

轮胎负荷是根据轮胎结构、帘布层数与强度以及使用气压和速度等，经过科学计算确定的。不遵守标准而超载使用的轮胎会影响其使用寿命。根据有关部门的实验证明：超负荷 10%时，轮胎寿命降低 20%；超负荷 30%时，轮胎滚动阻力将增加 45%～60%，同时燃油消耗也会增加。轮胎承受的负荷增大，其变形就会增大，胎体所承受的应力相应增加，胎面与路面的接触面积增大，相对滑移加剧，造成磨损加快。特别是胎侧的弯曲变形还会引起轮胎肩部磨损、轮胎温度升高和帘布层脱落。严重超负荷时，会造成爆胎，危及人身和汽车安全。为了延长轮胎的使用寿命，应严格控制轮胎的负荷，不能超载行驶。

4) 随时检查胎温

车辆行驶时，轮胎因承受负荷不断地弯曲、变形而发热，导致轮胎升温。轮胎温度过高，易导致帘线松散脱层，橡胶老化。轮胎突然受冷受热都易引起轮胎发生裂纹，导致早期损坏。特别是行驶途中轮胎过热时，应及时在阴凉处降温，待轮胎降温后，再清洗车辆。行车中轮胎温度的升高和轮胎气压的升高成正比，因此要十分注意胎温的变化。

5) 及时清除轮胎异物

汽车行驶过程中的行驶路面千差万别，轮胎花纹中会不可避免地夹杂碎石子、钉子、铁屑、玻璃碎片等异物，如不及时清除，时间长了，有一部分会自己脱落，但有相当一部分会越来越"顽固"，卡在花纹中越陷越深，当轮胎磨损到一定程度后，这些异物甚至会刺破胎体，导致轮胎漏气甚至爆胎。

6) 合理使用补过的轮胎

修补过的轮胎不要安装在前轮,也不要在高速公路上长时间使用。当胎侧损坏时,因胎侧比较薄,且在使用中是轮胎的变形区域,主要承受来自轮胎内气压的周向力,故应更换此轮胎。

7) 正确驾驶

轮胎的使用寿命与汽车的驾驶方法紧密相关,起步过猛、紧急制动、转弯过急和碰撞障碍物等都会加速轮胎的损坏。起步过猛使驱动轮上的负荷骤然增加,轮胎与地面发生强烈的摩擦,并易发生滑转现象,增加轮胎磨损。

(1) 紧急制动时。轮胎由滚动变为滑移,局部胎面受到剧烈摩擦产生高温,使胎面胶软化而加剧磨损。同时在缓冲层和帘布层中产生较大的切应力,会使胎面花纹发生崩裂,胎面胶脱空或胎体脱层。经常使用制动器也会使轮胎产生高温,加速磨损。转弯过急使车轮侧向滑移,增加胎面磨损,并使胎侧过度变形,在胎圈部位产生很大应力,可使胎圈破裂,胎体脱层,甚至爆胎。

(2) 行驶中。轮胎碰撞障碍物会使轮胎受到强烈冲击,引起过度变形,损坏帘布层。

(3) 要求。起步要平稳,避免轮胎在地面打滑,加剧轮胎磨损;减少偏载;控制好行车速度。

3. 轮胎的合理维护

(1) 轮胎气压测量。轮胎平均每月会减少 68.6kPa 的气压,而且轮胎气压随温度的变化而改变,温度每升高(或降低)1℃,气压也随之升高(或降低)6.86~13.7kPa;气压必须在轮胎冷却时测量,而且测量后务必将气门嘴帽盖好。应养成经常使用气压表测量气压的习惯,不要凭借肉眼判断。对于一般家庭用车,每周应至少检查一次。检查中若发现气压比标准下降很多时,有可能该轮胎已经被尖物扎破或因气门嘴密封不好发生缓慢泄漏,因为无内胎轮胎被细小的尖物扎破时不会发生快速泄漏,但超过一周气压会明显下降,此时应立即对轮胎做详细检查,查出泄漏点,清除扎入尖物并把泄漏点补好。

(2) 轮胎花纹检查。应定时检查轮胎表面有无裂纹、变形等,如有则应及时更换轮胎。检查轮胎花纹深度时,如花纹磨损达到磨损极限(轿车和挂车的花纹深度不得小于 1.6mm;其他车辆转向轮的花纹深度不得小于 3.2mm,其余轮胎花纹深度不得小于 1.6mm)时,必须更换轮胎。

(3) 轮胎期限检查。当轮胎使用超过 6 年时,不管轮胎是否完好,都必须更换。

(4) 轮胎更换。安装轮胎时,同一轴上应该装配同一规格、尺寸、花纹、帘线层数的轮胎。更换轮胎时,最好所有轮胎同时更换,至少应成对更换。转向轮(前轮)更换必须采用新轮胎,绝不允许更换已磨损的旧轮胎。

(5) 轮胎平衡测试。轮胎与轮辋总质量不均匀、周向和径向不平衡都会引起汽车振动与摆动。由于旋转物体的离心力与速度平方成正比,速度加快时,离心力将急剧增大。因此,对于以常速行驶的汽车,轮胎不经过平衡检测校正,问题不会太大,然而高速行驶升温轮胎不平衡会引起汽车激烈跳动、摆动和发飘,这将严重影响整车操纵性、平顺性和安全性。

(6) 轮胎换位。由于负荷、驱动形式和道路的影响,汽车各轮胎磨损部位和磨损程度不同,为使全车轮胎磨损均匀,一般应按规定的周期对轮胎进行换位。轮胎换位的基本方法有循环换位法和交叉换位法两种,如图 7.17 所示。

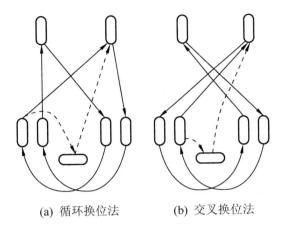

(a) 循环换位法　　(b) 交叉换位法

图 7.17　轮胎换位的基本方法

4. 轮胎的故障及诊断

轮胎常见的故障及故障原因分析见表 7-41。

表 7-41　汽车轮胎故障和故障原因分析表

故障	故障原因分析
轮胎磨损严重	(1) 轮胎压力不正确 (2) 前车轮轮辋调整不正确 (3) 转向横拉杆球销振动 (4) 前车轮轴承间隙过大或损坏 (5) 车轮未进行动平衡
胎面两侧严重磨损	充气压力过低
花纹中部严重磨损	充气压力过高
轮胎单侧磨损，斜花纹	车轮调整不一致
均匀磨损	减振器损坏
花纹中部不均匀磨损	不平衡
轮胎底层结构冲击断裂(开始时只能在轮胎内部看到)	以较高车速驶过路沿或类似地方
有一致磨损部位	制动时车轮抱死

7.8　工作液的合理使用

7.8.1　发动机冷却液

发动机冷却液(图 7.18)由水、防冻液和各种添加剂组成。为使冷却液具有良好的防冻性，冷却液中都加入了一定量的防冻剂，如乙二醇、丙二醇等。浓缩型冷却液中使用的添加剂主要有缓蚀剂、防垢剂、消泡剂和着色剂等。目前，根据防冻剂的类型的不同，将冷却液分为乙二醇型和丙二醇型冷却液。

1. 发动机冷却液的使用性能

1) 降低水的冰点

冰点是冷却液最重要的物理指标。作为冷却液的主要成分,乙二醇有较好的降低冰点的作用,保证汽车发动机在低温条件下正常工作。乙二醇水溶液的冰点随其浓度增加而降低。当浓度超过 60%后,冰点反而回升。但乙二醇水溶液的浓度与冰点之间的关系曲线不呈线性也不连续。所以,在配制冷却液时,要注意掌握乙二醇的浓度,应控制在 58%以下。当乙二醇水溶液的质量分数继续增加,其冰点反而逐渐回升,直至回升到-13℃。

2) 提高水的沸点

冷却液沸点的提高可明显减少发动机因过热而产生的故障,使之更能适合现代发动机高温、高压、高功率的需求。乙二醇水溶液的沸点比纯乙二醇的沸点低得多,这主要是乙二醇和水互溶后形成了共沸物的缘故。当乙二醇浓度为50%时,沸点可达 105℃;当浓度为 70%,沸点可达 114℃,所以,发动机冷却系统的设计压力高于一个大气压时,乙二醇型发动机冷却液的水溶液也不会沸腾。

图 7.18　冷却液

3) 腐蚀抑制性能

纯乙二醇对各种金属的腐蚀作用很小。乙二醇水溶液对金属的腐蚀主要是由于乙二醇的高温氧化和缓慢氧化,致使防冻液 pH 降低呈酸性而对金属造成腐蚀。因此,标准的防冻液除含有乙二醇水溶液外,还应含有不同腐蚀功能的添加剂。乙二醇型发动机冷却液品质的关键就是能抑制发动机冷却系统极易发生的化学腐蚀、电化学腐蚀和气穴腐蚀。要求腐蚀抑制剂能对现代发动机冷却系统常用的 6 种金属部件(铜、焊料、黄铜、钢、铸铁、铸铝)有优良而持久均衡的抑制各种腐蚀的能力。

4) 防止结垢性能

防冻液中的阻垢添加剂被称为抗沉淀剂、分散剂、絮凝剂或胶溶剂。防冻液阻垢剂的化学物质很多,使用最广的是聚磷酸盐和有机磷酸盐。

5) 节能性能

乙二醇型发动机冷却液的节能原因主要是其水溶液的比热比水小,用作发动机冷却液后发动机达到良好的工作温度的时间比水短,有利于燃料的雾化,因而提高了发动机的热效率。

6) 抗泡沫性

冷却液在发动机冷却系统循环过程中可能产生气泡。这些气泡附在器壁上,会加剧金属材料的气蚀,同时还会使冷却液溢流、渗透到发动机舱其他部位,造成对发动机及其部件的不良影响。

2. 冷却液的规格

1) 中国

我国参照 ASTM D3306 标准制定了防冻液的国家标准 GB 0521—1992。该标准将所属产品分为浓缩和冷却液两类,按质量分为一级品和合格品两个等级,冷却液按冰点分为-25 号、-30 号、-35 号、-40 号、-45 号、-50 号这 6 个牌号。

国内乙二醇防冻液按防腐性能可分为普通型和长效型两种。普通型使用期为一年,长效型则为两年。随着汽车技术性能的逐渐提高，要求使用长效型防冻液的车辆越来越多。目前，市场销售的长效型防冻液有直接使用和浓缩液两种，浓缩液在使用时应根据当地气温进行稀释和配制。

2) 美国

美国使用的冷却液规格有两种，一是符合 ASTM D3306 的要求，适用于轻负荷发动机；二是符合 ASTM D4985、D6210 和 D6211 的要求，适用于重负荷发动机。

3) 日本

日本生产的冷却液(防冻液)按照 JIS 2234 规定了普通冷却液(AF)和长寿冷却液(LLC)。AF 型冷却液有一定的碱性，因此对发动机冷却系统机件有轻微腐蚀性，故只能短期使用(主要是冬季使用)；LLC 型冷却液则是一种冬夏都可以使用的冷却液。

3. 冷却液的合理选用

1) 选择牌号

冷却液牌号即为其冰点值。在选用冷却液时，选用冰点要比车辆运行地区的最低气温低 10℃左右。应根据车辆运行地域的不同选择不同冰点的冷却液。建议选用牌号为：长江以北及长城以南地区选用-25 号；东北和西北地区选用-35 号。表 7-42 所示为部分汽车要求的发动机冷却液。

表 7-42 汽车要求的发动机冷却液(部分)

汽车型号	要求的发动机冷却液
上海桑塔纳	NO52774BO/CO(G11 冷却添加剂与水的混合液)
奥迪 A6	G12A8D 冷却添加剂与水的混合液
帕萨特 B5	TLVW774D 标准 G12

2) 选择正品

当前汽车配件市场上的冷却液种类很多，而且生产渠道也不同，许多假冒伪劣产品混杂，有些所谓的"冷却液"实际上只是"防冻液"，大多使用醇和水混合后添加色素制成，其内无任何冷却液应具有的添加剂，沸点在 90℃左右，腐蚀性较强，极易导致发动机过热。

3) 加水稀释

为了方便运输与存储，冷却液多数加工成浓缩型，使用时必须加水稀释才能获得最佳冷却效果，禁止在汽车上直接加注冷却母液。如直接加注母液，不但不能满足冷却液对冰点的要求，反而会出现一些意想不到的现象，如冷却液变质、浓度大、密度大、低温黏度以及发动机温度高等现象。稀释冷却液时最好使用蒸馏水，不得已时可使用冷却后的开水，切不可使用自来水、地下水或地表水，否则，易导致水垢的产生或冷却系统腐蚀作用的加剧。

4) 更换周期

冷却液在高温状态下长期使用后必然导致变质，从而使其性能下降，为此应定期更换冷却液，一般需要汽车行驶 40 000~50 000km 后更换一次。

7.8.2 汽车自动变速器油

汽车自动变速器的应用越来越多，我国一些进口汽车和近年来生产的新型乘用车很多采用了自动变速器。汽车自动变速器的工作原理以液力和液压为基础。汽车自动变速器油(ATF)

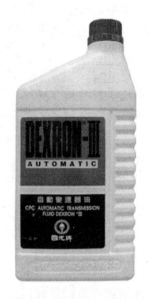

图 7.19　自动变速器油

(图 7.19)是一种多功能(传递和改变转矩,实现控制、润滑及冷却等作用)的工作液,它对自动变速器的正常工作和使用寿命的影响很大。

1. 汽车自动变速器油的使用性能

汽车自动变速器具有以下使用性能。

(1) 适当的黏度和良好的黏温性。汽车自动变速器油黏度过小,不易形成油膜,会加剧零件磨损,并使执行机构的油压降低,从而出现换挡不正常等故障。如低温下自动变速器油的黏度过大,流动性差,使得发动机启动后,油液供至各控制阀、执行机构的时间延迟,造成换挡滞后时间增加,严重时可能引起离合器打滑或烧结。为了使自动变速器油具有良好的黏温性,可在油中加入一定量的黏度指数改进剂。

(2) 良好的摩擦特性。所谓摩擦特性就是自动变速器油对两接触表面静摩擦因数和动摩擦因数的控制。一般情况下,静摩擦因数总是大于动摩擦因数。自动变速器油的良好摩擦特性要求动摩擦因数尽可能大,静摩擦因数与动摩擦因数之比要小于 1.0,在工作温度范围内摩擦特性保持不变。动摩擦因数对转矩传递和换挡时间有明显影响,过小会影响传递功率,使离合器打滑,并使换挡时间延长。静摩擦因数过大会使换挡后期转矩急剧增大,发出异响,使换挡过程恶化。增大变速器油的摩擦特性在很大程度上是由被称作摩擦改进剂的添加剂所决定的。

(3) 良好的抗热氧化性。汽车在苛刻条件下运行时,自动变速器油的温度可达到 150~170 ℃。在高温下,油分子受到强烈的氧化作用生成油泥、漆膜和酸性物质等,会影响自动变速器正常工作,例如堵塞滤清器、使液压控制系统失灵、使离合器和制动器打滑等。为使自动变速器油具有良好的抗氧化性能,自动变速器油中应加有抗氧化剂的添加剂。

(4) 良好的抗磨性。为使自动变速器的行星齿轮机构的齿轮及轴承和油泵等正常工作,要求自动变速器油应具有良好的抗磨性能,为此在自动变速器油中加有抗磨剂。

(5) 良好的防锈蚀性。自动变速器油中含有防锈蚀剂,以防止金属零件生锈或腐蚀。

(6) 良好的密封材料适应性。自动变速器油不应使自动变速器中使用的丁腈橡胶、丙烯橡胶、硅橡胶和尼龙等密封材料有明显的膨胀和收缩,否则可能出现漏油等问题。

(7) 良好的抗泡沫性。由于转动零部件的激溅作用,自动变速器油会生成泡沫。一旦泡沫生成,则含有气泡的自动变速器油润滑性能变坏,自动变速器的液压控制系统也会因油中气泡的可压缩性而不能正常工作。气泡的产生还会加速自动变速器油的老化。应在自动变速器油中加入消泡剂,其主要作用是降低油的表面张力,防止气泡的生成,并限制气泡生成后的存留时间。

2. 汽车自动变速器油的分类

国外液力传动油多采用由美国材料与试验协会(ASTM)和美国石油协会(API)共同提出的 PIF 使用分类,见表 7-43,将液力传动油分为 PTF-1、PTF-2、PTF-3 这 3 类,其中,PTF-1 和 PTF-2 属于汽车自动变速器油。

表 7-43 液力传动油使用分类

分类	应用范围
PTF-1	乘用车、普通载货汽车(原轻型货车)自动变速器
PTF-2	普通载货汽车(原重型货车)和越野车等自动变速器
PTF-3	农业和建筑等用液力传动油

3. 汽车自动变速器油的规格

1) 通用汽车公司的 DEXRON 系列自动变速器油

1967 年，美国通用汽车公司推出了 DEXRON 规格汽车自动变速器油，它含有摩擦改进剂。

1973 年，推出了 DEXRON Ⅱ规格汽车自动变速器油，它比 DEXRON 规格自动变速器油具有更小的静摩擦因数，而且低温使用性能、抗氧化能力和摩擦稳定性更好。

1990 年，又推出了 DEXRON ⅡE 规格汽车自动变速器油，它与 DEXRON Ⅱ规格自动变速器油相比，除了低温黏度降低、抗泡沫性能增强外，还改变了抗磨性试验、摩擦试验、热氧化安定性试验和耐久性试验等项目中所有的试验装置及其标准。后来，又推出了 DEXRON Ⅲ规格汽车自动变速器油。通用汽车公司的 DEXRON 系列汽车自动变速器油的理化性能见表 7-44。

表 7-44 通用汽车公司的 DEXRON 系列汽车自动变速器油的理化性能

项目	DEXRON ⅡE	DEXRON Ⅲ
100℃运动黏度/(mm²/s)	报告	—
闪点/℃	160	170
燃点/℃	175	185
动力黏度/(MPa·s)-20℃小于	1 500	1 500
-30℃小于	5 000	5 000
40℃小于	20 000	20 000
铜片腐蚀 不大于	无变黑剥落	1b
钢棒锈蚀	通过	通过
泡沫性(95℃)	无泡沫	无泡沫
135℃泡高/mm 小于	10	5
135℃消泡时间/s 小于	15	15
元素含量	报告	报告
威克斯泵试验/mg 小于	15	15

2) 福特汽车公司的 MERCON 自动变速器油

自 1998 年起，美国福特汽车公司新开发了 MERCON 自动变速器油，这是一种新的含有摩擦改进剂的自动变速器油。

3) 我国汽车自动变速器油

我国汽车自动变速器油的企业标准将汽车自动变速器油分为 ATF-Ⅱ(DEXRON Ⅱ)、ATF-ⅡE(DEXRON ⅡE)和 ATF-Ⅲ(DEXRON Ⅲ)3 类。

4. 汽车自动变速器油的选用

汽车自动变速器油的选择原则是一定要选择加注原厂推荐规格的自动变速器油。以上介绍的仅是国外汽车自动变速器油的典型规格，实际上有些汽车公司常推荐自定的自动变速器油。部分汽车原厂要求的自动变速器油规格见表 7-45。

表 7-45　汽车原厂要求的自动变速器油规格(部分)

车型	油品规格
北京切诺基(AW-4 型自动变速器)	MERCON 或 DEXRON Ⅱ
广州本田雅阁 2.0Exi(MAXA 型自动变速器)	HONDA ATF PRENIDN 或等效产品 DEXRON Ⅱ、DEXRON Ⅲ
奥迪 A6	GO52 162VW - ATF
上海别克 GLX(4T65-E 型自动变速器)	DEXRON Ⅲ
雷克萨斯 LS400(A341E 或 A342E 型自动变速器)	DEXRON Ⅱ

7.8.3　制动液

图 7.20　制动液

汽车制动液又称刹车液，如图 7.20 所示，是用于汽车液压制动系统中传递压力，使车轮制动器实现制动作用的一种功能型液体。其制动工作压力一般为 2MPa，高的可达 4～5MPa。

随着汽车发动机技术水平的不断提高、道路交通条件的不断改善、高速公路的发展以及汽车制动系统结构的改进，对制动液的性能要求越来越高。由于汽车制动液的质量性能指标直接关系到车辆的行驶安全。因此，必须按照车辆技术性能要求使用相应质量等级的制动液产品。

1. 汽车制动液的性能

汽车制动液担负着在占汽车制动系统绝大部分的油压制动中传递压力的重要作用，为保证汽车安全行驶，要求其必须安全可靠、质量要高、性能要好、四季通用。

1) 保证制动迅速而准确

要保证制动迅速而准确，这就要求制动液在使用范围内具有良好的流动性，并且为保持制动缸和橡皮碗很好地滑动，还要求制动液具有润滑性。同时，要求黏度随温度变化小。

2) 保证制动安全可靠

在现代高速汽车中，行驶制动比较多，同时产生大量的摩擦热，使制动系统温度升高有时可达 150℃以上，如沸点低的制动液在高温时汽车液压制动系统易产生气阻，会引起制动失灵。

美国制动液的规格以平衡回流沸点表示，平衡回流沸点是指在规定试验条件下测得的制动液的沸腾温度。平衡回流沸点高的制动液一定具有优良的高温性能，制动液遇潮吸水后会使沸点下降，只有在平衡回流沸点和湿平衡回流沸点都高的情况下，制动液性能才会达到优良。湿平衡回流沸点是指在规定的试验条件下，加入一定量水分后测得的平衡回流沸点，它是衡量制动液吸收一定水分情况下的耐高温性能指标。

3) 化学安定性好

要求制动液不产生热分解和重合而使油品增黏，也不允许生成油泥沉淀物；不产生腐蚀作用，不能有胶质产生；互溶性要好。

4) 皮碗膨胀率小

在汽车制动系统中，为了保证制动液不渗漏，并传递制动能量，使用了多种橡胶零部件。因制动液直接与橡胶部件接触，为了保证其正常工作，不引起过度的软化、溶胀、溶解、固化和收缩，要求制动液具有良好的橡胶适应性能。

5) 腐蚀性要合格

汽车制动系统中与制动液接触的金属管路和零部件较多，并涉及多种金属元素，为了保证这些零部件不被破坏，制动液应具有良好的金属防护性能，以减少和控制车辆制动系统金属腐蚀现象的发生，确保长期正常、可靠工作，保证车辆行驶安全。制动液在存储和使用过程中会发生氧化，生成一定量的酸性物质，为了使其具有适当的中和酸性物质的能力，减少对金属的腐蚀性，制动液应具有一定的碱性和储备碱度，标准要求 pH 为 7.0～11.50。

6) 不产生分层和沉淀

溶水性指标主要用来评定水分对制动液性能的影响，即在标准规定条件下观察其是否分层、是否有沉淀及透明度等现象。制动液在存储一定时间后，由于其对金属包装罐焊料有侵蚀作用而产生铅盐，在进行溶水试验时，铅盐化合物水解生成沉淀物。

2. 汽车制动液的类型

制动液由基础油、溶剂、添加剂组成。一般来说，基础油和溶剂分别占总量的 20%～50% 和 40%～80%，添加剂约占总量的 0.5%～5%。自 20 世纪 30 年代汽车开始使用制动液以来，汽车制动液的发展经历 3 个品种类型，即蓖麻油醇型制动液、矿物油型制动液和合成型制动液。

1) 醇型制动液

醇型制动液是汽车制动系统最早使用的制动产品，由精制的蓖麻油 45%～55% 和低碳醇(乙醇或丁醇)45%～55% 调配而成，经沉淀获得无色或浅黄色清澈透明的液体。蓖麻油加乙醇为醇型 1 号，蓖麻油加丁醇为醇型 3 号。醇型制动液的优点是原料容易得到，合成工艺简单，产品润滑性好；缺点是沸点低，低温时性质不稳定。醇型 1 号在 45℃ 以上出现乙醇蒸汽，产生气阻；在-25℃ 时蓖麻油呈乳白色胶状物析出，并随温度降低而增加，堵塞制动系统，使制动系统失灵。在醇型 3 号皮碗试验中发现，制动液颜色稍变深，丁醇稍有溶解腐蚀橡胶的现象。在-28℃ 时，醇型 3 号也有白色沉淀析出。目前醇型制动液已经被合成型制动液取代。

2) 矿物油型制动液

矿物油型制动液是以精制的轻柴油馏分经深度脱蜡得到的，由 $C12～C19$ 异构烷烃和烷烃组分、添加调化剂和抗氧剂与助溶剂调和而成。

矿物油型制动液与醇型制动液性能比较如下。

(1) 矿物油制动液没有气阻现象，醇型制动液在 70℃ 时开始气化，容易产生气阻而引起制动失灵；而矿物油型制动液无论在炎热地区还是在高原山区使用，均不会发生气阻现象。

(2) 矿物油制动液质量稳定，低温流动性、防锈性能好，不腐蚀金属。

(3) 矿物油制动液消耗小，经济性好。矿物油制动液的缺点是对天然橡胶皮碗适应性差，容易胀裂皮碗而发生事故。使用时必须改用耐油橡胶皮碗和密封零件。

3) 合成制动液

合成制动液是以有机溶剂中的醇、醚和酯为基础，加入添加剂调制而成。基础溶剂有单元和多元组分。国内外厂家多采用乙二醇醚、二乙二醇醚、三乙二醇醚、水溶性聚醚等。合成制动液的成分比较复杂，性质差异很大。

3．汽车制动液的标准

1) 国外汽车制动液标准

国外汽车制动液有代表性的标准有如下几种。

(1) 美国联邦政府运输安全部(DOT)制定的联邦机动车辆安全标准(FAVSS)，具体是FMVSS No.116 DOT3、DOT4、DOT5 标准，是世界公认的汽车制动液通用标准。

(2) 美国汽车工程师学会标准(SAE)，具体是 SAE J1703 和 SAE J1705 标准等。

(3) 国际标准化组织标准 ISO 4925—2005《机动车制动液》，它是参照 FMVSS No.116 DOT3 制定的，100℃运动黏度不小于 $1.5mm^2/s$，平衡回流沸点不低于 205℃，湿平衡回流沸点不低于 140℃，具体见表 7-46。

表 7-46　几种制动液标准

项目			FMVSS No.116			SAEJ1703	ISO4925
			DOT3	DOT4	DOT5		
外　观			无色玉琥珀，DOT5 SBBF 紫色				
平衡回流沸点/℃(≥)			205	230	260	205	205
平衡回流沸点湿/℃(≥)			140	155	180	140	140
运动黏度 (mm^2/s)	100℃(≥)		1.5	1.5	1.5	1.5	1.5
	-40℃(≤)		1 500	1 800	900	1 800	1 500
pH			7.0～11.5(DOT5 SBBF 除外)			7.0～11.5	7.0～11.5
液体稳定性(平衡回流沸点)	高稳定性/(≤)		3+(ERBP-225)×0.05			5	3+(ERBP-225)×0.05
	化学稳定性(≤)		3+(ERBP-225)×0.05			5	2
低温性	流动性	-40℃，144h	10			10	10
		-50℃，6h	35			35	35
	试样外观		无沉淀，无结晶			无沉淀，不分层	无沉淀，不分层
蒸发性	阻力损失/%		≤80			≤80	≤80
	残液倾点/℃		≤-5			≤-5	≤-5
溶水性	-40℃ 24h	外观	无沉淀，无结晶			无沉淀，无结晶	无沉淀，无结晶
		气泡升到液面	≤10			≤10	≤10
	60℃ 24h	外观	不分层			不分层	不分层
		沉淀量/%	≤0.15			≤0.05	≤0.05

2) 我国汽车制动液标准

我国汽车制动液指标有 GB 10830—1998《机动车制动液使用技术条件》和 GB 12981—2003《HZY2、HZY3、HZY4 合成制动液》。

GB 10830—1998《机动车制动液使用技术条件》按使用技术条件将制动液分为 JG3、JG4、JG5 这 3 级。该标准从保证机动车运行的角度出发，提出了制动液的关键技术要求，为制动液行业的质量控制和管理提供了技术依据，同时也为广大用户提供正确使用制动液的指南。

我国石油行业制定了国家标准 GB 12981—2003《机动车辆制动液》，本标准的系列代号由符号(HZY)和标记(阿拉伯数字)两部分组成，其中 H，Z，Y 分别为合成、制动和液体第一个汉字拼音首字母，阿拉伯数字作为区别本系列各标准的标记。

4. 汽车制动液的合理使用

1) 汽车制动液的选用

一般来说，应按照车辆使用说明书的要求选择制动液产品。说明书在给出了标准代号品牌外，一般还提供可供代用的代号品牌。

JG3 级别制动液：JG3 级别制动液性能相当于 SAE J1703、ISO4925 及 DOT3 水平，具有良好的高温抗气阻性能和优良的低温性能，这一级别得到广泛使用，在我国广大地区均可选用。

JG4 级别制动液：JG4 级别制动液性能相当于 DOT4 水平，具有优良的高温抗气阻性能和良好的低温性能，也是得到广泛使用的一种级别，在我国广大地区均可选用，特别是对湿热地区、山区公路行驶的车辆来说，更能体现出其优越性能。在西欧各国以该级别制动液为主。

JG5 级别制动液：JG5 级别制动液性能相当于 DOT5 水平，具有优异的高温抗气阻性能和低温性能。一般来说，具有特殊要求的车辆应选用此种制动液。用户应尽可能选用标准代号品牌的产品，缺乏时才考虑选用代用品。如果推荐的代用品也缺乏时，可按照对应关系选择相应等级的代用品。

2) 汽车制动液的使用注意事项

制动液使用一定时间后会因吸湿、发生化学反应等原因使性能指标下降，从而影响制动的灵敏度，因此使用中的制动液应定期更换。汽车制动液的更换期由汽车行驶里程或使用时间确定。汽车制动液的使用应注意下列事项。

(1) 不同类型和牌号的制动液不能混存混用。混存混用会使制动液分层而失去制动能力。存放制动液的容器应密封良好，防止水分混入和吸收水汽，使沸点降低，也不要露天存放和靠近热源，以免变质失效。制动液是易燃品，应注意防火。

(2) 制动液使用前应仔细检查。如发现有杂质及白色沉淀等，应过滤后再使用；灌装制动液的工具和容器应为专用；更换制动液时应将制动系统清洗干净；汽车制动液更换周期没有具体规定，一般在车辆维护时，若要更换主缸或轮缸的活塞皮碗时，也要更换制动液。

(3) 制动液有腐蚀性。使用时注意不得滴漏到其他零件上。合成制动液对油漆物质会产生分解反应，应避免与油漆接触。

(4) 定期检查总泵储液罐液面高度。不足时要及时添加，不可加注或混用其他牌号的制动液，以免导致制动系统出现故障。

7.8.4 汽车空调制冷剂

在制冷设备中完成制冷循环的工作介质，称为制冷剂，如图 7.21 所示。制冷剂是通过膨胀和蒸发吸收热量而产生制冷效应的介质。

1. 汽车空调制冷剂的使用性能

根据汽车空调制冷系统的特点，空调制冷剂具有以下性能。
(1) 汽化潜热大，且易于液化。
(2) 化学安定性好，不易变质。
(3) 工作温度和压力适中。
(4) 对金属物件无腐蚀作用。
(5) 不燃烧，不爆炸，无毒性。
(6) 不破坏大气层，有利于保护环境。
(7) 可与压缩机润滑油以任何比例相溶。

图 7.21　制冷剂

2. 汽车空调制冷剂的类型

目前，汽车使用的空调制冷剂主要有 3 种：一是氯氟烃类制冷剂 CFC-12(R12)；二是含氢氟代烃 HFC-134a；三是自然介质碳氢化合物。

氯氟烃类制冷剂 CFC-12(R12)在各种可用的制冷剂中具有抗高压和抗高温能力，不会变质和分解，对人体的安全系数最高。但从环保的角度来看，它不适宜作为汽车空调制冷剂。该制冷剂是破坏地球上空气臭氧层的主要因素，而臭氧层像一张天然的漏网，能将太阳中强烈的紫外线辐射吸收掉 90%，保护了地球环境。一旦臭氧层遭到破坏，形成空洞，不能防止太阳光中紫外线直接射到地球，会给人类健康和生态平衡带来危害。蒙特利尔协议规定从 2000 年起全面禁止 CFC-12(R12)物质的生产和使用。我国国家环保局和原国家机械局于 1999 年 12 月 26 日联合颁布了《关于中国汽车行业新车生产限期停止使用 CFC-12 汽车空调的通知》的文件，规定从 2002 年 1 月 1 日起，所有新生产的汽车必须停止装配以 CFC-12 为介质的汽车空调，用 HFC-134a(R134a)所代替。

含氢氟代烃 HFC-134a 不对臭氧层造成破坏。自然工质碳氢化合物是较理想的制冷介质，既不破坏臭氧层又无温室效应，是世界公认的绿色环保制冷剂。

3. 汽车空调制冷系统的维护

含氢氟代烃 HFC-134a 与氯氟烃类制冷剂 CFC-12(R12)空调制冷系统在结构和维护方面有较大的区别，见表 7-47，而在一段时间内这两种空调制冷剂将并存，因此，在制冷剂选择等方面应防止将两种制冷系统混淆。

表 7-47　桑塔纳 2000 型乘用 R134a 与原 R12 空调制冷系统的主要区别

项目	R134a 空调制冷系统	R12 空调制冷系统
润滑油	压缩机润滑油采用 PAG 或 ESTER	压缩机采用矿物润滑油
橡胶压力管	软管和密封圈的橡胶材料为聚丁腈橡胶 H-NBR	耐氟丁腈橡胶 NBR
干燥剂	XH-7 或 XH-7	4A-XH5
冷凝器	采用全铝管带式	采用全铝管平流式，散热面积增加 12%

4. 使用注意事项

(1) 由于 HFC-134a 与矿物油几乎完全不相溶，因此不能采用传统的矿物油作为冷冻机油，必须使用含极性基的合成油，可采用与之相溶性较好的脂类或聚乙醇油。

(2) HFC-134a 系统应配用吸水性较强、体积稍大、分子直径介于 HFC-134a 和水之间的干燥过滤器。

(3) 制冷剂只能由受过训练的维修技术人员进行处理。所有制冷剂都应安全存储和使用，因为液态制冷剂若溅入眼中会引起失明，与皮肤接触会产生冻伤。

(4) CFC-12(R12)与 HFC-134a 互不相溶。这两种制冷剂在任何情况下都绝对不能混合，也不能以任何方式相互替代，否则即使在少量的情况下，也会对空调系统产生严重损害。

(5) HFC-134a 制冷剂不含氯原子，检漏时不能采用卤素检漏仪，应用电子检漏仪或 HFC-134a 检漏仪等。

本 章 小 结

本章主要讲述了汽车燃料、润滑材料、工作液和汽车轮胎的技术指标、规格和合理选用等相关知识，要求学生能具有合理选用运行材料的能力，能了解使用中的注意事项及能解决使用中的技术问题。

重点：汽车燃料和汽车轮胎的规格和合理选用。

难点：汽车润滑材料的选用。

复 习 思 考 题

一、判断题

1. 我国柴油的 90%馏出温度高，说明柴油中的重质馏分少。（　　）
2. 选用柴油牌号时，应依据车辆使用地区和季节的气温选择，一般所选柴油的凝点应比当地气温高 5~7℃。（　　）
3. 汽车选用的汽油牌号与其压缩比是相适应的，压缩比高的发动机应选用牌号低的汽油。（　　）
4. 汽油机润滑油按质量等级分为 SB，SC，SD，SE，SG，SH，SJ，SL 等级别。（　　）
5. 汽车冷却液可以混合使用。（　　）
6. 平衡回流沸点高的制动液一定具有优良的高温性能。（　　）
7. 汽车胎面两侧严重磨损主要是因为充气压力过高。（　　）
8. 轮胎系列一般用 80 系列、75 系列和 70 系列等表示，其中 80 和 75 表示轮胎宽度。（　　）

二、简答题

1. 汽油和轻柴油的牌号分别以什么指标而划分？如何选择汽油和轻柴油？
2. 汽车发动机机油如何分类？如何选择黏度等级？

3. 目前，有广阔发展前景的替代燃料主要有哪些？
4. 醇类燃料有哪些特点？
5. 简述天然气汽车的种类和特点。
6. 简述 LPG 汽车的种类和特点。
7. 如何合理选用汽车制动液？
8. 汽车冷却液有哪些？其特点是什么？
9. 汽车轮胎是如何分类的？
10. 子午线轮胎和斜交轮胎有什么区别？
11. 如何识别轮胎的标志？
12. 选择汽车轮胎应注意哪些规则？
13. 选用汽车制动液时应注意些什么？
14. 轮胎的胎侧标有 185/60 R14 82T，解读其含义。

第 8 章　汽车的行驶安全和公害

教学目标

本章论述人、车、路、环境四要素与交通安全的关系和交通事故的预防措施，讲述驾驶人安全行车技巧；讲述汽车公害的种类、形成机理、危害以及国家标准；论述排放污染物的净化技术和汽车噪声的治理措施。通过本章的学习，要达到以下目标。
(1) 了解交通事故相关基础知识、理解汽车行驶安全的影响因素。
(2) 掌握道路交通事故的预防措施和汽车安全行驶技巧。
(3) 了解汽车公害的危害、形成机理和国家标准。
(4) 掌握汽车公害的测试方法、影响因素和治理措施。

教学要求

知识要点	能力要求	相关知识
汽车的行驶安全	(1) 了解交通事故相关基础知识 (2) 掌握道路交通事故的预防措施 (3) 理解汽车安全行驶的影响因素	交通事故、交通安全
汽车公害及其治理	(1) 了解汽车公害的危害、形成机理和国家标准 (2) 掌握汽车公害的测试方法、影响因素和治理措施	汽车排放、噪声

引　例

最早在 100 多年前，欧美国家的马车座位上就已经有了安全带，以防止乘客从马车上被颠下来。1902 年 5 月 20 日，美国纽约举行汽车竞赛。参赛选手沃尔特·贝克工程师害怕在激烈的车赛中翻车受伤，他从学步幼儿在童车里被布条系捆以防止摔出车外的事例中受到启发，也在"鱼雷牌"赛车上钉上了几根绳带，参赛时把自己和同伴——马达技工紧紧系好。竞赛进行中，高速飞驰的"鱼雷牌"赛车突然撞上一根垂直于地面的钢轨，腾空跳起，坠入观众席，当场压死 2 人，伤 10 人，可是贝克和那位技工却安然无恙。这便是汽车安全带的起源。

1922 年，赛车场上的跑车开始使用安全带，1955 年，美国福特汽车装备了安全带。而目前大多数汽车使用的三点式安全带却是由瑞典人尼·波林于 1957 年发明的，他原来在做 saab(萨博)的飞机设计工作，到了沃尔沃公司后发明了这个真正广泛应用的安全带。

在尼·波林着手新的设计前,沃尔沃公司已先在所生产车上装置两点式安全带,但效果并不能令人满意,主要是当意外发生时乘员的上半身与下半身都需束紧,两点式的安全带仅着重上半身,尼·波林则依照4条准则提出了V字形的三点式安全带:整条安全带必须分别针对乘员的前胸与大腿两部分、必须不会对人体造成伤害、须绕过胸腔与骨盆,以及连接点须在椅身旁下方。

尼·波林的V字形安全带最大的特点,就是将安全带上半部与下半部的连接点移至乘员身旁下方,且固定点由椅后方移至两侧,锁扣从人体腹部移开,不会对乘员的身体造成伤害,如图8.1所示。20世纪70年代,尼·波林也针对侧边撞击设计出一套防护系统,也就是后来运用在沃尔沃车上的SIPS侧撞防护系统。

图8.1 汽车安全带

1963年,沃尔沃汽车公司开始把尼·波林的三点式汽车安全带注册,并在自产的汽车上装配,将安全带介绍给当时尚持怀疑态度的美国人。

与此同时,沃尔沃公司还把他们的安全带免费提供给其他汽车制造商使用,以推广这项保护生命的发明。直到1967年三点式安全带才大量投入使用,所以可以说,汽车安全带起源于美国,发展和名扬于沃尔沃。

8.1 汽车的行驶安全

随着社会的飞速发展,生活、工作节奏也越来越快,汽车成了人们的主要交通工具,它给人们带来了前所未有的方便与快捷,在大家赞叹社会进步、享受社会进步的同时,它也给人们带来了灾难,一个个鲜活的生命消失在飞驰的车轮下,一个个幸福美满的家庭转眼破碎不堪。因此,要遵守交通规则,安全行驶,才能避免这些事故的发生。

8.1.1 概述

1. 交通事故定义

交通事故是指车辆在道路上因过错或意外造成的人身伤亡或财产损失的事件,如图8.2所示。

图 8.2　交通事故

2. 交通事故构成要素(缺一不可)

(1) 车辆。交通事故各方当事人中，必须至少有一方使用车辆，包括机动车和非机动车。凡行人走路自己发生意外所造成的伤亡不属于交通事故。

(2) 在道路上。是指在公用的道路上。它必须有3个特性，即形态性、客观性、公开性。所谓公用道路，即不包括厂区、校园、庭院内的道路。

(3) 在运动中。即在行驶或停放过程中。

(4) 发生事态。即发生碰撞、碾压、刮擦、坠车等其中的一种或几种现象。

(5) 违章。当事人有违反交通道路法规的行为时，应以责论处，予以处罚。

(6) 过失。是当事人因疏忽大意没有预见到后果或已经预见而轻率地自信可以避免，以致发生损害后果。即所造成的事态不是因为人力无法抗拒的自然原因，如地震、台风、山崩、流石、雪崩等原因造成的交通事故。

(7) 有后果。交通事故必有损害后果，即人、畜伤亡或车、物损坏。

3. 交通事故分类

1) 按事故责任分类

(1) 机动车事故。是指事故中汽车、摩托车、拖拉机等机动车负主要以上责任的事故。

(2) 非机动车事故。是指自行车、人力车、三轮车、畜力车等按非机动车管理的车辆在交通事故中负主要以上责任的事故。

(3) 行人事故。是指在事故当事人中，行人负主要以上责任的事故。

2) 按事故后果分类(表8-1)

表 8-1　按事故后果分类

事　故	死　亡	重　伤	轻　伤	直接经济损失/元
轻微事故	—	—	1～2人	机动车不足1 000 非机动车不足200
一般事故	—	1～2人	3人	不足3万
重大事故	1～2人	—	或3～10人	3～6万
特大事故	3人以上	或者11人以上		或者6万元以上
	1人	同时8人		
	2人	同时5人以上		

8.1.2 道路交通事故的影响因素

道路交通系统是一个由人、车、路、环境构成的动态系统,四要素必须协调运动,以达到安全、快速、经济、舒适的要求,四要素的关系如图8.3所示。

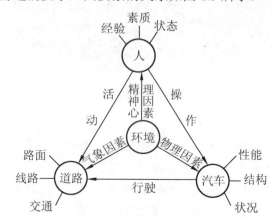

图 8.3 四要素的关系

交通事故是在特定的交通环境下,因诸要素配合失调而发生的。大量的事故统计分析结果表明,在所有的道路交通事故中,直接因人的原因引发的交通事故约占事故总数的90%,因车辆、道路和环境原因引发的交通事故约占10%。四要素在交通事故中所占比例如表8-2所示。

表 8-2 四要素在交通事故中所占比例

因　素		原　因	比　例
人(90%)	驾驶人	超速行驶>违章操作>违章超车>逆道行驶>违章装载>酒后驾车	70%(因驾驶人过错造成的约占60%,无证驾驶约占10%)
	骑车人	违章在机动车道内行驶、猛拐和抢行	13%
	行人	不走人行道、无视交通信号和交警指挥而横穿道路	12%
	车上乘员	将身体伸出车外以及在车辆还没停稳就上下车	5%
车辆(2%~4%)		制动系统(制动失效、制动不良)	67%
		转向系统(转向失效)	10%
		灯光失效	5%
		其他(机件损坏、装载超高、超宽、超载以及货物绑扎不牢等)	18%
道路(3%~5%)		死亡事故多发生在平直道路　急弯陡坡路段事故虽然不多,但多发生损失严重的群死群伤事故	
环境(1%~3%)		道路周围环境(城市交通干道两侧商业化程度高的路段和公路通过村镇、街道化程度高路段的事故率高于其他路段)	
		天气因素(风、雨、雾、冰雪等恶劣天气严重影响驾驶人正常驾驶,导致事故多发)	

1. 人与交通安全

在道路交通系统的四要素中，人的因素变化大且可靠性差。驾驶人主要是通过眼睛从交通环境中获取信息，并把它送入大脑，通过大脑支配手、脚操纵汽车转向盘、油门踏板和制动器，使汽车按照驾驶人的意图在道路上行驶。行人也根据自己的出行路线，依据交通信号和车流间隔，决定直行或横穿。因此，人是交通行为中最主要、最活跃的因素。

1) 驾驶人

(1) 驾驶人的视觉特性。用眼睛辨认外界事物的能力及其影响因素之间关系的内在规律，称为视觉特性。驾驶人在驾驶汽车时，80%以上的信息是由视觉得到的，所以驾驶人的眼睛是保证安全行车的重要的感觉器官。视觉机能分为视力和视野。

① 视力。视力也叫视敏度，是指分辨细小的或遥远的物体或物体细微部分的能力。视力分为静视力、动视力和夜视力。

a．静视力。是指人和视标都不动的状态下检查所得的视力。我国使用 E 型视力表检查驾驶人的两眼视力。视力的国际测定方法是以能识别的最小两点所形成的视角为标准。

b．动视力。是指人和视标处于运动(一方运动或两方都运动)状态时检查所得的视力。驾驶人在行车过程中的视力为动视力。驾驶人的动视力随汽车行驶速度的变化而变化，速度提高则动视力下降。年龄越大动视力低落的幅度越大，如图 8.4 所示。例如：行驶速度为 60km/h 时，驾驶人可看清离车 240m 处的交通标志；而当行驶速度为 80km/h 时，接近 160m 处才能看清。

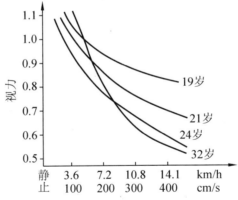

图 8.4 动视力与速度的关系

c．夜视力。在黑暗环境中的视力称为夜视力。夜视力与亮度有密切的关系，亮度大，视力强。在照度为 0.1～1000lx 的范围内，两者几乎呈线性关系。由于夜晚照度低引起的视力下降叫做夜近视，夜间的交通事故往往与夜间光线不足、视力下降有直接关系。

黄昏时视力最差，其原因是太阳在落山前照度达数千勒克斯(lx)，日落后降到 100lx，亮度相差太大。眼睛由明到暗能够稳定在一定水平上需要 30～40min，由于黄昏时天黑得较快，而暗适应还没充分形成，汽车开灯的亮度与周围环境的亮度相差不大，不能形成对比，所以黄昏时视力最差，不易看清周围的车辆和行人，往往会因观察失误而发生事故。夜间视力与年龄有关，年龄越大，夜间视力越差，一般 20～30 岁之间的驾驶人的夜间视力最好。另外汽车行驶速度提高，驾驶人的夜间视力下降。

② 视野。驾驶人在驾驶汽车时，两眼球注视前方一点时所能够看到的空间范围称为视

野,又称视场。驾驶人头部和眼球固定时能够看到的范围称为静视野。仅将头部固定不动而眼球可以转动时能够看到的所有范围称为动视野。一般双眼视野比单眼视野宽,车速越快,动视野越窄。

(2) 驾驶人的反应特性。反应特性又称为反应时间,是指从受到刺激到反应之间的时距。人的反应时间与交通安全有密切关系,驾驶人如果遇到情况反应不及时或不正确,就有可能发生交通事故。

① 驾驶人反应时间。驾驶人反应时间是指驾驶人接受了某种刺激后,脚从油门踏板移到制动踏板所需要的时间,图 8.5 所示为汽车制动过程,其中 t_1 是驾驶人反应时间,t_2 为从开始踩制动踏板到汽车上出现制动力所经过的时间(制动滞后时间);t_3 为制动力增长时间;t_4 为制动力达到最大值以后的持续时间。在这四段制动时间里,缩短任何一段时间,都能缩短整体制动时间,从而缩短制动距离,减少事故的发生。驾驶人的反应时间越短越好,一般为 0.3～0.1s。

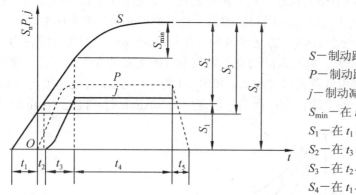

S—制动距离
P—制动踏板力
j—制动减速度
S_{min}—在 t_4 时间内的最小距离
S_1—在 t_1 和 t_2 时间内驶过的空驶距离
S_2—在 t_3 和 t_4 时间内的实际制动距离
S_3—在 t_2、t_3 和 t_4 时间内的制动距离
S_4—在 t_1、t_2、t_3 和 t_4 时间内的制动距离

图 8.5　汽车的制动过程

② 影响驾驶人反应及时性、准确性的主要因素。

a. 刺激与反应。同种刺激强度越大,反应时间越短;刺激信号数目越多,反应时间越长;在一定范围内,反应时间随刺激信号显露时间的增加而减少;一般情况下,驾驶人看刺激信号的视角越小,反应时间越长。

b. 驾驶情况与车速。情况复杂和速度快会导致操作的错误增多,但过低的速度也会降低操作的准确性。

c. 技术的熟练程度。技术不熟练,操作的及时性、准确性就差,随着技术熟练程度的增强,错误次数会逐渐减少。

d. 驾驶疲劳。驾驶人休息不好或长时间驾驶车辆,脑部会因为供氧不充分而产生疲劳,开始出现意识水平下降、感觉迟钝等症状。继续工作会感觉到进一步钝化,注意力下降,注意范围缩小。驾驶人在这种状态下驾驶汽车容易出现观察、判断和动作上的失误,发生事故的危险性增加。

e. 年龄与性别。一般来说,30 岁以前反应时间随年龄的增加而缩短,30 岁以后反应时间则逐渐增加。同龄的男性比同龄的女性反应快。

f. 情绪。反应快慢与驾驶人在行车途中思想集中程度以及当时的情绪有密切的关系。积极的情绪可以提高和增强人的活力,当驾驶人在喜悦、惬意、舒畅的状态下,大脑灵敏度较高、反应快、判断准确、操作失误少。而在烦恼、气愤和抑郁的状态下,大脑灵敏度低、反应迟钝、判断容易失误、出错多。

g. 饮酒。由于酒精对人的中枢神经有麻醉作用，所以酒精进入人体后影响中枢神经系统正常的生理功能，使人出现一系列的反常反应。例如：使人的色彩感觉功能降低、视觉受到影响；对人的思考、判断能力有影响；使人的记忆力降低；使人的注意力水平降低；使人的情绪变得不稳定，往往不能控制自己的语言和行为；使人的触觉感受性降低，汽车行驶时，驾驶人不能及时发现故障，增加了危险性。

h. 药物。药物可起到治疗作用，但大多数有副作用，如常用抗菌素可引起凝视、听觉不灵，眼花头昏；治疗心血管疾病的药物可引起视觉障碍、肌肉衰弱；治疗高血压的药物可引起疲劳、头昏眼花等；特别是防治感冒和巴比妥类药物，具有明显的中枢神经抑制作用，常引起疲劳乏力、口干、恶心、注意力分散、反应迟钝、嗜睡等。药物造成驾驶人机能下降，是肇事的诱因。

(3) 驾驶人的适应性。驾驶适应性是指驾驶人员适应车辆、道路、交通环境与条件的能力。影响驾驶适应性的因素很多，除思想品德外，必须具备良好的心理和生理素质，一般要求驾驶人身体健康(良好的视力、辨色力、听力、无精神病等其他影响驾驶的疾病)，同时必须具备良好的判断和反应能力。

经研究表明，驾驶人遇紧急情况做出判断的时间与反应产生动作所需时间呈二维分布，如图 8.6 所示。从图中可以看出，被测试者可分为迟钝型、轻率型、机敏型和慎重性 4 种类型。不同类型的驾驶人其适应能力如图 8.7 所示，由图可知，机敏型驾驶人的适应能力最强。

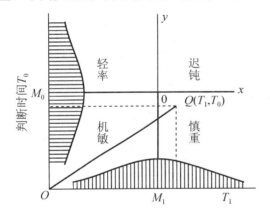

图 8.6　判断—反应时间分布

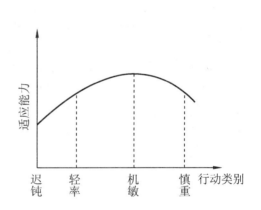

图 8.7　行动类别与适应能力

驾驶适应性可运用心理学仪器进行测试，测试驾驶人注意的广度、注意的稳定性、知觉深度、视觉误差、红绿色盲、听力、简单反应时间、镜中事物判断能力、动作稳定性、手眼协调能力等。

(4) 驾驶人的心理特征。并不是所有的人都具备与驾驶工作相适应的心理条件，总有一些驾驶人比其他人更容易发生事故。

① 感觉与知觉。感觉是客观事物的个别属性作用于人的感觉器官时，在人的头脑中引起的反应。与驾驶行为有关的重要的感觉有视觉、听觉、平衡觉、运动觉等。

知觉是在感觉的基础上，对事物各种属性的综合反应。知觉可分为空间知觉、时间知觉、运动知觉等。正确的空间知觉可在驾驶人的驾驶实践中逐渐形成；由于受心理状态的影响，人的时间知觉具有相对性；运动知觉可以通过实践和学习提高。

② 注意。注意是人们心理活动对一定事物对象的指向和集中。注意具有两个特征，一是

对象的指向性，二是意识的集中性。车辆在行驶过程中，驾驶人心理活动有选择地指向和集中于一定的道路交通信息，经过大脑的识别、判断、抉择，然后采取正确的驾驶操作，保障行车安全。

③ 情绪与情感。情绪与情感是人对客观事物是否符合自己的需要而产生的态度，如人的喜、怒、哀、乐就是各种形式的情绪与情感。已形成的情感往往制约着情绪的变化，而人的情感又总是在各种变化的情绪中得到表现。

a. 激情。激情是一种猛烈而短暂的、爆发式的情绪状态，如狂喜、愤怒、恐惧、绝望等。人在处于激情状态下时，认识范围变得狭窄、理智分析能力受到抑制、意识控制作用大大减弱，往往不能约束自己的行为，不能正确评价自己行为的意义和后果。驾驶人在激情状态下，由于自制力显著降低，极易做出错误的判断，产生不正确的反应，从而导致事故的发生。驾驶人必须尽量控制自己的情绪，掌握一些避免和延缓情绪的方法。

b. 应激。应激是在出乎意料的紧急情况下所引起的情绪状态。驾驶人在行车途中，遇到人横穿马路等紧急情况，有时来不及做出避让动作，有时会做出错误的反应。在应激状态下，驾驶人必须头脑清醒、判断迅速、行为果断。

c. 心境。心境是一种微弱而持续的情绪状态，对人的活动有很大影响。驾驶人在良好的心境下，判断敏捷、操纵准确，能轻松愉快地处理好行驶中遇到的各种复杂情况；在厌烦、消沉、压抑的心境下，会表现得烦躁易怒，容易开赌气车。驾驶人应努力培养积极的心境，克服消极心理。

d. 情感。情感可分为道德感、理智感和美感。道德感是一个人对人们的行为和对自己本人行为的情绪态度，它具有积极作用，是完成工作、做出高尚行为的内部动机。理智感是人在认识事物和某种追求是否得到满足时所产生的情感。驾驶人在完成驾驶任务的活动中会引起一系列深刻的情感体验，例如：驾驶人寻找在各种路面上的驾驶规律，总结出安全行驶的方法、措施等，往往会产生喜悦的情感。这种情感会推动他进一步思考、总结规律，从而更有效地、安全地完成驾驶任务。美感是根据美的需要，按照个人所掌握的社会上美的标准，对客观事物进行评价时所产生的体验。驾驶人应该对给他提供交通方便的人产生尊敬感，也应该主动为别人让车、让路。

④ 性格。性格是人对客观现实的态度，表现为习惯化、稳定化的心理特征，如刚强、懦弱、英勇、粗暴等。按照个体心理活动的倾向性的不同，可将驾驶人的性格划分为外倾型和内倾型。外倾型驾驶人的性格开朗、活泼、善于交际，但在行车过程中，自我控制能力相对较差，自我中心意识强；内倾型驾驶人则相反，一般表现为沉静、反应相对缓慢、喜欢独处、重视安全教育、行车不冒险等。驾驶人应了解自己的性格特点，自觉进行自我调节，培养良好的性格。

(5) 人体生物节律。生物节律又叫生物钟，是机体周期性改变自身状态的能力。在研究交通安全问题时，经常以下面3个生物节律周期来说明人的行为和情绪的日常变化。

① 体力周期。循环周期为23天。每一循环的前半周期为积极期，是从事体力活动的最佳时期；后半周期为消极期，体力及耐力相对下降，容易疲劳。

② 情绪周期。循环周期为28天。每一循环的前半周期为积极期，精力充沛、乐观；后半周期为消极期，情绪相对低落，心神不定。

③ 智力周期。循环周期为33天。每一循环的前半周期的思维敏捷，工作效率高；后半周期则智力抑制，反应迟钝。

这种观点认为，上述 3 种生物节律自人降生起就开始循环，并以严格的周期延续一生，其变化规律如图 8.8 所示。每当一种节律从前半周期向后半周期过渡时，人的行为便处于不稳定状态，这称为临界日或零点日。

按照这种观点，驾驶人处于体力周期和情绪周期的临界日时，容易发生交通事故。智力周期临界日对行车安全影响不大，但当与其他周期的临界日巧合时，就会增加消极影响的程度。当有两种节律处于消极期，另一种节律处于消极期的最低点时，也容易发生事故。

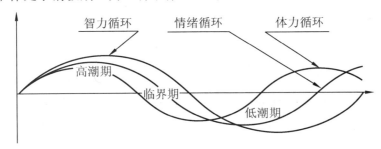

图 8.8　生物节律变化示意图

2) 行人

日常所发生的交通事故中有相当一部分是由于行人乱穿马路，驾驶人遇到这种情况处理不当所造成的。因此，作为一名驾驶人，应当掌握了解三类人群行路的特点，从而引起注意，避免事故的发生。

(1) 儿童。儿童对外界事物的观察力、判断力和自我保护意识较差。所以，儿童过马路具有行停不定、行走路线曲折多变的特点。当儿童穿越道路时，会经常地突然向前或向后奔跑，令行驶中的车辆不知如何躲避，常常使驾驶人感到措手不及。所以，驾驶人开车时一定要减速，千万不要与孩子争时间、抢路面。

(2) 青年人。青年人由于精力旺盛、感觉敏锐、反应快捷等因素，使得他们具有较强的自信心理，有些青年人敢在车辆临近时横穿道路，甚至会爬越道路隔离护栏，与机动车争道抢行，或不走人行道而走车行道。针对青年人的这种过路特点，驾驶人要尽量为过路人留出空间余地。

(3) 老年人。老年人由于年老体弱、行动迟缓、视力听力较差，过马路时常常不能正确估计车速和自行车横穿马路的速度。有些老年人甚至只顾低头走路，根本不看往来的车辆。另外，由于大多数老年人喜欢穿着深色的服装，所以在夜间或光线昏暗的时候，不容易被驾驶人发现，时常发生被撞事故。

2. 车与交通安全

汽车是道路交通过程中的客体，汽车技术状况直接影响行车安全性。影响行车安全的车辆技术性能涉及制动系统、转向系统、传动系统、行驶系统、照明和信号装置等。汽车技术性能的不断完善可预防或弥补驾驶人操作上的失误，从而减少交通事故，即使发生交通事故，也有可能把事故损失降低到最低限度。

1) 汽车的制动性

汽车的制动性是指汽车在行驶中能强制地降低行驶速度直至停车，或在下坡时保持一定速度行驶的能力。汽车的制动性可以用制动效能、制动时的方向稳定性和制动效能的恒定性 3 项指标来评价。

(1) 制动效能。制动效能是指汽车迅速降低行驶速度直至停车的能力。用制动减速度、制动距离、制动力和制动系统协调时间来评价。

① 制动减速度。反映了作用在汽车上的制动力的大小，与制动器制动力及附着力有关。

② 制动距离。制动距离与制动踏板力有关，能直观地反映出汽车的制动性能，是常用的检验指标。法规中规定的汽车制动距离 S 是指从驾驶人右脚开始踏制动踏板起至制动停车为止汽车所驶过的距离，它包括制动滞后时间、制动力增长时间和持续制动时间中汽车驶过的距离，即图8.5中时间 t_2、t_3 与 t_4 内汽车驶过的距离。汽车制动距离可用式(8-1)表示：

$$S = \frac{1}{3.6}(t_2 + \frac{1}{2}t_3)V_0 + \frac{V_0^2}{25.92 j_{max}} \tag{8-1}$$

式中：V_0——汽车制动初速度，km/h。

从以上公式可以看出，决定汽车制动距离的主要因素是：制动器起作用的时间、附着力(或制动器最大制动力)、制动初车速。

③ 制动力及制动系统协调时间。

a．制动力。制动力是指在制动过程中各车轮与道路之间的摩擦力。它是汽车制动而产生减速行驶的外力。制动力不但可以表明汽车的减速度，还可以反映出各车轮的制动力分配情况。目前汽车检测站都以检测汽车制动力大小和左右车轮制动力的差别评定其制动效能。制动力检验标准见表8-3。

表 8-3 制动力检验标准

检验项目	车辆状态 空载	车辆状态 满载	检验项目	车辆状态 空载	车辆状态 满载
制动力总和占整车质量的百分比	≥60%	≥50%	主要承载轴的制动力占该轴载荷的百分比	≥60%	≥50%
前后轴左右轮制动力差：分别不大于该轴载荷的5%和8%					

b．制动系统协调时间。紧急制动时，从踏板开始动作至汽车达到稳定减速度，或制动器的制动力达到规定值时经过的时间称为制动系协调时间。由图8.5可知，制动系统协调时间为 t_2 和 t_3 之和。若忽略驾驶人踏制动踏板快慢的差别，制动系统协调时间主要取决于汽车制动系统的结构和技术状况。为保证汽车的行驶安全，希望制动系统协调时间越短越好。制动系协调时间的规定见表8-4。

表 8-4 制动系统协调时间的规定

车辆类型	制动系协调时间/s	车辆类型	制动系协调时间/s
总质量≤4.5t	≤0.33	总质量>12t	≤0.56
5t≤总质量≤12t	≤0.45		

(2) 制动时的方向稳定性。汽车在制动过程中维持直线行驶或按预定弯道行驶的能力称为汽车制动时的方向稳定性。汽车在制动过程中有时会出现制动跑偏、后轴侧滑或前轮失去转向能力等现象，使汽车失去控制而偏离原来的行驶方向，甚至发生危险。

① 制动跑偏。制动跑偏是指汽车在制动过程中自行向左或向右偏驶。引起制动跑偏的原因如下。

a．汽车左右车轮，特别是转向轴左右车轮制动器制动力不相等。

b. 前轮定位失准、车架偏斜、装载不合理或受路面的影响。

c. 制动时悬架导向杆系统与转向系统拉杆在运动学上不协调。

② 制动侧滑。制动侧滑是指汽车制动时，某一轴的车轮或两轴车轮同时发生横向滑动的现象。影响制动侧滑的因素如下。

a. 路面附着系数。

b. 车轮抱死及抱死顺序。

c. 制动初速度。

d. 载荷及载荷转移。

e. 侧向力源。

实验证明：在较高车速下或滑溜路面上制动时，若后轴车轮比前轴车轮先抱死，就可能发生危险的后轴侧滑，即使制动器技术状况完好的汽车也难以避免。

(3) 制动效能的恒定性。制动效能的恒定性是指汽车在制动过程中，制动器的抗热衰退能力和水湿恢复能力。

① 制动效能的热衰退。由于汽车高速制动、连续下坡以及短时间内的反复制动引起制动器温度升高、制动器摩擦力矩显著下降的现象。

② 制动效能的水衰退。由于制动器摩擦片表面浸水后水的润滑作用降低了制动器摩擦片的摩擦因数，而使制动效能暂时下降的现象。

2) 汽车的操纵稳定性

操纵性是指汽车能够确切地响应驾驶人指令的能力；稳定性是指汽车受到外力扰动后恢复原来运动状态的能力。汽车的操纵性和稳定性密切相关、相互影响。操纵稳定性不好的汽车一般表现为发飘、反应迟钝、丧失路感、失去控制等。操纵稳定性不好的汽车令驾驶人难以控制，严重时还可能发生翻倾或侧滑而造成交通事故。影响汽车操纵稳定性的主要因素如下。

(1) 汽车的结构。汽车的轴距、轮距、重心位置、质量分配、轮胎的特性以及悬架导向装置等设计与结构因素的影响。

(2) 道路环境条件。地面不平、纵向和横向的坡度、左右车轮附着差异、弯道离心力、横向风等。

(3) 驾驶人驾驶技能。若驾驶人反应快、技术熟练、动作敏捷、体力好，就能及时准确地采取措施，从而使汽车的运动状态趋于稳定；反之，就可能导致操纵性的的丧失和稳定性的破坏。

3. 道路与交通安全

影响交通安全的道路交通因素包括道路上的交通流状态、道路几何线形及道路结构物等。在我国，公路可分为高速公路、一、二、三、四级公路；城市道路可分为快速路、主干路、次干路、支路4个等级。不同道路等级具有不同的交通流状态、道路几何线形及道路结构物。随着道路规格的上升，相同平均日交通量发生的事故次数减少。

1) 交通流状态

(1) 交通量。交通量的大小对交通事故的发生有直接的影响。交通量与交通流饱和度直接相关，而交通流饱和度影响交通事故的频率和严重程度。一般认为，交通量越小，事故率越低；交通量越大，事故率越高。但实际情况并不完全符合，图 8.9 所示为交通事故与交通流饱和度的关系。

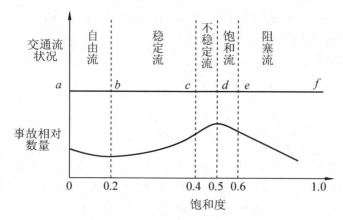

图 8.9　交通事故与交通流饱和度的关系

(2) 交通组成。混合交通是我国交通的一个显著特点。尤其在城市道路中，交通信号多，机动车、非机动车及行人相互影响，车辆难以最佳状态行驶，交通事故时有发生。

城市道路交通组成非常复杂，包括客车、货车、摩托车、轿车等。通过调查统计，大型车、货车、摩托车是城市道路中干扰交通流、影响交通安全的主要因素。

2) 道路几何线形

立体描述的道路中心线的形状称为道路几何线形，包括平面线形(平面描述)和纵断面线形(立体描述)。线形对交通流安全畅通具有极其重要的作用。如果道路线形不合理，不仅会造成道路使用者时间和经济上的损失，降低通行能力，而且可能诱发事故。

道路几何线形包括直线、圆曲线、缓和曲线、超高、加宽、曲线转角、曲线频率、坡度与坡长、竖曲线、线形综合协调等。通过对河南省商丘市境内 310 国道的调查得出以下结论。

(1) 直线长度不宜过短。对于公路来说，直线部分景观单调，对驾驶人缺乏刺激，容易对驾驶人产生催眠作用，使驾驶人感到单调、易瞌睡。

(2) 平、纵曲线。随着平曲线曲率半径的增大，事故发生的频率有所增加。

(3) 频繁地设置曲线。在道路上频繁地设置曲线会相应地减少道路交通事故。对于曲率较小的弯道，曲线频率的影响相对较小。随着曲线半径的减小，事故率上升；曲线半径相同时，随着曲线频率增加，事故率降低。

(4) 坡度。当处于降坡阶段时，随着坡度的增加，交通安全性降低。当坡度大于 5%时，事故率增加速度较快。当处于上坡阶段时，随着坡度的增加，事故率的变化只在较小坡度范围内有微小增加；当上坡坡度较大时，事故率基本无大的变化，甚至有减小的趋势。

(5) 线形组合。平曲线上有多个变坡点，竖曲线内有多个平曲线，小曲线与短直线组合成的断背曲线，凸曲线、凹曲线设置小半径平曲线起点，凸曲线顶部、凹曲线底部设置反向平曲线拐点，随纵坡坡度的增加和坡长的减小，事故发生的频率增加；大纵坡与平曲线重合时，道路交通事故有所增加。

(6) 视距。视距直接影响对驾驶人交通信息的输入。因此，视距对交通安全的影响较大。视距不良会引起交通事故的明显增加。小半径弯道、小半径凸形竖曲线、交叉口与铁路平交、其他超车视距不良等条件下可以充分验证视距对交通安全的影响。调查统计结果表明：视距越小，交通事故率就可能越高。

3) 道路结构物

道路结构物是道路交通条件的重要组成部分，道路结构物包括横断面和车道数、行车道宽度、路肩、分车带、路基高度和坡度、各种交通设施、路面等。根据道路类型和等级不同具有不同的质量标准，从而对行车安全有着不同的影响。

(1) 横断面和车道数。横断面形式分为一块板、两块板、三块板、四块板。从宏观上分析可知，车道数越多，通行能力越大，行车越畅通。

(2) 行车道宽度。调查结果表明：车道宽度增加，交通事故减少。

(3) 路肩。路肩具有增加路幅的富余宽度、保护和支撑路面结构、供临时停车用、为公路其他设施提供设置场地、汇集路面排水等作用。

(4) 分车带。分车带是道路上纵向分离不同类型、不同车道或不同行驶方向车辆的设施，以保证行车安全。分车带由分隔带、路缘带组成，常用水泥混凝土路缘石围砌，也可用水泥混凝土隔离墩或铁栅栏，还可以在路面上画出白色或黄色标线，以分隔行驶车辆。分车带解决了机动车与机动车的分离和机动车与非机动车的分离，提高了道路通行能力，对保证交通安全具有十分重要的作用。

(5) 交通设施。交通设施包括交通标志和标线、护栏、路障、道路照明、道路绿化等。实践证明：设置完善合理的交通标志、标牌、标线可为驾驶人提供充足的交通信息，从而提高交通的安全水平和行车的舒适性。交通标线对交通渠化、分道行驶及交通流诱导起到重要作用，标线线形的流畅程度、道路路线的一致性、几何尺寸的规范性、夜间的可视认性能以及与路面的附着能力会对交通安全产生影响。另外。交通警示标志的安全信息水平与道路实际情况的符合程度也影响交通安全。

(6) 路面。路面是铺筑在道路路基上供车辆行驶的结构层，具有承受车辆质量、抵抗车轮磨耗和保持道路表面平整的作用。路面质量对交通安全起着极其重要的作用。路面除应具有足够的强度外，还要有良好的路面稳定性、平整度、抗滑性。路面集料的性能直接影响路面的抗滑性能和抗滑耐久性；路面的平整度会影响车辆行驶时的平顺性、方向稳定性等操纵性能。

路面病害对交通安全有着较大的影响，如泛油、油包、油垄、裂缝、麻面、滑溜等，这些病害会增大行车阻力、降低附着能力、影响行车舒适性和安全性。

4. 交通环境与交通安全

1) 交通环境

交通环境包括道路环境、驾驶环境、意义性交通环境、社会性交通环境4种。

(1) 道路环境。是一种以道路为中心的物的环境。如道路的构造、宽窄、线形、路面质量、标志的准确性、路侧是否有建筑物和其他工作物等。

(2) 驾驶环境。又称车辆环境。如开车时的光线明暗、天气冷热、噪声、座位的舒适程度等，都影响驾驶人的行为。

(3) 意义性交通环境。如交通安全设施、交通信号、交通标志、路面标志等。

(4) 社会性交通环境。指交通参与者。如驾驶人、骑车人和行人。行人的行动特性是在极短的时间和距离内变更自己的意志和行为。

2) 夜间、黄昏行车特点

(1) 黄昏车辆灯光与周围亮度相近,不能形成对比,会使驾驶人的视力骤然下降。

(2) 夜间光线差、照明不良,会使驾驶人的视野和视距受到限制,对道路的观察、判断仅仅局限在灯光能够照射到的范围之内,收集到的交通信息量大大减少,有时甚至中断。

(3) 若夜间行车灯光晃动,亮度不够,能见度差,会使驾驶人对道路交通情况产生判断错觉;夜间会车时,远光灯眩目,会使驾驶人产生短暂的视觉障碍。

(4) 夜间因车少而开快车,因驾驶人体机能水平降低而开疲劳车,这都增加了不安全因素。

3) 城市村镇行车特点

城市村镇道路交通情况复杂,混合交通量大,不安全因素多。

4) 高原、严冬、多雾、雨季行车特点

(1) 高原、严冬的行车特点如下。

① 在中国的东北、西北、华北和青藏高原等地区,一年中有很长时期处于寒冷天气,地形、地貌复杂,海拔高,气候干燥,辐射强,多风,高原地区日温差大。驾驶人易患呼吸道疾病,皮肤干燥,因缺氧造成感觉器官机能减退、视觉和听觉紊乱,对周围环境失去正确的定向力和判断力,易激动和发怒等。

② 严冬雪地晴天紫外线辐射强产生雪盲,由于天冷改变了驾驶室的小气候,CO、CO_2 增多。

③ 戈壁大线路上因单调,易使驾驶人疲劳、昏睡,注意力不集中,反应慢。

(2) 雾天的行车特点如下。

① 能见度低,驾驶人中枢神经疲劳,感觉迟钝,知觉降低。

② 地面滑溜,轮胎附着力减小。

(3) 雨天的行车特点如下。

① 雨天路滑,轮胎附着力减小,制动距离增加,容易侧滑。

② 雨水降低了风窗玻璃上光线的透过率,使视物模糊,视野变得狭窄。

5) 乡村土路行车特点

乡村土路的路面状况差,路窄且坑洼不平。晴天,特别是久旱天气干燥时,路面上尘土飞扬,细尘土被带走后,路面上便出现乱石和坑洼。雨天,特别是久晴遇上连阴雨时,土壤浸泡成饱和状态,路面上积水、泥泞、沟壑随处可见,甚至造成路肩塌陷。

8.1.3 道路交通事故的预防措施

1. 人

1) 防止交通事故的心理学对策

(1) 开展驾驶人驾驶适宜性检验,重视驾驶人的选拔与培训。由于人与人之间存在的个体差异,在车和路相同的条件下,一些人存在事故倾向性。通过开展驾驶人适宜性检验,可以了解驾驶人的生理和心理素质状况,对那些很不适宜从事驾驶的少数人来说起筛选作用,对大多数人来讲则可以根据驾驶适宜性检验的结果对驾驶人进行有的放矢的培训、教育和管理,提高其驾驶技能,保证安全行车。当前我国开展的驾驶适宜性检验主要包括以下项目。

① 运用心理学仪器进行适宜性测试:注意的广度、注意的稳定性、知觉深度、视觉误差、

红绿色盲、听力、简单反应时、选择反应时、镜中事物判断能力、动作稳定性、手眼协调能力。

② 运用量表进行人格测验，如性格量表和气质量表。

(2) 加强驾驶人心理训练，提高其心理素质。长期以来，人们在对汽车驾驶人进行训练时，往往只注重对其进行操作技能的训练，而忽视对其心智技能的训练，导致发生了许多由心理因素而引发的交通事故。经验证明，心理素质好的驾驶人经过专业技术培训，并且随着驾驶经验的增长，驾驶技术、行车经验越来越熟练、丰富，只要谨慎驾驶一般都能安全行车；而心理素质差者，随着驾驶经历的延长，危及交通安全的心理障碍也会越来越多、越重，甚至影响身心健康，有的还会身不由己发生交通事故。因此，加强驾驶人心理训练对提高安全行车能力、预防交通事故是非常必要的。

汽车驾驶人心理训练的主要内容包括：心理准备性训练、动机训练、情绪调节训练、能力迁移训练、人际交流训练、应激处理训练、事故后心理康复训练等。通过心理训练能提高个性特征的稳定性，使驾驶人善于控制自己的心理状态，发掘身体潜力，保持最佳安全行车状态，在极度紧张、艰苦条件下，能调整适宜的情绪兴奋程度和情绪稳定性，使自己的感觉、知觉、思维、记忆、想象、注意力和控制能力都发展到高度水平，有处置种种复杂情况的能力，以达到安全行车的目的。

(3) 开展安全教育，增强安全意识。有些驾驶人在行车过程中违章操作，如乱停放车辆、见缝插针、超速行驶、超载行驶、在高速公路上不当变道、左右急打转向盘等，这些都是导致交通事故的主观原因。所以要提高驾驶人的安全性，还必须从思想上提高其安全意识。

通过采用多种多样的方式方法，能提高和培养驾驶人的交通安全理念，增强驾驶人遵守交通法规的自觉性，使其养成良好的交通意识和职业道德。通过安全教育，使驾驶人牢固树立"安全第一"的思想，变"要我安全"为"我要安全"，做到不违章开车、无证不开车、酒后不开车、疲劳不开车等，从而主动避免不安全因素的产生。

2) 优秀驾驶人所具备的生理、心理品质

(1) 生理品质。

① 合格的静视力、动视力、暗适应和明适应能力等视觉特性。

② 灵敏的反应能力和良好的驾驶适应性。

③ 健康的体魄。

(2) 心理素质。

① 聪颖的资质：仔细的观察能力、牢固的记忆能力、较强的思维能力、丰富的想象能力等。

② 优秀的性格：性格既刚强开朗，又温柔沉静。

③ 良好的气质：既迅速果断，又稳中求快，有利于安全行车。

④ 坚强的意志：自觉性，即自觉遵守交通法规；果断性，具有高度的时间准确性、判断情况正确性、处理问题果断性，紧急情况下驾驶人果断采取正确的操作就能避免交通事故的发生；坚持性，对于自己正确的观点能坚持到底；自控性，遇事能克制自己，心平气和地把问题解决。

3) 合格驾驶人的道德品质

(1) 要有法治观念，要熟知各项与道路交通安全有关的法律法规，并且执行和遵守。

(2) 要有熟练的驾驶技术并对自己驾驶的汽车了如指掌。

(3) 要养成良好的驾驶习惯，文明驾驶。并线超车要留有足够的提前量，并要打灯提示别人。不要开"霸王车"，不能强行超车、并线。在一些狭窄路段，先让对面的车过去。在行车中尊重同行、尊重他人。

(4) 要充分照顾交通弱势群体的利益。相对于发达国家，中国的汽车保有量很低，并且许多道路是汽车与非机动车、汽车与行人混行。因此，每一个驾驶人都有义务和责任，要平等对待行人和非机动车驾驶人这一交通弱势群体，与他们和平共处。

(5) 要有平和的驾驶心态。开车时始终保持一种平和的良好心态，也是检验一个驾驶人是否成熟的重要标志。遇到堵车、旁边的车抢道而行或不开近光灯时，应心平气静，不要愤愤不平，甚至也跟着不讲行车道德。

2. 车

1) 主动安全性(事故前汽车安全性)

汽车的主动安全性是指事故将要发生时操纵、制动或转向系统避免事故发生，以及汽车正常行驶时保证其动力性(超车时间和距离)、制动性、操纵性、行驶稳定性、信息性、驾驶人工作位置的状况(坐椅的舒适性、噪声、温度和通风、操纵轻便性等)良好的能力。通常用超车加速能力、最大爬坡能力、最高车速、操纵轻便性、坐椅舒适性、驾驶环境、信息显示系统、驾驶视野等评价。

(1) 驾驶视野。驾驶视野是驾驶人行车时的视线范围。驾驶人在驾驶过程中有80%的信息是靠视觉得到的，确保良好的驾驶视野是预防交通事故的必要条件。

汽车的驾驶视野取决于驾驶室车窗的尺寸、形状和支柱的结构、发动机罩与前挡泥板形状、驾驶室坐椅的高度以及坐垫与靠背的倾斜角等。为保证恶劣天气时仍具有必要的驾驶视野，车窗上应装有刮水器、除霜器等附加装置。为防止太阳光线对驾驶人造成眩目，驾驶室应设有遮阳板。

近些年来，科研人员设计发明了各种先进的汽车视野技术，以下这些技术可以给驾驶人提供一个对路面和周围车道的无阻碍视野和最好的视见度。

① 用眼位传感器测定驾驶人眼睛的位置，据此调节坐椅的位置。

② 电动机将坐椅自动升降到最佳高度，为驾驶人提供能够掌握路面状况的最佳视线。

③ 电动机自动调整转向盘、踏板、中央控制台甚至地板的高度，提供尽可能舒适的驾驶位置。

④ 一些有新意的设计，如重新布置的B立柱，可以减少驾驶人视野中的"盲区"。

⑤ 安装在汽车上的摄像系统使驾驶人能够绕过大型车辆，提前看到隐蔽处的汽车或行人，提供增强的侧方视野，并可以获得车后的全景视野。它通过数个铅笔大小的摄像机和3个可切换的视频显示屏为驾驶人提供前所未有的前、后视野，这样既可方便倒车，又可提高在拥挤的道路中行驶的安全性，如360°视野技术。

(2) 照明系统和汽车夜视系统。

① 必备的照明和信号系统。为保证行驶安全和工作可靠，在汽车上装有各种照明和信号装置，用以照明道路，表示车辆宽度和车辆所处的位置，照明车厢内部、指示仪表等。在转弯、制动、会车、停车、倒车等工况下，还应发出光亮和音响信号，以警示行人和其他车辆。

必须装备的车外照明装置包括前照灯(远光、近光)、雾灯、尾灯、牌照灯等；车内照明装置包括顶灯、仪表灯、车门灯、阅读灯和工作灯等。信号装置有转向信号灯、制动灯等。

② 先进的照明系统有如下特点。

a. 先进的前方照明系统(AFS)。AFS 具有多项功能，如近光功能，它用于看清角落中的情况；反光镜可以根据转向盘的位置随意旋转角度，并能将灯光散开，射出的灯光可以照亮行驶方向；当汽车蜿蜒行驶时，AFS 还能提高灯泡的输出功率；AFS 还具有雨天照明功能，装上这种先进的 AFS 以后，雨水的反光就不会使驾驶人产生眩目感；AFS 的自适应性远光功能有两个用途：低速行驶时可提供更宽的视野；高速行驶时能够提供更远的视野。

b. 电子感光防眩目后视镜。可以自动减少来自后面车前照灯的眩目光，其时间延迟功能可以防止眩目功能的快速改变。

c. 能够产生弯曲灯光效果的前照灯。其作用是：当车速低于 70km/h 且已打开转向灯或转动转向盘时，就会打开一个附加的前照灯。该附加前照灯将照亮汽车前面与行驶方向呈 90°的右侧或左侧区域。

d. 主动式弯道照明灯。该灯借助一个电动机，能够在 12°范围内转动，以便让驾驶人在转弯时能够看清前方弯道的路面。

③ 夜视系统。夜视系统可将汽车前面的交通情况以图像的形式，经显示器投影到驾驶人一侧的挡风玻璃的底部，驾驶人可通过安装在仪表板上的手动开关控制夜视系统的开启或关闭，调整图像的亮度以及把屏幕调整到最合适的位置等。

(3) 车辆的视觉显示系统。车辆的仪表与信号显示是视觉信息的重要来源之一，对保证汽车行驶安全有重要意义。仪表与信号的设计要考虑人的感知觉和思维的特点及大多数人的习惯，以达到判断准确、迅速、方便和醒目的目的。

① 车辆仪表。用来向驾驶人表示汽车的行驶状态及主要机件的工作状态，一般汽车上的仪表主要有车速-里程表、电流表、水温表、燃油表、机油压力表等。仪表的形式、布置、指针形状、刻度间隔、照明、表面玻璃的反光必须易于观察判读。

② 信号显示。用来向驾驶人及周围环境通告车辆的状态，起提示和警告作用，对保证行车安全有重要意义。如表示危险的视觉信号用红色，如制动信号灯、尾灯；提示信号灯用黄色或橙色，如转向信号灯，同时还配以频闪。

③ 报警装置。用来向驾驶人报知本车的不安全状态，对保证行车安全有积极的作用。如气压报警、车门报警、燃料报警、安全带报警、驻车制动报警、电池电压报警等。

(4) 主动安全装置有如下特点。

① 防抱死制动系统(Antilock Braking System，ABS)。在汽车行驶过程中，驾驶人用力踩下制动踏板时，如果车轮上的制动力的数值达到附着力，车轮即完全停止旋转(车轮被抱死)，只沿路面作纯滑移，此时，车轮与路面间的侧向附着力将完全消失(雨雪天极易发生)。如果是前轮(转向轮)制动到抱死滑移而后轮还在滚动，汽车将失去转向能力(跑偏)。如果是后轮制动到抱死滑移而前轮还在滚动，即使受到不大的侧向干扰力，汽车将产生侧滑(甩尾)现象，这些都极易造成交通事故。为此，在汽车上装备了防抱死制动系统，简称 ABS 系统。该系统利用轮速传感器、电子控制器(ECU)和液压调节器等部件进行车轮制动力的自动控制，可以充分发挥制动器的效能，控制汽车的滑移率，使其保持在 15%～20%之间，保证汽车具有最大的地面附着力，从而提高汽车制动的方向控制性和稳定性，防止车辆侧滑和甩尾，减少车祸的发生。

② 驱动防滑系统(Anti-Slip Regulation，ASR)。驱动防滑系统的作用是当汽车起步或加速时将滑移率控制在一定的范围内(5%～15%)，防止驱动轮快速滑动，从而提高汽车的驱动力。

汽车使用与管理

它是对ABS的完善和补充。ABS保证了汽车制动过程中方向的稳定性和可操纵性,而ASR则保证了汽车行驶过程中(起步、加速时)方向的稳定性和可操纵性;例如,当汽车突然加速出现驱动轮打滑空转时,ASR立即起作用,通过制动系统向打滑的车轮加一个制动力,同时降低发动机过量功率输出,从而制止车轮打滑。

③ 电子制动力分配装置(Electric Brake Distribution,EBD)。电子制动力分配装置的作用是在汽车制动的瞬间,高速计算出4个轮胎由于附着不同而导致的不同的摩擦力数值,然后调整制动装置,使其按照设定的程序在运动中高速调整,达到制动力与摩擦力(牵引力)的匹配,以保证车辆的平稳和安全。它是ABS的辅助装置,可以改善ABS的功效。例如,右侧轮附着在湿滑路面,而左侧轮附着于干燥路面,4个轮子与地面的摩擦力不同,在制动时如果4个轮子的制动力相同,就容易产生打滑、倾斜和侧翻等现象。有了EBD,当紧急制动车轮在抱死的情况下,EBD在ABS产生动作之前就已经平衡了每一个车轮的有效地面附着力,可以防止出现甩尾和侧移,并缩短汽车的制动距离。

④ 电子稳定程序(Electronic Stability Program,ESP)。电子稳定程序,又称为动态驾驶控制系统。ESP能够识别车辆不稳定状态,并通过制动系统、发动机管理系统和变速箱管理系统实施控制,从而有针对性地弥补车辆滑动。ESP整合了ABS和ASR的功能。ESP由电子控制单元ECU、带ECU的液压调节器、轮速传感器、转向角传感器、横摆角速度传感器和侧向加速度传感器等组成,当车辆在各种不稳定状态下,(在转向过度或转向不足的情况下效果更加明显),ESP能够同时精确测量4个车轮的制动力,并按照每秒25次的频率检测驾驶人的行驶意图和车辆的实际行驶情况。如果车辆不按照转向意图行驶,ESP会迅速反应,通过液压调节器调节每个车轮的制动力,如有可能,还会干预发动机和传动系统,车辆就可以被"拉"回正确的行驶轨迹上。

⑤ 发动机牵引力矩调整MSR。当油门踏板突然松开或者带着挡位施加制动,阻止由于发动机制动而产生的驱动轮抱死。

⑥ 电子差速锁止(Electronic Differential Lock,EDL)。车辆处于附着力不同的路面时,通过对空转的车轮施加制动实现车辆起步行驶。

⑦ 汽车电控悬架系统。汽车电控悬架系统是通过调节悬架的刚度、减振器阻尼和车高控制,使悬架在不同的条件下具有不同的弹簧刚度和阻尼减振,从而满足行驶平顺性要求和操纵稳定性要求,同时又能达到安全行驶的目的。

汽车悬架弹簧刚度控制是根据乘车人数或载质量、车速、道路等情况对汽车的高度和悬架刚度进行修正,实现"防前倾"、"防侧倾"和"前后轮相关"的控制操作。防前倾主要是防止紧急制动时由于惯性力造成的汽车前端下垂;防侧倾主要是防止汽车急转弯时由于离心力造成的侧倾;当汽车行驶在转弯或凸起路面时,通过前后轮弹簧刚度的相关控制并结合协调阻尼力大小的控制,使正常行驶条件下弹簧刚度设置从"中"转换到"软",以改善平顺性。

⑧ 汽车电控动力转向系统。汽车电控动力转向系统的作用是在各种不同的速度状况下通过电控单元自动调整转向盘的操纵力。在低速行驶和车辆摆放时,驾驶人只需较小的力就能灵活地进行转向;在高速时,能自动调整使操纵转向盘的力加大。既提高了驾驶舒适性及转向灵活度,又能克服转向"发飘"的弊病,使驾驶操作有显著的转向感,保证了高速行驶时的稳定性和安全性。

⑨ 汽车主动避撞系统。汽车主动避撞技术是利用现代信息技术、传感技术来扩展驾驶人

的感知能力,将感知技术获取的外界信息(如车速、其他障碍物距离等)传递给驾驶人,同时在路况与车况的综合信息中辨识是否构成安全隐患,并在紧急情况下自动采取措施控制汽车,使汽车能主动避开危险,保证车辆安全行驶,从而减少交通事故,提高交通安全。

现代汽车主动避撞系统大体有 3 种类型,一是减少汽车碰撞危害的汽车主动避撞报警 CW(Collision Warning)系统,此系统对探测到的危险情况给出预警,以提示驾驶人采取避险措施,如中、高档车普遍使用的雷达预警装备;二是主动避撞车辆的自适应巡航 ACC(Adaptive Cruise Control)系统,此系统车辆可以实现简单交通情况下的主动避撞及巡航控制;三是针对复杂交通情况,特别是市区交通环境设计的车辆智能控制系统,就是对第二种 ACC 系统辅以车辆停-走(Stop and Go)系统,提高车辆智能控制的实用性。

⑩ 汽车一体化底盘控制 UCC(Unified Chassis Control)系统。汽车一体化底盘控制系统是一种先进的集成系统,它通过中央底盘控制器,将制动、悬架、转向和动力传动系统等控制系统进行电子化连接。它的目标是从根本上避免发生碰撞。在车辆行驶过程中,传感器时刻监测迎面驶来车辆的速度、路面状况、驾驶人想走的路线以及车辆的行驶状态。在可能发生碰撞之前,UCC 系统不仅能够同时调整转向角、减小节气门开度、使用独立的差速制动和有选择地将减振器变硬,以协助驾驶人将车辆行驶调整到安全状况,甚至在必要时还能直接控制汽车。

⑪ 汽车轮胎气压监测 TPMS(Tire Pressure Monitoring System)。汽车轮胎气压监测系统能对汽车轮胎的气压进行实时监测,并将轮胎的气压状况通知驾驶人,使驾驶人在轮胎气压不稳时对轮胎气压进行调节。TPMS 由轮胎气压传感器和轮胎气压监测模块组成,系统不断监测 4 个轮胎的气压,压力传感器周期性地测量实际轮胎气压,压力信息通过射频(RF)通信,传送至轮胎气压监测系统模块。轮胎气压监测系统模块解译收到的射频信号,将数据格式化,然后经由车身控制模块(BCM)将数据传送至组合仪表多功能显示屏(MFD)。这样驾驶人可方便地获取轮胎气压值。

2) 被动安全性(事故后汽车安全性)

汽车的被动安全性是指事故发生时保护乘员和步行者,使直接损失降到最小,以及防止事故车辆火灾和迅速疏散乘客的性能。包括碰撞安全性(如安全气囊、头枕、安全带、吸能转向盘、保险杠、外部覆盖件软化等)和碰撞后安全性(防火、快速撤离等)。

(1) 安全带(STTS)。安全带是重要的乘员保护约束设施之一,当碰撞事故发生时,安全带将乘员束缚在坐椅上,使乘员避免或减轻与转向盘、仪表板及前风窗玻璃等发生碰撞而造成的伤害。在正面碰撞、追尾碰撞及翻车事故中对乘员保护效果较好,尤其可减少对乘员的头部和胸部的伤害。

(2) 安全气囊(Safety Air Bag)。安全气囊是现代车辆安全技术中高技术产品之一。其由传感器、气体发生器、气囊三部分组成。平时折叠收容于转向盘中央、仪表板下部或乘员侧部。当车辆因发生事故而剧烈碰撞时,在数十毫秒内传感器触发气体发生器,产生大量气体充入气囊,使气囊迅速膨胀,挡在乘员与车内结构物之间,以缓和冲击并吸收碰撞能量,从而达到减轻伤害程度的目的。智能安全气囊可以根据驾乘人员的身材、体重、是否系好安全带、人在坐椅上所处的位置、坐椅上是否有人或物品、车辆碰撞时的车速及撞击速度等,在一刹那做出反应,调整安全气囊的膨胀时机、膨胀速度、膨胀程度,使安全气囊对乘员提供最合理、最有效的保护。

(3) 吸能装置。为了减轻车辆自身、行人以及驾乘人员在发生撞击时的损伤,在汽车的前后、车内采用能够吸收撞击能量的吸能装置。

① 吸能式保险杠。由保险杠外板、能量吸收器和骨架组成。骨架坚固强硬,能够抵御相当大的外力,能量吸收器在外力作用下能产生相当幅度的弹性变形,吸收撞击能量,从而对车辆自身、行人起到保护作用。能量吸收器可采用橡胶、油、泡沫材料、树脂材料等。

② 吸能式转向盘。有柔软的外表皮,可起缓冲作用,当产生撞车时,其骨架能变形,吸收冲击能量。

③ 安全转向柱。主要功能是吸收二次碰撞能量和驾驶人的部分惯性能量。这种转向柱除有足够的强度和刚度以保证正常的转向力传递外,还可以在发生正面碰撞时被压缩,且在转向器系统中有能量吸收元件吸收碰撞能量。有波纹管式、网格状形式、伸缩轴式等。

④ 变形区(吸能区)。为了在发生碰撞更好地保护车内乘客的安全,轿车车身的前后均应设计吸能区,以保证在发生碰撞时,轿车车身的变形能够按照预先设计的方向逐渐变形直至停车,从而尽量减小传递到乘客舱和乘客身体的冲击,减小乘客舱的变形,保障车内乘客安全。设计变形吸能区时,需要在车身上设计一些强度比较小的区域,在发生碰撞时这些区域会断裂或者发生折叠,而不会向乘客舱方向挤压。经过精确设计变形吸能区的轿车可以准确预测在发生碰撞时车身的变形方向和程度。

(4) 安全玻璃。前风窗玻璃在正常状态下应具有良好的视觉效果,发生碰撞后应能保证驾驶视野,并且玻璃破碎后不应对乘员造成大的伤害。安全玻璃分为 A 类夹层玻璃、B 类夹层玻璃、区域钢化玻璃和钢化玻璃。

(5) 安全门。对于大客车要设安全门。安全门上应有明显的红色标志,并有开启装置。同时应备有便于取用的击碎出口玻璃的专用工具。

3. 交通安全设施(Traffic Safety Device)

交通安全设施包括交通标志、标线、护栏、隔离栅、轮廓标、诱导标、防眩设施等。均在道路沿线敷设,对充分发挥道路的作用、保障行车和行人的安全、减轻事故严重程度、美化道路景观、平滑交通流、提高行驶舒适性起十分重要的作用。各种交通安全设施的功能与构成如下。

(1) 交通标志。是用图形符号、颜色和文字向交通参与者传递特定信息,用于管理交通的设施,主要起提示、诱导、指示等作用。它主要包括警告标志、禁令标志、指示标志、指路标志、旅游区标志、道路施工安全标志等主标志以及附设在主标志下的辅助标志。

(2) 交通标线。交通标线的主要作用是管制和引导交通。它由标画于路面上的各种线条、箭头、文字、立面标记、突起路标等构成。

(3) 防撞设施。防撞设施主要包括护栏、防撞桶等。其主要作用:一是能够阻止车辆驶出路外,或阻止失控车辆穿越中央分隔带驶入对向车道;二是车辆碰撞护栏的运动轨迹应能圆滑过渡,使车辆回到正常行驶方向,并减少二次事故的可能性;三是一旦失控车辆与护栏发生碰撞时,能减弱对驾驶人和乘客的损伤;四是能诱导驾驶人的视线,使其能清晰地看到道路前进方向和道路轮廓。护栏的形式按刚度的不同可分为柔性护栏、半刚性护栏和刚性护栏,按结构可分为缆索护栏、波形梁护栏、混凝土护栏、梁柱式钢护栏、组合式护栏等。防撞桶的主要作用是吸收能量,减轻事故车辆及人员的损伤程度,同时也有诱导视线的作用。

(4) 隔离封闭设施。是指阻止人和动物随意进入和横穿公路,防止非法占用公路用地的设施。隔离封闭设施可以有效地排除横向干扰,避免产生交通延误和交通事故。隔离封闭设施多设于有公路通过的城镇及城镇郊区、农村集市、村庄及学校人口稠密或牲畜活动多的路段两侧。它主要包括编织网、钢板网、焊接网、刺钢丝、隔离墙及常青绿篱等形式。

(5) 视线诱导设施。

是指供驾驶人驾驶车辆判断视距以外的道路方向,特别是在夜间、雨天、大雾、路上有积雪等条件下,能够诱导驾驶人正确把握方向的设施。路线诱导设施主要包括分合流标志、线形诱导标、路钮、轮廓标等。分合流标志、线形诱导标的结构与交通标志相同,轮廓标主要包括附着式、柱式等形式。

(6) 道路照明设施。是指将良好的视觉信息传递给道路使用者,改善夜间行车条件,达到提高通行能力,减少交通事故目的的设施。道路照明设施多设于公路交叉路口、铁路与公路交叉口、行人通过的路段以及通过人口聚集或道路变化大的路段。

(7) 防眩设施。主要作用是避免对向车灯造成的眩光,保证夜间行车安全。防眩设施多设在夜间事故率较高的路段,夜间交通流大,特别是大卡车和小型汽车混杂率较高的路段和弯道曲线半径小的路段。防眩设施主要分为人造防眩设施和绿化防眩设施,人造防眩设施主要包括防眩板、防眩网等结构形式。

(8) 桥梁防抛网。桥梁防抛网主要设置于天桥或主线下穿的分离立交以及主线上跨铁路或等级较高的其他公路的分离立交上,用于防止杂物落在桥梁下方的道路行车道上,保证行车安全。它主要包括钢板网、焊接网等结构形式。

(9) 交通信号灯。用来传送法定指挥信号,可以对车流、人流进行指挥,避免发生事故和造成堵塞,保证交通能够有序通过。一般多设于平面交叉路口。

(10) 混凝土防撞墙、防撞墩(柱)。是指预防公路事故实践中应运而生的一种比较简陋但实用的安全设施。

(11) 隔离墩等其他安全设施。包括隔离墩、导流岛、行人安全岛和道口标注。隔离墩是指用以区分路面各部分使用界限的设施。导流岛引导车辆按一定的运行路线方向行驶。道口标注是提醒干道驾驶人警惕支线交通情况的设施。

(12) 里程标(碑)、百米标(桩)和公路界碑。主要作用是标志出道路里程和公路用地界限。

8.1.4 汽车安全行驶

汽车安全行驶是人、车、路、环境四要素协调运动的结果。

1. 良好的身体状况

良好的身体状况是安全行车的前提。

(1) 没有饮酒。
(2) 保证充足的睡眠。
(3) 没有服用导致头晕迷糊,昏昏欲睡的药物。
(4) 情绪良好、心境平和。
(5) 患有心脏病、高血压、冠心病、糖尿病等的人应该注意了解自己的身体状况,如果感到不适,应该暂缓开车。

2. 行车前、中、后对车辆的检查保养

(1) 检查前照灯、后尾灯、制动灯和转向信号灯工作是否正常。

(2) 检查离合、转向、制动装置工作是否良好。
(3) 检查燃油、润滑油、冷却液液位，检查是否有泄漏现象。
(4) 检查后视镜位置及车窗玻璃的清洁情况，检查刮水器和风窗玻璃清洗液液面及工况。
(5) 检查轮胎气压和轮胎状况是否正常。
(6) 检查各仪表、警告指示灯工作是否正常。

3. 行车安全驾驶坐姿

驾驶坐姿是指汽车驾驶人为了舒适地操纵汽车而坐在汽车坐椅上的一种状态。它影响到驾驶人的视野、踩踏踏板的力度以及发生事故后驾驶人受伤害的程度。为了保证行车安全，应注意以下事项。

(1) 安全带的使用。一是要坚持使用安全带，二是要正确使用安全带。
(2) 正确调整坐椅的高度和角度。现在的汽车坐椅具备了多种调节机构，例如，前后滑动调节机构、坐椅升降机构、靠背倾斜机构、头枕高低与前后调节机构、坐椅长度调节机构等。轿车驾驶人特别是小个子驾驶人应该充分利用这些调节功能，使自己尽量在驾驶中能够保持胸部与转向盘之间的距离大于25cm。
(3) 正确调整方向盘的角度。既保持舒适的驾驶操纵，又保持正确的坐姿。

4. 汽车安全行驶

1) 安全车速和安全间距

高速行车是驾驶人不顾人、车、路、环境情况，以挤、抢、绕、钻的方法盲目开快车，一旦遇到情况，采取措施不及时而导致事故。驾驶人必须从实际出发，根据交通管理、道路管理、道路状况、交通环境确定车辆的行驶速度。在雨天、冰雪天行车时，车速应相应降低。

安全距离取决于制动停车距离。后车与前车之间，当前车突然停车后，后车随之制动而不会撞前车的距离为最小安全距离。合理的安全距离应该大于最小安全距离。一般情况下，在路面干燥、制动良好的情况下，车间距离(m)不小于车速(km/h)的数值。如车速为 80km/h 时最小安全距离应不小于 80m。应随时注意路旁车间距离标志牌，遇雨雾天、冰雪天和路面潮湿时，车间距离应增加一倍以上。

2) 正确装载

了解汽车的最大安全装载量，包括"轮胎和载质量信息"。

(1) 车辆载重切勿超过车辆最大载质量或前、后桥的车桥最大载质量。否则，车辆零部件会发生断裂并改变车辆操纵性；过载会导致车辆失控和事故发生；轮胎会早期损坏或爆胎；还会缩短车辆寿命。
(2) 要注意载质量的合理分配，若装载不合理，会导致操纵性变差、翻车等情况发生。
(3) 不超宽、超高。否则，容易刮伤路人和其他车辆，容易使重心偏移和改变，导致不安全因素。

3) 会车、超车、让车、停车

(1) 会车不占线。车辆在没有划分中心线的道路上相互交会时能否安全顺利地通过，这与道路的宽窄、视线的好坏、车速的快慢、横向间距的保持情况有着密切的关系，但其中注意保持横向间距、会车不占线是决定的因素。车辆在宽阔、空闲、视线良好又无限速标志且划有中心线的道路上行驶时，只要按规定的时速在确保安全的原则下会车即可。但在没有划分中心线的道路上会车或在窄路、窄桥上会车则必须减速靠右通过。车辆交会时在何种情况下"礼让三先",应严格遵守"因地、因事、因时"的规定,该让则让,该慢则慢,该停则停,使车辆交会时在空间上脱离接触而得以安全通过。

(2) 超车不勉强。超车者必须严格执行《道路交通安全法》规定的"确保安全后从被超车辆的左侧超越"的原则。超车前,驾驶人应充分了解本车的加速性能,在确保喇叭、转向灯等机件工作正常的情况下,应选择平直宽阔、视线良好、左右均无障碍且前方路段 200m 范围内没有来车的道路,在保证安全的前提下方能进行超越;切忌不顾主客观条件而盲目超越。在经过交叉路口、陡急弯等险要路段,遇雨雾等恶劣天气,当前方车辆示意左转弯、掉头或正超越车辆时,不能超车。超车前,应提高车速,向被超车的左侧靠近,缩短与被超车的距离,跟车距离不大于 20m,打开左转向灯并鸣喇叭,如是夜间可用变换远近光灯示意,通知前方车辆,确认前车让超或做出让超示意后,向左侧找方向,与被超车保持一定的横向间距,从左侧加速超越;超过后应继续沿直线行驶,在超过被超车 20~50m 安全距离后,打开右转向灯,驶回原车道。

(3) 让车要减速。在划分大小型机动车道的道路上,同在小型机动车道内行驶的低速车种或低速行驶的同种车辆遇后边驶来的高速车发出超车信号时,应视具体情况主动让超。在没有划分大小型机动车道的道路上,低速行驶的机动车遇后边驶来的高速车发出超车信号时,条件许可的必须减速靠右让超。减速要减到既要尽量缩短超车距离,又不要影响后车的正常行驶;靠右要靠到既不危及本车和右边车辆、行人的安全,又使超越车辆超越顺利。条件不许可时不要勉强让超,切忌故意不让、加速行驶等,造成超车者超车困难、处置不及,这些行为极易引发交通事故。

(4) 停车要靠边。机动车临时停车必须按顺时针方向紧靠道路边缘线停放,前后右侧车轮外缘距路缘石不能超过 30cm。公安交通管理部门在某些路段设立禁止停车标志,只是特别提醒驾驶人此处不准停车,切不可认为未设立停车标志的路段就可以随意长时间停车而不受任何约束。《道路交通安全法》第五十六条规定:机动车应当在规定地点停放;禁止在人行道停放;在道路上临时停车的,不得妨碍其他车辆和行人通行。据此,驾驶人违反停车规定即构成了事实上的过错,引发交通事故后必然会受到法律的追究和严惩。

4) 雨天行车

(1) 保持车距、控制车速。下雨天道路较滑,轮胎的附着力下降。如果车速过快,惯性力增加,遇到紧急情况制动时,制动距离比良好天气时长 20%~40%,制动效果明显下降,发生事故的机会增多。

(2) 不要加速超车。雨中行车要随时注意前车的行驶速度和方向,绝不可因前车速度慢而加速超车。尤其是在高速公路上,由于各车道的车速相对较高,驾驶人的视角变窄,加上路面湿滑,强行越线超车时,稍动方向就很容易造成车轮打滑,极易造成与其他车辆发生刮蹭,引发车辆侧翻等意外事故。

(3) 见到积水处别左闪右避。看到水就闪,或者马上踩制动放慢速度,左闪右避实际令后面的驾驶人不知道该怎么反应,很容易发生意外。汽车涉水时一定要控制住油门,千万不可猛踩油门让发动机负荷在短时间内猛增,这样会使水的阻力增大,轮胎打滑,还可能会因发动机进气量猛增而将水滴吸入。对于大约 15cm 左右的水深,只要用正常的车速就行。

(4) 一旦失控先要镇定。越过沟坎和下坡时特别容易失控。一旦感觉失控,要先保持镇定。

先别踩制动,也别乱打转向盘,而应及时收油,踩下离合器踏板保持原状跑一小段,待轮子重新抓地,马上控制方向。

(5) 雨大时即使在白天也要开灯,要将刮水器调到最快。

5) 雪天行车

(1) 雪天开车一定要保持足够的车距。

(2) 雪地驾车最重要的原则是慢,在10~40km/h之间,慢行减速,轻踩制动。转弯前一定减速到10km/h左右,依靠惯性转弯。转弯时绝对不能踩制动,脚要放在油门上,但不要踩,只有当抓地力不够时才轻踩油门。

(3) 雪天车道之间有未化的雪,不要换线,不要超车。如果必须换线,换线时绝对不要踩制动,容易失控。换线时速要控制在40km/h以内,然后依靠惯性换线。

6) 高速公路行车

在高速公路上容易发生追尾撞车、撞向防护栏或分离带、轮胎爆裂等事故。因此,要在高速公路上安全行车,就要做到以下几点:

(1) 正确进入行车道。车辆从匝道入口进入高速路,必须在加速车道提高车速,并打开左转向灯,在不影响行车道上车辆正常行驶时,从加速车道进入行车道,然后关闭转向灯。

(2) 保持安全距离。车辆高速行驶中,同一车道内的后车必须与前车保持足够的安全距离。若遇雨、雪、雾等不良天气,更需加大行车间隙,同时也要适当降低车速。

(3) 谨慎超越车辆。需超车时,首先应注意观察前、后车状态,同时打开左转向灯,确认安全后,再缓慢向左转动转向盘,使车辆平顺地进入超车道,超越被超车辆后,打开右转向灯,待被超车辆全部进入后视镜后,再平滑地操作转向盘,进入右侧行车道,关闭转向灯,严禁在超车过程中急打方向。

(4) 正确使用制动。高速公路上行车,使用紧急制动是非常危险的,因为随着车速的提高,轮胎对路面的附着能力下降,制动跑偏、侧滑的概率增大,使汽车的方向难以控制。同时,若后车来不及采取措施,将发生多车相撞事故。行车中需制动时,首先松开油门踏板,然后小行程、多次轻踩制动踏板,这样的做法能够使制动灯快速闪亮,有利于引起后车的注意。

7) 夜晚行车

(1) 遇对向来车。夜间行车中如遇对向来车,不要一会儿踩制动踏板,一会儿向右打轮,要切实注意右侧行人和自行车。与对向车相距150m时,应将远光灯变为近光灯,若遇对方不改用近光,应立即减速并连续使用变换远、近光的办法来示意对方;如仍不改变,则应减速靠右停车避让,切勿斗气以强光对射,以免损害双方视觉而酿成车祸。

(2) 注意从左侧横过马路的人。夜间行车要注意从左侧横过马路的行人。在城市道路的交通繁忙地段,有时对向车道上排满了等红灯的车,在这种情况下,常常有行人从车队的间隙中跑出来横过马路。

(3) 严格控制车速。这是保证夜间行车安全的根本性措施。由于夜间道路上的交通量小,行人和自行车的干扰也比较少,加上驾驶人的心理状态(如急于快赶等),一般比较容易高速行车,因而很可能发生交通事故。驾驶人应该充分认识到在夜间高速行车的危险性。夜间行车由亮处到暗处时,眼睛有一个适应过程,因此必须降低车速,在驶经弯道、坡路、桥梁、窄路和不易看清的地方更应降低车速并随时做好制动或停车的准备;驶经繁华街道时,由于霓虹灯以及其它灯光的照射对驾驶人的视线有影响,这时也须低速行驶;如遇下雨、下雪和下雾等恶劣的天气时更须低速小心行驶。

(4) 增加跟车距离。驾驶人在夜间行车时，一是视线不良；二是常遇危险、紧急情况，为此，驾驶人必须准备随时停车。在这种情况下，为避免危险，要注意适当增加跟车距离，以防止前后车相碰撞事故的发生。

(5) 避免超车。尽量避免夜间超车，必须超车时，应事先连续变换远、近灯光告知前车，在确实判定前车让路允许超越后，再进行超车。

(6) 注意克服驾驶疲劳。夜间行车特别是午夜以后行车最容易疲劳瞌睡。另外，夜间行车由于不能见到道路两旁的景观，对驾驶人兴奋性刺激物小，因此最易产主驾驶疲劳，如稍有疲劳感觉就应振作精神或停车休息片刻。

(7) 注意路旁。夏季夜间行车时尤其要提高警惕，夏季天气炎热，在街道或公路两旁常有人乘凉或露宿，特别是在居民小区的附近。驾驶人必须谨慎驾驶。

8) 雾天行车

(1) 开雾灯但别用远光。在雾中行车，应打开雾灯、近光灯，但别开远光灯。远光灯的光线高挑，被大雾折射后容易射入对向行驶的驾驶人眼中，使其视线模糊。

(2) 勤按喇叭，警告行人和车辆。听到其他车的喇叭声，应当立刻鸣笛回应，示意己车的位置。

(3) 紧盯大车、勿忘方向。在雾中尽量低速行驶，与前车保持足够的安全车距。气温低、湿度大的时候，路面极易形成薄霜，应避免紧急制动。

(4) 宁靠中间，不沿路边。在大雾中，可以尽量利用残存的视距，盯住路中的分道线行驶。但一定注意不要轧线行驶，否则对向会车将很危险。千万不要沿着路边行驶，此时可能看不见路侧的排水沟，或者撞伤在路边临时停车、等待雾散的人。

(5) 除雾切忌边走边擦。遇到大雾时，被水汽凝结的风窗玻璃曲面会使你仅有的视线更加受损，可以使用刮水器，刷去凝结在前风窗玻璃上的水汽；由于驾驶室内外温差较大，风窗玻璃内侧面上常常会蒙上一层薄薄的雾，阻挡视线。使用空调的除雾挡，可以快速除雾；将车窗打开一条缝，使车内外空气流通，温度保持一致，可避免风窗玻璃内凝结雾气；如果手边没有除雾剂，在风窗玻璃上涂一些甘油、酒精、盐水甚至洗洁精，都可以在短时间内保持风窗玻璃不结雾；如果想用手擦去风窗玻璃上的雾气，请停车后擦拭，切忌边走边擦。

(6) 停车后，乘员远离车。如果感觉雾太大，想停车等雾散去再上路，可以将车紧靠路边停放，打开雾灯、近光灯和双蹦灯。最重要的是，停车后所有人都要从右侧下车，离公路尽量远一些，千万不要坐在车上。如果是停在高速公路的紧急停车港湾，人最好能翻过护栏，到路基外面等候，避免被莽撞的车碰到。

9) 山路行车

山地弯多、路窄、山洞多、视野有限，对面来车不易预先发现，给行车安全带来威胁。驾驶人要注意以下几点。

(1) 保持视线。选择道路中间或靠山的一面行驶，视点要远且要尽量看清路面情况和路边环境。要尽量利用路面的宽度选择行驶路线，视线不好时应鸣笛。打开车窗以听到车外的声音，面临有可能落石的崖壁应关闭车窗。注意查看仪表的工作情况，特别是水温和油压。

(2) 不可空挡，学会挡位控制。上坡时应让发动机保持足够的动力，提前选择好合适的挡位，随时做好避让对面来车的准备。下坡时不可空挡滑行，长时间使用制动要考虑防止制动鼓或盘过热，可利用挡位控制车速，放入低速挡。尽量避免在山路上停车，必要时停车应选择相对平直、视线好的安全地段。

(3) 危险路段安全通过。遇到危险路段应停车察看清楚，在确保安全的前提下慢速通过，同时应注意车厢及车上物品勿与山体碰撞。

10) 沟渠、溪谷和沟壑、陡坡行车

(1) 通过沟渠。车辆跨越浅沟应低速慢行，并斜向交叉进入，使一轮跨离沟渠，同轴的另一轮进沟。跨越较深的沟渠时，应用一挡通过，如果是全轮驱动汽车，应将其启动。进入沟底时，应加大油门使车轮快速爬上沟顶。

(2) 通过溪谷和沟壑。沟壑一般由流水冲刷而成，应选择适当的位置通过。通过前应先停车观察，然后低速接近，到达岸边时，应以制动控制车轮缓慢进入溪谷，让前轮同时落到谷底，随后加速到正常行驶速度，在前轮接触对岸时加大油门爬上坡顶。

(3) 通过陡坡。遇到陡坡应及时正确判断坡道情况，根据车辆爬坡能力提前换中速挡或低速挡。要保持车辆有足够动力，切不可等车辆惯性消失后再换挡，以防停车或后溜。如被迫停车，应在停稳后再起步，以免损坏机件甚至造成事故。万一换挡不成，造成车辆熄火后溜，不要慌张，应立即使用脚制动和驻车制动将车停住(千万不要踩离合器踏板)。如果仍然停不住车，应将转向盘转向靠山一侧，用车尾抵在山体上，利用天然障碍使车停下。下坡时可利用发动机的牵阻作用和脚制动。

11) 涉水行车

(1) 汽车涉水时，要保证发动机运转正常，转向和制动机构灵敏，挂低速挡平稳开进水中，避免大轰油门或猛冲，以防止水花溅入发动机而熄火。

(2) 行车中要稳住油门，一鼓作气通过水面，尽量避免中途换挡或急转弯，遇水底有泥沙时，更要注意做到这一点，到没有水的路段后，要空踩几脚制动，以免制动失灵发生追尾事故。

(3) 如水底有流沙、车轮打滑空转时，要马上停车，不可勉强通过，更不能半联动地猛踩油门踏板。要在发动机不熄火的情况下，组织人将车推出去，避免越陷越深。

(4) 行驶中要尽量注视远处固定目标，双手握住转向盘向前直行，切不可注视水流或浪花，以免晃乱视线产生错觉，使车辆偏离正常路线而发生意外。

(5) 多车涉水时，绝不能同时下水，要等前车到达对岸后，后车再下水，以防止前车因故障停车，迫使后车也停在水中而进退两难。

12) 隧道行车

(1) 进入前要注意交通标志或交通信息板，特别是限速标志。汽车从洞外路段驶入时，人眼对黑暗适应时间需要 7、8s，此时驾驶人的视力下降，因而必须减速。有些长隧道，前半部分路段为上坡，后半部分为下坡，由于这种纵坡结构，汽车驶出隧道的平均速度比驶入平均速度约高 5～10km/h。此外，夜间隧道行车时，由于隧道内有照明灯，隧道内比外部明亮，驾驶人也不要提高行驶速度。在隧道内行车不能凭直觉判断车速，一定要通过车速表确认行驶速度，同时还应注意保持相应的车距。

(2) 通过一般道路的单车道隧道时，应随时观察对方有无来车，开启前后车灯，一般不宜鸣笛。通过高速公路上的隧道，也应开灯行驶，目的是标明车辆的位置，确定车距，防止追尾事故。

(3) 一般道路的双车道隧道，应靠道路右侧以正常速度行驶，不得在洞内变换车道，更不准随意超车。

(4) 由于各级公路的隧道都比洞外路面窄,特别是路肩的宽度是以最小基本宽度为设计基准的。所以,隧道内严禁随意停车,以免交通阻塞。若汽车抛锚于隧道内,应立即通知道口,设法将车辆拖出隧道,不得在洞内检修。

(5) 控制好汽车方向,严加注意隧道内的交通状况。驾驶人在进入前要尽量通过各种手段了解隧道内的交通状况,以确保行车安全。另外,隧道的出入口外是气流变化较大的地方,特别是在高速公路上,受侧向气流的影响,常常产生较大的侧向力,使汽车突然改变行驶方向。驾驶人必须注意这一点的影响,在降低车速的同时,应握紧转向盘,保持好行驶方向。

13) 爆胎后如何驾驶

如果轮胎在汽车行驶中突然"爆炸",此时车辆往往会急速摇摆,驾驶人应掌握好转向盘,控制住车辆的行驶方向,同时迅速关闭油门,让汽车减速。当发动机的牵阻作用控制住车速后,可轻轻地使用制动,慢慢地使汽车减速。行驶中如发现转向盘不停地左右摇摆,最好马上关闭油门,让车辆逐渐地慢下来。不要使用紧急制动,因为紧急制动将会加大转向盘的摇摆程度,汽车有失控的危险。

制动失效是爆胎后常见的故障,如果汽车在下坡时制动失效,不能利用车辆本身的机构控制车速时,应果断地利用天然障碍物,如路旁的岩石、大树等给汽车造成阻力。如果一时找不到合适的地形地物加以利用,紧急情况下可将车身的一侧向山边靠拢摩擦,增加阻力来降低车速,尔后及时送修理厂维修。

14) 城市村镇

当车辆行经这类地区时,必须按交通指挥信号和交通标志行车,要随时注意车内外信息和交通环境的变化,并及时处理。观察时要从动中看静,从静中看动。如与前车要保持一定的安全距离,随时注意前车尾灯和车速,预防前车紧急制动,这是从动中看静;要注意路旁骑自行车的人,会不会突然占用机动车道,这是从静中看动。在动静变化中,经验缺乏的驾驶人比较容易发生事故。

15) 乡村土路行车

(1) 控制车速。土路上坑洼、碎石等障碍物较多,行驶速度不能过快,否则车振动加剧,不仅造成车辆传动系统、行驶系统等机件损坏,而且直接威胁行车安全。特别是雨天在有积水和泥泞的路段行车时,更要稳住油门,控制车速,用中低挡通过。注意在通过溜滑地段时,不得加减挡位变速和紧急制动,即使须减速也要靠减小油门来控制。

(2) 选择路面。路面上有坑洼、乱石时,应考虑到车辆的离地面间隙,转动转向盘小心避让。在通过松软、泥泞积水路段时,应特别谨慎,必要时应下车观察,当判明车轮确实不会陷入泥土中时,方可挂低挡缓缓通过。对于新开通的土路,若路面有车辙,应尽量沿着车辙行驶,不可盲目冒险。

(3) 谨慎下坡。无论是晴天还是雨天,下坡时都应选择中低速挡位,减小油门缓缓下坡,不得空挡溜坡。因为土路上坑洼、乱石较多,情况复杂,下坡途中常须制动减速来避让,特别是有些土路下坡途中有急弯,若空挡溜坡,制动时极易造成车辆跑偏、侧滑,甚至翻车的重大事故。

(4) 安全会车。行车中不要与前车跟的太近,以免晴天被前车扬起的灰尘或雨天溅起的泥水遮挡视线。遇有会车时,应注意观察路面。特别是久雨后不要太靠近路肩,必要时应停车避让。交会时不要乱打转向盘和踩制动,以免车辆侧滑产生碰撞事故。

(5) 预防侧滑。当前轮侧滑时，应稳住油门，纠正方向驶出。当后轮侧滑时，应将方向盘朝侧滑方向转动，待后轮摆正后再驶回路中。遇下坡中后轮侧滑时，可适当踩一下油门，提高车速，待侧滑消除后再按原车速行驶。

8.2 汽车的公害及防治

8.2.1 汽车的排放公害及防治

1. 排放公害

汽车的排放污染物主要包括二氧化碳(CO_2)、一氧化碳(CO)、碳氢化合物(HC)、氮氧化合物(NO_x)、微粒物(由炭烟、铅氧化物等重金属氧化物等组成)和硫化物等。这些污染物由汽车的排气管、曲轴箱和燃油系统排出。

1) CO

(1) 生成机理如下。

① 不完全燃烧的产物，如混合气过浓、燃烧温度过低、燃烧室容积过小、燃烧滞留时间不够、混合不充分等。

② 局部高温热分解。

(2) 性质与危害。CO 是无色无味气体，可以降低人体血液对氧的输送能力，因此对于心脏病人尤其有害。过量的 CO 甚至可以在短时间内导致人体窒息。具体的 CO 对人体的危害见表 8-5。

表 8-5 CO 对人体的危害

CO/(mg/1000L)	CO/%	中毒程度	对人的危害
100	0.01	慢性中毒	长期接触(每天数小时)使人头痛、乏力、记忆力减退、失眠数小时后轻度喘息、心跳
160	0.016		
400	0.04	轻度中毒	1 小时后头痛、头晕、疲倦、恶心
600	0.06	中度中毒	1 小时后心悸、呼吸困难甚至昏厥
800	0.08		0.5～1 小时后呼吸困难、昏迷
1 000	0.1	重度中毒	出现昏迷、阵发性抽搐
4 000	0.4		很快昏迷、抽搐、抢救不及时会死亡
10 000	1		短时间就失去知觉、几分钟可死亡

2) HC

(1) 生成机理如下。

① 未燃烧和未完全燃烧的燃油，如燃烧室氧气不足、燃烧室壁面温度过低、混合气混合不均匀时。

② 生成机油蒸汽。

(2) 性质与危害。HC 包含有烷烃、烯烃、苯、醛、酮、多环芳烃等 100～200 多种复杂成分。烯烃对人体粘膜有刺激作用，经代谢转换会变成对基因有毒的环氧衍生物，也是生成光化学烟雾的重要物质。醛类气体对眼睛、呼吸道和皮肤有强烈的刺激作用，当浓度超过一定指标后会引起头晕、恶心、红血球减少、贫血等。芳烃对血液和神经系统有害，特别是多环芳烃及其衍生物(如苯并芘)是强烈的致癌物质。汽车尾气中的 HC 与 NO 在紫外线作用下发生化学反应，生成臭氧(O_3)，形成光化学烟雾。由于臭氧具有强氧化性，能刺激眼睛和呼吸器官，抑制植物生长。

3) NO_x

(1) 生成机理。发动机在高温富氧的条件下有利于生成氮氧化物(NO_x)。

(2) 性质与危害。其主要成分是 NO 及少量 NO_2，高浓度的 NO 能引起中枢神经障碍，并影响肺功能。NO 在空气中可被氧化成 NO_2，NO_2 有刺激性气味，对眼、鼻、呼吸道以及肺部都有强烈刺激。NO_x 与血红素蛋白(Hb)的亲和力比氧高 30 万倍，对血液输氧能力的影响远远大于 CO，当其浓度为 250mg/1 000L 时会使人因肺水肿而死亡。此外，NO_x 是形成酸雨的重要来源之一，也是形成光化学烟雾的主要成分。

4) 微粒 PM

(1) 生成机理。柴油机由于燃烧时油气混合极不均匀，决定了其微粒排放是汽油机微粒排放的几十倍甚至上百倍，所以，一般认为微粒排放是柴油机所特有，但现在的缸内直喷式汽油机也有微粒排放的问题。

(2) 性质与危害。微粒是由炭烟、干炭烟上吸附的大分子 HC 以及硫酸盐构成。柴油机排气微粒的粒度很小，大部分粒径在 0.01～1μm 之间。这么细小的微粒进入肺部以后，会在肺部形成沉积，对肺造成损害。动物实验表明，柴油机排气微粒对动物有一定的致癌性，但对人的致癌性目前只有限的证据。漂浮在大气中的微粒还可以使城市内的光线折射，使天空变暗，使城市的能见度降低。

5) 其他

由于汽车燃油含有硫、铅等成分，所以汽车排气中还含有 SO_2 和含铅物质，随着无铅汽油及低硫柴油的推广和使用，SO_2 和含铅物质的排放也在逐年降低。

2. 排放标准

目前国际上汽车排放标准主要分为三大体系，即美国、欧洲和日本排放标准。其他各国的排放标准基本上是按照或参照这三大体系制定的，我国主要参照的是欧洲排放标准。

我国在 1987 年颁布实施了《中华人民共和国大气污染防治法》，1983 年制定并实施了第一批汽车污染物排放标准，此后在 1989 年、1993 年、1999 年、2000 年、2001 年及 2005 年相继修订、制定了一大批汽车污染物排放标准。表 8-6 所示是我国在用车排放标准(GB 18285—2005)，表 8-7 所示是我国与欧洲轻型车型式认证标准的实施年份，表 8-8 所示是欧洲轻型车型式认证排放限值。

表 8-6 我国在用车排放标准(GB 18285－2005)

车 型	类别			
	怠速		高怠速	
	CO/%	HC/0.001‰	CO/%	HC/0.001‰
1995 年 7 月 1 日前生产的轻型汽车	4.5	1 200	3.0	900
1995 年 7 月 1 日起生产的轻型汽车	4.5	900	3.0	900
2000 年 7 月 1 日起生产的第一类轻型汽车	0.8	150	0.3	100

续表

车 型	类别			
	怠速		高怠速	
	CO/%	HC/0.001‰	CO/%	HC/0.001‰
2001年10月1日起生产的第二类轻型汽车	1.0	200	0.5	150
1995年7月1日前生产的重型汽车	5.0	2 000	3.5	1 200
1995年7月1日起生产的重型汽车	4.5	1 200	3.0	900
2004年9月1日起生产的重型汽车	1.5	250	0.7	200

表 8-7 我国与欧洲轻型车型式认证标准的实施年份

汽车排放标准	欧洲实施时间	我国实施时间
欧Ⅰ、中国第Ⅰ阶段	1992 年	2000 年
欧Ⅱ、中国第Ⅱ阶段	1996 年	2004 年
欧Ⅲ、中国第Ⅲ阶段	2000 年	2007 年
欧Ⅳ、中国第Ⅳ阶段	2005 年	2010 年
欧Ⅴ、中国第Ⅴ阶段	2008 年	2012 年

表 8-8 欧洲轻型车型式认证排放限值

控制阶段	排放限值			
	CO/(g·km^{-1})	HC+NO$_x$/(g·km^{-1})	HC/(g·km^{-1})	NO$_x$/(g·km^{-1})
欧Ⅰ	2.72	0.97	—	—
欧Ⅱ	2.2	0.50	—	—
欧Ⅲ	2.3	—	0.2	0.15
欧Ⅳ	1		0.1	0.08

从上表可以看出：与欧洲排放标准相比，我国轻型车排放标准在法规执行时间、排放限值、排放物控制范围上，还有相当差距。我国的排放法规目前参照欧洲标准体系制定，但执行时间迟于欧洲5～10年。而且我国对在用车的排放控制法规较宽松，缺乏监控手段和管理措施，排放污染一直得不到有效控制和改善，在用车排放污染和欧美相比存在更大差距，是我国排放控制和监测的薄弱环节。

3. 排放测量方法

1) 外观检查项目

外观检查项目包括排气管密封情况、排放控制装置、油箱压力。如果出现下列情况，则排放检测为不合格：排气系统密封不严、排放控制装置被拆掉或油箱蒸发气流流向不对。

2) 检测项目

(1) 汽油车：点火正时；怠速转速；CO、HC(高怠速)；CO、HC(怠速)。

(2) 柴油车：喷油正时；自由加速烟度(柴油车)。

若检查的指标超标，则排放检测为不合格。

4. 排气净化技术

汽车排放控制是一项综合而复杂的课题，治理排放污染应从燃油品质、新能源、发动机设计制造、使用、维修、交通管理、国家政策等方面全方位地采取有效措施。

1) 改进燃油品质

(1) 燃料掺水。燃料掺水后在汽缸中燃烧时，由于水具有较高的比热，尤其是水蒸气的生成要吸收大量潜热，使燃料最高温度下降。同时水蒸气稀释燃气降低了氧浓度，减少了 NO_x 的排放。

(2) 汽油的改良。

① 高标号化。是指提高汽油的辛烷值，辛烷值提高，发动机的爆燃倾向降低，从而提高了汽车的动力性、经济性，降低了排放。

② 无铅化。是指采用无铅汽油，大大减少了汽车排放的铅污染。

③ 清洁化。是指调整汽油组分，减少引起大气污染的组分(烯烃、芳香烃、苯、硫化物等)的含量。

(3) 乙醇汽油。乙醇汽油是由一定比例的燃料乙醇(10%、20%，有的国家的则达到 85%)与汽油调和而成。因为乙醇汽油含氧量的提高能够使工况燃烧更充分，从而更有效地减少了有害尾气的排放。在 9 个城市调查报告中，使用乙醇汽油期间，城市空气中的 NO_2、CO 平均值与使用普通汽油比较，NO_2 下降了 8%，CO 下降了 5%。

2) 汽油机排放控制技术

汽油发动机的排放污染物主要是 HC、CO 和 NO_x，主要从机内净化(改善燃烧)和机外净化(加装排气净化装置)两个方面入手。

(1) 机内净化的特点如下。

① 电控喷射技术。能按照发动机不同的使用条件，精确地控制燃油喷射量和点火时间，使燃烧更完全，也可以精确控制二次空气喷射、废气再循环、炭罐等排气净化装置，从而减少 HC、CO、NO_x 的排放量。

② 均质稀燃技术。均质稀燃技术是对现有发动机稍作修改，改进燃烧室的形状、结构，以改善混合气的形成与分配。如丰田的扰流发生罐、三菱的喷流控制阀系统及火球型燃烧室等。这些结构的共同点是在实现稀混合气稳定燃烧的同时，力求增大燃烧速度，以实现快速燃烧，提高热效率，降低排放量。

③ 燃油分层喷射(Fuel Stratified Injection，FSI)技术。燃油分层喷射技术是发动机稀燃技术的一种。在分层燃烧系统中，使进入汽缸的混合气浓度依次分层，在火花塞周围充有易于点燃的浓的混合气，以保证点火可靠。在燃烧室的大部分区域充有稀的混合气。这样，燃烧室内总的空燃比较大，可减少 CO、NO_x 的排放量。例如：大众 FSI 发动机利用一个高压泵，使汽油通过一个分流轨道(共轨)到达电磁控制的高压喷射气门。它的特点是在进气道中产生可变涡流，使进气流形成最佳的涡流形态进入燃烧室内，以分层填充的方式推动，使混合气体集中在位于燃烧室中央的火花塞周围。

④ 减小第一道活塞环岸的高度。燃烧的火焰不能达到活塞的第一道环岸脊(指第一道环槽至活塞顶之间的区域)和汽缸壁之间，此区域内的未燃 HC 直接从汽缸内排出。提高第一道活塞环的位置即减小第一道活塞环岸的高度，可以减少活塞环与缸壁间的容积，从而减少未燃 HC 的排放。为减少活塞环槽的磨损，一般情况下，要对活塞表面实施氧化铝镀膜处理，

但由于在活塞表面易形成许多细孔，被吸附的 HC 在发动机排气行程时排出机外。为解决这一矛盾，在对活塞表面实施氧化铝镀膜处理时，可只对活塞环槽进行处理，不对活塞顶面进行处理，有利于进一步降低 HC 的排放。

(2) 机外净化的特点如下。

① 三元催化转换技术(CC)。三元催化转换器中装有促使废气中有害物进行氧化或还原反应的催化剂(铂、铑和钯)。当废气流经催化器时，通过化学反应使 CO、HC、NO_x 转换成 CO_2、HO_2、N_2。催化转换器的净化效果受混合气浓度和工作环境温度的影响。为提高转化效率，可采用以下措施。

a．提高催化剂的早期活性。有效的方法是提高其升温特性，降低其活性温度。提高升温特性的主要方法是采用双重排气管和使用"薄壁式"催化剂载体。合理选择低温特性好的贵重金属，如在催化剂中提高铂的含量，同时提高空燃比的稀薄化，是降低催化剂活性温度的有效手段。

b．催化剂强制加热。使用电加热催化剂(EHC)和在排气管内利用排放气体的燃烧产生的热量，促使催化剂升温，即排气燃烧器(EGC)，能进一步提高催化剂的早期活性。EHC 采用电流预热的方法可使金属载体的催化器在发动机启动后的 5~10s 内达到催化剂的起燃温度，从而减少启动后最初几分钟内有害物的排放。EGC 的原理是在发动机启动后，在浓空燃比状态下产生的 CO 等可燃成分与二次空气供给的氧气相混合，形成可燃混合气，在排气系统中设置排气燃烧器，通过火花塞点火装置点燃未燃混合气，利用燃烧产生的热量提高催化剂的早期活性，同时还能燃烧净化发动机启动后的未燃 HC 成分。

② 废气再循环技术(EGR)。排气再循环是指回引发动机排出的部分废气并与新鲜空气共同参与燃烧反应，利用废气中含有大量的惰性气体(CO_2、N_2、H_2O 等)具有较高的比热容这一特性，来降低 NO_x 的生成。因为 NO_x 的生成是高温富氧，而废气的引入一方面使混合气热容量增大，从而降低最高燃烧温度；另一方面废气对新鲜充量的稀释也相应降低了氧的浓度，从而有效地抑制了 NO_x 的生成。

③ 二次空气喷射系统(AIS)。二次空气供给装置可将新鲜空气送入排气管内，利用废气中的高温使排气中的 CO 和 HC 进一步氧化或燃烧成 CO_2 和 H_2O，以达到排气净化的目的。

④ 汽油蒸发控制技术(EVAP)。为了防止汽油挥发释放进入大气，通常使用活性炭吸附油气(HC)，然后在车辆闭环工作时，把活性炭吸附的油气引入进气管中燃烧。

⑤ 曲轴箱强制通风技术(PCV)。该装置的作用是当发动机工作时，将一部分漏气送入汽缸重新燃烧，以减少 HC 的排放。PCV 阀可根据发动机工况的变化，自动调节进入汽缸的曲轴箱气体的数量。

3) 柴油机排气净化技术

柴油机排放污染主要是 NO_x 和微粒，其排出的 CO 和 HC 仅为汽油机的 1/10 或更少。柴油机也从机内净化(改善燃烧)和机外净化(加装排气净化装置)两个方面入手来减少有害物的排放。

(1) 机内净化的特点如下。

① 燃烧系统直喷技术。柴油机污染物的排放量很大程度上取决于汽缸内的燃烧过程，改进燃烧过程的各个环节(如燃烧喷射系统、进气系统、进气口形状和燃烧室形状等)都会改善燃烧过程。燃烧系统直喷技术的燃烧效率高，比非直喷式系统节油 5%~10%，但要求发动机吸入较多的空气。目前，这种技术基本上成熟，对控制柴油机排放污染起到了一定的作用。

② 燃油喷射高压化、电控化以及燃油多次喷射技术。燃油喷射系统是柴油机的心脏，也是发展最快的系统。新型的柴油机共轨燃油喷射系统的喷油压力普遍提高，其喷油压力可达 140MPa。柴油机喷油压力越高，燃油和空气的混合就越好，排烟就越少。另外，电控柴油喷射系统能非常精确地控制喷油量和喷油时间，以适应不同的道路工况，有的还具有自适应能力，可以补偿零件磨损和零件制造偏差引起的变化，以取得 NO_x、微粒排放量和燃油经济性之间的最佳配合。采用燃油多次喷射技术可以实现柔和燃烧，也可减少柴油机炭烟与颗粒的排放。

③ 废气涡轮增压与中冷技术。废气涡轮增压技术是使发动机轻量化、提高输出功率的有效措施，也是现代柴油机的代表性技术。经废气涡轮增压后，进气温度提高，滞燃期缩短，混合气适当变稀，这些因素使噪声、CO 和 HC 排放以及油耗都有所降低。但是，进气温度上升使 NO_x 增多，使空气密度下降，也使进气量未达到期望的水平。于是出现了将增压后空气再进行冷却的中冷技术，使进气温度降低，循环进气量更大，NO_x 排放下降而功率进一步增加。采用废气涡轮增压与中冷技术是降低 NO_x 和微粒排放、改善柴油机经济性和提高动力性的最佳措施。

(2) 机外净化。在柴油机排气后处理技术方案中，除广泛应用废气再循环技术外，目前被认为较实用的有氧化催化转化器、微粒捕集器和 NO_x 还原催化转化器。

4) 汽车使用维修管理

(1) 提高驾驶人素质。汽车驾驶人的驾驶技术对在用车的使用状况及排放性能的影响很大。随着汽车保有量的不断增加和驾驶人队伍的不断扩大，驾驶人的业务素质也参差不齐。为了控制汽车使用过程中排放超标，驾驶人应做到在驾驶的过程中减少怠速运行时间、少用强制怠速、尽量减少制动次数、缓踩油门、在允许范围内尽可能提高车速，同时还要合理选择润滑油，使用无铅汽油，保持发动机正常水温，严禁超载行驶。

(2) 大力加强在用车辆的检查维护。新开发的车型逐步采用车载诊断系统(OBD)，对车辆上与排放相关的部件的运行状况进行实时监控，确保实际运行中的汽车稳定达到设计的排放削减效果，并为在用车的检查维护制度提供新的支持技术。

(3) 加速老旧车辆的更新换代。由于老旧汽车在运行中排放物明显增多，因此老旧汽车的报废更新，包括部分老型车的技术改造，将进一步减轻环境污染。为此应加大执法力度，加强汽车更新报废的信息网络建设，严格检测标准，对那些老、旧、破、残的在用车进行彻底整改，强制报废，以净化生态环境。

5) 科学的交通管理

在十分拥挤的交通环境中，汽车发动机大多在低速和怠速状况下运行，燃油没有充分燃烧，排放必然恶化。因此，治污和治堵是相辅相成的，应同步进行方能取得实效。

(1) 加快城市道路的建设，提高通行能力，改善城市交叉口和交通干道的通行条件。

(2) 加强对道路的养护，使道路平整，保证汽车在良好的路况下行驶。

(3) 采取合理的单行和限速措施，建立科学的路口信号控制系统。

(4) 加强道路两侧绿化，种植能吸收 CO、HC、NO_x 等有害气体的树种。

6) 政策扶持

(1) 加强宣传，提高环保意识，大力倡导消费者选择节能环保型汽车，特别是新能源汽车。

(2) 对于排放标准的执行，要建立严格的监管体系，确保制度的执行不流于形式，以达到预期的治理效果。

(3) 实施国际上先进的 I/M(环保检查/维修)制度。目前我国实行的在用车年检制度是一种检查、监督性手段。一些汽车平时运行性能较差，汽车排放明显达不到国家排放标准，但在年检前才进行维修而通过年检的情况较多，这种情况与我国的年检制度原则相违背。因此要真正减少车辆的排放污染，还需要建立积极的车辆维修保养体系，即 I/M 制度。国外治理汽车尾气排放的经验已证明：I/M 制度是目前国际上公认的最科学、最经济、最合理、最有效的汽车排放治理制度。

7) 研制可替代能源的环保型汽车

(1) 着重开发柴油轿车。随着小型高速直喷式柴油机技术的日趋完善，柴油轿车得到了世界各国汽车行业的普遍关注。与汽油车相比，柴油轿车具有节能、环保、动力强劲、安全、耐用等优点。据统计，欧洲柴油轿车占市场份额的 50%，日本约是 10%，美国不足 5%，中国不足 1%。柴油轿车具有广阔的发展空间。中外专家普遍认为，建设节约型社会应该重视交通节能，中国应大力发展柴油车。因为柴油车的耗油量比汽油车低 30%，CO_2 排放量比汽油车低 25%～30%。如果到 2020 年中国柴油乘用车的比例从现在的 0.6%提高到 30%，那么中国 CO_2 排放量可望减少近 4 200 万吨。柴油机在节能、环保方面的先进性是不争的事实。

(2) 混合动力汽车。20 世纪末，混合动力车 HEV 由日本、韩国等汽车工业国家研制并投放市场。丰田普锐斯混合动力车的汽油机为 4 缸 16 气门，排量 1.5 L，最大功率 57kW；同步交流电动机最大功率 57kW，混合功率相当于 2.0L 排量的汽车，最高车速 165 km/h，平均油耗 4.7L/100km。环保方面：普锐斯刷新了各国最苛刻的汽车环保性能基准，在美国符合加利福尼亚州零排放标准，在欧洲达到 EURO-Ⅳ的排放标准。

(3) 天然气汽车。天然气主要成分是甲烷(CH_4)，抗爆性好，使用方便。与汽油车相比，天然气车辆各种排放物均明显减低：CO 约降低 90%，HC 约降低 50%，NO_x 约降低 30%，SO_2 约降低 70%，CO_2 约降低 23%，微粒物约降低 40%，铅化物约降低 100%。

(4) 液化石油汽车。液化石油气在发动机的工作温度下以气态存在，它可以和空气混合得十分均匀，完全燃烧程度高，排放的有害物比汽油少。

(5) 氢燃料汽车。氢气是一种理想的清洁燃料，以氢气为燃料的氢气发动机只排放 NO_x。氢燃料的特点是：氢与空气混合气的着火界限很宽，氢含量在 4%～75%的范围内均可燃烧；氢的点火能量较低，与其他燃料相比约差一个数量级；氢火焰的传播速度很快，约为普通燃料的 7～9 倍。这些特点要求氢在稀混合气条件下工作，用 1%的氢和 99%的汽油混合燃烧，可以节油，并减少 CO 和 HC 的排放。

(6) 电动汽车。电动汽车本身不排放污染大气的有害气体，即使按所耗电量换算为发电厂的排放，除硫和微粒外，其他污染物也显著减少。由于电厂大多建于远离人口密集的城市，对人类伤害较少，而且电厂是固定不动的，清除各种有害排放物较容易，也已有了相关技术。由于电力可以从多种一次能源获得，如煤、核能、水力等，解除人们对石油资源日见枯竭的担心。电动汽车还可以充分利用晚间用电低谷时富余的电力充电，使发电设备日夜都能充分利用，大大提高其经济效益。有些研究表明，同样的原油经过粗炼，送至电厂发电，经充入电池，再由电池驱动汽车，其能量利用效率比经过精炼变为汽油，再经汽油机驱动汽车高，因此有利于节约能源和减少 CO_2 的排量。

(7) 太阳能环保车辆。太阳能汽车是零排放汽车，其制造研究已经引起各国的关注。尽管太阳能车辆是零排放车辆,但其外形庞大、风阻高、车辆制造成本高、运行性能受天气状况制约、不稳定等缺点是太阳能汽车发展的最大障碍。

8.2.2 噪声公害及其防治

近年来,汽车工业迅速发展。汽车的使用给人们的生活带来了极大的方便,却也给人们的环境造成了大量的污染,其中之一就是噪声污染。随着城市中汽车保有量的增多,车辆噪声对人们生活的影响越来越大。据有关资料表明,城市噪声的 75% 来源于交通噪声,而交通噪声主要是汽车噪声。它严重地污染着城市环境,影响着人们的生活、工作和健康。所以汽车噪声的控制是减少城市环境噪声、改善生存环境的主要途径之一。

1. 汽车噪声的定义

频率和声强杂乱无章的声音组合称为噪声。汽车是一个高速运动的复杂组合式噪声源,由行驶的汽车所产生的这种综合的声辐射称为汽车噪声。

2. 汽车噪声的危害

(1) 噪声长期干扰睡眠。噪声会造成失眠、疲劳无力、记忆力衰退,甚至导致神经衰弱等,在高噪声环境里,发病率可达 60% 以上。

(2) 噪声会损伤听力。人短期处于噪声环境时,即使离开噪声环境,也会发生短期的听力下降,但当回到安静环境时,经过较短的时间即可以恢复。一般情况下,85dB 以下的噪声不至于危害听觉,而 85dB 以上则可能发生危险。统计表明,长期工作在 90dB 以上的噪声环境中,耳聋发病率明显增加。

(3) 噪声还会引起其他人身损害。噪声可以引起心绪不宁、心情紧张、心跳加快和血压增高。噪声还会使人的唾液、胃液分泌减少,胃酸降低,从而易患胃溃疡和十二指肠溃疡。在强噪声下,高血压、心脏病的发病率也高。长期在噪声环境下工作,对神经功能也会造成障碍。实验证明,在噪声影响下,人脑电波可发生变化。噪声可引起大脑皮层兴奋和抑制的平衡,从而导致条件反射异常。有的患者会引起顽固性头痛、神经衰弱和脑神经机能不全等。

3. 汽车噪声的分类

汽车噪声分为车外噪声和车内噪声。车外噪声是指汽车各部分噪声辐射到车外空间的那部分噪声,其影响车外环境。车内噪声是指车厢外的汽车各部分噪声通过各种途径传入车内的那部分噪声以及汽车各部分振动传递路径激发车身各部件的结构振动向车厢内辐射的噪声,这些噪声声波在车内空间声学特性的制约下,生成较为复杂的混响声场,从而形成车内噪声,其影响车内乘客。

4. 汽车噪声来源

汽车噪声产生的主要因素是空气动力、机械摩擦和电磁能量。汽车噪声主要来自发动机噪声、底盘噪声、车身噪声,另外还有喇叭、防盗器的噪声。汽车噪声跟车辆和发动机形式有关,而且使用过程中的车速、发动机转速、加速状态、负荷及道路条件对之也有影响。

1) 发动机噪声

发动机噪声可分为燃烧噪声、机械噪声和空气动力噪声,随机型、转速、负荷及运行情况等的不同而有差异。

(1) 燃烧噪声。燃烧噪声是由于汽缸内周期变化的气体压力的作用而产生的。它主要取决于燃烧的方式和燃烧的速度。汽油机如果发生爆振和表面点火等不正常燃烧、柴油机发生工作粗暴时，将产生较大的燃烧噪声。一般来说，柴油机缸内压力较高，且压力增长率最大值远高于汽油机，所以柴油机的燃烧噪声远高于汽油机。

(2) 机械噪声。发动机工作时，各零件相对运动引起的撞击，以及机件内部周期性变化的机械作用力在零部件上产生的弹性变形所导致的表面振动而引起的噪声称为机械噪声。它与激发力、运动件的结构等因素有关，主要包括活塞敲缸响、齿轮传动响、配气机构撞击响等类型，具体分类见表8-9。

表8-9 发动机机械噪声

系统或机构	曲柄连杆机构	配气机构	电气部件	供油系
部件及原因	活塞敲击、活塞环摩擦	正时齿轮传动、链传动、带传动；气门开闭冲击声；传动部件振动、冲击声	各种电机、电子零部件工作噪声	喷油器、喷油泵、空压机、液压泵等部件的工作噪声

(3) 空气动力噪声。汽车行驶中由于气体扰动以及气体和其他物体相互作用而产生的噪声称为空气动力噪声。在发动机中，它包括排气噪声、进气噪声和风扇噪声。

① 排气噪声。是发动机中能量最大、最主要的噪声源，它的噪声往往比发动机整机噪声高出 10～15dB(A)。发动机燃烧所产生的高温高压废气在排气管中呈脉动形式急剧流动，就产生了强烈的排气噪声。主要由排气压力脉动声、气流流过气门和气门座等处产生的涡流声、边界气流扰动产生的噪声、排气口喷流噪声等组成。

② 进气噪声。发动机工作时，高速气流经空气滤清器、进气管、气门进入汽缸，在气流流动过程中会产生一种强烈的空气动力噪声，它有时比发动机整机噪声高出5dB(A)左右。

③ 风扇噪声。是发动机中不可忽视的噪声源，主要由旋转噪声和涡流噪声组成。旋转噪声是风扇高速旋转时的噪声，风扇的转速越高，直径越大，风扇的扇风量就越大，其噪声也越高；涡流噪声是由于风扇旋转使周围的空气产生涡流，这些涡流又因黏滞力的作用分裂成一系列独立的小涡流，这些涡流和涡流的分裂会使空气发生扰动，形成压力波动，从而激发出的噪声。

2) 底盘噪声

底盘噪声主要包括传动系统噪声、制动系统噪声和轮胎噪声。

(1) 传动系统噪声。在传动系统中，噪声源主要包括变速器、分动器、传动轴、差速器和减速器等。传动系统噪声是由发动机传来的振动引起离合器盖、变速器盖等辐射出的噪声以及齿轮啮合激振引起壳体辐射发出的噪声。这些噪声既有因内部齿轮和轴承运转引起的，也有其他机构传递来的。

(2) 制动系统噪声。一般是指制动器工作时产出的尖叫。制动时制动鼓和制动蹄摩擦片产生摩擦振动，同时激发固有频率较高的制动器各部件共振而产生噪声。

(3) 轮胎噪声。轮胎噪声是由轮胎与路面摩擦所引起的，是构成底盘噪声的主要因素。一般的胎噪主要由三部分组成：一是轮胎花纹间隙的空气流动和轮胎四周空气扰动构成的空气噪音；二是胎体和花纹部分振动引起的轮胎振动噪声；三是当汽车通过凸凹不平的路面时，凹凸内的空气因受挤压和排放，类似于泵的作用而形成的噪声。另外，轮胎在前进和旋转时搅动周围空气而产生空气振动声,这称为风噪声;在车辆低速行驶时,轮胎的风噪声可以忽略。

3) 车身噪声

(1) 车身振动噪声。随着最高车速的不断提高,车身板件振动噪声问题日益突出,这是一种由车身壁板结构振动所引起的噪声,在车厢空间建立声场,并与车身结构振动相耦合,其噪声能量主要在低频区,给人的感受是一种类似于"轰隆声",使车内乘客产生强烈的不舒适感。

(2) 空气与车身之间的冲击和摩擦声,即气动噪声。行驶中的汽车由于其周围的风而产生的噪声称为气动噪声。气动噪声共分 3 种类型:一是风噪,就是由车身周围气流分离导致压力变化而产生的噪声;二是风漏,是由驾驶室及车身缝隙吸气而与车身周围气流相互作用而产生的噪声;三是空腔共鸣。

(3) 此外,因组装工艺问题或设计不良也会引起各种噪声,比如常见的螺钉松动、装配精度不够引起的部件之间空隙过大以及发动机支架不合理、减振橡胶垫老化等。

4) 其他

汽车的噪声除上述来源外,还有喇叭声、防盗器鸣叫声、空调和暖风工作声、储气筒放气声以及各种专用车辆上的动力装置噪声等。

5. 汽车噪声的测定

1) 噪声的评价指标

噪声的主要物理参数有声压与声压级、声强与声强级和声功率与声功率级。

(1) 噪声的声压与声压级。人们常用声压级来表示声音的强弱。声压是指由于声波的存在引起在弹性介质中压力的变化值,单位为 dB。可闻声声压级范围为 0~120dB。

(2) 噪声的频谱。人耳对声音的感觉不仅与声压有关,而且还与声音的频率有关。人耳可闻声音的频率范围为 20~20 000Hz。一般的声源并不是仅发出单一频率的声音,而是发出具有很多频率成分的复杂声音。声音听起来之所以会有很大的差别,就是因为它们的组成成分不同。因此,为全面了解一个声源的特性,仅知道它在某一频率下的声压级和声功率级是不够的,还必须知道它的各种频率成分和相应的声音强度,这就是频谱分析。

(3) 噪声级。声压级相同的声音由于频率不同,听起来并不一样响,相反,不同频率的声音,虽然声压级也不同,但有时听起来却一样响,因此,用声压级测定的声音强弱与人们的生理感觉往往不一样。因而,对噪声的评价常采用与人耳生理感觉相适应的指标。

为了模拟人耳对不同频率声音有不同的灵敏性,在声级计内设有一种能够模拟人耳的听觉特性,把电信号修正为与听觉近似值的网络,这种网络称作计权网络。通过计权网络测得的声压级已不再是客观物理量的声压级,而是经过听感修正的声压级,称作计权声级或噪声级。

国际电工委员会(IEC)对声学仪器规定了 A,B,C 等几种国际标准频率计权网络,它们是参考国际标准等响曲线而设计的。由于 A 计权网络的特性曲线接近人耳的听感特性,故目前普遍采用 A 计权网络对噪声进行测量和评价,记作 dB(A)。

2) 我国噪声标准

近些年来,世界各国普遍提高了对汽车噪声的控制标准,尤其是发达国家对汽车噪声非常重视。欧共体、日本、美国等从20世纪70年代起，每6年左右就修订一次相关法规和标准，使汽车噪声限值有了大幅度降低。

我国从1979年开始实施 GB 1495—1979《机动车辆允许噪声》。该标准从我国当时的汽车工业水平出发，以1985年1月1日为分界点，分别规定了在此前后机动车辆车外最大允许噪声。我国加入 WTO 后，参照了联合国欧洲经济委员会法规 ECE Reg.No.51/02(1997)《关于就噪声排放方面批准四轮及四轮以上机动车的统一规定》中的附录3方法 A 和 ISO362：1998的相应内容，并较好地结合了我国汽车产品的实际情况。其噪声限值分为两个阶段(第一阶段：2002.10.1—2004.12.31 产车；第二阶段：2005.1.1 以后产车)，其中第一阶段目标已实现，目前仍执行第二阶段目标。

(1) 汽车加速行驶车外噪声限值(表8-10)。

表8-10 汽车加速行驶车外噪声限值

汽车分类	标准类型	GB 1495—2002		ECER51/02
		2002.10.1—2004.12.30 期间生产的汽车	2005.1.1 以后生产的汽车	1997 年
M1		77	74	74
M2(GVM≤3.5t)或 N1(GVM≤3.5t)：				
GVM≤2t		78	76	76
2t＜GVM≤3.5t		79	77	77
M2(3.5t＜GVM≤5t)或 M3(GVM＞5t)：				
$P<150kW$		82	80	78
$P\geq150kW$		85	83	80
N2(3.5t＜GVM≤12t)或 N3(GVM＞12t)：				
$P<75kW$		83	81	77
$75KW\leq P<150kW$		86	83	78
$P\geq150kW$		88	84	80

注：1. M1、M2(GVM≤3.5t)和 N1 类汽车装用直喷式柴油机时，其限值增加1dB。

2. 对于越野汽车，其 GVM＞2t 时：如果 $P<150kW$，其限值增加1dB，如果 $P\geq150kW$，其限值增加2dB。

3. M1 类汽车，若其变速器前进挡多于4个，$P>140kW$，P/GVM 之比大于 75kW/t，并用第三挡测试时其尾端出线的速度大于61km/h，则其限值增加1dB。

(2) 车内噪声。原国家技术监督局在1998年1月1日发布实施的《机动车运行安全技术条件》中要求，客车车内噪声级不应大于 82dB；汽车驾驶人耳旁噪声声级不应大于 90dB。《中华人民共和国环境噪声污染防治法》中规定，城市中的道路交通干线道路、内河航道、铁路主、次干线两侧区域昼间噪声不应大于 70dB，夜间不大于 55dB。国家《城市区域环境噪声测量方法》(GB/T 14623—93)中又规定，在室内进行噪声测量时，室内噪声限值低于所在区域标准值 10dB。

3) 汽车噪声的测量方法

汽车噪声是一种由多种声源组成的综合性噪声，噪声的影响因素很多。比如，同一辆车由于使用条件(车速、载荷、路况等)不同，噪声也不同。所以，噪声的检测只能简单再现汽车使用中的某一工况进行检测。图 8.10 所示为汽车噪声测定方法的分类。本文只介绍常用的几种测量方法。

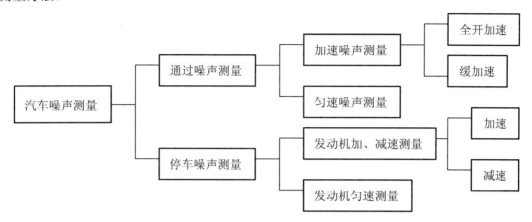

图 8.10　汽车噪声测定方法的分类

(1) 加速行驶车外噪声测量方法。加速噪声测量方法是国际上广泛采用的一种车外噪声的测定方法，我国测定标准与国际标准化组织规定的标准基本相同。

① 测量条件。测量场地应平坦而空旷，在测试中心以 25m 为半径的范围内不应有大的反射物，如建筑物、围墙等；测试场地跑道应有 20m 以上平直、干燥的沥青路面或混凝土路面。路面坡度不超过 0.5%；本底噪声(包括风噪声)应比所测车辆噪声至少低 10dB。并保证测量不被偶然的其他声源所干扰；声级计附近除测量者外不应有其他人员，如不可缺少时，则必须在测量者背后；被测车辆不载重，测量时发动机应处于正常使用温度，车辆带有其他辅助设备也是噪声源的话，测量时是否开动应按正常使用情况而定。

② 场地。我国机动车加速噪声测定标准与国际标准化组织规定的测定方法基本相同，测量场地如图 8.11 所示。测试话筒位于 20m 跑道的中心点两侧，各距中心线 7.5m，距地面高 1.2m，话筒接受面应朝向车辆，并平行于车辆行驶方向。

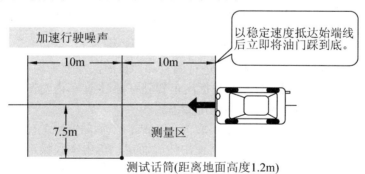

图 8.11　加速和匀速噪声测量场地

③ 挡位和车速。车辆以 50km/h 的稳定车速到达始端线。发动机转速为其标定转速的 3/4；前进挡位为 4 挡以上的车辆用 3 挡，前进挡位为 4 挡或 4 挡以下的用 2 挡。对于自动变速器的车辆，使用在试验区间加速最快的挡位。车辆前端到达始端线开始立即将加速踏板踏到底或节气门全开，直线加速行驶，当车辆后端到达终端线时，立即停止加速。

④ 测量仪器：采用声级计进行测量。声级计用 A 计权网络、快挡进行测量，读取车辆驶

过时的声级计表头最大读数。车辆应往复测量两次,且同一侧面两次测量结果之差不应大于2dB。

(2) 匀速行驶车外噪声测量方法。匀速噪声测定在国际上应用得不广泛,目前仅我国、日本和美国采用。

① 测量条件、场地和测量仪器:与加速噪声测量相同。

② 挡位和车速:车辆用常用挡位,加速踏板保持稳定,以 50km/h 的车速匀速通过测量区域。

(3) 停车噪声的测量方法。具有代表性的停车测量方法是 ISO R362 及 ISO DIS 5130 标准,ISO R362 是停车噪声的全周噪声测量法,ISO DIS 5130 是排气噪声测量法。图 8.12 所示是停车噪声测量场地和发动机工况图。

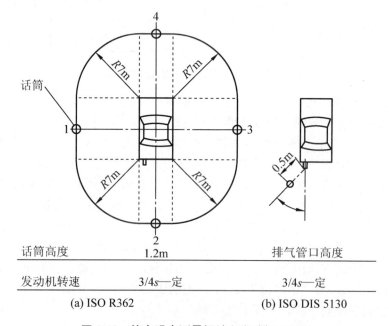

图 8.12　停车噪声测量场地和发动机工况图

s—最高功率时的发动机转速

(4) 车内噪声测量方法。对车内噪声进行测量和评价时,主要考虑的因素是车辆舒适性、语言清晰度(客车)、听觉损害程度(各种载货汽车驾驶室)和人在车内对车外各种音响信号的识别能力。我国机动车车内噪声测量标准规定如下。

① 测量条件。风速(指相对于地面)不应大于 3m/s;车辆门窗应关闭,车内带有其他辅助设备是噪声源,测量时是否开动应按正常使用情况而定;车内本底噪声比所测车内噪声至少低 10dB,并保证测量不被偶然的其他声源所干扰;车内除驾驶人和测量人员外,不应有其他人员。

② 跑道。测量跑道应是具有足够长度的平直、干燥的沥青路面或混凝土路面。

③ 测点位置。车内噪声的测点通常取人耳附近(图 8.13)。大客车室内噪声测点取在车厢中部及最后一排座的中间位置。

④ 挡位和车速。车辆以常用挡位、50km/h 以上的不同车速匀速行驶。

⑤ 测量仪器。采用声级计进行测量。声级计用 A、C 计权网络、慢挡进行测量,分别读取表头指针最大读数的平均值。若需要做噪声频谱分析时,可用倍频程分析仪进行。

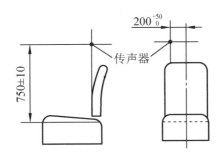

图 8.13　驾驶室内噪声测点的位置

6. 汽车噪声控制方法

研究汽车噪声控制方法是一个具有实际意义的问题，国内外许多学者已经或正在进行这方面的工作。到目前为止，有关车内噪声控制的研究综合起来可大致分为传统的噪声控制方法和噪声主动控制。

1) 传统的噪声控制方法

早期的车内噪声控制途径主要有减弱声源强度、隔绝传播途径、吸声处理和阻尼降噪等几个方面。

(1) 减弱声源强度。识别并降低声源噪声是噪声控制中最根本、最有效、最直接的途径。降低汽车上任何声源的噪声能量都有利于控制车内外噪声，尤其是降低汽车发动机和传动系统等主要噪声源的噪声更具重要意义。为了降低声源噪声，首先必须识别出噪声源，弄清声源产生噪声的机理和规律，然后改进设计，降低产生噪声的激振力，降低发声部件对激振力的响应，从而达到根治噪声的目的。

① 发动机降噪。

a．燃烧噪声。汽油发动机燃烧噪声可以用清除燃烧室积炭的方法，减少或避免爆振的产生来降低噪声。柴油发动机降低燃烧噪声的主要方法有：控制发动机汽缸压力级 (采用燃烧噪声低的燃烧室、对供油系统中各参数进行综合调试、采用发动机增压等)，改进发动机结构对燃烧噪声的衰减(采用阻尼控制、刚度控制及较大的行程与缸径比等)。发动机运转的噪声主要由挡火墙和驾驶室的前底板部位传入驾驶舱，因此，汽车隔音通过 U 槽、挡火墙及底板部位粘贴隔音材料来降低传进驾驶室的噪声。

b．机械噪声。防止发动机活塞敲击噪声的主要措施有：减少活塞与汽缸壁的间隙、增长活塞裙部长度、在活塞表面覆盖一层乙烯塑料或采用低噪声的活塞等。降低发动机气门机构噪声的主要措施有减少气门间隙、采用气门液力驱动和液力挺杆，提高凸轮加工精度和表面质量等。

c．排气噪声。(a)利用消声器降低排气出口噪声，在原车出厂设计时提高消声器的加工精度，可大幅改善排气噪声。(b)在排气口对排气噪声施加与其幅值大小相等，相位相反的二次声源或振动源，可部分消除存在的振动噪声问题，实现主动降噪。(c)采用隔音减振板消除共振，用吸音棉吸收杂音。

② 底盘降噪。

a．传动系统的噪声主要通过结构设计、材料的选择、制造加工精度等措施得到根本性的改善。如降低齿轮噪声的主要措施有：提高齿轮的装配精度，尽量采用高内阻材料，尽量采用粘度高的齿轮润滑油，采用低噪声的齿轮结构等。

b. 为了控制和降低轮胎噪声，可以采用静音轮胎、橡胶轴套和其他弹性隔振材料，调整各部件的固有振动频率等措施。

c. 降低制动噪声的途径有消除振动机构高频振动，提高系统对振动的稳定性等。

d. 另外还可采用电动车辆来降低噪声，开发其他类型的车辆如磁浮式、气垫式等高效、低噪声型的车辆或某些新型热机。

③ 车身降噪。

a. 首先是改进车身的设计。包括改进车身结构；减少振动传递；改进车身外形等措施。

b. 隔音。车身上的板件由于在外力作用下极易产生振动而辐射噪声，而且辐射效率较高。我们一般采用隔音的方法加以控制：一是通过粘贴减振板增加板件的刚度，减弱板件振动；二是通过粘贴隔音吸音棉，减少振动传递同时提高板件对振动的衰减。

(2) 隔断传播途径。隔断传播途径降噪又称无源噪声控制，当对噪声源难以进行控制时，我们就需要在噪声的传播途径中采取措施。

隔声降噪是当声波在传播途径中遇到匀质屏墙等。在汽车上，隔声降噪主要应用于发动机。发动机罩就是一种典型的隔声罩，它将噪声辐射强烈的发动机遮蔽起来，减少噪声的透射。汽车驾驶室和客车车厢也都属于隔声室类的隔声装置；在高速公路两旁采用声屏障来抑制交通噪声对两旁居民的干扰，也是通过声屏障材料对声波进行吸收、反射等一系列物理反应来降低噪音。据测试采用声屏障降噪效果可达 10dB 以上。

(3) 吸声处理。在噪声源周围的有限空间内布置一些具有吸声作用的材料，就会减少噪声能量的反射，使混响声部分大大降低，从而达到降噪的目的。这种方法叫做吸声法。包括吸声材料和吸声结构。

吸声材料：工程上具有吸声作用并有工程应用价值的材料大多为多孔性吸声材料，如玻璃棉、岩棉、矿棉等。在吸声材料内部有大量微小的连通的孔隙，声波沿着这些材料孔隙可以深入材料内部，与材料发生摩擦作用将声能转化成热能。

吸声结构：具有吸声作用的结构被归为吸声结构，如穿孔板等。吸声结构的作用原理多是利用赫姆霍兹共振原理。这类吸声类似于暖水瓶的声共振：当声波射入赫姆霍兹共振吸声器时，容器内口的空气受到激励产生振动，容器内的介质将产生压缩或膨胀变形，以此来消耗声能。当赫姆霍兹共振吸声器达到共振时，振动速度达到最大，对噪声的吸收也达到最大。工程中常用的吸声结构有空气层吸声结构、薄膜共振吸声结构和薄板共振吸声结构、穿孔板吸声结构、微穿孔吸声结构、吸声尖劈等，其中最简单的吸声结构就是吸声材料后留空气层的吸声结构。

吸声材料和吸声结构在汽车上主要应用于发动机和车内降噪。在发动机壳体上，通常使用吸声材料来吸收和降低声辐射，一般是以玻璃纤维、泡沫、毛毡类为基体的材料，用非织物进行表面处理，背后设计成空气层结构。而在汽车室内，全部内饰都装有吸声材料，这样的设计有效地降低了车内噪声，例如，在汽车顶棚采用吸声处理，可在耳朵的位置处降低 2dB 以上的噪声。

(4) 阻尼降噪。汽车的壳体及机器的护壁、外罩、通风管道等都是用金属薄板制成的，当汽车行驶或机器运转时，这些金属薄板受激励而振动，往往辐射噪声，是很严重的噪声源。对于这类金属薄板振动辐射的噪声，常采用阻尼降噪技术。在机械物理学中，阻尼是指系统耗散能量的能力。从减振的角度看，就是将机械振动的能量转变成热能或其他可以消耗的能量,从而达到减振的目的。阻尼降噪技术就是充分运用阻尼耗能的一般规律,从材料、工艺、设计等各项技术发挥阻尼在减振方面的潜力,以提高机械结构的抗振性、降低机械产品的振动、减少因机械振动所产生的声辐射,降低机械噪声。噪声控制中多采用的阻尼材料为泡沫多孔材料和减振降噪的复合型材料。

2) 噪声主动控制

噪声主动控制是近20年来发展起来的一种全新的噪声控制方法。与传统降噪措施相比,其突出优势在于低频噪声控制效果好,此外,它还具有对原系统的附加质量小和占用空间小等特点。主动噪声控制通常是利用声波干涉的原理进行以声消声的控制。当两个声波在叠加点处振动的方向一致、频率相同及相位差恒定时,它们会发生干涉现象,引起声波能量在空间的重新分配,此时利用人为的声源(次级声源)使其产生的声场与原噪声源(初级声源)产生的声场发生相干性叠加,产生"静区",从而达到降低噪声的目的。

本 章 小 结

本章介绍了交通事故的构成要素和分类,讲述了人、车、路、环境四要素与交通安全的关系和交通事故的预防措施,重点论述了驾驶人在各种条件下的安全行车技巧;介绍了汽车噪声和排放污染物的形成机理、危害以及国家标准,重点论述了排放污染物的净化技术和汽车噪声的治理措施。

复习思考题

一. 判断题

1. 驾驶人的动视力随汽车行驶速度的变化而变化,速度提高则动视力下降,年龄越大动视力低落的幅度越大。( )

2. 对于公路来说,直线部分景观单调,对驾驶人缺乏刺激,容易对驾驶人产生催眠作用,使驾驶人感到单调、易瞌睡。( )

3. 交通标线的主要作用是管制和引导交通。它由标画于路面上的各种线条、箭头、文字、立面标记、突起路标等构成。( )

4. 汽车在行驶中如果轮胎突然"爆炸",此时车辆往往会急速摇摆,驾驶人应掌握好转向盘,控制住车辆的行驶方向,同时迅速踩下制动踏板,让汽车减速。( )

5. 发动机在高温富氧的条件下有利于生成氮氧化物(NO_x)。( )

6. 主动安全性是指事故将要发生时操纵制动或转向系统避免事故发生,以及汽车正常行驶时保证其动力性(超车时间和距离)、制动性、操纵性、行驶稳定性、信息性、驾驶人工作位置的状况(坐椅的舒适性、噪声、温度和通风、操纵轻便性等)良好的能力。( )

7. 我国机动车加速噪声测定标准与国际标准化组织规定的测定方法基本相同,测量时车辆以30km/h的稳定车速到达始端线。( )

8. 主动噪声控制通常是利用声波干涉的原理进行以声消声的控制。( )

9．为了防止汽油挥发释放进入大气，通常使用活性炭吸附油气(HC)，然后在车辆闭环工作时，把活性炭吸附的油气引入进气管中燃烧，这种技术称为曲轴箱强制通风技术(PCV)。（   ）

10．采用废气涡轮增压与中冷技术是降低 NO_x 和微粒排放、改善柴油机经济性和提高动力性的最佳措施。（   ）

二、简答题

1．简述优秀驾驶人所具备的生理心理品质。

2．简述合格驾驶人的道德品质。

3．什么是汽车的主动安全性和被动安全性？

4．如何安全高速行车？

5．爆胎后如何驾驶？

6．简述汽油机排放控制技术。

第9章 汽车在特殊条件下的使用

教学目标

本章主要讲述汽车在特殊条件(如走合期、低温条件、高原条件、高温条件、坏路和无路条件)下各部件和总成的工作状况变化特点和应采取的技术措施。通过分析特殊气候和地理条件对汽车使用性能的影响以及各种条件下汽车的使用特点，提出了特殊情况下汽车的正确使用方法。通过本章的学习，要达到以下目标。

(1) 了解特殊气候和地理条件对汽车使用的影响。
(2) 熟悉汽车在特殊条件下使用性能的变化规律。
(3) 掌握汽车在特殊条件下的正确使用方法。

教学要求

知识要点	能力要求	相关知识
汽车在磨合期的使用	(1) 理解什么是汽车的磨合期 (2) 掌握汽车在磨合期使用应采取的措施	零件磨损、零部件摩擦副
汽车在低温条件下的使用	(1) 了解低温对汽车技术性能的影响 (2) 掌握改善汽车低温使用性能的主要措施	燃油供给系统、混合气
汽车在高温条件下的使用	(1) 汽车在高温条件下的使用特点 (2) 提高汽车在高温条件下使用性能的主要措施	爆燃、早燃
汽车在山区或高原条件下的使用	(1) 山区或高原条件对汽车使用的影响 (2) 山区或高原条件下汽车使用的主要措施	发动机压缩比
汽车在坏路和无路条件下的使用	(1) 了解汽车在坏路和无路条件下的使用特点 (2) 掌握汽车在坏路和无路条件下使用的主要措施	附着力、附着条件、ABS

引 例

巴黎达喀尔拉力赛(The Paris Dakar Rally)简称达喀尔拉力赛，是一个每年都会举行的专业越野拉力赛。比赛对车手是否为职业选手并无限制，80%左右的参赛者都为业余选手。

虽然名称为拉力赛，但事实上这是一个远离公路的耐力赛。比赛中需要经过的地形比普通拉力赛的地形要复杂且艰难得多，而且参赛车辆都为真正的越野车，而非普通拉力赛中的改装轿车。拉力赛的大部分赛段都是远离公路的，需要穿过沙丘、泥浆、草丛、岩石和沙漠。车辆每天行进的路程从几公里到几百公里不等。

每年 1 月 1 日以法国为赛程起点的这项拉力赛为世界上 180 个国家和地区的电视、广播、报纸以及杂志广泛报道，受到全球 5 亿多人的热切关注。巴黎达喀尔拉力赛的正式法语名称为 Le Dakar，每年的赛会都以赞助商或地区名称冠名。图 9.1 所示为达喀尔拉力赛徽章。

图 9.1　达喀尔拉力赛徽章

该比赛为多车种的比赛，共分为摩托车组、小型汽车组(包括轿车和越野车)以及卡车组，赛车的号码依次以 1，2，3 开头。如 105 表示摩托车组的第 5 号赛车，208 表示小型车组的第 8 号赛车，312 则表示卡车组的第 12 号赛车。而工作车的号码则以 4 开头。比赛路段分布在宽阔甚至漫无边际的撒哈拉沙漠、毛里塔尼亚沙漠以及热带草原，与普通拉力赛相比，基本上没有现成的道路。车手和领航员除了依靠组委会的路线图以外，还要借助指南针直至今天的 GPS 全球定位系统，才能到达和通过每一个集结点。由于维修队不像普通拉力赛那样可以通过一般的公路提前到达指定的区域等待赛车前来检修和补给，因此，每个车队都会包租专机携带所有的配件、给养和维修技师，在赛车之前飞抵指定区域(多为简易机场)。几十架分别画满了各自车队 LOGO 的飞机停在一起，其场景蔚为壮观。当贴满同样 LOGO 的赛车来到维修区，便会集中到机翼下进行维修和补给。这时候，又如同小鸟在大鸟的羽翼下休息一样，特别有趣。所以除了比赛极具观赏性以外，巴黎达喀尔拉力赛的维修区也是非常值得一看的。

该比赛也是采取间隔发车的方法。但是，比赛的赛段只有十几个，每个赛段都十分漫长，因此，会在某个赛段出现摩托车、小型车辆和大卡车并驾齐驱的宏大场面。

巴黎达喀尔拉力赛的过程异常艰苦，赛手白天要经受 40℃ 的高温，晚上又要在零度以下的低温中度过。而且，除了通常的赛车故障以外，一旦迷失方向，就要面临断油、断粮甚至放弃赛车的局面。因此，这是一场人与自然真正较量的比赛。也是因为这样，虽然每场冠军的奖金只有 4 500 美元，但还会吸引那些不畏艰险的赛手前来参加。

9.1　汽车在磨合期的使用

9.1.1　汽车在磨合期的使用特点

磨合期也称走合期。汽车磨合期是指新车或大修竣工的初驶阶段，为了改善零件摩擦表面的几何形状和表面层物理机械性能的过程，这是保证机件充分接触、摩擦、适应、定型的基本过程。汽车磨合的优劣对车的寿命、行驶的安全性、可靠性、动力性和燃料经济性等将会产生重要的影响。

新车或大修竣工汽车尽管经过了生产磨合，但零件加工表面仍存在微观和宏观几何形状偏差(表面粗糙度、圆度、圆柱度、直线度等)，总成及部件装配也存在着一定的允许误差。这些误差使配合副表面的实际接触面积比计算面积小得多，由于实际接触面积小，新配合件表面的实际单位压力要比理论计算值大得多。在这种情况下，汽车若以全负荷运行，零件摩擦表面的单位压力会很大，将会导致润滑油膜被破坏和局部温度升高，使零件迅速磨损和破坏。

配合副零件的磨损规律基本分为3个阶段，初期磨损阶段 A、正常工作阶段 B 和逐渐加剧磨损阶段 C，如图9.2所示。在使用过程中，磨损使配合零件的配合间隙 Δab 随着汽车的工作时间或行驶里程的增加而增大。

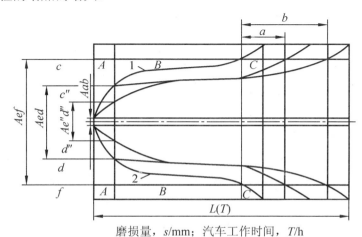

磨损量，s/mm；汽车工作时间，T/h

图9.2 配合副零件的磨损规律

第一阶段为初期磨损阶段，也叫零件磨合期，由于新零件及修复件表面较为粗糙，工作时零件表面的凸起点会划破油膜，在零件表面上产生强烈的刻划、粘接等作用。同时，从零件表面上脱落下来的金属及其氧化物颗粒会引起严重的磨料磨损。

该阶段磨损特点是磨损速度较快。随着磨合时间的增长，零件表面质量的不断提高，当摩擦副配合良好后，磨损速度也相应减慢。磨合终了的间隙为 Δcd。

第二阶段为正常工作阶段，也叫允许磨损期。零件经磨合期的磨合后，零件表面的粗糙度降低，其磨损量随着汽车行驶里程的增加而缓慢地增长。由于配合零件通常以不同的强度进行磨耗，所以在 B 阶段磨损曲线1、2的斜率是不一样的。

第三阶段为极限磨损阶段，也叫极限磨损期：Δef 是配合零件的极限间隙，δ_{ae} 和 δ_{bf} 为零件1和2的极限磨损量。由于磨损不断积累，造成极限磨损期零件的配合间隙过大，在间隙达到 Δef 时，磨损将再度加剧，随着磨损间隙的增大，油压降低，正常的润滑条件被破坏，零件之间的相互冲击也随着增加，零件的磨损急剧上升，故障增加(如响声、漏气、漏油等)，工作能力急剧下降，并迅速损坏。此时如不及时进行调整或修理，会造成严重后果。

降低磨合期的磨损量，减缓正常工作期的磨损，推迟极限磨损期的来临，可延长零件的使用寿命。为此，新车或汽车大修后，各主要总成必须按照一定的工艺程序和技术要求进行磨合，而且在大修或新车出厂后，应进行减载、限速磨合，并进行及时维护及合理使用。

从配合零件的磨损规律可看出，减小磨合终了间隙 Δcd 和给定的配合间隙 Δab 值可以延长正常磨损阶段 B。如把磨合终了的间隙 Δcd 减小到 $\Delta c'd'$，则正常磨损阶段可以延长 a 里程，这样就延长了配合零件的使用寿命。

配合零件磨合阶段的磨损量主要与零件表面的加工质量及磨合规范有关。在这个阶段如果使用不当，未正确地执行磨合规范(包括清洁作业、合理选用加有添加剂的专门润滑油等)，将影响配合零件的工作期限。

9.1.2 汽车磨合期的使用规定

通过磨合，暴露出生产或修理中的缺陷应加以消除，使进入正常使用时的故障率基本趋于稳定。根据总成或部件在这个阶段的工作特点，汽车在磨合期必须对其使用做出专门规定。

1. 磨合期里程的规定

汽车在磨合期的行驶里程称为磨合期里程。汽车磨合期里程取决于零件表面加工精度、装配质量、润滑油的品质、运行条件和驾驶技术等。一般，汽车制造厂均有磨合期里程的规定，汽车的磨合里程一般为 1 000～2 500km，进口车则更长一些，多数为 1 500～3 000km。汽车磨合期可以分为 3 个阶段。

第一阶段，为磨合 50～100km，即在磨合期的头 2～4h 内，因为零件加工表面加工比较粗糙，加工后的几何形状和装配位置都存在一定偏差，配合间隙也较小，因此零件磨损和机械损失很大，零件表面和润滑油的温度也很高。这一阶段最好空驶。

第二阶段，为磨合 100～200km，即磨合 5～8h，在这一阶段，零件开始形成了较为光滑的工作表面，摩擦的机械损失和产生的热量逐渐减少了。

第三阶段，零件工作表面的磨合过程逐渐结束，并形成了一层防止配合表面金属直接接触的氧化膜，进入了氧化磨耗过程。发动机的动力性、经济性和传动系的机械效率逐渐达到正常。

2. 汽车在磨合期的使用规定

在汽车磨合期的使用应遵循以下基本原则，这也是磨合期保养的基本要求。

1) 起步先预热

电喷车启动前，应先将钥匙转到第二挡后等 5～10s 再启动。因为钥匙门打开后，汽油泵开始工作，使油压及喷油量进行调整，所以几秒钟后再启动对汽车的发动机是有好处的。

着车后，大多数人都习惯让发动机怠速运转，等水温达到正常温度后再把车开走。其实这种预热的方法是非常错误的，因为电喷发动机不像化油器发动机，在达到工作温度之前，供油系统不能正常工作，勉强行驶自然会出现转速不稳、熄火等现象，所以化油器发动机用怠速预热是迫不得已的办法。而电喷发动机如果采用长时间预热，不仅没有必要，而且还是有害的。缩短预热时间可以延长三元催化器的使用寿命，还可以提高尾气中污染物的转化率和节省燃油。

所以正确的做法是：发动机启动后，只要能维持稳定的转速就可以起步行车，在水温未升高前，适当控制一下车速，等水温正常后就可以正常驾驶了。在磨合期内应避免猛踩油门，避免猛踩刹车。

2) 避免负荷过重

新车满载运行将会对机件造成损坏。因此，在最初的 1 000km 内，国产车不能超过额定载荷的 75%～80%；进口车不能超过额定载荷的 90%，更不能超载。由于磨合期不能达到最佳润滑状态，加重负荷会加重发动机、变速器等传动系统、悬挂系统等部件的负担，加重磨损，对车辆造成损害；禁止拖带挂车、半挂车，按载质量标准减载 25%～50%。另外，尽量选择质量比较好的行车路面，避免过大振动、冲撞或紧急制动，减少车身和动力系统的负荷。

3) 不要高速行驶，忌跑长途

新车初驶阶段都有速度规定，国产车一般规定在 40～70km/h 以内；进口车一般规定在最初的 1 000km 内，当油门全开时车速不超过最高车速的 80%，且要求在使用中注意观察发动机转速表和车速表，使发动机转速和车速都在中速下工作。一般来说，磨合期的发动机转速应严格规定在 2 000～4 000r/min 之间。汽车的最高行驶速度不超过每小时 40～50km。对于不同类型的汽车，可根据其使用说明书的要求确定出最高磨合速度。例如奥迪 A4—1.8T 等德系车磨合期不要超过 4 000r/min 就行，如有条件的话尽量让低挡位的转数拉高些就好，不必勤换挡。1 挡 2 000r/min、2 挡 2 500 r/min、3 挡 3 000 r/min，以此类推。

新车磨合 1 500km 以后，并不标志着可以随心所欲地享受高速。提高速不是一次就把轿车提到极限速度，需要适当地提速，要分阶段。以奥迪 A4—1.8T 为例：第一个阶段可以把时速提到 130～140km，匀速行驶 10 分钟，将车速降到时速 100km 行驶 3 分钟左右。进行第二阶段，将车速提高到时速 150～160km，匀速行驶 10 分钟。将车速降到时速 130km 行驶 3 分钟左右。进行第三阶段，将车速提高到 180km 左右匀速行驶 10 分钟以后，降到安全车速。拉高速的工作就完成了。

轿车磨合期要避免急加速，急加速会造成发动机的瞬间润滑不良。新车跑长途会使发动机连续工作的时间增长，造成机件磨损加剧。

4) 合理使用油料，选择优质润滑油

新车在磨合期内尽量添加质量比较好的汽油，使用的汽油不能低于厂家规定的标号(汽油标号不一定非常高，但一定要清洁)，切勿添加抗磨损的添加剂，以免里程数已够而磨合不足。尽量选择比较好的行车路面，来减少车身和动力系统的负荷。

一般来讲，选择低黏度的优质润滑油能使摩擦表面得到良好的润滑，减缓机件磨损。应按照磨合期维护规定及时更换润滑油。

5) 正确合理的驾驶

在磨合期内，驾驶人必须严格执行驾驶操作规程，保持发动机正常的工作温度和机油压力，严禁拆除发动机限速装置。经常注意变速器、后桥、轮毂及制动鼓的温度，尽量避免急促地、长期地使用行车制动。汽车启动时应轻踏缓抬离合器和加速踏板。启动后应低速运行，预热升温至 50～60℃再起步。磨合中的车辆行驶中应选择良好路面，在行驶时应循序渐进，以最低挡起步，逐步加挡位，切不可使用高挡位低速行驶，或低挡位高速行驶，并且勤换挡位、正确滑行。尽量避免利用发动机制动，同时将水温控制在一定范围内。行进中要注意发动机、变速器、后桥、制动毂等的工作状况及温度变化，掌握车况。

6) 加强初驶保养

新车磨合期间应经常检查机油、冷却液、蓄电池电解液是否充足，发现缺少时一定要及时补充。达到一定公里数后(在磨合期内或结束后)要及时到服务站进行车辆的检查、保养，更换机油、机油滤清器等，并全面检查底盘系统。一般来讲是走 1 500km 左右要换一次机油。要经常检查、紧固各部外露螺栓、螺母，注意各总成在运行中的声响和温度变化，及时进行调整。

磨合期满后，应进行一次磨合维护和例行保养，结合一级维护对汽车进行全面的检查、紧固、调整、更换润滑油，拆除限速片，使车辆达到正常技术状态。其作业项目和深度参照制造厂的要求进行。

9.2 汽车在低温条件下的使用

9.2.1 低温条件对汽车使用的影响

在寒冷季节，我国大多数地区的最低气温在零度以下，北方地区的最低气温一般可达-25～15℃，而西北、东北及边疆严寒地区最低气温可降低至-40～-35℃。在低温条件下使用汽车的主要问题：发动机启动困难；机械磨损严重；热状况不良，冷启动排气污染严重；燃油与润滑油消耗量增加；轮胎强度减弱及行车条件明显变差等。

1. 发动机低温启动困难

一般气温在-10～15℃范围时，汽车冷启动则有一定困难。当气温降至-40℃以下时，不经预热根本无法启动。发动机低温条件下难以启动的主要原因：一是发动机曲轴旋转阻力增大，随着外界温度的降低，发动机润滑油黏度增加，从而加大了曲轴的旋转阻力矩，使发动机启动转速降低，由此引起汽油机的燃料气化质量变差，着火困难，柴油机也因转速降低，缸内压缩力和温度不足而难以启动；二是随着外界温度的降低，汽油的黏度和密度均变大。据测定，当气温从 40℃降到-10℃时，汽油的黏度提高 76%，密度增大 6%，这样就使汽油的流动性变差，气化质量欠佳，柴油在低温下的黏度与密度变化更大，影响雾化，造成发动机启动困难；三是蓄电池工作能力大为降低，蓄电池在发动机的启动过程中，影响启动机的启动转矩和火花塞的火花强度。目前，常用的酸性蓄电池低温使用性能主要受电解液密度的影响。为了防止电解液结冰，外界温度越低，越需加大电解液密度。而高密度的电解液渗透能力差，内电阻增加，使发动机启动时的蓄电池电容量与端电压降低。发动机低温启动时就需要较大的启动功率，因气温低蓄电池的输出功率反而降低，不但启动电动机吃力，还会使火花塞产生的电火花变弱，使发动机难以着火运转。

发动机的启动性能与发动机的类型、燃烧室形式和设计制造水平有关。一般来说，气温在-10～15℃的范围内，对发动机启动影响不大。但气温再低发动机冷车启动就有一定的困难；而当气温在-40℃以下时，没有冷启动装置的汽车则根本无法启动。

通常用发动机在某温度下能启动的最低启动转速表示该温度下发动机的启动性能，并用发动机能启动的最低温度表示其低温启动性能。图 9.3 所示为试验得到的发动机最低启动转速与气温的关系。

汽车在特殊条件下的使用 第9章

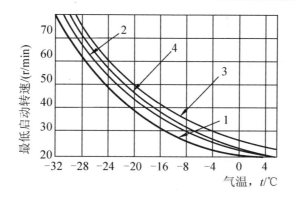

图9.3 几种汽油最低启动转速与气温的关系

1—ЗИЛ130　2—ЗИЛ375　3—ЗИЛ353　4—ypar376

发动机低温启动困难的主要原因：曲轴旋转阻力矩增大，燃料的蒸发雾化性能变差，蓄电池的工作能力降低。

1) 曲轴旋转阻力矩增大

随着外界温度的降低，发动机润滑油黏度增加，曲轴必须达到一定的转速才能使发动机启动。曲轴旋转阻力矩和启动转速在低温条件下主要受润滑油黏度的影响。随着外界温度的降低，发动机润滑油黏度增加，从而加大了曲轴的旋转阻力矩，使发动机启动转速降低，由此引起汽油机的燃料汽化质量变差，着火困难；柴油机也因转速降低，缸内压缩力和温度不足而难以启动。图9.4所示为发动机转速、曲轴旋转阻力与润滑油黏度的关系。

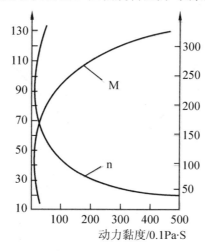

图9.4 发动机转速 n、曲轴旋转阻力 M 与润滑油黏度的关系

2) 燃料的蒸发雾化性能变差

随着外界温度的降低，燃油的黏度和密度都变大，流动性变差，蒸发雾化不良。据测定，当气温从40℃降到-10℃时，汽油的黏度大约提高76%，密度大约提高6%。气温为0℃和进气气流流速为10m/s时，有31%的汽油蒸发；进气气流流速低于3~4m/s，气温在-12℃时，则只有4%~10%的汽油蒸发而形成可燃混合气。这样温度降低使汽油的流动性变差，汽化质量欠佳；柴油在低温下的黏度与密度变化更大，图9.5所示为柴油黏度与温度的关系。黏度增大使柴油雾化不良，造成发动机启动困难。

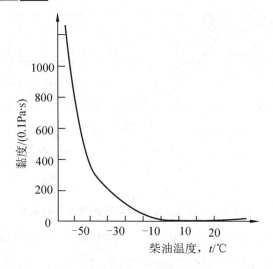

图 9.5　柴油黏度与温度的关系

若发动机过冷,由于混合气与冷缸壁接触,使已经汽化的燃油又凝结并流到油底壳内,不仅增加了燃油消耗,还会使机油变稀而影响润滑效果,使发动机功率下降。

发动机能启动的最低温度可由试验求得,图 9.6 所示为吉尔(313JI)130 型汽油发动机的启动特性。曲线 1 表示在-35~0℃该发动机能启动的最低启动转速,曲线 2 表示启动系统能带动发动机旋转的转速,两条曲线的交点对应的温度(-22℃)为该发动机能启动的最低温度。发动机的启动性能通常用发动机在某温度下能启动的最低启动转速表示该温度下的启动性能,并用能启动发动机的最低温度表示其低温启动性能。

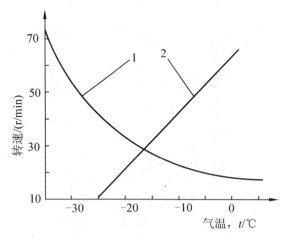

图 9.6　吉尔(313JI)130 型汽油发动机的启动特性

柴油发动机冷启动过程可以分为如图 9.7 所示的 4 个阶段:预热期、启动期、平滑运转期和升温期。

预热期是指对进气管加热直到能够进行启动发动机的时间。

启动期是指用启动机带动发动机运转的时间,其中包括启动机啮合后发动机间断地着火时间。

平滑运转期是指在启动机脱开以后到发动机能够平滑运转(无回火)的时间,在此时间内还不能带动负荷。

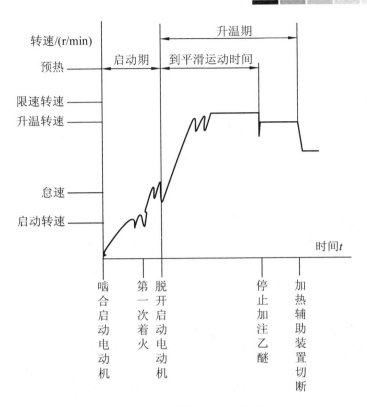

图 9.7　柴油发动机的冷启动特性图

升温期是指达到平滑运转到发动机能带动负荷的时间。对于柴油机来说，在完成升温时，所有的加热辅助装置都要予以关闭。

如上所述，发动机的启动与启动转速有很大关系，而启动转速主要受启动阻力的影响。曲轴在启动时的旋转阻力包括汽缸内被压缩的可燃性混合气(或空气)的反作用力；运动部位的惯性力；各摩擦副的摩擦阻力等。为了获得最低的启动转速，启动转矩 M_C 可表示为式(9-1)：

$$M_C = M_K + M_J + M_R \tag{9-1}$$

式中：M_K——消耗在压缩工作气体上的转矩，N·m；
　　　M_J——消耗在运动部件惯性力上的转矩，N·m；
　　　M_R——消耗在摩擦力上的转矩，N·m。

消耗在压缩工作混合气(或空气)所需要的力矩可按式(9-2)确定：

$$M_K = \frac{W}{\alpha} \tag{9-2}$$

式中：W——克服压缩力所做的功，N·m；
　　　α——作功时间内的曲轴转角。

W 值可以利用经验公式求出，例如苏联学者哈瓦舍夫推荐的经验公式，即式(9-3)：

$$W = 40.3 \frac{V_h}{i} \tag{9-3}$$

式中：V_R——发动机排量，L；
　　　i——发动机汽缸数。

可得式(9-4)：

$$M_k = \frac{W}{\alpha} = 40.3\frac{V_h}{2\pi i} = \frac{6.42V_h}{i} \tag{9-4}$$

克服惯性力的力矩 M_J 可由式(9-5)计算：

$$M_J = I\frac{d\omega}{dt} \tag{9-5}$$

式中：I——发动机的惯性矩，$N\cdot m\cdot s^2$；

$\dfrac{d\omega}{dt}$——曲轴旋转角加速度，r/s^2；

t——启动时间，s。

发动机类型、结构、使用情况等都是影响摩擦阻力矩的因素。因此，在计算摩擦阻力矩时，利用分析计算法比较困难，通常采用用经验公式计算式即式(9-6)：

$$M_R = 5.35\times 10^4 A_e v^{0.53} n^{0.34} \tag{9-6}$$

式中：A_e——取决于发动机结构的系数，cm^3；

v——润滑油的运动黏度，St；

n——发动机启动时的曲轴转速，r/s。

分析 M_K、M_J 和 M_R 计算式可看出，对于结构一定的发动机，前两种阻力在温度降低时变化不大，而后者在低温条件下主要取决于润滑油的黏度。即发动机曲轴旋转阻矩和启动转速在低温条件下主要受润滑黏度的影响。在摩擦阻力中，活塞与汽缸、曲轴各轴承的摩擦力是主要的，约占启动摩擦力的 60%以上($1St=10^{-4}m^2/s$)。

随着温度的下降，机油的内摩擦力增加，发动机的阻力矩增加，发动机启动所需要的功率增加，使发动机因启动转速下降而难以启动。图 9.8 所示为 SAE30、SAE20W、SAE10W 3 种黏度的发动机润滑油随着温度下降使某发动机启动所需要功率增加的情况，使用低黏度润滑油所需要的启动功率相对增幅较小。例如，在-23.3℃温度下，使用 SAE10W 润滑油只需 3.7kW 的启动功率，使用 SAE20W 则需 7.4kW，而使用 SAE30 竟增加到 11.8kW。其原因是 SAE10W 比其他两种润滑油的低温黏度小。在-18℃时 SAE10W 的动力黏度最大只有 2 500MPa·s，而在相同温度下，SAE20W 的动力黏度却高达 10 000MPa·s。

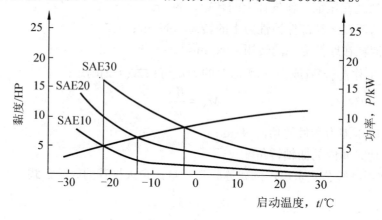

图 9.8 润滑油黏度、启动温度与启动功率的关系

P——启动系统输出功率

燃料蒸发性对发动机启动性能有影响。汽油的蒸发性用馏分温度表示，特别是 10%馏分温度影响发动机的启动性。10%馏分温度越低，启动性能越好。随着温度的降低，汽油的黏度和相对密度增大，如图 9.9 所示。从 40℃到-10℃汽油的黏度提高 76%，相对密度提高 6%。这样，汽油供油管路中的流动性变坏。90、93、97 号车用无铅汽油的 10%馏分温度均不高于 70℃，在气温不低于-13℃、-20℃时，可满足发动机直接启动的要求。

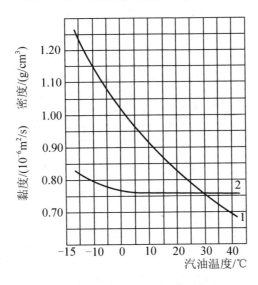

图 9.9 汽油黏度、密度与温度的关系

1—黏度曲线 2—密度曲线

燃油的汽化与温度和进气气流流速有关。试验表明，气温-30℃和进气速 40m/s(相当于发动机以最大功率工作)时，汽油汽化量为 59.5%；气温为零度和进气流速为 10m/s 时，汽化量只有 31%；发动机启动时流速一般不超过 3~4m/s，气温在 0~12℃时，只有 4%~10%汽化。低温时，发动机机件的吸热作用影响混合气的温度，对燃油的汽化不利，大部分燃料以液态形式进入汽缸，造成混合气过稀，不易启动。要改善燃料汽化量、提高启动性能，主要措施在于提高进气管温度。

在低温条件下使用柴油机时，要求柴油具有很好的流动性和较低的黏度。然而，夏季牌号的柴油在温度降低到-18~-20℃时，黏度开始明显提高，如图 9.10 所示。由于柴油黏度的增大，引起柴油雾化不良，使燃烧过程变坏。当温度进一步降低，则因燃料含蜡的沉淀物析出使燃料的流动性逐渐丧失。

3) 蓄电池工作能力降低

蓄电池在启动过程中主要影响启动机的启动转矩和火花塞的跳火能量。蓄电池电压可由式(9-7)计算：

$$U = E - IR \tag{9-7}$$

式中：U——蓄电池电压，V；

E——蓄电池电动势，V；

R——蓄电池内阻，Ω；

I——蓄电池输出电流，A。

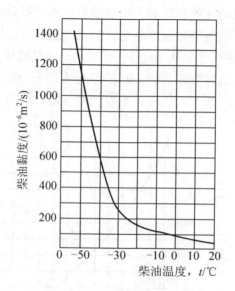

图 9.10 柴油黏度与温度的关系

在低温条件下,蓄电池电动势 E 变化不大,即环境温度有较大变化时,蓄电池的单格电压下降不多。但是,随着温度的降低,蓄电池的电解液黏度增大,向极板的渗透能力下降,内阻增加;同时,启动时的电流很大,从而使蓄电池的端电压及容量明显下降。

在低温启动时,蓄电池的端电压及容量的下降使蓄电池输出功率下降,如图 9.11 所示,导致启动机无力拖动发动机旋转或不能达到最低启动转速。另一方面,蓄电池端电压低,火花塞的跳火能量小,使发动机启动困难。此外,低温启动时,冷的可燃混合气密度大使电极间电阻增大;火花塞有油、水及氧化物等也是点火能量低的原因。

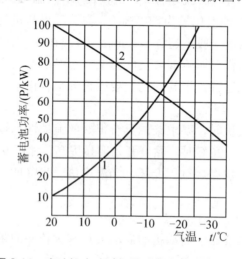

图 9.11 启动机启动时气温对蓄电池功率的影响

2. 低温对汽车总成磨损的影响

汽车在低温条件下使用时,各总成的磨损量都较大,发动机的磨损尤为严重。在发动机的使用期限中,50% 的汽缸磨损发生在启动过程中,冬季启动磨损占总启动磨损的 60%～70%,气温越低发动机磨损越大。图 9.12 所示为东风 EQ1090 型汽车发动机汽缸壁温度对汽缸壁和活塞环磨损的影响。试验表明：气温为 5℃时启动一次发动机，汽缸磨损量相当于汽车行驶 30~40km 的磨损量；在气温为-18℃时，发动机启动时的磨损量相当于汽车正常行驶 210km 的磨损量。

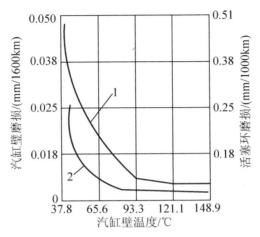

图 9.12 发动机汽缸壁和活塞环磨损与汽缸壁温度的关系

1—汽缸　2—活塞环(第一环道)

1) 发动机低温启动时汽缸壁磨损严重的主要原因

(1) 润滑条件恶劣，加速了发动机启动磨损。低温使润滑油黏度增高，流动性变差，供应滞后。使汽缸壁的润滑条件变差，增大了零件的磨损。

(2) 在冷启动时，汽油的蒸发性差，燃料汽化不良，大部分燃料以液态形式进入汽缸，破坏了汽缸壁的油膜。此外，曲轴箱内的润滑油被窜入曲轴箱中的燃料稀释使其黏度降低，从而加速了发动机启动磨损。

(3) 在低温条件下，水蒸汽在燃烧过程中凝结于汽缸壁；汽油中的硫在燃烧过程中产生的 SO_2 和 SO_3 等氧化硫，二者化合成硫酸与亚硫酸引起腐蚀磨损。因此，在低温条件下使用的汽油含硫量不应大于 0.1%。汽油含硫量与汽缸壁磨损的关系如图 9.13 所示。

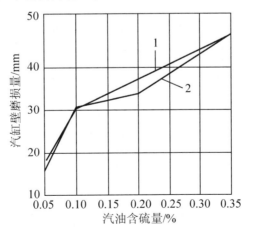

图 9.13 汽油含硫量与汽缸壁磨损的关系

1—汽缸的轴向平面　2—汽缸的径向平面

2) 曲轴和轴瓦磨损的原因

(1) 低温启动时，润滑油黏度大，流动性差，机油泵不能及时将润滑油压入曲轴轴颈的工作表面，使润滑条件恶化。

(2) 润滑油被窜入曲轴箱中的燃料稀释，燃料不完全燃烧而形成的碳化物也会同废气一起窜入曲轴箱污染润滑油。

(3) 轴瓦的合金、瓦背与轴颈的膨胀系数不同，低温条件下配合间隙变小，而且还不均匀，加速了轴颈与轴瓦的磨损。

目前的低温启动试验结果由于试验条件的不同而差异很大。发动机汽缸直径在一次启动中的磨损量折合成汽车的正常运行里程数与发动机温度的函数关系为式(9-8)：

$$L = \frac{K}{t + K_1} \tag{9-8}$$

式中：t——启动时发动机温度，℃；

K——经验系数，取 270km；

K_1——经验系数，取 40℃；

L——折合里程，km。

经测试可知，在温度低于-10～15℃时发动机的磨损将急剧增长。

3) 传动系统磨损的原因

(1) 传动系统总成(变速器、主减速器和差速器等)的正常工作温度是靠零件摩擦和搅油产生的热量保证的，这种温升速度很慢，润滑油黏度大。低温时，齿轮和轴承得不到充分的润滑，使零件磨损增大。例如，解放 CA1090 型汽车传动系统总成中的油温为-10℃时，汽车需要行驶 6km 才能使油温升到 10～15℃。此时，研究表明，汽车主减速器齿轮和轴承在-5℃时的润滑油中比在 35℃时的润滑油中运转磨损大 10～12 倍。

(2) 低温时，传动系统润滑油黏度增大，运动阻力相应增大，传动系各总成在起步后的很长一段时间内的负荷较大，使总成中传动零件的磨损加剧。

3. 发动机冷启动的排气污染

发动机在冷启动阶段由于空气温度低、燃油雾化不好，造成混合气燃烧不充分，HC 和 CO 污染严重，特别是在低温条件下这个问题更为突出。

在排放测试循环中，汽油车在冷启动最初的 2～3min 时间内，排出了绝大部分的污染物。例如，在 ECIII 测试循环中，对于一辆型号为 E320 的奔驰车来说，它的 80%的 HC 化合物是在冷启动最初的 40s 内排出的。造成冷启动阶段排放污染物高的原因主要如下。

(1) 燃料不完全燃烧。发动机冷启动过程时间短，不确定因素多。现代电子控制燃油喷射发动机在启动初期的第一、二个循环中，喷入的燃油量是实际需求量的 5～6 倍，以使发动机尽快点火。这时进气道空气流速慢，汽缸壁温度低，燃油的蒸发性相对较差，因而很多汽油以油膜的形式停留在汽缸壁。

(2) 催化转换器未能发挥作用。现代汽油车都装有催化净化装置，也称催化转换器，用以降低汽油车排放中有害污染物的数量。一般的催化净化装置的应用都有一个温度限制，能发挥作用，称为"起燃"。典型的三元催化剂的起燃温度一般在 250～300℃，所以在冷启动期间，燃烧所产生的废气不能被催化器转化，直接排到大气中。冷启动时催化转换器的工作状况如图 9.14 所示,在启动后的前 60s 间,绝大多数的 HC 都没有被转化;而 60s 之后,只有少量 HC 从排气管中排出,绝大多数被转化。这说明催化转换器在冷启动期间,需要一定的起燃时间才能起作用。

(3) 氧传感器不起作用。在使用三元催化转换器以减少排气污染的发动机上,氧传感器是必不可少的元件。混合气的空燃比一旦偏离理论空燃比,则会导致三元催化剂对 CO、HC 和 NO_x 的净化能力急剧下降,故在排气管中安装氧传感器用以检测排气中氧的浓度,并向 ECU 发出反馈信号,再由 ECU 控制喷油器喷油量的增减,从而将混合气的空燃比控制在理论值附近。氧传感器只有在高温时(端部达到 300℃以上),其特性才能充分体现,才能输出电压。它在约 800℃时对混合气的变化反应最快,而在低温时这种特性会发生很大变化。这是电喷发动机冷启动排气污染大的一个重要原因。

(4) 柴油机冷启动和怠速工况时排气常冒出白烟。白烟是直径 $1\mu m$ 以上的微粒。在冷启动过程中,因汽缸中温度较低,发火不良,燃油不能完全燃烧而以液滴状态排出而形成白烟。发动机正常工作后,白烟消失。

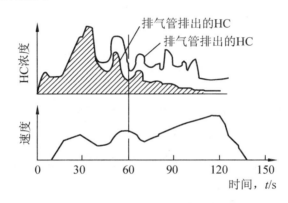

图 9.14 冷启动时催化器的工作状况

4. 油耗量增大

汽车在低温条件下使用,油耗增大的主要原因如下。
(1) 发动机暖车时间长。
(2) 发动机工作温度低,燃料汽化不良,需要的混合气浓度高,燃烧不完全。从发动机台架模拟试验数据中得出,当发动机的水温从 80℃降至 60℃时,油耗增加 3.44%;降至 50℃时,油耗增加 5.74 %;降至 40℃时,油耗急剧增加。

9.2.2 低温条件下汽车使用的主要措施

发动机启动方法按其总成温度可分为冷态启动和热态启动。冷态启动是指发动机在总成的温度与环境温度相同的条件下启动;热态启动是在发动机启动前进行预热(一般缸体温度高于 40℃),使其接近常温下启动。冷态启动可采用以下两种技术途径:一是提高发动机启动时的转速;二是降低发动机能启动的最低启动转速。

提高发动机启动时的转速措施有:使用容量大的低温蓄电池;使用蓄电池加热保温箱;使用发动机低温润滑油;使用大功率启动电源(电动车)。降低发动机的最低启动转速的措施有：使用启动液以及用于汽油机的汽油蒸发器(如切诺基213)，使用混合气加热器(如奥迪100)和用于柴油机的炽热塞、进气预热装置等。上述措施的合理使用可使汽油机或柴油机在-40℃气温下顺利启动，这对于一些专用车辆，特别是军用汽车是十分重要的。但是，发动机冷态启动比热态启动的启动阻力大，图9.15所示为M520B型发动机启动阻力与环境温度的关系，随着温度的降低，启动阻力的差别增大。此外，冷态启动还造成零件损坏和增加机件磨损。

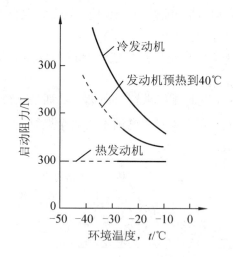

图 9.15　M520B 发动机启动阻力与环境温度的关系

一般车辆在低温条件下使用时，应采取以下措施。

(1) 车辆在低温条件下停放时，应采取防冻、保温措施；发动机罩和散热器前加装保温套。

(2) 车辆在使用前应预热，对发动机应采取热态启动措施。

(3) 各总成和轮毂轴承换用冬季润滑油(脂)，制动系统换用冬季制动液。柴油机选用低凝点柴油。

(4) 调整发电机调节器，增大发电机充电电流。注意保持蓄电池电解液的合适密度和蓄电池的温度。

(5) 使用防冻液和启动液时，应掌握其正确的使用方法。

(6) 在冰雪路面行驶时，应采取有效的防滑措施。

1. 预热

车辆在使用前应预热，对发动机应采取热态启动措施。如果汽车在低于-25℃的环境下使用，即使备有一定冷启动装置，也要进行发动机预热和采取各种保温措施。

在寒冷地区，汽车的启动前预热或停车后的连续预热一般采用热水、热蒸汽、热空气、电加热器和红外辐射加热装置等方法(表9-1)。主要加热发动机油底壳，降低机油黏度；加热进气管，提高燃料的挥发性；加热缸体水套，提高汽缸内温度，改善燃烧过程。蓄电池一般不预热，在-34℃以下时才需预热。其中热水预热是应用最广泛的预热方式，热水预热可分为车外式和随车式两种。

表 9-1 车辆低温启动时的预热方法

预热方法	种类	实施方法	优缺点
热水	按加水方法分： ① 从散热器加注； ② 加入缸体水套	前者从散热器灌入；后者从散热器下水口灌入，需装一灌水漏斗	前者效果差，耗水量高；后者效果好，热量损失小
蒸汽	按蒸汽引入方法分： ① 从散热器引入； ② 直接进入缸体	前者从散热器下水道进入冷却系；后者在缸体放水口加装蒸汽阀。两者均可同时加热油底壳	加热迅速，效果好
热空气		用鼓风机将空气吸入热风机，加热后送至预热点	应用不广泛，多用于风冷式发动机
电加热	按加热结构分： ① 电阻式； ② 电极式	将简单的螺旋电阻丝直接插入冷却系或机油内；管式电极加热器是利用冷却液车身的电阻进行加热	电加热方便，封闭式电阻电加热式加热器安全，电极式加热器使用寿命长
红外线辐射		利用煤气或液化气在陶瓷或金属网内燃烧产生红外线，加热器放在发动机或传动系总成下方	热作用强，有很好的穿透率，加热效率高

车外式热水预热装置的热水由锅炉加热至 90～95℃，从散热器加水口灌入冷却系统。由于散热器的冷却及节温器的闭塞作用使这种加热方法的效果较差。例如，为了保证启动可靠，在气温-10℃、-10～-20℃和-20℃以下时，消耗的热水量分别为冷却系统容量的 1.5 倍、2 倍、3～4 倍。

随车式热水预热装置又称为燃油加热器。图 9.16 所示为 YJ—Q10/2F 型分离式燃油加热器安装在 GBC6X6 型柴油车上的工作原理图。

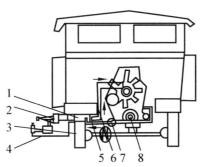

图 9.16 加热器安装在 GBC6X6 型汽车上的工作原理示意

1—热交换器 2—低温喷灯 3—风罩 4—托架 5—热交换器入水管
6—微型电动循环泵 7—发动机入水管 8—发动机出水管

2. 保温

在无车库条件下，一般主要对发动机保温，其次是蓄电池，只有对在气温很低或承担某些特殊任务的车辆才进行油箱和驾驶室保温。在严寒地区，汽车发动机保温的目的是发动机在一定的热工况下工作，并随时可以出车。主要的保温措施如下。

(1) 汽车发动机罩采用保温套是保持发动机正常工作温度的重要措施。这种常见的保温方法可以使汽车在-30℃左右的气温下工作时，发动机罩内温度保持在 20～35℃。停车后，发动机主要部位的冷却速度只有无保温套的 1/7。

(2) 保温材料可以是棉质或毡质的，前者保温性能要好一些。用很薄的乙烯基带来密封汽车发动机罩也取得了良好效果。发动机油底壳除了采用双层油底壳保温外，还可以在油底壳的内表面用一层玻璃纤维密封。

(3) 蓄电池的保温一般采用木质保温箱。保温箱有夹层，内装毛毡等保温材料。对常用的几种绝热材料进行比较，结果表明聚苯乙烯的效果好。

在严寒地区，仅靠保温箱保温是不够的，蓄电池加热保温装置才是实用可靠的措施。蓄电池加热保温箱除上述保温箱外，还设有电加热器。电加热器有加热板和加热筒两种：前者放在蓄电池底部；后者安装在保温箱四周的内壁上。为了对加热温度进行控制，蓄电池加热保温箱还必须具备自动恒温控制与自动断流两项功能。

3. 合理使用燃料与润滑油

低温下使用的燃料应具有良好的蒸发性、流动性、低含硫量，以利于低温启动和减少磨损。某些国家有专门牌号的冬季汽油和柴油，供汽车在严寒地区使用。

选用在低温下黏度增加不明显的冬季润滑油可改善零件的润滑条件，降低启动阻力。使用时可以参考表 9-2。例如：采用 8#稠化机油，同时在启动时向进气管喷入乙醚或挥发性好的汽油，可在-40℃气温下直接启动发动机。

表 9-2　国产汽油、润滑油的适用范围

产品名称	适用范围
6# 汽油机油(HQ-6)	①冬季时使用；② 新出厂的汽车
6# 低凝汽油机油(HQ-6D)	-25℃左右地区使用的汽车
10# 汽油机油(HQ-10)	①黄河以北地区的汽车夏季使用；②黄河以南地区的汽车全年使用
15# 汽油机油(HQ-15)	①夏季磨损较严重的汽车；②大型载货汽车
8# 稠化汽油机油	-30℃左右地区使用的汽车
6# 合成汽油机油	-35℃左右地区使用的汽车

4. 正确使用启动液和防冻液

1) 正确使用启动液

启动液是一种专门的启动燃料，可以使发动机在低温时不经预热而顺利启动。启动液应具备下列条件。

(1) 容易点燃(或压燃)，以保证发动机的启动可靠性。

(2) 发动机启动后，工作稳定柔和。

(3) 在启动过程中，发动机磨损要小。

乙醚($C_2H_5OC_2H_5$)是启动液中的主要成分，这种液体的沸点仅 34.5℃，40℃时的饱和蒸汽压为 122.8kPa(车用汽油在 38℃时的饱和蒸汽压都不大于 66.66kPa)，因此乙醚具有很好的挥发性。同时，乙醚的闪点为-116℃，其蒸汽在空气中达 188℃时即可自行燃烧，启动液中的乙醚成分越多越好，但是乙醚含量过多会引起汽缸压力急剧上升、发动机工作不柔合。为此，要把启动液中的乙醚成分控制在一定范围内(40%~60%),并用一些其他易燃材料过渡,直至发动机的基本燃料(汽油或柴油)工作。

除了启动液的成分对发动机的启动可靠性和工作稳定性有直接影响外,启动液的加注方法也起重要作用。启动液的加注方法应根据发动机进气系统的结构,尽可能地将启动液呈雾状均匀地分配到各汽缸中。为此,一般不采用将启动液渗入基本燃料通过供油系进入汽缸的方法,而是另设一套启动装置,如图9.17所示。

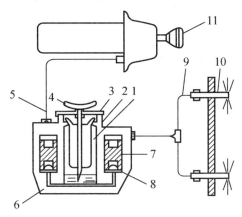

图9.17 启动液启动装置的工作原理

1—启动液小罐 2—混合器 3—盖子 4—通针 5—空气管 6—启动液
7—启动液量孔 8—空气量孔 9—乳化管 10—喷嘴 11—打气筒

启动装置由打气筒、空气管、混合器、乳化管和喷嘴等几部分组成。其工作原理是:在发动机启动前将装有启动液的小罐放在混合器2中并盖好盖子3;启动时,压下通针4穿破小罐使启动液流入混合器的空腔内,由打气筒产生的压缩空气经空气管5进入混合器的空腔里,然后空气和启动液分别通过空气量孔与启动液量孔以一定比例混合成乳化液,乳化液通过乳化管和喷嘴成为雾状进入发动机进气管。与此同时,启动发动机,雾化了的启动液和空气滤清器进来的空气(柴油机)或可燃混合气(汽油机)一起进入汽缸。由于启动液易燃,保证了启动可靠,并促进了基本燃料的燃烧。

没有启动装置的汽车可以采用启动液压力喷射罐,喷射罐总容积的一半以上是启动液,剩下部分装有压缩氮气和氟利昂混合气体或用 CO_2 气体,在常温下压力为800~900kPa,并保证在-40℃的条件下有一定压力,喷雾性能良好。使用时,可直接向进气管内喷射。其缺点是启动液用量不易控制,往往会引起发动机启动粗暴。

采用启动液进行冷启动时,可使发动机在-40℃或更低的气温下可靠启动。应当指出,这种启动方法还需要与稠化机油和低温蓄电池相配合,以便使启动机能将发动机驱动到启动转速。

2) 正确使用防冻液

在低温条件下,汽车发动机冷却系统使用防冻液可防止冻裂机件,特别是与专门的启动预热设备配合使用,可大大减少启动前的准备时间。

为了保证防冻液在冷却系统中的流动,要求其黏度要低。防冻液还不应引起金属腐蚀、橡胶溶胀,并具有一定的化学稳定性。防冻液组成成分的主要性能见表9-3。

表 9-3 防冻液各种成分及性能

成分	凝固点/℃	沸点/℃	比热/(Kj/(kg·℃))	70℃时热传导系数/(Kj/(kg·s·℃))
水	0	100.0	4.18	0.006 699
甘油	-17.0	290.0	2.43	0.002 763
乙醇	-117.0	78.5	2.43	0.001 298
甲醇	-97.8	64.5	—	0.001 817
乙二醇	-11.5~17.5	197.5	2.72	0.002 512

按防冻液的成分不同，防冻液有乙二醇-水型、酒精-水型和甘油-水型 3 种。其中酒精-水型虽然流动性好，但易挥发需不断地加添酒精，并且冰点在-40℃的酒精-水型防冻液的酒精含量在 55%以上，容易燃烧。甘油-水型防冻液黏度较大，并且随着温度降低，黏度增大，影响发动机的冷却功能。常用的防冻液是乙二醇-水型防冻液，按其使用寿命分类可分为普通防冻液(AF)和长效防冻液(LLC)。普通防冻液仅用一冬，长效防冻液全年均可使用，后者因添加了有机磷酸盐等防锈、防腐蚀剂，所以可以长时间使用。此外，长效防冻液可使发动机冷却系不易积垢，散热效果好。

防冻液在使用中应该注意以下几点。

(1) 根据气温选配防冻液。根据当地冬季最低气温选用适当冰点牌号的防冻液，冰点至少应低于最低气温 5℃。如果是浓缩液，应按产品说明书规定的比例加清洁水稀释。

(2) 防冻液的膨胀系数大，价格较高，加注时不要过量，一般只能加到冷却系总容量的 95%，以免升温膨胀后溢出。停车后不要立即打开水箱盖。

(3) 合理使用防冻液。一般为两年或每行驶 4 万公里更换一次。在加注新的防冻液前，应将冷却水完全排净后，用清水将冷却系洗净；水垢和铁锈较为严重的，要将散热器认真洗涤干净，并对冷却系进行全面彻底检验，如有漏水处要彻底修好。

(4) 人体保护。防冻液(乙二醇)有一定毒性，对人的皮肤和内脏有刺激作用，使用中严禁用嘴吮吸，手接触后要及时清洗，溅入眼内更应及时用清水冲洗处理。

(5) 尽量使用同一品牌的防冻液。不同品牌防冻液的生产配方会有所差异，如果混合使用，多种添加剂之间很可能会发生化学反应，造成添加剂失效。

(6) 避免兑水使用。传统的无机型防冻液不可以兑水使用，那样会生成沉淀，严重影响防冻液的正常功能。有机型防冻液则可以兑水使用，但水不能兑得太多。

(7) 对于冷却系统不渗漏的发动机，提倡全年使用，不需放出防冻冷却液。

此外，在低温条件下，制动液、减振液的黏度增大，甚至出现结晶，影响汽车行驶的安全性与平顺性。因此，在严寒地区应选用适于低温使用的制动液和减振液，减振器在必要时应拆下避振杆。

5. 低温行车的措施

驾驶室与车厢的温度过低会影响驾驶人的劳动条件和乘客舒适感。风窗玻璃结霜会影响驾驶人的视野。为此，可将经过散热器的热空气引入驾驶室及风窗玻璃上，以便采暖和除霜。轿车和舒适性要求较高的客车上装有采暖设备，采暖设备一般是利用发动机冷却系的热量、排气热量或独立的采暖设备。

在冰路上行驶的汽车的车轮与冰面的附着系数很低，应注意轮胎防滑，可采用防滑链，如图 9.18 所示。

图 9.18　汽车防滑链

在特别寒冷的情况下，橡胶轮胎硬化、变脆，受冲击载荷的作用时易破裂。因此，在冬季行驶时，为了使轮胎升温和减少冲击，应在汽车起步后的头几千米以低速行驶，要缓慢起步及越过障碍物。

9.3　汽车在高温条件下的使用

9.3.1　汽车在高温条件下的使用特点

在西北高原的夏季和我国炎热的南方，由于气温高、雨量多、灰尘大和热辐射强等原因，使汽车尤其是发动机技术状况发生变化。

汽车在高温环境下行驶时，由于发动机冷却系统的散热温差小，散热能力差，发动机易过热。汽车性能往往会出现：发动机充气能力下降、燃烧不正常(爆燃、早燃)、机油变质、零件磨损加剧、供油系统产生气阻、轮胎易爆等。由于发动机过热，其动力性、经济性和行驶可靠性变坏，严重时会影响汽车正常行驶。为了适应汽车正常运行的需要，在夏季到来之前，应结合二级保养对全车进行一些必要的季节检查与调整。

在高温条件下行驶的汽车，由于发动机过热，往往会出现下述问题。

1. 发动机充气系数下降

发动机充气系数(充气效率)是指在进气过程中，汽缸实际充气量与在标准大气状态下充满汽缸工作容积的充气量之比。每循环进入汽缸容积的新鲜气体量增多，则发动机功率和转矩增大、动力性能好。气温越高，冷却系统的散热效率越低，充气系数下降。另外，由于充气系数下降，混合气相对变浓，汽车废气中的有害物质(CO、HC、NO_x、炭烟)浓度增大，环境污染增加。

充气系数是评价发动机进气过程完善程度的重要指标。可用下式表示：

$$\eta_v = \xi \frac{\varepsilon}{\varepsilon-1} \frac{T_s}{p_s} \frac{p_a}{T_a} \frac{1}{1+\gamma} \tag{9-9}$$

式中：T_s、p_s ——进气状态(或大气)温度和压力；
p_a、T_a ——进气终了时的气体温度和压力；
γ ——残余废气系数；
ξ ——热量利用系数；
ε ——压缩比。

随着进气温度 T_s 升高，新鲜充气与汽缸壁等热表面的温差减小，新鲜充气被加热的程度减小，由上式可知，充气系数 η_v 增加。但是，在比较发动机在不同大气条件下的充气能力应用充填效率 η_c 表示。η_c 与 η_v 之间有如下关系：

$$\eta_c = \eta_v \frac{r}{r_0} = 0.391 \frac{p_s - \varphi p_w}{T_s} \eta_v \qquad (9\text{-}10)$$

式中：φ ——相对湿度；
p_w ——水蒸汽分压；
r、r_0 ——进气相对密度、标准状态下干空气相对密度。

因此，进气温度提高时，充气系数虽然增加，但发动机的绝对充填效率却下降，因此发动机功率下降。

2. 燃烧不正常(爆燃、早燃)

大气温度越高，进入汽缸的混合气温度也就越高，发动机整个工作循环的温度也升高，而散热器的散热效率又低，使发动机处于过热状态，燃烧室内末端混合气接受热量多，加剧焰前反应，这就容易产生爆燃。

高温炽热表面在火花塞跳火前点燃混合气的现象称为早燃。高温环境下过热的发动机使积存于活塞顶部、燃烧室壁、气门顶部及火花塞上的积炭形成炽热点，易造成可燃混合气早燃。

环境温度越高，进入汽缸的混合气温度也就越高，发动机整个工作循环的温度上升。环境温度不仅仅影响进气温度，还影响到发动机温度和散热器的效率。例如，环境气温上升，空冷发动机汽缸盖、燃烧室壁温度升高，在爆燃敏感的运转条件下更易引起爆燃现象。

高温条件下易产生的爆燃和早燃等不正常的燃烧更加剧了发动机的过热现象，形成恶性循环，汽缸体和缸盖易产生热变形甚至裂纹，较为常见的是烧坏汽缸垫、气门及气门座。

3. 机油变质、磨损加剧

发动机的燃烧室、活塞和活塞环区域以及油底壳是引起机油变质的主要区域。发动机的机油在高温、高压条件下工作时，发动机过热使上述区域的温度提高，使机油的抗氧化安定性变坏，加剧了其热分解、氧化和聚合的过程。另外，发动机燃烧不正常所形成的不完全燃烧产物窜入曲轴箱，既提高了油底壳温度，又污染了机油。因此，发动机温度越高，机油变质越快。

在我国西北高原，夏季炎热而干燥，空气中的灰尘很多。而湿热带的南方地区，空气中的水蒸汽浓度大。这些灰尘和水蒸汽通过进气系统或曲轴箱通风口等处进入发动机，污染机油。

4. 零件磨损加剧

由于机油温度高或受灰尘和水蒸汽的污染，黏度下降，机油变稀，油性变差，机油压力降低，使发动机零部件表面不易形成润滑油膜。同时，金属零件由于高温热膨胀较大，零件之间正常配合间隙变小。这些都加速机件磨损，严重影响发动机的使用寿命。

因此，高温条件下使用的汽车虽然发动机在启动过程中的磨损减少了，但是长时间行驶，特别是超载爬坡或高速行驶，机油温度更高，黏度下降，油性变差，也会加速零件的磨损。

5. 供油系易发生气阻

气温越高，发动机罩内温度也就越高。供油系统受热后，部分汽油蒸发成气体状态存在于油管及汽油泵中，由于气体具有可压缩性，汽油泵出油管中的汽油蒸汽随着汽油泵的脉动压力不断地被压缩和膨胀，破坏了汽油泵在吸油行程中所形成的真空度，造成发动机供油不足甚至中断，形成供油系统气阻，汽车不能行驶或难以启动。这种现象在炎热地区，特别是汽车满载爬坡或以低速长时间行驶时，更容易发生。

影响气阻现象的因素如下。

(1) 汽油的品质，主要是汽油的挥发性能。汽油的挥发性能越好，形成的气体越多，越易产生气阻。

(2) 供油系统在发动机上的布置。汽油管路和汽油泵的安装位置越靠近热源，越易产生气阻。

(3) 汽油泵的使用性能。结构不同的汽油泵，尽管泵油量相同，但抗气阻的能力不同。泵油压力高的汽油泵，抗气阻能力就较强。

(4) 大气的温度与压力等。气温越高，发动机的罩内温度越高，越容易产生气阻现象。气压越低，汽油越容易挥发，使产生气阻的趋势增大。

6. 汽车制动效能下降

汽车在高温下行驶时，制动器产生的热量不能及时散发出去，使制动副之间摩擦因数降低，使汽车制动效能随着气温升高将有所下降。另外，液压制动的汽车的制动液在高温下可能发生气阻现象。在频繁制动的情况下，制动液温度可达100℃以上，可能会导致皮碗膨胀，制动液气阻，致使制动效能下降，影响行车安全。

7. 轮胎易爆

汽车在高温下行驶时，橡胶老化速度加快，强度减弱。一般的轮胎温度超过95℃便会导致脱层，直至爆破。高温下，轮胎散热较慢，过热易使气压过高，引起轮胎爆胎。车速越快，轮胎产生的热量越大，越容易发生爆胎。汽车超速行驶容易产生胎面脱胶和胎体爆破。轮胎的负荷能力以速度为基础，行驶速度越高，负荷能力相应减小。

轮胎的最高工作速度有统一规定，每一条轮胎上的规格型号后面都有由数字和字母组成的一组混合数字，如：185/70R13 88H、185R14 90S等，其中的88H和90S即是轮胎的载质量和速度级别。88、90是载重代号，H、S是速度级别代号。轮胎上所标出的载质量和速度级别是该条轮胎的最高载质量和最高速度级别。在使用轮胎时，最好不要超过它的最高限度，否则会缩短轮胎的使用寿命，严重时会发生恶性爆胎翻车事故。

8. 排放污染加剧

大气温度通过空气密度、空燃比和燃料蒸发等因素对发动机排气污染物产生复杂的影响。气温升高，混合气变浓，CO、HC浓度增大，而NO_x浓度则成山形曲线变化，在某一空燃比时达到最大值。

9. 其他

汽车在高温环境中行驶时，因点火线圈过热而使高压火花减弱，容易出现发动机高速断火现象。严重时使点火线圈烧坏，影响汽车正常行驶。

高温条件下，蓄电池的电化学反应加快，电解液蒸发快，极板易损坏，同时易产生过充电现象，影响蓄电池的使用寿命。

9.3.2 高温条件下汽车使用的主要措施

1. 加强季节性技术维护

为了适应汽车夏季正常运行的要求，在夏季来临之前，应结合二级维护对全车进行一些必要的季节性检查与调整，并更换润滑油(脂)。

1) 加强冷却系统的维护

(1) 对冷却系统的密封情况、散热器盖上的通风口和通气孔是否畅通、水温表及水温传感器是否正常、风扇皮带的松紧度、节温器的工作情况进行检查，并保证系统有充足的冷却液。

(2) 清除散热器、缸体水套内的水垢，保持冷却系统良好的冷却效果。同铸铁和铝相比，水垢热导率很低，因此清除冷却系统水垢可提高散热能力。试验表明：水垢的热导率比铸铁小十几倍，比铝的小 10～30 倍。此外，还应定期检查节温器的工作情况。

(3) 在发动机过热、水箱开锅时，应及时停车降温，且注意不要熄火，防止发动机内部过热而发生拉缸事故。

2) 加强润滑系统的维护

在炎热的夏季，发动机应换用黏度较高的夏季润滑油。大型载货汽车和大客车变速器和差速器的油温在高负荷连续行驶的条件下会逐渐升高，在炎热的夏季往往超过 120℃，如图 9.19 所示。高温将引起传动系统润滑油的早期变质，应适当缩短换油周期。滑脂在高温下易流失(溶点温度一般在 70℃)。特别是对轮毂轴承应换用滴点较高的润滑脂，并按规定周期进行检查和维护。

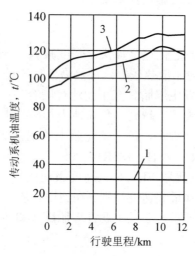

图 9.19 汽车连续爬坡时，传动系机油的温度

1—大气温度 2—差速器机油温度 3—变速器机油温度

3) 加强对制动系统的维护

制动液在高温下可能产生气阻现象。在经常制动的情况下,制动液温度可达 80~90℃,甚至达到 110℃。为了行车安全应采用沸点高的制动液(不低于 115~120℃)。

4) 加强对供油系统的维护

在高温条件下空气密度低,实时调整发动机供油系统,减少供油量,以防混合气过浓。高温时,混合气燃烧速率快,应减小点火提前角。

5) 加强对蓄电池的维护

夏季蓄电池电解液蒸发快,应经常检查电解液密度和液面高度,电解液的密度比冬季使用时要小些,及时补充蒸馏水,并保持通气孔畅通。夏季用电量少,为防止大电流充电,应适当调整发电机调节器,减小发电机的充电电流。

2. 防止爆燃

由于发动机爆燃与发动机的进气温度有很大关系,从而可以改进进气方式,降低进气温度,防止爆燃。例如,在夏季,东风 EQ1040 型汽车满载拖挂行驶时,发动机罩下温度可达 60℃。如果把空气滤清器原进气缝隙密闭,另开进气口,用连接管通至水箱侧支撑板处,在支撑板上开口,即改进成前吸式空气滤清器,使进气不受发动机热辐射的影响。试验表明:在汽车满载拖挂(汽车列车总质量为 14t)上坡行驶(坡度 8%)时,进气温度下降近 10℃,减少了爆燃倾向。对燃烧室、活塞顶部、气门头等部位的积炭要进行彻底清除,清除炽热点,保持良好的散热性和正常的压缩点。

调稀混合器、适当推迟点火提前角、根据发动机的压缩比选用辛烷值合适的汽油也是防止爆燃的有效方法。有的汽车安装有爆燃限制器,要保证性能完好。

3. 防止轮胎爆破

环境温度越高,轮胎散热越差,特别是高速公路行驶的汽车,由于车速高,轮胎发热,容易爆胎。

轮胎的最高工作速度有统一规定,见表 9-4。子午线轮胎胎侧注有速度符号。同一规格轮胎可能生产几种速度的产品,使用中不应超速行驶。

表 9-4 轮胎速度符号表

符号	C	D	E	F	G	J	K	L	M	N	P	Q	R	S	T	U	H	V
km/h	60	65	70	80	90	100	110	120	130	140	150	160	170	180	190	200	210	240

汽车超载也是爆胎的重要原因之一。在炎热的夏季,地面温度高,轮胎因升温而使胎体强度下降。如果超载行驶,容易产生胎面脱胶和胎体爆破。轮胎的负荷能力是以速度为基础的,行驶速度提高,负荷能力应相应减少。轮胎负荷也有标记,例如桑塔纳 2000 型轿车的轮胎型号为 195/60R1485H。其中 H 表示速度符号(210km/h),负荷指数为 85,相应的负荷为 515kg。

轮胎气压与环境温度有关,胎侧上规定的气压是指常温下的轮胎气压。在汽车行驶过程中,轮胎气压随轮胎温度提高而相应增大。在检查轮胎气压时应注意:停驶后只有当胎里空气温度与环境温度平衡时所测得的轮胎气压才是较为准确的,仅凭轮胎外表温度来判断胎内空气温度是否冷却是很不准确的。一般在炎热夏季应在 4h 以后测量轮胎气压,再根据需要进行补气。

4. 注意车身维护

漆涂层和电镀层的湿热带地区试验表明,漆涂层的主要损坏是老化、褪色、失光、粉化、开裂和起泡等。电镀层的主要损坏是锈斑、脱皮及不耐汗手触摸而引起锈蚀等。因此,在维修中,应注意喷漆前的除锈和采用耐腐蚀、耐磨性高的涂层,并加强外表养护作业。

高温、强烈的阳光、多尘和多雨均影响驾驶人的劳动强度、行车安全和乘坐舒适性。应加装空调设备,遮阳板或加强驾驶室、车厢的通风性和防漏雨性。

9.4 汽车在高原和山区条件下的使用

在我国,山区和高原公路约占全国总公路里程的 40%。汽车在山区和高原地区行驶时,由于海拔高、气压低、空气稀薄,发动机充气量少,导致发动机动力性和燃料经济性下降。在山区复杂路面上行驶时,制动系统负荷也增加。

9.4.1 山区和高原条件对汽车使用性能的影响

1. 对发动机动力性能的影响

发动机的功率指标 p_i 与充气系数 η_v 有直接关系即式(9-11):

$$p_i = \frac{H_{mo}\eta_i}{1000\alpha}\eta_v \tag{9-11}$$

式中:H_{mo}——理论混合气(即过量空气系数 $\alpha=1$ 时的混合气)热值,kJ/m³;

α——过量空气系数;

η_i——指示效率;

η_v——充气系数。

即发动机平均指示压力与充气系数成正比。

当大气压力下降时,若进气温度和进气系统的阻力不变,进气终了的压力与进气压力的比值基本不变,相对于进气状态而言,充气系数变化不大。但是,汽车在高原行驶时,随着海拔升高,气压逐渐降低,空气密度减小,海拔高度每增加 1000m,大气压力下降约 11.5%,空气密度约减小 9%(表 9-5)。随着大气压力降低,致使发动机的进气量减少,平均指示压力下降。

对于四冲程发动机而言,平均指示压力与发动机功率成正比关系,即式(9-12):

$$P_i = \frac{p_i V_h n}{120} \times 10^{-3} \tag{9-12}$$

式中:P_i——发动机指示功率,kW;

V_h——发动机总工作容积,L;

p_i——平均指示压力,kPa;

n——曲轴转速,r/min。

表 9-5 海拔高度、大气压力、密度及温度的关系

海拔高度/m	大气压力/kPa	气压比例	空气温度/℃	空气密度/(kg/m³)	相对密度
0	101.3	1	15	1.225 5	1
1 000	89.9	0.887	8.5	1.112 0	0.907 4
2 000	79.5	0.784 5	2	1.006	0.821 5
3 000	70.1	0.691 8	-4.5	0.909 4	0.742 1
4 000	51.3	0.604 2	-11	1.819 3	0.668 5
5 000	54.0	0.533	-17.5	0.736 3	0.600 8

对于一定型号的发动机在转速不变的情况下，平均指示压力直接影响着发动机功率，即发动机功率随着海拔升高而下降。图 9.20 所示为某型国产载货汽车汽油机功率、转矩与海拔高度的关系。海拔 4 000m 比零海拔时的发动机功率降低 40%～50%。海拔高度每上升 1 000m，发动机功率和转矩分别下降 12% 和 11% 左右。海拔的增高也影响汽车的速度性能。海拔每升高 1km，加速时间和加速距离增长 50%，最高车速下降 9%。

此外，随着海拔高度的增加，大气压力降低，进气管真空度下降，在原怠速节气门开度下则进气量不足，使发动机的转速下降。由于混合气过浓，发动机怠速稳定性差，海拔每增高 1 000m，怠速转速降低 50r/min，如图 9.21 所示。同时，发动机的怠速稳定性变差。

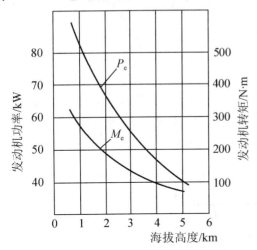

图 9.20 发动机功率、转矩与海拔的关系

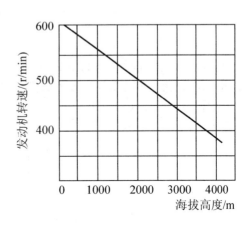

图 9.21 海拔高度与发动机怠速转速的关系

2. 对燃料经济性的影响

在高原地区行车时，由于空气密度下降，充气量将明显降低，致使混合气变浓，造成发动机不能充分燃烧，使发动机油耗增大。图 9.22 所示为一般汽油机的每小时空气耗量和燃料耗量与海拔高度的关系。同时，因发动机功率不足，汽车经常用低挡行驶，也是引起油耗增大的原因之一。

由于大气压力降低，燃料蒸发性提高，就燃料蒸汽压力、蒸馏特性而言，大气压力从 101kPa 降至 80kPa(海拔高度约 2 000m)，相当于外界气温上升 8～10℃ 所造成的影响。因此，高原行车易产生气阻和渗漏等问题，致使油耗增大。

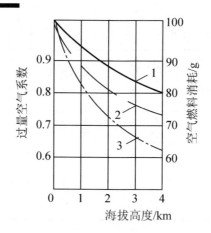

图 9.22 汽油机空气和燃料耗量与海拔高度的关系

1—燃料消耗量　2—空气消耗量　3—过量空气系数

另外，高原地区的地面不平坦，汽车在凹凸不平的路面上行驶时需要经常换挡、制动，这也是高原地区的气压也是耗费油的原因之一。

3. 对润滑油的影响

在高原地区行车时，由于发动机功率下降，高原山区道路经常会遇到上坡、下坡、路窄、弯多等道路，汽车行驶阻力大，发动机长时间高负荷工作，所以发动机容易过热，导致机油变稀，氧化变质加快。同时，由于过浓的混合气燃烧不完全，窜入曲轴箱，冲淡机油，加快机油变质。润滑油的品质变差使得发动机润滑不良，加剧机件的磨损。

4. 对排放的影响

海拔高度对排气污染物的生成也有影响。如上所述，海拔高度影响发动机的空燃比，空燃比的变化又导致排气成分浓度的改变，从而影响有害物质的排放量。图 9.23 所示为海拔高度与发动机排气中的 CO、HC 和 NO_x 的关系，由图可以看出，CO、HC 的排放浓度随海拔升高而增大，而 NO_x 的浓度则有所下降。

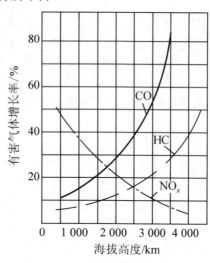

图 9.23 海拔高度对排放物的影响

5. 对汽车制动性的影响

汽车在山区或高原地区使用时需要经常制动减速。汽车频繁或长时间制动使制动器温度常在 300℃ 以上，有时高达 600～700℃。制动器温度上升后，制动鼓与制动蹄片或摩擦块与制动盘的摩擦因数下降，使制动器摩擦力矩显著下降，严重时可能出现制动失效。如果大货车超载，制动系统会失效，更易发生刹车失灵，造成车毁人亡的交通事故。此外，由于摩擦片连续高温使磨损加剧，并常出现碎裂现象。

对于液压传动制动系统，由于制动液经常处于高温状态，易产生气阻，引发制动失灵。对于气压传动制动系统，由于空气稀薄，空气压缩机的生产率下降，造成供气压力不足。而在山区或高原地区制动频繁，耗气量增加。这一矛盾使气压传动制动系统工作不可靠。

另外，在高原和山区转向使用频繁且使用强度大，也易出现故障。

9.4.2 在山区和高原条件下汽车使用的主要措施

在高原、山区行驶的汽车的发动机功率下降、油耗增多、磨损加剧，可采取以下措施提高汽车的使用性能。

1. 发动机性能的改善

(1) 汽车选型。若汽车需要经常在高原地区行驶，应购置专门为高原地区设计、制造的高原型汽车。提高汽车在山区或高原条件下使用的适应性。

(2) 提高发动机的压缩比。随着海拔高度的增加，空气密度减小，发动机的充气量下降，压缩行程终了时汽缸内的压力及温度相应降低。提高压缩比不仅可以提高压缩终了汽缸内的温度与压力，加快燃烧速率，改善燃烧过程，减少热损失，而且可采用较稀的混合气，从而提高了发动机的动力性和燃油经济性。可采用高压缩比的汽缸盖提高压缩比，高压缩比缸盖可以是特制的，也可以将原缸盖减薄，使燃烧室容积减小，提高压缩比。也可以采用较薄汽缸垫提高压缩比。

(3) 合理选择配气相位。合理选择配气相位可以提高发动机的充气系数，改善发动机的动力性和经济性。为了适应高原和山区的环境，可将气门间隙适当调大，缩短气门开启期，使配气相位更为有利，从而提高汽车低速动力性。

为了使凸轮轴的设计(凸轮线形和各凸轮间的夹角等)更为合理，应使凸轮轴与发动机常用转速工况相适应，以提高充气量，改善汽车在高原地区的使用性能。

(4) 采用进气增压设备。采用增压设备是改善车辆高原地区的动力性、经济性的有效方法。装有增压器的发动机的进气压力增大，进气量增加，改善了燃烧条件，使有效功率得到提高。发动机有效功率的增加与增压压力基本上成正比。现代汽车发动机的增压压力一般不超过 147～156.8kPa。目前所用的增压设备主要是废气涡轮增压器。

汽油机采用废气涡轮增压的困难很大，其中主要是爆燃问题。废气涡轮增压器的涡轮压缩室将吸入的空气压缩，使之温升将造成发动机功率降低，爆燃倾向增加，效率降低。为此，可采用中冷器(Audi A6 和 Bora A4)将吸入的空气在中冷器冷却后再进入汽缸，使空气密度增加，输出功率和转矩相应增加。

柴油机由于无爆燃的限制，使用增压器比较合适。柴油机装增压器后，增加了充气量，压缩终点的压力和温度也相应提高，从而改善了发动机的动力性和经济性。汽车上使用的增压器由于发动机的工况复杂及发动机罩下空间的限制，要求增压器结构紧凑，涡轮等旋转零件的转动惯量小、反应敏感。此外，在使用中，还应对柴油机的供油量及喷油提前角进行适当地调整。

此外，在发动机高转速区涡轮转速高，压缩的空气量多；在低速区达不到所要求的转速，压缩空气量不足，功率不够。调节方法有两种：增加旁通气道及可变截面设计。前者多用于汽油机，后者多用于柴油机。

(5) 调整油路、电路。随着海拔升高，充气量减小，混合气变浓，燃烧不完全。为此，应按海拔高度减小油量，适当增大空气量，以改善混合气的形成，提高发动机的动力性和经济性。对于使用电控燃油系统(EFI)系统的汽油机而言，利用氧传感器可以测定废气中氧的浓度，可检查混合气的空燃比是否满足汽车发动机运转工况的要求。根据氧传感器的输出电压反复调整燃油喷射量，直至混合气浓度适当减低，以满足海拔高度增大后发动机使用工况的要求。

海拔升高后，发动机压缩终了的压力降低，火焰的传播速度减慢，而空气压力降低又使分电器的真空提前装置受到影响。为此，可将点火提前角略为提前 1°～2°，还可以适当调整火花塞和断电器触点间隙，以使火花塞产生较强的火花。还可适当增大火花塞间隙。

对于柴油机而言，除对柴油机供油量进行调整以减小循环供油量外，还因柴油喷入汽缸后着火落后期延长，燃烧速率慢，需适当使喷油提前。

(6) 采用含氧燃料。所谓含氧燃料就是在汽油中掺入酒精、丙酮及其他含氧化合物。掺入的这些含氧燃料的分子中都含有氧，在燃料过程中，理论上必要的空气量减少，从而补偿了因气压低而产生的充气量不足的问题。试验表明：含氧较高的燃料的相对效能随海拔高度的增加而提高。

(7) 改善润滑条件。在高原地区行驶的车辆所用的发动机润滑油应具有良好的黏温性，以保证发动机低温时具有良好的低温启动性能，高温时具有良好的润滑性能。为防止润滑油变质，应保持良好的曲轴箱通风，并采用曲轴散热器。

对于经常在高原上行驶的汽车而言，为了提高发动机的动力性能，最根本的措施是在结构上进行改进。

2. 汽车安全性能的改善

由于高原地区特有的地形和道路的特点，如地势险要，有时靠山傍崖，坡道长且坡度大，弯道多且半径小；有时坡道和弯道重叠；有时弯道处的视距不足等，使得刹车系统过热，刹车失效，导致刹车失灵，事故机率上升。因此采用相应技术措施改善其安全性能非常重要。特别是制动性能的改善，对于汽车在高原山区安全行驶尤为重要。

汽车在高原山区使用条件下，解决制动问题的途径如下。

(1) 采用发动机制动。汽车下长坡时，需要持续不断地制动以控制汽车的行驶车速。此时，利用发动机制动，即抬起油门踏板，但不脱离开发动机，利用发动机的压缩行程产生的压缩阻力、内摩擦阻力和进排气阻力对驱动轮形成制动作用。减少使用行车制动，避免制动器摩擦片的温度升高，使制动力下降，甚至失去作用。

(2) 采用辅助制动器。辅助制动器有电涡流、液体涡流和发动机排气制动器。前两种辅助制动器由于体积较大、结构复杂，多用于山区或矿用重型汽车上，又称电力或液力下坡缓行器。发动机排气制动是一种有效而简便的措施，实际上它是在一般发动机制动的基础上，再在发动机排气管上装一个排气节流阀，当使用排气制动时，切断发动机的燃料供给，关闭排气节流阀，达到降低车速制动汽车的目的。排气制动也属于缓行制动装置，多用在重型汽车上。

排气制动可保证各车轮制动均匀，制动功率可达发动机有效功率的80%～90%。

(3) 采用耐高温的制动摩擦片汽车在繁重工作条件下制动时，例如下长坡做连续高强度制动时，制动器温度上升快，产生热衰退现象，制动力矩显著下降。汽车制动器的抗热衰退性能与制动器摩擦副的材料与制动器的结构形式有关。一般制动器用铸铁做制动鼓，用石棉材料做摩擦片。目前，国产石棉能耐的最高温度是250℃，工作温度低于该值时，摩擦片与制动鼓间的摩擦因数是0.3～0.4，且较稳定。但温度高于该值后，摩擦因数会大幅度下降，而使制动距离增长。采用耐高温摩擦片是一种改善汽车在高原山区条件下安全性的简单易行的好办法。耐高温摩擦片采用环氧树脂、三聚氰胺树脂等改进的酚醛树脂作为黏接剂或采用无机黏接剂，把石棉材料黏接、固化成型而制成。石棉材料中常加有金属添加剂，摩擦片温度高达400℃以上时，尚可产生足够的制动力矩，可适应高原山区行车的需要。

另外，石棉材料产生的有毒粉尘会对人体产生影响和污染环境，因此，目前石棉材质的制动摩擦片在轿车上已经基本被淘汰，但一些小规模生产企业仍然在生产石棉制动摩擦片，这些产品主要用在商用车和农用汽车上。目前制动摩擦片材料主要有金属型摩擦材料、聚合物黏接摩擦材料及复合纤维摩擦材料等，这些材料的特点是无石棉成分。先进的第三代摩擦材料——无石棉有机物(NAO)材料主要使用玻璃纤维、芳香族聚酰纤维或其他材料(碳、陶瓷等)作为加固材料，主要优点是无论低温或高温都能保持良好的制动效果，并能减少磨损，降低噪声，延长制动盘的使用寿命，它代表目前摩擦材料的发展方向。

(4) 制动鼓淋水降温。为了防止制动器过热，在下长坡前，对制动鼓外圆进行淋水冷却降温可以基本上防止温度升高而使摩擦片烧蚀。但是，这种方法需要有充足的水源，在缺水地区无法使用。此外，经常需要停车加水，增加了驾驶人的劳动强度，降低了运输生产率。

(5) 防止制动系统气阻，选用合适的制动液。汽车制动液又称为刹车油或刹车液，由基础油或基础液及各种添加剂组成，是用于汽车液压制动系统中传递压力，使车轮制动器实现制动作用的一种功能性液体。制动液有醇型、合成型、矿油型3种类型。我国液压制动的汽车多采用醇型制动液，其高低温性能均差，高温时较易挥发，导致局部制动系统的管道内充满蒸汽，产生气阻，引起制动失灵。合成型制动液使用性能良好，工作温度可高达150℃，但价格较高。矿油型制动液工作温度范围为-70～150℃。它的使用性能良好，但制动系统须配用耐矿油的橡胶件。中国的矿油型制动液分7号和9号两种，7号用于严寒地区，9号用于气温不低于-25℃的地区。

(6) 防止轮胎爆裂。海拔升高，轮胎气压也会升高。在海拔4 000m时，轮胎气压比在海平面时增加约50kPa；同时，轮胎传递驱动力较大或速度过高时，轮胎表面温度较高，橡胶强度变差。因此，在高原山区行车时应保持轮胎压力不超过规定值，最好比正常胎压低0.2个压力左右，同时注意轮胎的工作温度。

此外，由于高原山区空气稀薄，发动机冷却强度有时显得不相适应；低挡爬坡时，发动机易过热；停车时，发动机又很快冷却；因此，发动机应采取良好的冷却和保温措施。汽车在山区行驶时，换挡、制动和转弯次数多，底盘机构的载荷大，轮胎磨损大，应适当缩短维护周期。

9.5 汽车在坏路和无路条件下的使用

坏路或恶劣道路是指泥泞的土路、冬季的冰雪道路和覆盖砂土的道路等；无路是指松软土路、耕地、草地和沼泽地等。

9.5.1 汽车在坏路和无路条件下的使用特点

汽车在坏路和无路条件下的使用特点是：驱动轮与路面的附着力减小；车轮的滚动阻力增大。此外，还会有突出的障碍物影响汽车通过性，使汽车的牵引—附着条件恶化。汽车在坏路和无路条件下的使用时，燃油消耗量比一般正常使用条件约高出35%。

汽车在松软的土路上行驶时，支承路面将出现残余变形，车轮将在路面上形成车辙，滚动阻力增大。汽车在泥泞而松软的土路上行驶时，往往由于附着系数低，引起驱动轮打滑，使汽车无法通过。

土路的滚动阻力系数与土壤的强度有关，土壤强度可以通过贯入仪测定。长杆式贯入仪的构造简图如图9.24所示。测试时，贯入仪垂直地放在测点上，一手握住手柄，另一手提起落锤至手柄下部，让落锤自由落下锤击击垫，贯入杆钻入土层。反复锤击直到击垫底部与土层接触，记下锤击次数。锤击次数不同，土壤的密实度或强度不同，路面对车轮的滚动阻力也不同。锤击次数越多，土壤强度越大，滚动阻力系数越小(图9.25)。

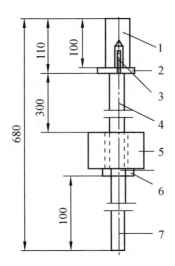

图9.24 长杆式贯入仪的结构简图

1—贯入杆 2—击垫 3—销钉
4—落锤 5—导杆 6—圆盘 7—手柄

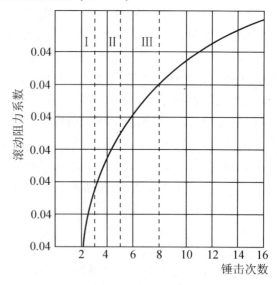

图9.25 滚动阻力系数与土壤强度的关系

Ⅰ—不适宜通过 Ⅱ—可以通过 Ⅲ—通过性好

利用图9.25能快速评价某种土路上的汽车行驶条件。例如，9.00-20型汽车轮胎在锤击次数大于5的土路上，土壤处于硬或塑硬性状态，车辙不深，滚动阻力系数不超过0.10～0.12。在这种条件下，土壤处于硬的或硬塑性状态，汽车的行驶条件较好。如果锤击次数为3～5次，表明土壤是硬塑性状态，车辙较深，滚动阻力系数在0.12～0.22范围内，对于这种道路某些汽车还是可以通过的，比如越野性能好的汽车。当锤击数小于3次，土壤呈塑性状态，车辙很深，滚动阻力系数高于 0.22，这种路面不适宜汽车通过。通过用贯入仪测定土壤强度不仅可以判断汽车能否通过，还能确定同一车辙的通过车次数。

汽车在土路上的附着系数与土壤的性能状况、轮胎花纹和气压、汽车驱动轴上的负荷及汽车的行驶速度有关。附着程度的好坏主要取决于轮胎与路面的接触处变形后的相互摩擦情况。在干燥平坦的土路上，附着系数可达 0.5~0.6；在不平整的低级道路上，由于减少了轮胎与路面的接触面积，附着系数下降；而当路面潮湿或泥泞时，其表面坑洼都被泥浆填满，阻碍了轮胎与路面间的接触，致使附着系数降低到 0.3~0.4 或更低。

轮胎花纹和轮胎气压对附着系数的影响较大。越野花纹轮胎与路面抓着力大，附着系数大，适于在坏路和无路上使用。轮胎气压低，轮胎与路面的接触面积大，单位压力减小，增加了轮胎与路面的附着能力。

汽车在较差的路面上行驶时，轮胎花纹和气压对汽车最大牵引力有极大的影响，不同花纹的 9.00-20 轮胎最大牵引力对比试验结果见表 9-6。

表 9-6 不同花纹的 9.00-20 轮胎最大牵引力对比试验结果

路　面	硬质泥土路		草　地		砂　地	
轮胎气压/kPa	350	350	350	550	350	550
使用越野轮胎时的最大牵引力/N	25 000	23 000	17 000	15 000	8 000	6 000
使用普通轮胎时的最大牵引力/N	21 500	20 000	14 000	11 000	6 000	5 000
两者相差值/N	3 500	3 000	3 000	4 000	2 000	1 000
越野轮胎最大牵引力的提高率/%	16.3	15.0	21.4	36.1	33.3	20.0

轮胎对路面的单位压力下降，在软土路上行驶的滚动阻力也下降。低压胎在软土路上的附着系数与滚动阻力的变化情况如图 9.26 所示。当轮胎气压降低时，由于附着系数上升，滚动阻力系数下降；但当气压过低时，轮胎变形显著增大，滚动阻力略有增加。

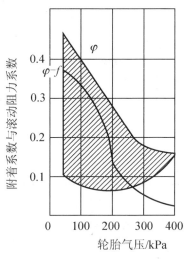

图 9.26 轮胎气压不同时，附着系数、滚动阻力系数及其差值的变化

φ—附着系数　f—滚动阻力系数

砂路具有表面松散、受压后变形大的特点。轮胎花纹嵌入砂土后，因砂土的抗剪切能力差，抓着力小，附着系数降低，同时，车轮的滚动阻力增大。干砂路和流沙地容易使汽车打滑，特别是在流沙地上，汽车车轮的滚动阻力系数可达 0.15~0.30 或更大，而驱动轮由于附着系数小而空转，影响汽车的通过性能。

雪路对汽车通过性的影响主要取决于雪层的密度、硬度和厚度。雪层的密度越大，其承受的压力也越大。雪层的密度硬度都与气温和压实的程度有关，气温低，雪层干而硬；气温高，雪层软而松。当气温在-10~-15℃时，雪路的主要性能见表 9-7。从表中可以看出，雪层的密度变小，车轮的附着系数下降，滚动阻力系数增加，汽车的行驶条件变差。

表 9-7 -10~-15℃时雪路的特性

雪的状态	密度/(g/cm^2)	车轮滚动阻力系数	车轮附着系数
中等密度的雪	0.25~0.35	0.1	0.1
密实的雪	0.35~0.45	0.05	0.2
非常密实的雪	0.5~0.6	0.03	0.2

雪层的厚度对汽车行驶也有一定影响。在公路上，经车轮压实的平坦而密实的雪层厚度为 7~10cm 时，对汽车的正常行驶影响不大；当雪层加厚，特别是松软雪层加厚时，汽车的通过性能将明显下降。使用经验表明：雪层的厚度大于汽车最小离地间隙的 1.5 倍且雪的密度低于 0.45g/cm^3 时，汽车便不能通过。

冰路上行驶的汽车其车轮与冰面的附着系数非常低，在冬季有冰的道路上附着系数可降低到 0.1 以下，但是车轮的滚动阻力与刚性路面的差别不大。为了保证行车安全，在冰路上行驶时的车速要低，行车间隔要大，特别是通过河流或湖泊的冰面时，还需要检查冰层厚度和坚实情况(裂缝、气泡或雪的夹层等)，按选定路线匀速平稳通过，中途不准换挡，不准使用紧急制动，不允许停车。

冰层除了表面有一层冰雪外，主要由两部分组成：混浊的上层和透明的下层。在检查冰层厚度时，每隔 15~25m 测量一次这两部分冰层的厚度，并观察冰层的状况。在气温低于 0℃的情况下，汽车通过冰封的渡口时冰层的最小厚度和承载能力参见表 9-8。

表 9-8 冰层的最小厚度和承载能力

汽车、汽车列车总质量/t	冰层厚度/cm 气温(-1~-20℃)	从渡口到对岸的最大距离/m	
		海冰	河冰
≤3.5	25~34	16	19
≥10	42~46	24	26
≥40	80~100	38	38

9.5.2 汽车在坏路和无路条件下使用的主要措施

在坏路和无路条件下使用汽车时，改善驱动轮与路面之间的附着条件、提高附着系数、减少滚动阻力系数对提高汽车的通过性重要的意义。从使用方面改善汽车通过性的主要有以下方面。

(1) 提高车轮与路面的附着力,防止车轮滑转。
(2) 减少轮胎对地面的压力。
(3) 采取汽车自救措施。
(4) 合理使用汽车轮胎。

1. 提高车轮与路面的附着力,防止车轮滑转

在汽车驱动轮上装防滑链是提高车轮与路面附着系数常用的有效措施。防滑链的形式主要取决于路面状况和汽车行驶系的结构。防滑链有普通防滑链、履带式防滑链和防滑块等。

普通防滑链是带齿的(圆形、V形或刀形)链条,用专用的锁环装在轮胎上。轮胎应在装好防滑链后再充气,使其拉紧,防止行车时出现响声。这种防滑链在冰雪路面和松软层不厚的土路上有良好的通过性,而在松软层厚的土路上使用时,会使链齿塞满土,使用效果明显下降。履带链有菱形和直形两种,履带链能保证汽车在坏路上,甚至驱动轮陷入土壤或雪内仍可以通过,菱形履带还具有防侧滑能力。

防滑链的缺点是链条较重,拆装不方便,更重要的是装有防滑链的汽车其动力性和经济性均下降,在硬路面上行驶的冲击大,使轮胎和后桥磨损增大,因此仅在克服困难道路时,才装用防滑链。在克服较短而难行的无路地段时,宜使用容易拆装的防滑块或防滑带。

冰雪路面摩擦因数小,用一般轮胎行驶较困难,国外多使用具有特殊胎面花纹的雪地轮胎,雪地轮胎在冰雪道路上具有良好的制动性能。表9-9给出了制动初速度为40km/h时雪地轮胎与带防滑链的普通轮胎在压实雪路面上制动性能的比较结果。

表9-9 雪地轮胎与带防滑链的普通轮胎制动性能比较

对比轮胎	制动距离/m	指数
雪地子午线轮胎	13.1	118
带防滑链的对比轮胎	15.5	100
雪地斜交轮胎	19.9	104
带防滑链的对比轮胎	20.7	100

汽车克服局部障碍或陷住时,可采用自救措施。一般自救的方法是去掉松软泥土或雪层,在驶出的路面上撒砂、铺石块或木板等,然后将汽车开出。也可以用绳索绑在树干(或木桩)和驱动轮上,如同纹盘那样驶出汽车。

2. 采用合理的驾驶方法

驾驶方法对提高汽车的通过性也有很大作用。在恶劣道路行驶时,要选择好路线,尽可能避开泥泞较深、较滑的路面。通过泥泞或翻浆路时,最好一鼓作气地通过,途中不要换挡,不要停车。如果被迫停车,再起步时不能挂最低挡,轻踏加速踏板起步,使牵引力低于附着力,避免打滑。

松软道路附着系数低,防止侧滑很重要,所以在驾驶时使用制动要特别小心,不准使用紧急制动,转向也不要过急,以免发生侧滑。尤其是坡道、急转弯行驶更需要注意。一旦出现侧滑,首先要抬起加速踏板降低车速,并立即将转向盘向着车轮侧滑的方向转动,防止继续侧滑或发生事故。当车轮已陷入泥泞道路空转打滑时,不可盲目加大加速踏板行程来强行

驶出，以免越陷越深，强行驶出易破坏机件。

3. 合理使用汽车轮胎

轮胎的合理使用对汽车的通过性有决定性的影响，为了提高汽车在坏路和无路条件下的通过性，必须根据路况正确选择轮胎的气压、花纹、结构参数等，以获得小的行驶阻力和大的附着力。

(1) 轮胎气压。在松软道路上，汽车轮胎单位面积的压力越大，滚动阻力就越大，汽车的通过性就越差。所以降低轮胎气压、加大轮胎宽度可使滚动阻力下降，提高汽车的通过性。也可以使用调压胎，驾驶人可以在驾驶室内调节轮胎从正常气压降到极低的气压 49～68.6kPa，轮胎断面比同样负荷的普通轮胎宽 25%～40%，轮胎和路面间的压强相应降低，使汽车能适应各种道路条件，有效地扩大了汽车的使用范围。此外，当汽车轮胎被穿破时，由于调压系统对胎内不断地充气，从而可避免停车事故。

(2) 轮胎花纹。轮胎花纹对滚动阻力和附着力的影响很大，要注意轮胎花纹的选择。轮胎胎面花纹可分为普通花纹、越野花纹和混合花纹。普通花纹适合在硬路面上使用；越野花纹轮胎特点是：花纹横向排列、花纹沟槽深、凸出面积小、与地面抓着力大、抗扎和耐磨性好，适合在坏路和无路条件下使用(表 9-6)；混合花纹既适合于良好的硬路面，也适合于碎石路面、雪泥路面和松软路面，附着性能优于普通花纹，但耐磨性能稍逊。使用断面加宽的特种轮胎——拱形轮胎和宽断面轮胎可以大大提高汽车的通过性。

在使用中，要注意轮胎的磨损情况，按标准检查轮胎的磨损，磨损大的轮胎附着力小、易爆胎，不易在坏路上使用。轮胎花纹的剩余深度是检查轮胎磨损的标准。因此，国际上都有规定，在轮胎花纹沟底部，轮胎生产厂家应当设计有磨损限度标志，每条胎有 4～6 个以上，在轮胎胎肩处设有相同数目的磨损限度标志位置的标志。

4. 采用自救和他救的方法

车轮陷入坑中时，要根据具体情况，采用自救或他救即用其他车辆拖出陷入的汽车。如果车身没有擦地，一般情况下通过自救可以将车驶出泥坑。将油门缓缓踩下，一旦汽车能前行或后退，则保持油门踏板位置不变，以低速开出泥泞路段。如果车轮陷入泥坑后汽车无法前后移动，应下车仔细观察陷车状态，采取相应的应急措施。如果手边有工具的话，可以将车轮前后的泥土铲去，将泥坑修成缓斜坡状。如果坑里有水，应设法将水除去。这样，汽车就很容易开出来了。如果手边没有工具，试着往泥坑里填石块、砖头、树枝等，可以增加车轮与地面的附着力，使汽车开出泥坑。对前置后驱的汽车，可以尽量使汽车重心后移，增大后轮与地面的附着力，将汽车开出泥坑。如果车桥壳触地、车轮悬空时，先在车轮下面垫上木板、树枝、禾草或者碎石等物，再以低速挡驶出。

如果驱动轮滑转时，也可将绳索两端分别固定在树干(或木桩上)和驱动轮上，如同绞盘那样驶出汽车，实现自救。如图 9.27 所示，汽车用电动绞盘也可在雪地、沼泽、沙漠、海滩、泥泞山路等恶劣环境中进行车辆自救。

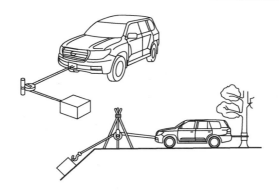

图 9.27　利用电动绞盘实现自救

9.6　案例分析：沃尔沃 L150 装载机发动机事故

1. 事故经过

某项目部使用的沃尔沃 L150 装载机，在进行发动机 250 小时第一次保养时一切正常，更换为 SAE20W—50 发动机机油(之前发动机保养，所更换发动机机油均为 SAE15W—40)之后使用了近 200 小时出现发动机损坏事故。该发动机送本中心修理，经拆检，存在以下问题。

(1) 发动机第六缸活塞和缸套抱死，活塞严重烧坏，缸套拉裂；
(2) 其余 5 只缸的缸套已经严重磨损，缸壁间隙过大；
(3) 主轴瓦、连杆瓦、活塞环、连杆铜套磨损严重；
(4) 涡轮增压器烧坏，主轴径向间隙过大，松旷，密封失效；
(5) 机油滤网被吸扁损坏，油底壳中发现有金属块；
(6) 第六缸的连杆需进行检测。

2. 事故原因分析

(1) 根据发动机拆检结果，结合项目点设备使用的具体情况分析，活塞和缸套抱死、活塞严重烧坏的原因是由于润滑效果太差、机油温度太高引起的。

(2) 美国汽车工程师协会按机油黏度等级分类法对机油质量进行分类，一类为单级黏度型，另一类为多级黏度全天候用型。SAE15W—40、SAE20W—50 标号的润滑油为多级黏度全天候用型，基本可以四季通用，横杠前半部分表示该标号机油所符合的冬季低温黏度性能，横杠后半部分表示符合的夏季高温黏度性能。W 前的数字越小，表示润滑油在低温时的流动性越好，发动机启动越容易；而 W 后边的数字越大，则表明该机油在高温环境的黏稠性越好，生成的油膜强度更强。据此，在 SAE15W—40、SAE20W—50 中，由于前一个级别中的两个数字都比后一个的小，所以不论是在低温条件下还是高温(100℃)条件下，前一个级别的润滑油都要比后一个级别的润滑油稀一些或黏度小一些。

(3) 按照《沃尔沃 L150 装载机操作保养规范》：L150 装载机发动机在日常温度-15～40℃之间时只能使用高性能多级柴油发动机机油 SAE15W—40。选用小黏度级别的 SAE15W—40 润滑油的原因是这种润滑油相对较稀，对运动部件的阻力就相对较小，在低温下具有良好的流动性，容易被泵送，发动机刚启动时可以更加迅速地从机油箱流动到发动机各润滑零部件，从而改善发动机的启动特性，缩短发动机经受干摩擦的时间，减小摩擦和磨损，给发动机以更加全面的保护。

(4) 该项目部在 L150 装载机第二次 250 小时保养中使用了高黏度多级柴油发动机机油 SAE20W—50。SAE20W—50 是高黏度级别的润滑油，工作温度在 40℃时其黏度是 $174mm^2/s$，是发动机保养规范规定用油 SAE15W—40 黏度 $115mm^2/s(40℃)$ 的 151%；工作温度在 100℃时其黏度是 $19.1mm^2/s$，是 SAE15W—40 黏度 $15.1mm^2/s(100℃)$ 的 126%。SAE20W—50 黏度明显高于允许使用值，不符合 L150 装载机保养规范用油规定，在发动机冷车启动时，由于机油黏度过高，流动性差，容易因润滑不良、冷却效果差，造成发动机零部件损坏事故。

3. 发动机事故损坏的预防措施及发动机的维护保养

发动机事故损坏的预防措施主要从维护保养、操作两方面考虑。

(1) 发动机应定期进行维护保养，更换空滤、机滤、柴滤、发动机机油等，根据发动机操作保养说明书的规定用油，避免用油不当造成的发动机损坏。

(2) 新的或大修后的发动机，必须经过严格的磨合期(一般应 50 小时以上)试运转后才能正式投入使用。

(3) 定期检查进气管、通气孔，防止灰尘由空气、燃油、润滑系统进入发动机。

① 进气管具有散热和减小发动机机油箱等部位压力的作用，进气管一般较长，易被污物堵塞，引起发动机压力急剧升高，造成有关零部件密封的破坏，出现发动机机油泄漏的现象。所以，应经常清扫被堵塞的进气管。

② 进气管的清扫方法：a. 若进气管是软管，将进气管倒置，口朝下，将污物挤出。b. 若进气管较硬，用细铁丝将污物钩出。

③ 平时应注意通气孔的保养维护，可以减少很多不必要的麻烦，减少停产大修，降低维护费用。

(4) 施工现场环境恶劣，灰尘、油烟、碎屑、污水等污染物较多，所以发动机机油桶平时应放置在封闭的房间中或遮棚中。在作业现场，机油桶一定要倾斜放置。雨水在油桶顶盖上面最多可以蓄积到 2~3in(英寸)深。

(5) 发动机机油桶应配有专用的抽油泵，并贴上标签、做上特殊的记号或涂上颜色等防止误用。

4. 发动机的安全操作规程

启动发动机前的准备工作如下。

(1) 认真查看交接班记录。
(2) 检查设备外观是否有异常情况。
(3) 检查发动机机油油位。
(4) 检查液压油和燃油箱的油位。
(5) 检查冷却水箱的水位。
(6) 检查风扇皮带的张紧度。
(7) 检查空气滤清器指示器。
(8) 检查各润滑部位并添加润滑油。
(9) 将变速杆拨入空挡，将各操纵杆置于停车位置。

5. 发动机的启动

(1) 启动发动机时，应将离合器分离，变速杆和进退操纵杆放在空挡位置，停车制动处于锁紧状态。

(2) 按操作规范规定正确启动发动机，继而使发动机启动。

(3) 发动机每次启动时间最长不得超过 10 秒钟。一次不成，再次启动时，间隔时间不得小于 20 秒钟，连续三次不能启动时，应查明原因，待故障排除后方可再次启动。

(4) 在低温冷车启动或蓄电池电力不足时，不可勉强使用启动发动机，应采取相应措施启动发动机。

6. 发动机的预热与运转

(1) 发动机启动后应保持怠速运转 3～5min，转速在 1 000r/min 以下，然后将速度提高到 1 000～1 500 r/min，使水温与机油温度逐渐上升到本机规定范围或仪表绿色区域。机油压力达到本机规定范围后，方可进一步提高转速。发动机温度未达到工作温度前不准进入高速运转。

(2) 发动机启动后，应检验离合器、制动、油压操作系统、工作装置等是否灵活可靠。待温度上升后，经低、中、高速运转，检查发动机有无异响，各仪表、警告信号或蜂鸣器工作情况是否正常，有无漏水、漏气、漏电及焦臭气味。

(3) 装有涡轮增压器的发动机启动时，应低速空转 3～5min，然后再起步行走，严禁启动后高速运转、打气。

(4) 发动机运转时，水温在 75～85℃，机油温度在 80℃时为适宜工作温度，发动机机油压力指针在绿色区域。

(5) 发动机不可长时间怠速运转。

(6) 发动机不可长期超负荷作业。发动机在运转过程中，应保持匀速运动，避免出现突然剧烈的变化。过度加速、减速都会引起发运机不必要的磨损，降低发动机的燃料油经济性能。

7. 发动机的停机

停机前，发动机转速应由高速降至怠速运转 5min 后，拉起停机手柄熄火，将启动开关回零位，拉起停车制动，变速杆置于空挡位置。禁止停机前轰油门或带负荷熄火。不能由高速直接熄火，特别是带增压器的发动机，应将发动机转速降到怠速运转 5min 后，再熄火。

本 章 小 结

本章阐述了汽车在特殊环境(汽车磨合期、低温条件下、高温条件下、高原和山区条件下和坏路无路)下的使用特点及应采取的技术措施。详细介绍了什么是汽车的磨合期，磨合期的特点，汽车在磨合期使用应遵循的原则；介绍了汽车在低温条件下的使用特点，发动机低温启动困难的原因，在低温下使用的主要技术措施；汽车在高温下的使用特点，高温下使用汽车的主要技术措施；分析了汽车在高原、山区条件下的使用对汽车动力性、经济性、及制动安全性等的影响,在高原、山区条件下使用的技术措施;以及汽车在无路坏路等恶劣道路条件下使用的特点及应采取的措施。

复习思考题

一、单选题

1. 低温条件下发动机启动时曲轴的旋转阻力矩增大,而造成发动机启动困难的主要原因是( )。
   A. 电解液黏度增大　　B. 发动机润滑油的黏度增大　　C. 燃油黏度增大

2. 冬季气温低于( )时,未加防冻液的,应在收车后放净冷却水。
   A. 3℃　　B. 8℃　　C. 10℃

3. 冬季气温低于( )时,露天停放的车辆,则应拆下蓄电池,置于室内保温。
   A. 0℃　　B. -15℃　　C. -30℃

4. 试验表明-5℃油温时传动系的磨损量是35℃油温时的( )倍。
   A. 6~8　　B. 10~12　　C. 18~20

5. 在检查轮胎气压时,应在停驶一段时间后,胎内空气温度与环境温度接近平衡时所测得的轮胎气压才是较为准确的,一般在炎热的夏季应在停驶( )小时以后测量轮胎气压。
   A. 4　　B. 8　　C. 12

6. 随着海拔的升高,气压逐渐降低,空气密度减小,使充其量下降,发动机动力降低。海拔高度每增加1 000m,大气压力下降约11.5%,空气密度约减小9%,功率下降约( )左右,转矩下降约( )左右。
   A. 6%,5%　　B. 12%,11%　　C. 20%,18%

7. 适合在坏路和无路上使用的轮胎是( )。
   A. 普通轮胎　　B. 越野轮胎　　C. 混合轮胎

二、判断题

1. 汽车低温启动时,混合气通常是浓混合气。( )
2. 汽车在高温条件下使用,发动机充气系数下降。( )
3. 汽车在高温条件下使用,会导致发动机功率降低( )
4. 胎面花纹磨损的轮胎比新轮胎的滚动阻力系数大。( )
5. 雨天行车制动时,车轮很容易抱死滑拖,这是由于地面的制动力过大。( )
6. 拱形轮胎不仅在硬路面上行驶,而且在沙漠、雪地、沼泽和田间行驶都具有良好的通过性。( )
7. 汽车安装增压器后,适当降低燃油的牌号。( )

三、简答题

1. 何谓汽车磨合期?汽车磨合期的实质是什么?汽车磨合期分为哪几个阶段?
2. 低温条件下汽车使用的主要问题是什么?

3．汽车传动系统在低温条件下磨损的主要原因是什么？改善冷态启动的主要技术途径是什么？

4．防冻液有哪些类型？

5．海拔高度对发动机动力性、经济性、排放的影响有哪些？

6．在高原地区改善发动机性能的主要措施是什么？

7．山区条件下汽车制动系的使用特点及其改进措施是什么？

8．简述汽车在高温条件下的使用特点及措施。

9．汽车在无路或坏路等恶劣道路条件下的使用特点是什么？应采取什么措施？

第 10 章　汽车的年度检测与审验

教学目标

本章主要讲述有关汽车年度检测及审验的国家规定、国家标准、检测机构等方面的基本知识。通过本章的学习，要达到以下目标。

(1) 了解汽车年度检测及审验的国家标准。
(2) 了解不同级别汽车检测站的功能。
(3) 了解汽车检测及审验项目。

教学要求

知识要点	能力要求	相关知识
汽车年度检测及审验	(1) 了解汽车年度检测及审验的有关规定 (2) 汽车年度检测及审验的分类	
汽车检测站	了解各级汽车检测站的功能	
汽车年检及审验的内容及标准	(1) 了解汽车年检的内容 (2) 了解汽车年检的标准	国家标准

引 例

　　古往今来，凡是名人政要都会有一辆自己的专属用车：比如英国女王伊丽莎白二世座驾是一辆产于 1979 年的劳斯莱斯幻影 Ⅵ；赫鲁晓夫的座驾是产于 1963 年的吉尔 111G；查尔斯·戴高乐将军的座驾是产于 1936 年的霍希 830 BL；等等。民国时代，蒋介石也拥有了当时最好的美国车型，其经常使用的车型就包括克莱斯勒制造的四门五座普利茅斯轿车，不过他个人最喜欢的是 1933 年于美国生产的凯迪拉克轿车。而蒋夫人宋美龄女士也非常钟情于这个美国豪华品牌，并贯穿她的一生。

　　宋美龄居住在美国期间，向通用汽车公司特别定制了一部轿车——加长凯迪拉克。此车为 V 型八缸引擎，属于加长型豪华轿车，外表是纯正的凯迪拉克黑色，内部采用米色调真皮实木装饰，此外，车体一些关键部位还装有防弹装甲和防弹玻璃。值得一提的是，这款车也是今天美国总统奥巴马贴身座驾的前身，如图 10.1 所示。

第10章 汽车的年度检测与审验

图 10.1 凯迪拉克轿车

超然脱俗、精力旺盛、大气外向是历史学家们对宋美龄女士的评价，而自信、气势、精致、尊贵则是宋女士对凯迪拉克钟爱一生的理由。正如凯迪拉克车标体现出来的特别气质那样，凯迪拉克品牌总是独树一帜的，永远走在"艺术与科技"的最前沿，从设计到科技从来都是追求出类拔萃，其每一款经典车型身上都散发着勇气、智慧、品德、荣誉的光芒，从最初的凯迪拉克到今天最新的凯迪拉克，魅力始终如一。通过检视宋美龄风云迭起的一生发现，这位多才多艺的中国女性也体现出中国新女性崇尚的独立、自信、气度、才能和品位，让人感叹之余也就不难理解为什么她选择凯迪拉克作为始终伴随自己的座驾了，也许她眼中只有凯迪拉克才能配得上自己。

其实，不只是宋美龄，100多年来，凯迪拉克的荣耀客户名单上从来不乏如雷贯耳的影响世界的人，从演艺界的梦露、猫王、凯特·温斯莉、迈克尔·杰克逊到体育界的贝克汉姆、菲尔普斯和众多 NBA 球星，由演艺圈进军政坛的施瓦辛格到历任美国总统，凯迪拉克从来都是那些富于成就与尊崇魅力的名流的首选座驾。有一句话形容得很好，"凯迪拉克上坐着的那个人前行的方向，多半都与这个世界发展的方向有关。"

随着宋美龄在106岁高龄辞世，她名下的这辆1965年出厂的凯迪拉克轿车的命运也获得了巨大的关注。就在她辞世不久，这辆豪华座驾被高价拍卖，拍卖者称之为"一部有历史价值的车"。拍卖前，该车里程表数字显示已经开了 48 000 英里，但经检测，汽车各项性能完好，完全可以上路行驶。几十年的岁月沧桑奈何不了凯迪拉克卓越的品质。

10.1 汽车年度检测及审验概述

汽车是一个复杂的系统，随着使用时间的延长和行驶里程的增加，其技术状况将持续发生变化，呈现出不断恶化的趋势。为确保汽车技术状况良好，以使其安全运行，就需要对汽车进行定期和不定期的技术检测。汽车技术状况是指：定量测得的表征某一时刻汽车外观和性能参数的总和。汽车检测是确定汽车技术状况和工作能力的检查，目的是判别汽车技术状况是否处于规定水平。

在用汽车的检测分为自检和强制性检验。自检由汽车所属单位或个人自行进行，以确保汽车具有更好的动力性、经济性和安全性为主要目的。强制性检验是由车辆管理部门进行的，通过检查汽车是否符合国家规定的技术条件，可了解被检汽车的技术状况是否满足运行安全和营运的基本要求。

汽车使用与管理

10.1.1 汽车年度检测及审验规定

《中华人民共和国交通管理条例》规定："机动车必须按车辆管理机关规定的期限接受检验，未按规定检验或检验不合格的，不准继续行驶"。要求："各省、自治区、直辖市交通厅(局)应建立运输业车辆检测制度。根据车辆从事运输的性质、适用条件和强度及车辆新旧程度等进行定期或不定期检测，确保车辆技术状况良好，并对维修车辆实行质量监控"。并规定："经认定的汽车综合性能检测站在车辆检测后，应发给检测结果证明，作为交通运输部门发放或吊扣营运证的依据之一和确定维修单位车辆维修质量的凭证"。因此，机动车辆必须按照车辆管理部门的规定进行检验(一般一年一次，也有一年两次或数次的)，其中营运车辆还必须根据交通运输管理部门指定的车辆检测制度对车辆的技术状况进行检测诊断。

根据国标 GB 7258—2004《机动车运行安全技术条件》的要求，我国的交通法规规定：汽车使用时，发动机、传动系统、行驶系统、转向系统、制动系统、照明和信号指示装置等都必须符合技术规定，否则不得继续行驶。

此外，为贯彻《中华人民共和国环境保护法》和《中华人民共和国大气污染防治法》，控制汽车污染物的排放，以及切实执行"预防为主、定期检测、强制维护、视情修理"的要求，交通管理部门规定所有在用汽车每年(轿车为每两年)至少要进行一次全面整车安全检测，也就是俗称的"车辆年审"。

车辆的年审以国标 GB 7258—2004《机动车运行安全技术条件》为依据，由各地区的公安交警部门或交通局授权的机动车辆检测站进行检测，检测项目主要为车辆外观、安全性、车速表准确性、侧滑实验、制动效能、前照灯性能、喇叭噪声和废气排放等，在有条件的情况下还加设功率输出检测。

为使车辆能顺利地通过年审工作，年审前，车辆必须按维修计划进行一次二级维护，并进行视情修理，消除故障隐患，使车辆的各项性能指标达到规定的要求。

对于出租汽车、公交车和其他运输车辆，由于运载效率高，行驶频繁，有的地区则规定每个季度均需进行一次整车综合性能检测，检测内容比"年审"有所增加，便称之为"季审"，但审验更为严格，要求车辆的各项性能均满足国标 GB 18565—2001《机动车辆综合性能要求和检验方法》的规定。

10.1.2 车辆年检和审验的分类

根据车辆参加检验的时间要求，可分为年检和临时性检验两类。

1. 年检

年检是指按照车辆管理部门规定的期限对在用车辆进行的定期检验，或根据交通运输管理部门指定的车辆检测制度对营运车辆进行的定期检测。

车辆年检的目的是检验车辆的主要技术性能是否满足 GB 7258—2004《机动车运行安全技术条件》的规定，并督促车辆所属单位对车辆进行维修或更新，确保车辆具有良好的技术状况，消除事故隐患，确保行车安全，同时使车辆管理部门全面掌握车辆分类和技术状况的变化情况，以便加以管理。

2. 临时性检验

临时性检验是指除对车辆年检和正常检验外的车辆进行的检验。车辆临时性检验的内容与年检基本相同，其目的是评价车辆性能是否满足 GB 7258—2004《机动车运行安全技术条件》的要求，以确保车辆能否在道路上正常行驶，或车辆技术状况是否满足参加营运的基本要求。

1) 参加临时性检验的车辆范围
(1) 申请领取临时号牌(如新车出厂、改装车出厂等)的车辆。
(2) 长时间放置，要求复驶的车辆。
(3) 遭受严重损坏，修复后准备投入使用的车辆。
(4) 挂有国外、港澳地区号牌，经我国政府允许可进入我国境内短期行驶的车辆。
(5) 车辆管理部门认为有必要临时性检验的车辆(如春运期间、交通安全大检查期间)。

2) 需要进行临时性检验的车辆
(1) 申请领取营运证的车辆。
(2) 经批准停驶的车辆恢复行驶前。
(3) 经批准封存的车辆启封使用时。
(4) 改装和主要总成改造后的车辆。
(5) 申请报废的车辆。
(6) 其他车辆检测诊断服务。

3) 根据检测项目和检测目的，车辆年检和审验的划分类别
(1) 安全检测。安全检测以涉及汽车安全与环保的项目为主要检测内容，其目的是确定汽车性能是否满足有关汽车使用规定和公害等法规的规定。
(2) 综合性能检测。综合性能检测指对汽车的安全性、动力性、经济性、可靠性、噪声和废气排放状况等进行的全面检测。其目的是对在用运输车辆的技术状况进行检测诊断，对汽车维修行业的维修车辆进行质量检测，以确保运输车辆安全运行、提高运输效率和降低运行消耗。
(3) 维修检测。维修检测以汽车性能检测和故障诊断为主要内容，其目的是在维修前对汽车进行技术状况检测和故障诊断，据此确定附加作业和小修项目以及是否需要大修，同时对汽车维修后的质量进行检测。
(4) 特殊检测。特殊检测是指为不同的目的和要求对在用车辆进行的检测。在检验的内容和重点上与上述各类检测有所不同，故称为特殊检测。特殊检测主要包括如下几项。
① 改装或改造车辆的检测。为不同的使用目的，在原车型底盘的基础上改制成其他用途的车辆后，因其结构和使用性能变更较大，车辆管理部门在核发号牌及行车执照时，应对其进行特殊检验，包括汽车主要总成改造后的车辆检测；有关新工艺、新技术、新产品及节能、科研项目等的检测、鉴定。
② 事故车辆的检测。对发生交通事故并有损伤的车辆进行检测，一方面是为分析事故原因，分清事故责任；另一方面是为查找车辆的故障，确定汽车的技术状况，以保证行车安全。

③ 外事车辆的检验。为保证参加外事活动车辆的技术状况，防止意外事故发生，必须对车辆的安全性能和其他有关性能进行检验。

④ 其他检测。接受公安、商检、计量、保险等部门的委托，进行有关检测。

10.2 汽车检测站

汽车检测和审验工作是在具有若干必需的技术装备，并按一定工艺路线组成的汽车检测站进行的。汽车检测站是综合运用现代检测技术，对汽车进行不解体检测的场所。它能在室内检测、诊断出车辆的各种性能参数和可能出现的故障，为全面、正确地评价车辆的技术状况提供可靠的依据。

10.2.1 汽车检测站的任务

(1) 对汽车技术状况进行定期或不定期检测诊断。

(2) 对汽车维修行业的维修车辆进行质量检测。

(3) 对改装、改造、报废车辆，对有关新产品、新工艺、新技术及节能、科研项目进行检测、鉴定。

(4) 对汽车污染进行环保监测。

(5) 在公安部门管理下，对车辆进行安全检测。

(6) 积累资料，开展车辆检测的科研工作。

10.2.2 汽车检测站的类型

根据检测站的服务对象和检测内容，可将汽车检测站划分为汽车安全检测站、汽车综合性能检测站和汽车维修检测站三类。

1) 汽车安全检测站

汽车安全检测站主要检测汽车与安全及环保有关的项目，受公安机关车辆管理部门的委托，承担下列任务：汽车申请注册登记时的初次检验；汽车定期检验；汽车临时检验；汽车特殊检验，包括事故车辆、外事车辆、改装车辆和报废车辆等的技术检验。

根据中华人民共和国公安部《机动车辆安全技术检测站管理办法》的规定，安全检测站必须具备检测车辆侧滑、灯光、轴重、制动、排放、噪声的设备及其他必要的检测设备。为此，汽车安全检测站应配备如下检测设备。

(1) 汽车侧滑试验台。

(2) 汽车轴重仪。

(3) 制动试验台。

(4) 车速表试验台。

(5) 前照灯测试仪。

(6) 废气分析仪(检测汽油机 CO 及 HC 浓度)。

(7) 烟度计(检测柴油机烟度)。

(8) 声级计。

安全检测站的工艺组织如图 10.2 所示。

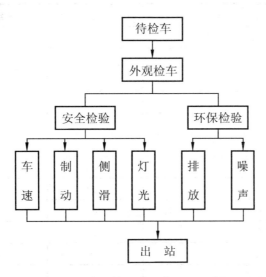

图 10.2 安全检测站工艺组织示意图

2) 汽车综合性能检测站

汽车综合性能检测站能对汽车的安全性、可靠性、动力性、经济性、噪声和废气排放状况等进行全面的检测，可代表交通运输管理部门对车辆的技术状况和维修质量进行监控，保证车辆运行安全，提高运输效率，降低运行消耗。汽车综合性能检测站的职责是：对车辆的技术状况进行检测诊断；对汽车维修行业的维修车辆进行质量检测；对车辆改装、改造、报废和有关新工艺、新技术、新产品，以及节能、科研项目等进行检测、鉴定；在环保部门统一监督管理下，对汽车污染进行监督、监测；接受公安、商检、计量和保险等部门的委托，进行有关项目的检测。

根据中华人民共和国交通部《汽车运输业综合性能检测站管理办法》的规定，按检测站的职能可将其分为 A、B、C 三级。

(1) A 级站。能承担上述全部检测任务，即能检测车辆的制动、侧滑、灯光、转向、前轮定位、车速、车轮动平衡、底盘输出功率、燃料消耗、发动机功率、点火系统状况及异响、磨损、变形、裂纹、噪声、废气排放等状况。

(2) B 级站。能承担在用车辆技术状况和车辆维修质量的检测，即能检测车辆的制动、侧滑、灯光、转向、车轮动平衡、燃料消耗、发动机功率、点火系统状况及异响、变形、噪声、废气排放等状况。

(3) C 级站。能承担在用车辆技术状况的检测，即能检测车辆的制动、侧滑、灯光、转向、车轮动平衡、燃料消耗、发动机功率及异响、噪声、废气排放等状况。

检测站应根据级别和所承担的任务，配备相应的检测设备。A、B、C 三级检测站所应配备的主要检测设备见表 10-1。

表 10-1　综合性能检测站检测设备一览表

序号	仪器设备名称	A级站	B级站	C级站
1	轮胎预压力充气表	√	√	√
2	车辆清洗装置	√	√	√
3	轴重仪	√	√	√
4	制动检测台	√	√	√
5	减速仪	√		
6	侧滑实验台	√	√	√
7	前照灯检测仪	√	√	√
8	转向力矩仪	√	√	
9	前轮定位仪	√		
10	车速表检验台	√		
11	车轮动平衡仪	√	√	√
12	汽车底盘测功机	√		
13	油耗仪	√	√	√
14	发动机测功机	√		
15	汽车电气实验台	√	√	
16	声级计	√	√	√
17	异响分析仪	√	√	√
18	探伤仪	√		
19	汽车废气分析仪	√	√	√
20	柴油烟度计	√	√	√
21	干湿温度计	√	√	√
22	密度计	√	√	√
23	测速仪	√		
24	粉尘采样仪	√		
25	发动机故障诊断仪			
26	机油油质分析仪	√	√	
27	汽缸压力表	√		√
28	汽缸漏气量检测仪	√		
29	形位公差检测量具	√	√	
30	尺寸公差检测量具	√	√	
31	车载油耗仪	√		
32	发动机无负荷测功仪	√	√	√
33	试验辅助车	√		

汽车综合性能检测站的工艺组织如图 10.3 所示。

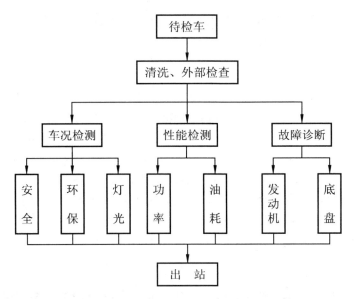

图 10.3 综合性能检测站工艺组织示意图

3) 汽车维修检测站

汽车维修检测站是为汽车维修服务的检测站,其任务是:对二级维护前的汽车进行技术状况检测和故障诊断,以确定附加作业和小修项目;对大修前的汽车或总成进行技术状况检测,以确定其是否达到大修标志、需要大修;对维修后的汽车进行技术检测,以监控汽车的维修质量。

汽车维修检测站的工艺组织如图 10.4 所示。

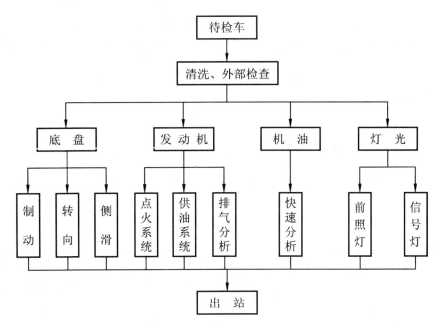

图 10.4 维修检测站工艺组织示意图

10.3 汽车年检及审验的内容及标准

1. 整车外观和安全性检测

(1) 整车外观应做到车容整洁、标准清晰、安全设施齐全、有效；车体周正、左右基本对称、车体外缘左右对称部位高度差不得大于 40mm；左右轮距之差不得大于 10mm。

(2) 发动机、传动系统、行驶系统、转向系统和制动系统的安装和调整情况必须符合国标 GB 7258—2004《机动车运行安全技术条件》的要求和原厂的规定。重点检查转向盘的自由转角、离合器踏板的自由行程、转向横直拉杆的松旷情况、传动轴和主减速器的松旷情况等。

(3) 转向盘的自由转角应符合原生产厂规定，如原厂未规定时，则不得大于下列数值。
① 机动车的最大设计车速大于或等于 100km/h 时，不得大于 10°。
② 机动车的最大设计车速小于 100km/h 时，不得大于 15°。

2. 安全环保性能检测

根据国标 GB 7258—2004《机动车运行安全技术条件》、GB 18285—2005《点燃式发动机汽车排放污染物限值及测量方法》和 GB 3847—2005《车用压燃式发动机和压燃式发动机汽车排放烟度限值及测量方法》的有关规定，汽车年审和季审时，主要性能必须达到下列标准。

(1) 前轮侧滑量限值小于或等于 5m/km。

(2) 车速表准确度要求：车速表误差允许值范围为-5%～+20%(例如实际车速为 40km/h，车速表指示值为 38～48km/h 时，便为合格。

(3) 制动性能要求包括以下几点。
① 制动力检验。制动力的检验应在制动试验台上进行，检测结果应符合表 10-2 的规定。

表 10-2 制动力要求(GB 7258—2004)

项　　目	空　载	满　载
总制动力与车辆总质量的比例	≥60%	≥50%
前轴制动力与前轴轴荷的比例	≥60%	

② 制动力平衡要求。在制动力增加过程中，左、右轮制动力差与该轴左、右轮中制动力较大者之比，应符合下列要求：前轴小于或等于 20%，后轴小于或等于 24%。

③ 驻车制动性能要求。驻车制动力总和不小于空车总质量的 20%。

④ 制动距离和制动稳定性要求。制动距离和制动稳定性检验应在平直、干燥的水泥或沥青道路上进行，检测结果应符合表 10-3 的规定。

表 10-3 动距离和制动稳定性要求(GB 7258—2004)

车　　型	制动初速度/(km/h)	空载检验制动距离/m	满载检验制动距离/m	制动稳定性要求车辆的任何部位不得超出试车道的宽度/m
乘用车	50	≤19	≤20	2.5
其他总质量≤3.5t 的汽车	50	≤21	≤22	2.5
其他汽车	30	≤9	≤10	3.0

(4) 前照灯发光强度和光束照射位置要求。前照灯发光强度和光束照射位置检验应用灯光检测仪进行检测。前照灯的发光强度单位为 cd(坎德拉)。

① 车辆前照灯的发光强度。前照灯的发光强度只检测远光光束,检测结果应符合表 10-4 的规定。

表 10-4 前照灯远光光束发光强度要求(GB 7258—2004)

车 型	新 注 册 车		在 用 车	
	2 灯制	4 灯制	2 灯制	4 灯制
前照灯远光发光强度/cd	18 000	15 000	15 000	12 000

② 车辆前照灯光束照射位置。前照灯光束照射位置偏离值要求在前照灯距屏幕 10m 出进行测量,检测结果应符合表 10-5 要求。

表 10-5 前照灯光束照射位置要求(GB 7258—2004)

项 目	光束中心离地高度/m	左灯光束偏差/mm	右灯光束偏差/mm
近光灯束	乘用车(0.7~0.9)H	左偏差≤170	右偏差≤170
	其他车(0.6~0.8)H	左偏差≤350	右偏差≤350
远光光束	乘用车(0.9~1.0)H	左偏差≤170	左偏差≤350
	其他车(0.80~0.95)H	左偏差≤350	右偏差≤350

注:H 为汽车前照灯基准中心高度

(5) 汽车废气排放标准。汽车废气排放标准分新注册车和在用车两种,并且与车辆的生产日期相关。表 10-6 所示为 GB 18285—2005 规定的各种在用汽油车的废气排放标准。

表 10-6 在用汽油车废气排放限值(GB 18285—2005)

生 产 日 期	总 速		双 总 速	
	CO/%	HC/0.001‰	CO/%	HC/0.001‰
1995 年 7 月 1 日前生产的轻型汽车	4.5	1200	3.0	900
1995 年 7 月 1 日起生产的轻型汽车	4.5	900	3.0	900
2000 年 7 月 1 日起生产的第一类轻型汽车[①]	0.8	150	0.3	100
2001 年 10 月 1 日起生产的第二类轻型汽车	1.0	200	0.5	150
1995 年 7 月 1 日前生产的重型汽车	5.0	2 000	3.5	1 200
1995 年 7 月 1 日起生产的重型汽车	4.5	1 200	3.0	900
2004 年 9 月 1 日起生产的重型汽车	1.5	250	0.7	200

注:①对于 2001 年 5 月 31 日以前生产的 5 座以下(含 5 座)的微型面包车,执行 1995 年 7 月 1 日起生产的轻型汽车的排放限值。

a. 第一类轻型汽车是指设计成员不超过 6 人(包括驾驶人),而且最大总质量≤2 500kg 的 M1 类车。

b. 第二类轻型汽车是指除第一类轻型汽车以外的其他所有轻型汽车。

(6) 柴油车废气排放标准。GB 3847—2005 规定了 2001 年 10 月 1 日以后生产的柴油排气烟度采用不透光烟度计进行检测。各年份生产的柴油车自由加速度排气烟度限值见表 10-7。

表 10-7　在用柴油车自由加速度排气烟度限值(GB 3847—2005)

汽车生产年份	排气烟度限值	单位	方法
1995 年 6 月 30 日以前生产的在用汽车	≤5.0	Rb	滤纸式烟度计
1995 年 7 月 1 日至 2001 年 9 月 30 日生产的在用汽车	≤4.5	Rb	滤纸式烟度计
2001 年 10 月 1 日至 2005 年 7 月 1 日生产的在用汽车	自然吸气式：≤2.5 涡轮增压式：≤3.0	m^{-1}	不透光烟度计
2005 年 7 月 1 日起按标准核准的在用汽车	≤车型核准自由加速排气烟度排放限值+0.5	m^{-1}	不透光烟度计

注：Rb——波许单位；m^{-1}——光吸收系数。

更多有关汽车维修检测和修理质量检测项目及要求，请参阅相关国家标准，限于篇幅，本书从略。

本 章 小 结

本章指出了汽车年度检测及审验是确保汽车技术状况良好，以使其安全运行的技术保障。本章主要介绍了汽车年度检测及审验的有关知识，包括汽车年度检测及审验的国家规定、分类，三级汽车检测站的功能，年度检测及审验的内容和国家标准。

复习思考题

一．判断题

1. 汽车检测是确定汽车技术状况和工作能力的检查，目的是判别汽车技术状况是否处于规定水平。（　）
2. 交通管理部门规定轿车每年至少要进行一次全面整车安全检测。（　）
3. 安全检测以涉及汽车安全与环保的项目为主要检测内容。（　）
4. 为不同的使用目的，在原车型底盘的基础上改制成其他用途的车辆后，因其结构和使用性能变更较大，车辆管理部门在核发号牌及行车执照时，应对其进行特殊检验。（　）
5. 有关汽车的新产品、新工艺、新技术及节能、科研项目进行检测、鉴定是汽车检测站的任务之一。（　）
6. 对维修后的汽车进行技术检测，以监控汽车的维修质量是汽车 A 级安全检测站的重要职能。（　）

二、简答题

1. 简述汽车年度检测及审验的主要类型。
2. 简述汽车综合性能检测站的主要职责。

参 考 文 献

[1] 朗全栋，曹晓光．汽车使用技术[M]．北京：高等教育出版社，2009．
[2] 邵振一，董千里．道路运输组织学[M]．北京：人民交通出版社，1998．
[3] 胡思继．交通运输学[M]．北京：人民交通出版社，2001．
[4] 中华人民共和国交通部．汽车运输业车辆管理技术规定[S]．北京：人民交通出版社，1990．
[5] 余志生．汽车理论[M]．北京：机械工业出版社，2000．
[6] 周天佑．汽车检测技术发展状况[J]．汽车维护与修理，2002，(5)：8-10．
[7] 中华人民共和国交通部．汽车运输和修理企业技术管理制度[S]．北京：人民交通出版社，1980．
[8] 郎全栋．汽车运行材料[M]．北京：人民交通出版社，2002．
[9] 高延龄．汽车运用工程[M]．北京：人民交通出版社，2002．
[10] 刘玉梅．汽车节能技术与原理[M]．北京：机械工业出版社，2003．
[11] 许洪国．汽车运用工程[M]．北京：人民交通出版社，2009．
[12] 凌永成．汽车电气设备[M]．北京：北京大学出版社，2007．
[13] 何光里．汽车运用工程师手册[M]．北京：人民交通出版社，1991．
[14] 刘锐．汽车使用与技术管理[M]．北京：人民交通出版社，2003．
[15] 韩宗奇．现代汽车概论[M]．沈阳：东北大学出版社，2001．
[16] 肖盛云，徐中明，等．汽车运用工程基础[M]．重庆：重庆大学出版社，2005．
[17] 李国发，等．汽车电气设备[M]．西安：电子科技大学出版社，2008．
[18] 王启瑞．汽车电气及电子设备[M]．合肥：安徽科学技术出版社，2000．
[19] 陈焕江．汽车运用基础[M]．北京：机械工业出版社，2009．

参考文献